群馬県の教員採用試験過去問シリーズ⑦

2025年度版

群馬県の理科

過去問

協同教育研究会 編

協同出版

本書には，群馬県の教員採用試験の過去問題を収録しています。各問題ごとに，以下のように5段階表記で，難易度，頻出度を示しています。

難　易　度

非常に難しい　☆☆☆☆☆
やや難しい　☆☆☆☆
普通の難易度　☆☆☆
やや易しい　☆☆
非常に易しい　☆

頻　出　度

◎　ほとんど出題されない
◎◎　あまり出題されない
◎◎◎　普通の頻出度
◎◎◎◎　よく出題される
◎◎◎◎◎　非常によく出題される

※本書の過去問題における資料，法令文等の取り扱いについて

本書の過去問題で使用されている資料や法令文の表記や基準は，出題された当時の内容に準拠しているため，解答・解説も当時のものを使用しています。ご了承ください。

はじめに～「過去問」シリーズ利用に際して～

教育を取り巻く環境は変化しつつあり，日本の公教育そのものも，教員免許更新制の廃止やGIGAスクール構想の実現などの改革が進められています。また，現行の学習指導要領では「主体的・対話的で深い学び」を実現するため，指導方法や指導体制の工夫改善により，「個に応じた指導」の充実を図るとともに，コンピュータや情報通信ネットワーク等の情報手段を活用するために必要な環境を整えることが示されています。

一方で，いじめや体罰，不登校，暴力行為など，教育現場の問題もあいかわらず取り沙汰されており，教員に求められるスキルは，今後さらに高いものになっていくことが予想されます。

本書の基本構成としては，出題傾向と対策，過去5年間の出題傾向分析表，過去問題，解答および解説を掲載しています。各自治体や教科によって掲載年数をはじめ，「チェックテスト」や「問題演習」を掲載するなど，内容が異なります。

また原則的には一般受験を対象としております。特別選考等については対応していない場合があります。なお，実際に配布された問題の順番や構成を，編集の都合上，変更している場合があります。あらかじめご了承ください。

最後に，この「過去問」シリーズは，「参考書」シリーズとの併用を前提に編集されております。参考書で要点整理を行い，過去問で実力試しを行う，セットでの活用をおすすめいたします。

みなさまが，この書籍を徹底的に活用し，教員採用試験の合格を勝ち取って，教壇に立っていただければ，それはわたくしたちにとって最上の喜びです。

協同教育研究会

C O N T E N T S

第１部

群馬県の
理科
出題傾向分析

群馬県の理科　傾向と対策

中学理科については，物理，化学，生物，地学の各分野から大問1問ずつによって構成されている。解答様式は記述式で，試験時間は60分，200点満点である。問題の難易度は，中学範囲から高校基本レベルとなっている。問題は，中学校で扱われる実験や観察を題材に，授業に対する指導法・留意点などを問われるものが多い。一部の設問では，高校基本レベルの問題も出題されるため，その点にも留意しておきたい。対策としては，基本的な問題が多いので，まずは中学・高校の教科書を熟読し，内容を確実に理解することが必要である。また例年，実験や授業に対しての指導法・留意点などに関する問題が出題されている。このような問題に対応するために，中学教科書に記載されているような頻出内容の実験や観察の指導法や留意点をまとめた上で，指導方法に関する問題が出題されたときのことを想定した対策を頭の中でイメージしながら解くことを常に心がけるようにし，実際の試験で確実に正答できるような学習を進めてほしい。また，授業を想定した生徒とのやり取りなどを考えることも有効な対策としてあげられる。学習指導要領に関しては2017年度以降出題されていないが，教員を目指す者として，学習指導要領解説を参照しながら熟読し，理解を深めておくこと。

高校理科については，6～8問の物理，化学，生物の専門選択問題によって構成されている。解答様式は記述式で，試験時間は90分，200点満点である。専門選択問題の難易度は，主に高校基礎レベルから大学入試標準レベルとなっている。年度によっては大学で扱う一般教養的な内容が含まれることもあるため，授業内容や専門の問題集等を使って復習しておくことを勧める。実験の原理や操作に関するものや生徒への指導の問題も出題されている。科目によっては，他の自治体の問題にはあまり見られないような独自の特徴を有する問題もあるので，過去問に当たるときにはその点に関しても特に注意しながら日頃の学習に取り組んでほしい。また，計算過程，グラフや図，理由の説明などの記述が比較的多い傾向にある。問題集等では，そういった問題に対して必要な情報を過不足なく記述できるように解く学習を積極的に行い，当日の時間配分を意識した学習を進めておくことが対策として非常に効果的である。基本的な対策としては，まずは教科書や資料集の内容を熟読して理解を深めた上で，実験の原理や実験に関する細かい留意点などを押さえる必要がある。その後，記述式の解答をつくることを意識して，計算問題などを文章で説明できるよう大学入試の問題集などに取り組むといった，着実なステップアップを目指すことが望ましい。学習指導要領に関しての問題は年度によっていずれかの科目で出題されることがある。2024年度は，化学においては，溶解平衡の指導についての具体的な例についての記述問題が，生物においては，生物基礎の目標の空所補充問題と生態系と生物の多様性に関する学習活動の設定についての記述問題が出題された。2023年度では物理において出題されており，今後どの科目でも出題される可能性がある。学習指導要領で示されている内容は教員を目指すものとして身につけておくべき教養であるので，しっかりと学習指導要領及び解説を熟読しておくこと。

最後に，過去問には必ず当たっておこう。数年分の過去問を実際の受験のつもりで試すことにより，出題傾向を自分で分析し，出題形式に慣れ，自分の苦手な分野を知ることができる。苦手克服の対策により，自信にもつながるであろう。

過去5年間の出題傾向分析

■中学理科

科目	分類	主な出題事項	2020年度	2021年度	2022年度	2023年度	2024年度
物理	身近な物理現象	光				●	
		音					
		力		●			
	電流の働き	電流と回路					
		電流と磁界	●				●
	運動の規則性	運動と力		●			
		仕事，エネルギー，熱			●		●
	学習指導要領	内容理解，空欄補充，正誤選択					
化学	身近な物質	物質の性質					
		物質の状態変化				●	
		水溶液	●	●			
		酸性・アルカリ性の水溶液	●				
		気体の性質					
	化学変化と分子・原子	物質の成り立ち					
		化学変化と物質の質量	●				●
	物質と化学変化の利用	酸化・還元	●				
		化学変化とエネルギー			●		
	学習指導要領	内容理解，空欄補充，正誤選択					
生物	植物のからだのつくりとはたらき	観察実験		●			●
		花や葉のつくりとはたらき		●	●		
		植物の分類					●
	動物のからだのつくりとはたらき	刺激と反応					
		食物の消化	●				
		血液の循環					
		呼吸と排出					
	生物の細胞と生殖	生物のからだと細胞				●	●
		生物の殖え方		●		●	●
		環境・生態系					
	学習指導要領	内容理解，空欄補充，正誤選択					
地学	大地の変化	岩石			●		
		地層				●	
		地震	●				
	天気の変化	雲のでき方・湿度		●			
		前線と低気圧					
		気象の変化		●			

科目	分類	主な出題事項	2020年度	2021年度	2022年度	2023年度	2024年度
地学	地球と宇宙	太陽系					●
		地球の運動と天体の動き					●
	学習指導要領	内容理解，空欄補充，正誤選択					

■高校物理

分類	主な出題事項	2020年度	2021年度	2022年度	2023年度	2024年度
力学	力	●	●		●	
	力のモーメント					
	運動方程式		●	●		●
	剛体の回転運動					
	等加速度運動	●		●	●	●
	等速円運動			●	●	●
	単振動		●	●	●	
	惑星の運動・万有引力					●
	仕事，衝突	●		●	●	●
波動	波動の基礎			●	●	●
	音波	●				●
	光波		●		●	
電磁気	電界と電位	●	●		●	
	コンデンサーの基礎	●				●
	直流回路		●			●
	コンデンサー回路					●
	電流と磁界			●	●	●
	電磁誘導			●		●
	交流電流					
	電磁波					
熱と気体	熱，状態の変化	●	●		●	
	状態方程式	●	●		●	
	分子運動			●		
	熱力学第一法則	●	●		●	
原子	光の粒子性		●		●	●
	物質の二重性		●			●
	放射線					
	原子核反応	●		●		
その他	実験・観察に対する考察					
学習指導要領	内容理解，空欄補充，正誤選択			●	●	

■高校化学

分類	主な出題事項	2020年度	2021年度	2022年度	2023年度	2024年度
物質の構成	混合物と純物質		●	●		
	原子の構造と電子配置	●	●			
	元素の周期表					
	粒子の結びつきと物質の性質		●	●	●	
	原子量，物質量		●			
	化学変化とその量的関係	●	●	●	●	
物質の変化	熱化学	●	●		●	
	酸と塩基	●	●	●		
	酸化と還元	●	●		●	
	電池			●	●	
	電気分解		●	●	●	
無機物質	ハロゲン			●		
	酸素・硫黄とその化合物					
	窒素・リンとその化合物		●			●
	炭素・ケイ素とその化合物					
	アルカリ金属とその化合物				●	
	2族元素とその化合物			●		
	アルミニウム・亜鉛など	●		●		●
	遷移元素					●
	気体の製法と性質	●		●		
	陽イオンの沈殿，分離	●			●	
有機化合物	脂肪族炭化水素					●
	アルコール・エーテル・アルデヒド・ケトン			●		
	カルボン酸とエステル			●		
	芳香族炭化水素	●			●	●
	フェノールとその誘導体	●			●	●
	アニリンとその誘導体	●			●	
	有機化合物の分離	●				
物質の構造	化学結合と結晶				●	
	物質の三態		●			
	気体の性質		●	●	●	●
	溶液，溶解度	●	●	●	●	●
	沸点上昇，凝固点降下，浸透圧	●	●		●	
反応速度と化学平衡	反応速度	●	●			●
	気相平衡					●
	電離平衡	●		●		
	溶解度積				●	
	ルシャトリエの原理		●	●		

分類	主な出題事項	2020年度	2021年度	2022年度	2023年度	2024年度
天然高分子	糖類		●			
	アミノ酸・タンパク質		●	●		
	脂質		●			
合成高分子	合成繊維				●	●
	合成樹脂（プラスチック）	●	●		●	
	ゴム		●			
生活と物質	食品の化学					
	衣料の化学					
	材料の化学					
生命と物質	生命を維持する反応					
	医薬品				●	
	肥料					
学習指導要領	内容理解，空欄補充，正誤選択					

■高校生物

分類	主な出題事項	2020年度	2021年度	2022年度	2023年度	2024年度
細胞・組織	顕微鏡の観察					●
	細胞の構造			●		
	浸透圧					
	動物の組織					
	植物の組織					
分裂・生殖	体細胞分裂					
	減数分裂	●				
	重複受精	●				
発生	初期発生・卵割		●			●
	胚葉の分化と器官形成		●			●
	誘導					●
	植物の組織培養					
感覚・神経・行動	感覚器		●		●	
	神経・興奮の伝導・伝達	●		●		
	神経系	●			●	
	動物の行動					
恒常性	体液・血液循環					●
	酸素解離曲線					●
	ホルモン	●		●		
	血糖量の調節					
	体温調節					
	腎臓・浸透圧調節			●		
	免疫		●	●		

出題傾向分析

分類	主な出題事項	2020年度	2021年度	2022年度	2023年度	2024年度
恒常性	器官生理					
	自律神経系					
遺伝	メンデル遺伝					●
	相互作用の遺伝子					
	連鎖					
	伴性遺伝					
	染色体地図					
植物の反応	植物の反応		●	●		
	植物ホルモン	●	●	●		
	オーキシンによる反応		●			
	種子の発芽	●			●	
	花芽形成			●		
遺伝子	DNAの構造とはたらき	●	●			●
	遺伝情報の発現とタンパク質合成		●	●		
	遺伝子の発現・調節			●		
	遺伝子工学	●	●		●	
酵素・異化	酵素反応		●		●	
	好気呼吸	●				
	嫌気呼吸					
	筋収縮					
同化	光合成曲線					
	光合成の反応				●	
	窒素同化				●	
	C4植物					
個体群・植物群落・生態系	成長曲線・生存曲線・生命表		●			
	個体群の相互作用			●		
	植物群落の分布					
	植物群落の遷移	●			●	
	物質の循環					
	物質生産					
	湖沼生態系					
	環境・生態系					
進化・系統・分類	進化の歴史					●
	分子系統樹			●		
	進化論					
	集団遺伝		●			
	系統・分類	●		●		●
学習指導要領	内容理解，空欄補充，正誤選択				●	●

■高校地学

分類	主な出題事項	2020年度	2021年度	2022年度	2023年度	2024年度
惑星としての地球	地球の姿					
	太陽系と惑星					
大気と海洋	大気の運動					
	天候					
	海水の運動					
地球の内部	地震と地球の内部構造					
	プレートテクトニクス					
	マグマと火成活動					
	地殻変動と変成岩					
地球の歴史	地表の変化と堆積岩					
	地球の歴史の調べ方					
	日本列島の生い立ち					
宇宙の構成	太陽の姿					
	恒星の世界					
	銀河系宇宙					
その他	実習活動の要点					
学習指導要領	内容理解，空欄補充，正誤選択					

第2部

群馬県の
教員採用試験
実施問題

2024年度　実施問題

中　学　理　科

【１】第2学年「電気とそのエネルギー」において，単元の課題「電熱線に電流を流したときに発生する熱の量には，どのような規則性があるのだろうか」を設定し，学習を進めた。次の(1)～(4)の問いに答えなさい。

(1)　次の文は，課題に対する予想を話し合う生徒のやりとりの一部である。(　a　)に当てはまる，日常生活と関連させた事象を1つ書きなさい。

> 生徒A：「発生する熱の量は，電流を流す時間が長いほど増える」と思うよ。
> 生徒B：なぜ，そうだと思ったのかな。
> 生徒A：(　a　)からだよ。
> 生徒B：私は「発生する熱の量は，電流の大きさが大きいほど増える」と思ったよ。
> それは，以前，豆電球を使って明るさを確かめる実験をしたときには，電流が大きくなるとより明るく光ったからだよ。
> 生徒C：それなら電圧も関係があるのではないかな。
> 生徒D：電流と電圧の両方が関係しているのなら，「発生する熱の量は，電力の大きさが大きいほど増える」のではないかな。

(2)　(1)の生徒Dの予想を確かめるため，図1のような装置を組み立て，【実験1】を行った。結果は表1のとおりである。あとの①～⑥の問いに答えなさい。

図1

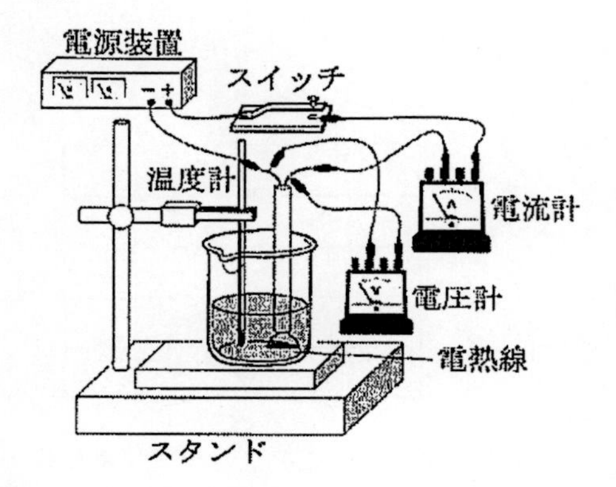

【実験1】
1. 水100cm³をはかり，カップに入れる。
2. 電熱線に3.0Vの電圧を加え，そのときの電流の大きさを記録する。
3. ときどきかき混ぜながら，3分後の水温を測定する。
4. 電圧を6.0V，9.0V，12.0Vに変えて，1～3を繰り返し行う。

表1

電圧［V］	3.0	6.0	9.0	12.0
電流［A］	0.5	1.0	1.5	2.0
電力［W］	1.5	6.0	13.5	24.0
開始前の水温［℃］	18.2	18.2	18.3	18.4
3分後の水温［℃］	18.8	20.6	23.6	27.8

① 【実験1】において，使用する水はくみ置きのものを用いる。その理由を簡潔に書きなさい。

② 【実験1】において，電熱線から発生する熱をなるべく水の温度上昇以外に逃がさないようにするために行う工夫を1つ書きなさい。

③ この実験では，電圧について，電源装置が示す値と電圧計の示

す値が異なる場合がある。その理由を書きなさい。

④　結果を基に，生徒Dが自分の予想を確かめるために作成したグラフを，図2に表しなさい。

図２

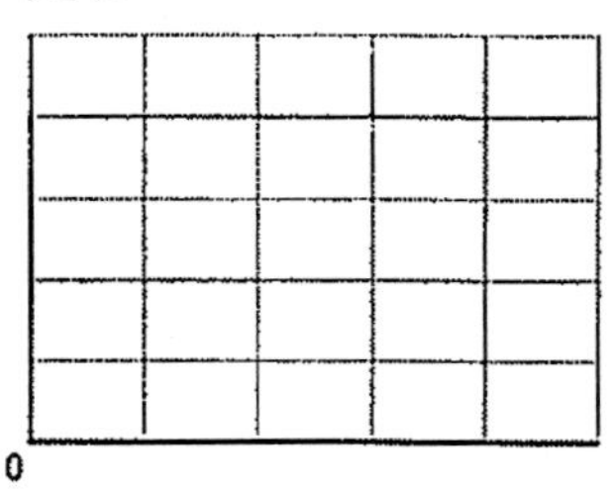

⑤　次の文は，表1を基に考察を検討する生徒のやりとりの一部である。(　a　)～(　d　)に当てはまる語句をそれぞれ書きなさい。

> 生徒B：表1の結果から，予想通り，発生する熱の量は，電流が大きくなると増えるね。
> 生徒D：僕の予想した電力についても，発生する熱の量が増えたよ。しかも，(　a　)の関係だったよ。
> 生徒B：本当だね。確かに電流のときは，(　a　)の関係にはなっていないね。
> 生徒C：電力は，(　b　)だから，電流が0.5Aから2倍，3倍となると，水の上昇温度は(　c　)倍，(　d　)倍となっているのだね。

⑥　【実験1】において，電圧が9.0Vのとき，電流によって発生したと考えられる熱の量は何Jか求めなさい。

(3)　【実験1】で用いた電熱線と比べて，断面の直径が2倍で，長さが半分の電熱線を使用すると，同じ電圧で実験したとき，発生する熱の量は何倍になるか求めなさい。

(4)　単元のまとめとして，生徒に家庭にある電気器具の例として，電気ポットを紹介した。この電気ポットの性能は「100V－1200W」である。電力が全て水の温度上昇に使われるものとしたとき，この電気ポットで10.0℃の水1000gを90.0℃まで加温するのに何秒かかるか求めなさい。ただし，電気ポット内の圧力は変化しないものとし，1gの水が1℃上昇するのに必要な熱の量を4.2Jとする。

(☆☆☆◎◎◎)

【2】第2学年「化学変化と物質の質量」において，単元の課題「化学変化が起こるとき，物質の質量の変化にはどのような規則性があるのだろうか」を設定し，学習を進めた。次の(1)，(2)の問いに答えなさい。

(1) この単元では，まず，課題「化学変化が起こると，生成した物質の質量の総和は変わるのだろうか」を設定した。次の①～③の問いに答えなさい。

① 単元の導入において，生徒が課題をつかめるよう，化学変化前後の質量の増減に着目できるような演示実験を行う。どのような演示実験が適しているか，具体例を書きなさい。

② 課題に対して，生徒Aは「化学変化が起こると，物質の質量は減る。」と予想した。そこで教師は実験方法の1つとして炭酸ナトリウム水溶液と塩化カルシウム水溶液を混ぜる実験を設定した。この実験を設定した教師の意図を2つ書きなさい。

③ 生徒Aは，課題に対する結論を次のようにまとめた。(　　)に当てはまる文を書きなさい。

化学変化で生成した物質がどこにもいかなければ，(　　)。

(2) 次に，課題「2種類の物質が反応するとき，その質量の比にはどのような規則性があるのだろうか」を設定し，銅粉を加熱したときの反応前後の質量の変化を調べる【実験2】を行った。以下の①～⑤の問いに答えなさい。

【実験2】
1．ステンレス皿にA～Eの班ごとに0.40g，0.80g，1.20g，1.60g，2.00gの銅粉をのせる。
2．銅粉がよく反応するように加熱する。

3．熱が冷めたら，ステンレス皿のまま質量をはかる。
4．2，3を繰り返し，質量が変化しなくなったら，3の質量からステンレス皿の質量を引き，酸化銅の質量を求める。

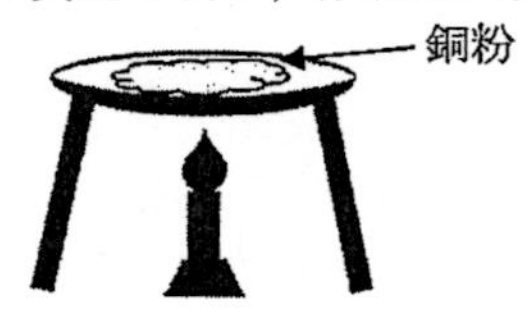

① 【実験2】では光沢のある銅粉を用いる必要がある。その理由を書きなさい。

② 予備実験を行った際，理論値と実際の結果が異なった。予備実験の結果を踏まえ，銅粉が全て反応するように，加熱する際に生徒に伝えるべき留意点を書きなさい。

③ 【実験2】を行ったところ表2のような結果となった。表2から銅の質量と反応した酸素の質量を図3のグラフに表しなさい。

表２

班	A	B	C	D	E
加熱前の銅の質量〔g〕	0.40	0.80	1.20	1.60	2.00
生成した酸化銅の質量〔g〕	0.50	0.98	1.50	2.01	2.49

図３

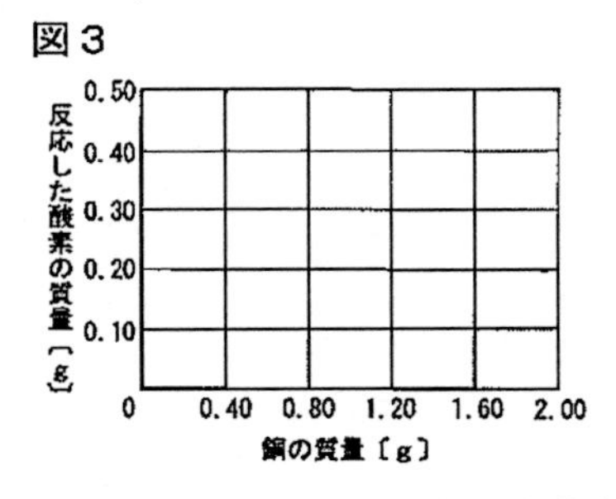

④ 次の文は，この実験結果を基に，化学変化と質量保存について生徒が書いた【レポートの一部】である。(　a　)に当てはまる言

葉と，(b)，(c)に当てはまる数字をそれぞれ書きなさい。
また，【実験2】の銅と酸素の反応を化学反応式で表しなさい。

【レポートの一部】

結果より銅の質量が0.80gのときに反応した酸素の質量は0.18g，1.20gのときに0.30gなどと分かった。結果をグラフに表すと，銅と反応した酸素の質量には(a)の関係があると言える。 銅を加熱したとき，反応する銅と酸素の質量比は，銅：酸素＝(b)：(c)になると考えられる。

⑤ 銅粉2.40gを一度だけ加熱した後，反応後の物質の質量を測定すると2.80gであった。このとき，酸素と反応せずに残った銅粉と，残った銅が全て反応するためにさらに必要な酸素の質量を求めなさい。

(☆☆☆◎◎◎)

【3】第1学年「生物の体の共通点と相違点」において，単元の課題「植物や動物は，どのような特徴によって分類できるのだろうか」を設定し，次の□にある10種類の生物を例として学習を進めた。以下の(1)～(4)の問いに答えなさい。

アブラナ	アリ	ウサギ	カエル	スズメ
タンポポ	ツツジ	トカゲ	トマト	メダカ

(1) 単元の導入の場面において，□にある生物を生徒がそれぞれ設定した観点によって分類する活動を行った。このことについて，次の①～③の問いに答えなさい。

① 生徒Aは図4のように，「動物」と「植物」に分類した。このように，単元の導入で，生徒がそれぞれ設定した観点によって生物を分類する活動を行わせた教師の意図を簡潔に書きなさい。

図4

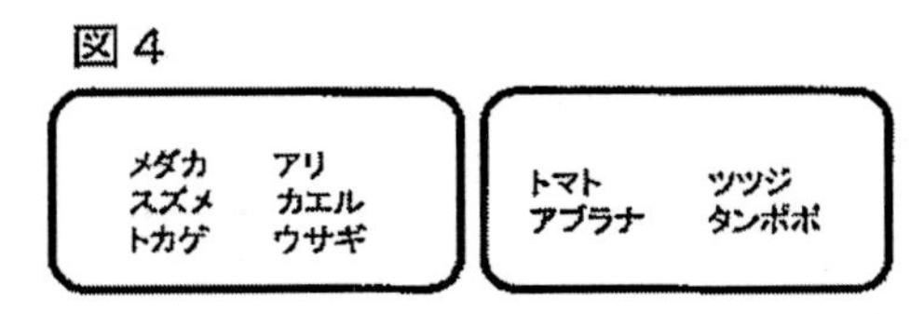

②　生徒Bは図5のように分類した。このときの分類した観点を書きなさい。

図5

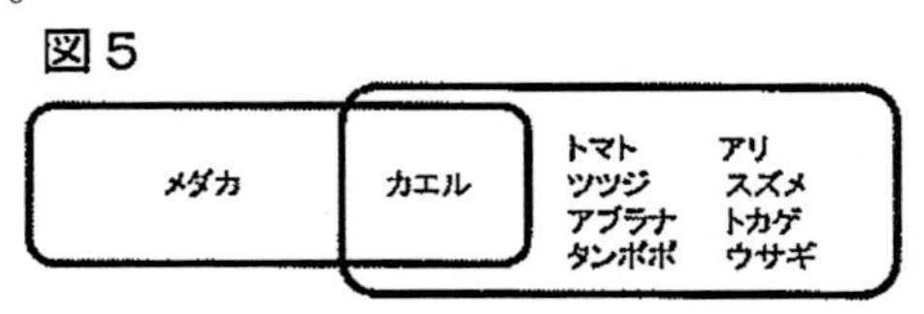

③　生徒Bに対し，教師は更に「ミズバショウ」を提示した。このように新たな生物を提示する教師の意図を簡潔に書きなさい。

(2)　図4の分類について，「動物と植物は，両方とももっと細かく分類できるのではないか」と考えた生徒がいた。そこで，課題「植物は，どのような特徴によってさらに分類できるのだろうか」を新たに設定したところ，生徒Cは「花のつくりによって分類できる」と予想したため，【観察】を行った。次の①～③の問いに答えなさい。

【観察】
1. アブラナ，タンポポ，ツツジ，トマトの花を採取する。
2. 全体を観察する。
3. 分解して，花のつくりをルーペや双眼実体顕微鏡で観察する。

①　【観察】で，分解した花のつくりを，ICT機器を用いて写真を撮影した。撮影した写真の活用として効果的な方法を1つ書きなさい。

②　双眼実体顕微鏡の正しい使用手順となるように，次のア～エを並び替えなさい。

ア　左目だけでのぞきながら，視度調節リングを左右に回して，ピントを合わせる。

イ　粗動ねじをゆるめ，鏡筒を上下させておよそのピントを合わせる。

ウ　右目だけでのぞきながら，微動ねじでピントを合わせる。

エ　両目の間隔に合うように，鏡筒を調節し，左右の視野が重なって1つに見えるようにする。

③　次の文は，【観察】の結果を基に考察を検討する生徒のやりとりの一部である。(　a　)～(　c　)に当てはまる文，又は語句をそれぞれ書きなさい。

生徒A：トマトとツツジには，(　a　)という共通点があったよ。 生徒B：アブラナは(　b　)という特徴から，トマトやツツジとは異なる仲間に分類できそうだ。 生徒C：タンポポは，トマトやツツジと(　c　)仲間になりそうだね。

(3)　動物についても，植物と同様にさらに分類できるか追究したところ，図6のように分類できることが分かった。そこで【演習】を行い，これまでに学習してきたことを活用する場面を設定した。あとの①，②の問いに答えなさい。

図6

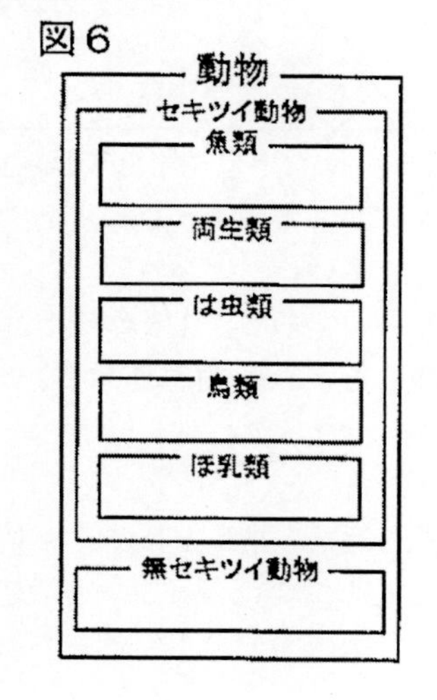

【演習】
1. 2人1組になり，質問者と回答者に分かれる。
2. 回答者は，アリ，ウサギ，カエル，スズメ，トカゲ，メダカの中から1つ動物を選ぶ。
3. 質問者は，動物の体のつくりや生活の特徴に関して，「はい」か「いいえ」で答えられる質問をする。
4. 質問者は，回答者の選んだ動物の分類名が分かった時点で答える。

① 次の文は，生徒Dが質問し，生徒Eの選んだ動物の分類を答える際のやりとりの様子である。この時点で考えられる動物の分類名は何か，2つ書きなさい。

生徒D：その動物には背骨がありますか？
生徒E：はい。
生徒D：その動物は胎生ですか？
生徒E：いいえ。
生徒D：その動物には水中で生活をする時期がありますか？
生徒E：はい。

② ①について，あと1つだけ質問をして回答者の選んだ動物の分類名が分かるためには，どのような質問をすればよいと考えられるか，簡潔に書きなさい。

(4) 単元のまとめとして，学級で図鑑を作ることにした。この活動を通して生徒に気付かせたいことを1つ書きなさい。

(☆☆☆◎◎◎)

【4】第3学年「月や金星の運動と見え方」において，単元の課題「月や金星の見え方は，なぜ変わるのだろうか」を設定し，学習を進めた。次の(1)～(4)の問いに答えなさい。

(1)　夕方6時の月の形と位置の変化を調べる観測を家庭で行った。次の①，②の問いに答えなさい。

①　月のように惑星の周りを公転する天体を何というか書きなさい。

②　日ごとに変化する月の形と位置を継続的に観測し記録するには，どのような観測場所がよいと考えられるか，2つ書きなさい。

(2)　(1)で行った月の観測記録をまとめた図7を基に，月の見え方の特徴について考える学習を行った。図8は北極側から見た地球と月の位置関係を模式的に示したものである。以下の①，②の問いに答えなさい。

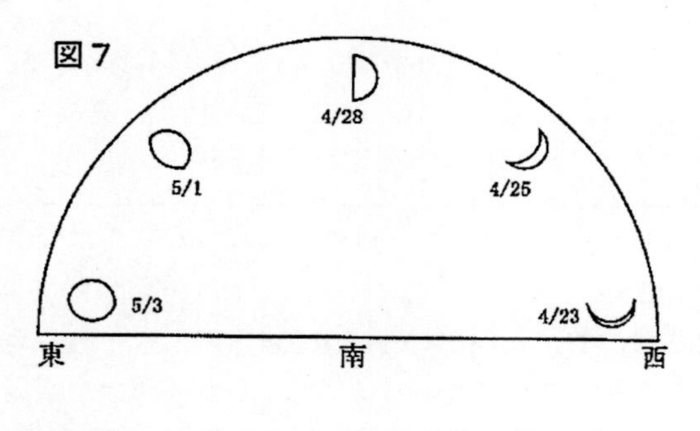

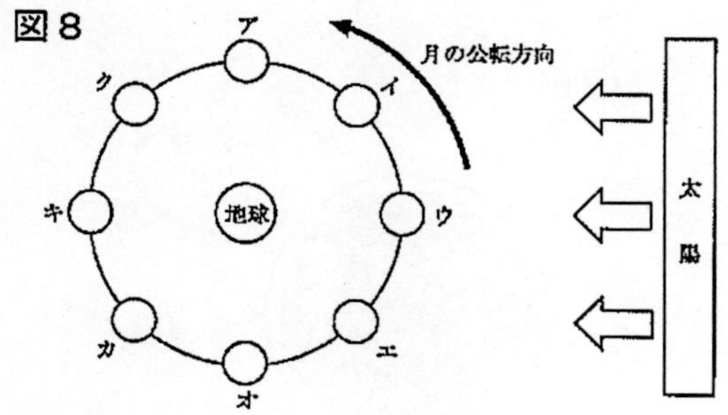

①　次の文は，観察記録を基に意見交流している生徒のやりとりの一部である。(　a　)，(　d　)，(　e　)に当てはまる語句と，(　b　)，(　c　)に当てはまる記号をそれぞれ書きなさい。

生徒A：夕方6時に見える月の形は，日がたつにつれて，三日月から，半月，満月へと形が変わっていったよ。 生徒B：月の見える形は変わっていったけど，<u>月の模様はいつも同じに見えた</u>な。 生徒C：4月28日に見えた右側が明るい半月は，(　a　)という別のよび方もあるのだね。 生徒A：この日の地球と月の位置関係は，図8の(　b　)になるね。 生徒B：満月の日の地球と月の位置関係は，図8の(　c　)になるのかな。 生徒C：そうだね。月が(　c　)の位置にあるとき，満月になり，夕方に(　d　)の空に見え，真夜中に(　e　)の空に見えるのだね。

② 上の生徒のやりとりの下線部のようになるのはなぜか，理由を書きなさい。

(3) 図9は，2012年5月21日の午前7時34分に東京のある地点で，東の空に見える太陽が月によって一部かくされる現象を観測したものである。以下の①，②の問いに答えなさい。

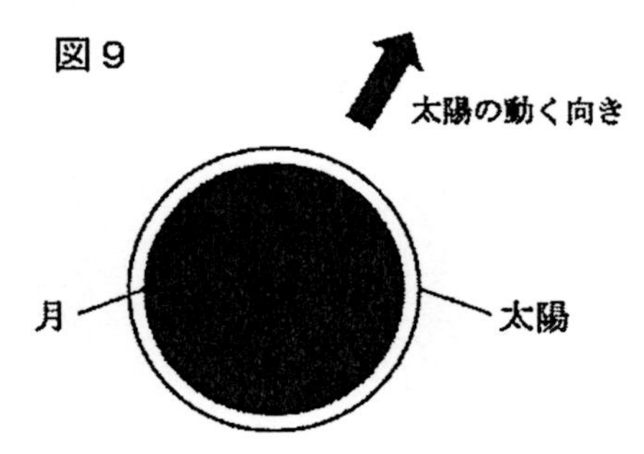

① 月によって太陽がかくされる現象のうち，図9のように，太陽がリング状に見えるものを何というか書きなさい。また，太陽の全てが月によってかくされるのではなく，図9のようになるとき

のしくみを説明しなさい。

② この日は午前6時19分から月によって太陽の一部がかくされる現象が始まった。見かけ上，太陽のどちら側からこの現象は始まったように見えるか書きなさい。また，そのようになる理由を説明しなさい。

(4) 課題「地球から見える金星の見え方はどのように変化するのだろうか」を設定し，図10の観測資料を基に学習を行った。図11は北極側から見た地球と金星の位置関係を模式的に示したものである。以下の①～③の問いに答えなさい。

図10

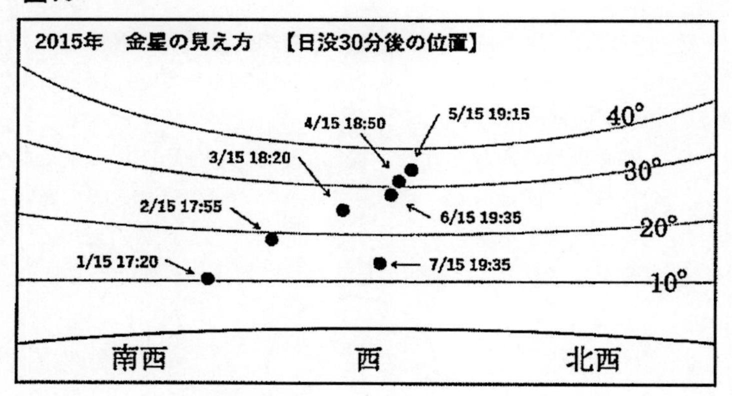

図11

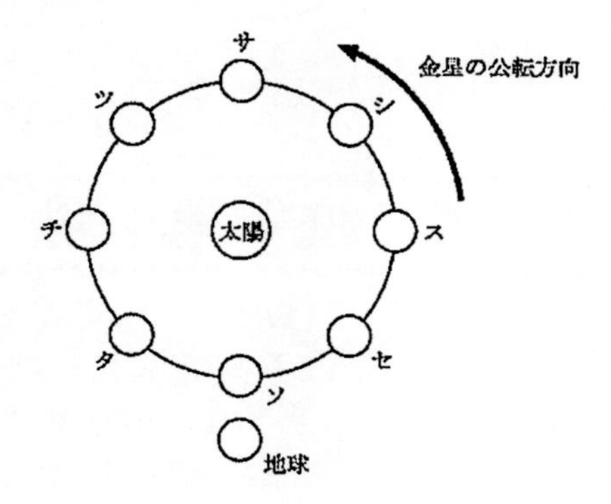

① 次の文は，観測資料を基に気付いたことを話し合っている生徒のやりとりの一部である。(　　)に当てはまる語句を書きなさい。

生徒D：図10のように，夕方，西の空に見える金星を(　　)と呼ぶのだよ。
生徒E：日没30分後に見える金星の高さは，1月から上がっていき，5月15日が一番高くなっているね。
生徒D：この日の地球と金星の位置関係は，図11のどこになるのかな。
生徒E：この日の金星はどのような形に見えるのだろう。

② 課題を解決するため，太陽と金星の位置関係に着目したモデル実験を行いたい。どのようなモデル実験を行うか，図と言葉で具体的に説明しなさい。

③ ①の生徒のやりとりの下線部について，5月15日に見えた金星の位置は，図11のどこか記号で書きなさい。また，そのときに見える金星の形を次に記入しなさい。ただし，金星の光っていない部分を黒塗りとし，肉眼で見える形を記入するものとする。

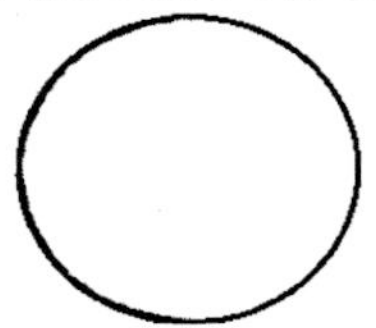

(☆☆☆◎◎◎)

高　校　理　科

【物理】

【１】波に関して，次の〔Ⅰ〕,〔Ⅱ〕の問いに答えなさい。

〔Ⅰ〕 波の基本事項に関して，次の(1)，(2)の問いに答えなさい。

(1) 次の①～③の現象と最も関係が深い波の性質を，以下のア～カから1つ選べ。

① 海を伝わる波の波面は，沖から海岸に近づくにつれて海岸線に対して平行になる。

② ノイズキャンセリングヘッドフォンでは，周囲の雑音と逆位相の音をスピーカーから発生させ，雑音による影響を軽減させている。

③ FM放送(超短波)に比べて，AM放送(中波)は，建物や山かげに電波が届きやすい。

ア 反射　イ 屈折　ウ 回折　エ 分散　オ 散乱　カ 干渉

(2) ドップラー効果の公式を用いると，音源と観測者が同じ向きに同じ速さで動いているとき，観測者が聞く音の振動数は，音源の振動数と変わらない。そのため生徒の中には，「このとき，音波には何も変化は起きていない」と勘違いしてしまう生徒もいる。実際にはそうではないことを，次の【説明】のように，現象の途中過程を考えることで気付かせようとした。【説明】の中の①～④に当てはまる適切な語句を答えよ。

【説明】

音源が観測者に近づくことによって，音波の波長は(　①　)。これを静止した観測者が聞くと，音波の波形の山が届く時間間隔が(　②　)ので振動数は(　③　)。しかし，いま観測者は音源から遠ざかろうとする向きに移動しているので，音波の波形の山が届く時間間隔は，静止している場合よりも(　④　)。その結果，音源の運動による効果と観測者の運動による効果が相殺されて，振動数の変化が無くなる。よって，移動している観測者が聞く振動数は結果的に変わらなかったが，音波には変化が起こっているのである。

〔Ⅱ〕 図1のように，x軸上にある静止した音源と，音源から発生する波を観測しながら一定の速さv_0($v_0>0$)で遠ざかっている観測者を考える。音源は，任意の時刻tにおいて，媒質のx軸方向の変位Xが$X=$

$A\sin(2\pi ft)$になるような波を発生させている。Aは振幅，fは振動数であり，音が伝わる速さをVとする。

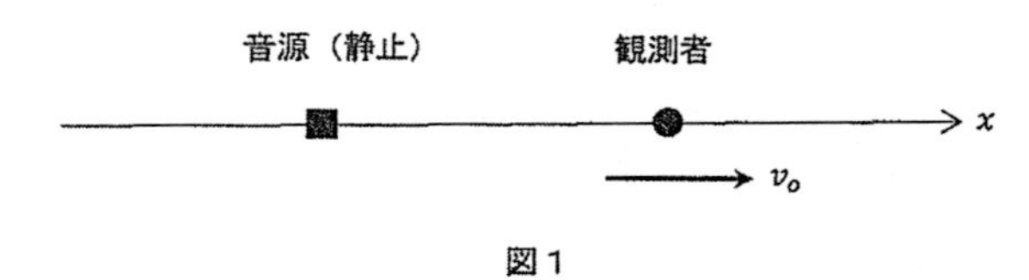

図1

観測者が，時刻t_0で位置x_0を通過した。次の(3)～(6)の問いに答えなさい。ただし，音波の減衰は考えないものとする。

(3)　時刻t_0において観測者が観測する音波による媒質の変位x_0を，A，f，t_0，V，x_0を用いて表せ。

(4)　時刻t_0から微小時間Δtだけ進んだ時刻$t_0+\Delta t$における観測者の位置x'を，Δt，v_0，x_0を用いて表せ。

(5)　(4)の時刻$t_0+\Delta t$において観測者が観測する音波による媒質の変位X'を，A，f，t_0，Δt，v_0，V，x_0を用いて表せ。

(6)　時刻t_0から時刻$t_0+\Delta t$において，観測者が観測する波の位相が2π変化したとする。このとき，Δtの逆数は観測者が観測する振動数f'を表す。このことを利用して，f'をV，v_0，fを用いて表せ。

(☆☆☆◎◎◎)

【2】熱と温度に関して，以下の問いに答えなさい。

熱容量Cの銅製容器に，質量m，比熱cの水をいれた。このときの容器と水はともに温度tである。図のように，水の中へあらかじめ温めておいた温度$T(T>t)$，質量Mで比熱が未知の金属球を入れて水をかき混ぜたところ，水の温度はT_hになって熱平衡に達した。水の温度は温度センサーを用いて時間経過とともに測定できる。また，銅製容器は断熱材で囲まれており，水をかき混ぜる道具やセンサーの熱容量は無視できるものとする。

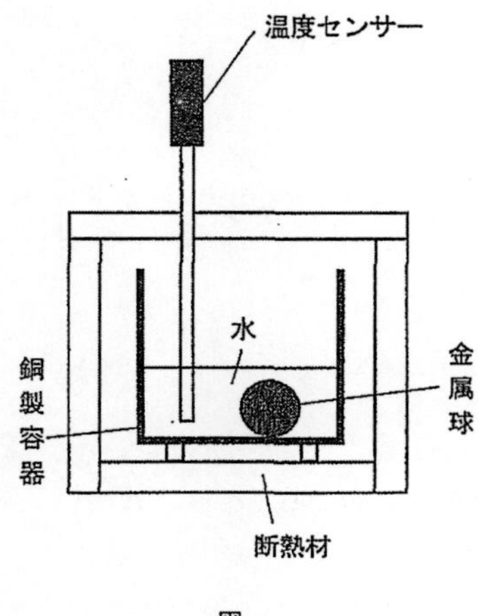

図

(1) 温度センサーの測定によって得られた水の温度と時間のグラフの概形として最も適切なものをア～エの中から1つ選べ。ただし，温度の測定は金属球を水に入れた瞬間から開始し，測定中は水と銅製容器，金属球のみで熱が移動するものとする。

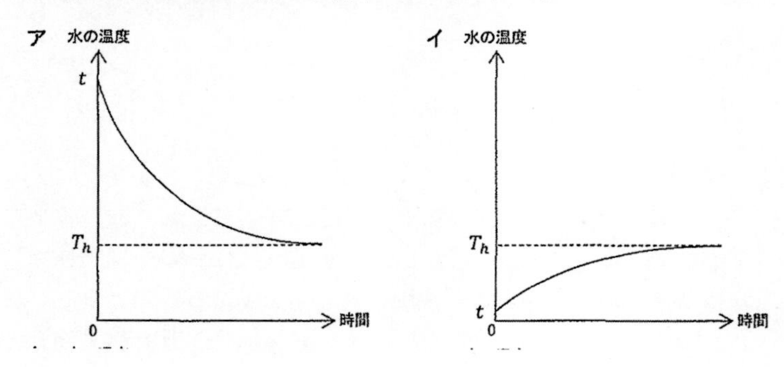

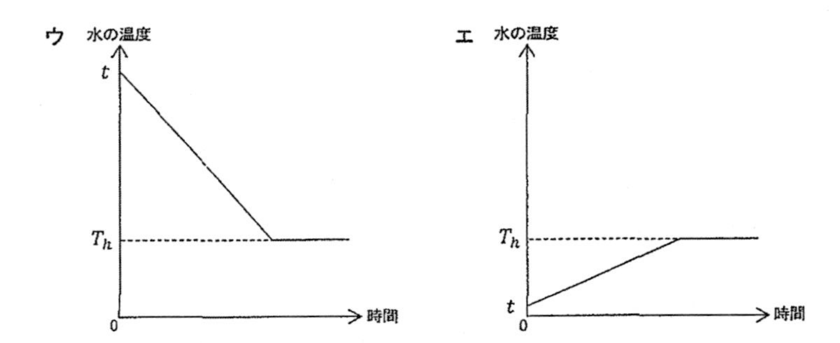

(2)　水が金属球から得た熱量を，m，c，t，T_hを用いて表せ。

(3)　金属球の比熱を，m，M，c，C，t，T，T_hを用いて表せ。

(4)　生徒が金属球の比熱を測定する実験において次の①～③のような操作・考察をした場合，金属球の比熱の計算結果は金属球の真の比熱の値に対して大きくなるか，小さくなるか，それぞれ答えよ。

①　温めた後にしばらく空気中に放置して温度がT'($t<T'<T$)に下がった金属球を水に入れた。

②　水と金属球のみで熱が移動したと考えた。

③　金属球を水に入れた後，熱平衡に達する前の水の温度をT_hとした。

(☆☆☆◎◎◎)

【3】万有引力に関して，次の〔Ⅰ〕～〔Ⅲ〕の問いに答えなさい。

〔Ⅰ〕　図1のように，地上の1点から鉛直上方へ質量m_1〔kg〕の小物体を打ち上げる。地球は半径R〔m〕，質量m_2〔kg〕の一様な球で，小物体は地球から万有引力の法則に従う力を受けるものとする。ただし，地上での重力加速度の大きさをg〔m/s^2〕，万有引力定数をG〔N・m^2/kg^2〕とする。また，地球の自転および公転による影響は無視できるものとする。

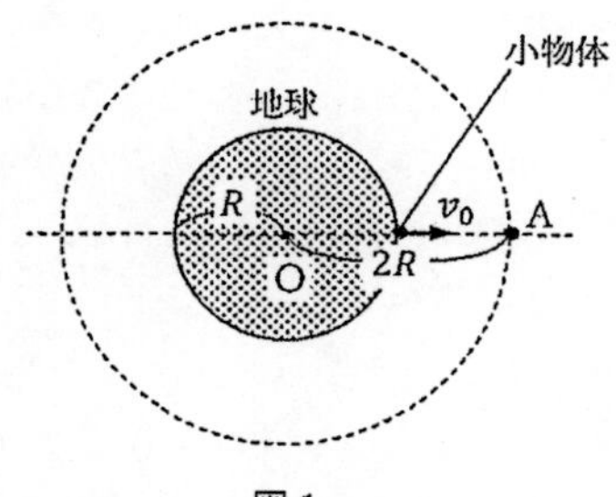

図1

(1)　地上での重力加速度の大きさgをR，m_2，Gを用いて表せ。

(2)　小物体の速度が地球の中心Oから$2R$の距離にある点Aで0になるためには，小物体の初速度の大きさv_0〔m/s〕をいくらにすればよいか。g，Rを用いて表せ。

〔Ⅱ〕　図2のように，地上から打ち上げられた小物体の速度が点Aで0になった瞬間，小物体に大きさがv〔m/s〕でOAに垂直な方向の速度を与える。

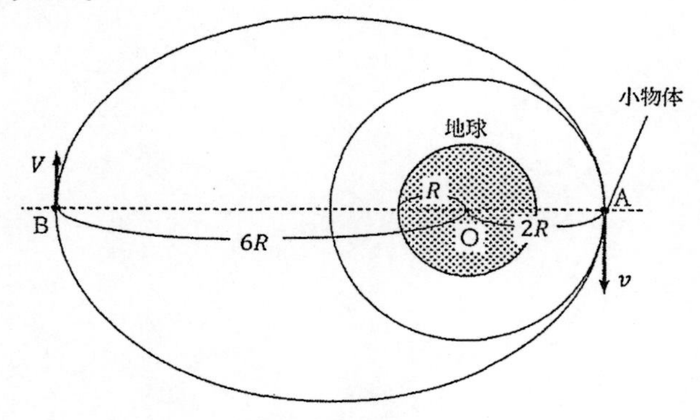

図2

(3)　小物体が地球の中心Oを中心とする等速円運動をするためには，vをいくらにすればよいか。g，Rを用いて表せ。また，この円運動の周期T_1〔s〕をg，Rを用いて表せ。

(4)　点Aで小物体に与える速さvが(3)で求めた値からずれると，物体の軌道は，地球の中心を1つの焦点とするだ円となることがある。小物体がABを長軸とするだ円軌道を描くとき，次の①～③の問いに答えよ。ただし，点Bの地球の中心からの距離は$6R$である。また，この場合でもケプラーの法則が成立するものとする。

① 点Bにおける物体の速さV〔m/s〕を，vを用いて表せ。

② 速さvをg，Rを用いて表せ。

③ このだ円運動の周期T_2〔s〕をg，Rを用いて表せ。

(5) だ円軌道はvが大きくなるほど大きくなり，vがある値以上になると，物体は無限遠方に飛び去ってしまう。小物体が地球に衝突もせず，かつ無限遠方に飛び去ることもなくだ円軌道を描き続けるためには，速さvはどのような範囲にならなければならないか，不等式で表せ。

〔Ⅲ〕太陽系惑星の運動は極めて円運動に近い。そこで，図3のように，太陽を中心とした等速円運動をする惑星を仮定する。ここで，太陽の質量をM〔kg〕，惑星の質量をm〔kg〕，太陽の中心から惑星の中心までの距離をr〔m〕，周期T〔s〕とする。

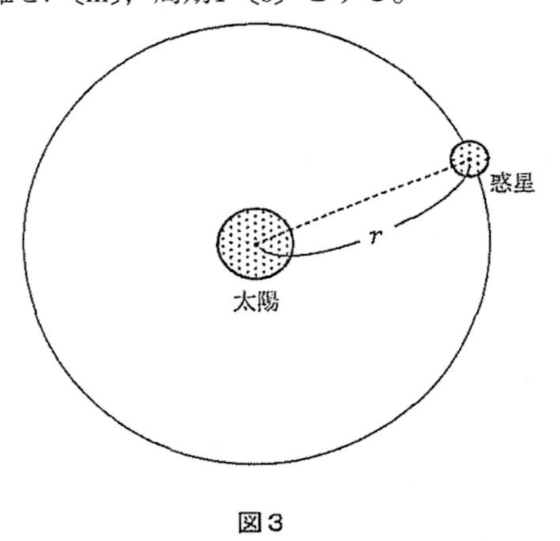

図３

(6) この惑星が太陽から受ける向心力の大きさF〔N〕は，「惑星の質量mに比例し，太陽の中心から惑星の中心までの距離rの2乗に反比例する」ことを，ケプラーの法則を用いて，授業場面を想定して簡潔に説明せよ。

(7)　この惑星と太陽は万有引力を及ぼし合っており，その万有引力による位置エネルギーU〔J〕は無限遠を基準にとると，$U=-\frac{GMm}{r}$ (G：万有引力定数)と表されることを，簡潔に説明せよ。ただし，図4のように，太陽の中心を原点とみなし，惑星の中心を通る直線をx軸と定める。

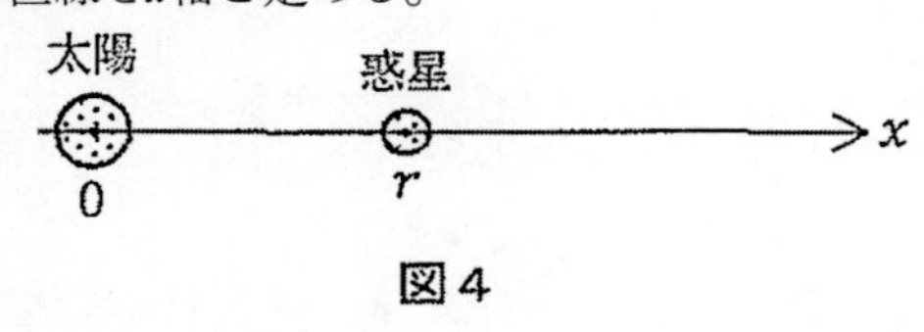

図4

(☆☆☆◎◎◎)

【4】コンデンサーに関して，次の〔Ⅰ〕,〔Ⅱ〕の問いに答えなさい。

〔Ⅰ〕 図1のように，十分大きな断面積Sで厚さの無視できる同じ形の2枚の金属板を幅dで平行に並べた平行板コンデンサーがある。このコンデンサーの上面の金属板に電気量Q，下面の金属板に電気量$-Q$を与えた。真空の誘電率をε_0とし，板の端の効果を無視する。以下の(1)，(2)の問いに答えなさい。

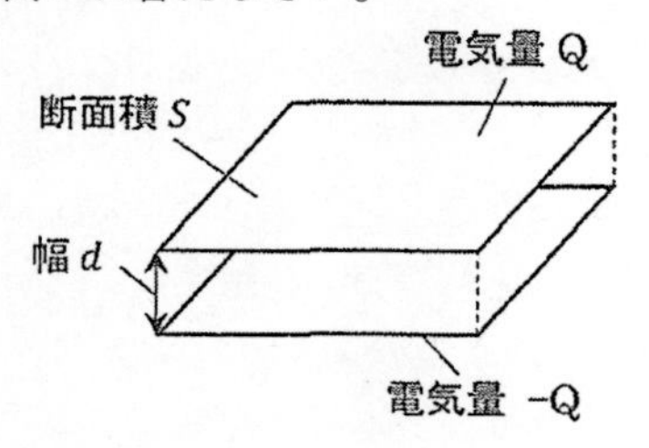

図1

(1)　平行板コンデンサーの電気容量を，ε_0，d，Sを用いて表せ。

(2)　金属板の間の電位差を，ε_0，d，S，Qを用いて表せ。

〔Ⅱ〕 図1のコンデンサーの電気容量をCとする。電気量がQで帯電した状態のコンデンサー，抵抗値がRの抵抗，起電力がVの電源，スイッチを用いて，図2のような回路をつくった。その後，スイッチを閉じて，十分時間が経過した。以下の(3)～(7)の問いに答えなさい。

ただし，電源の内部抵抗は無視できるものとする。

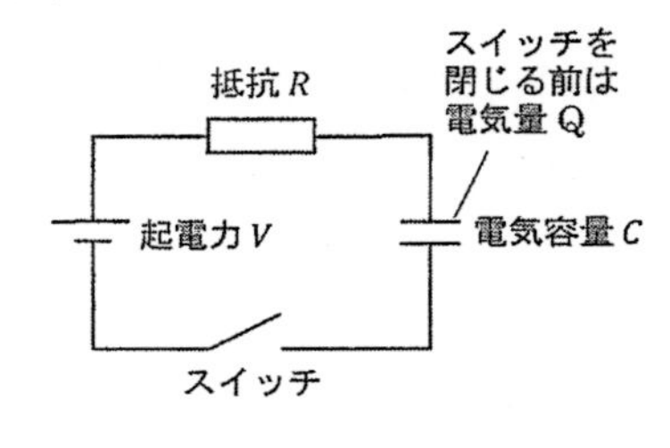

図2

(3) 十分時間が経過した後で，回路を流れる電流を求めよ。

(4) 十分時間が経過した後で，コンデンサーに蓄えられた静電エネルギーを，C，Q，R，V，から必要なものを用いて表せ。

(5) スイッチを閉じてから十分時間が経過するまでに，電源がした仕事を，C，Q，R，V，から必要なものを用いて表せ。

(6) スイッチを閉じてから十分時間が経過するまでに，抵抗で生じたジュール熱を，C，Q，R，V，から必要なものを用いて表せ。

(7) コンデンサーが日常生活で活用されている例として，スマートフォンのタッチパネルを取り上げる。スマートフォンのタッチパネルでタッチした位置を特定する仕組みは，次の(i)～(iii)の手順で説明される。

(i) 人の指がスマートフォンのタッチパネルに触れると，パネルに蓄えられていた電荷が指へ移動する。

(ii) パネル側の電極と指の間でコンデンサーが形成されることで，タッチした部分の合成容量が変化する。

(iii) パネル上の合成容量が変化した部分を検知して，タッチした箇所を認識する。

人が手袋をつけてスマートフォンの画面をタッチしても，タッチパネルが反応をしなかったとき，その理由を指とタッチパネルとの距離に注目し，「静電容量」の用語を用いて説明せよ。ただし，手袋はすべて不導体の素材でできているものとする。

(☆☆☆◎◎◎)

【5】電磁誘導に関して，次の問いに答えなさい。

図のように，磁束密度Bの一様な磁場中に，太さの無視できる半径rの導体環とその中心Oのまわりで自由に回転できる長さaの導体棒OPが，磁場と垂直に置かれている。回路の中には抵抗Rが繋がれている。導体棒OPは，導体環との接点Tで一定の摩擦力を受けながら，回転できる。最初，スイッチは開いている。次の(1)～(8)の問いに答えなさい。ただし，(1)～(7)までは導体棒の抵抗は考えないものとする。

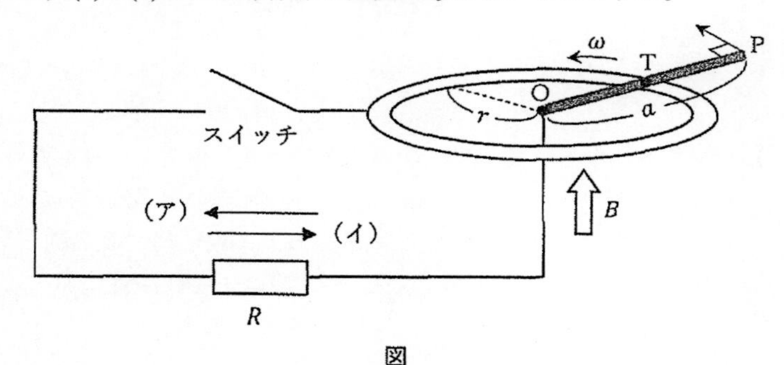

図

(1)　導体棒の先端Pに一定の大きさの力を加えながら，角速度ωで上から見て反時計まわりに回転させる。微小時間Δtの間にOTの部分が横切る磁束$\Delta \Phi$を，B，r，ω，Δtを用いて表せ。

(2)　OT間に生じる誘導起電力の大きさVを，B，r，ωを用いて表せ。

次に，図のスイッチを閉じた。導体棒を同じ角速度ωで回転させるためには，先端Pに，導体棒と直角な方向にさらに力を付加する必要がある。

(3)　このとき，抵抗Rを流れる電流の大きさIを，B，r，ω，Rを用いて表せ。また，電流の向きを図の(ア)か(イ)のいずれかで答えよ。

(4)　抵抗Rで消費される電力Pを，B，r，ω，Rを用いて表せ。

(5)　(4)の結果を利用し，新たに付加する力の大きさF_1を，B，r，ω，R，aを用いて表せ。

(6)　導体棒OPを流れる電流が磁場から受ける力の大きさF_2を，B，r，ω，Rを用いて表せ。

(7)　授業中にこの問題を扱っている際，生徒から，「導体棒が同じ角速度で回転するためには，新たに付加する力と，電流が磁場から受ける力がつり合えばよいはずですよね。そのため$F_1=F_2$だと考えたのですが，値が一致しないのはなぜですか？」という質問を受けた。この質問に対する回答として，力のモーメントの視点で論理的に説明せよ。

(8)　導体棒OPが抵抗値Xを持っている場合を考える。その場合，抵抗Rで消費される電力P'を，B，r，ω，R，a，Xを用いて表せ。

(☆☆☆◎◎◎)

【６】コンプトン効果に関して，次の〔Ⅰ〕,〔Ⅱ〕の問いに答えなさい。

〔Ⅰ〕 図1のように，波長λ〔m〕のX線(入射X線)を黒鉛片に当てたとき，さまざまな角度において散乱されたX線を調べる実験をした。図中のA～Dは観測点を示しており，図2は，各観測点における散乱X線の波長とその強度について調べたものである。

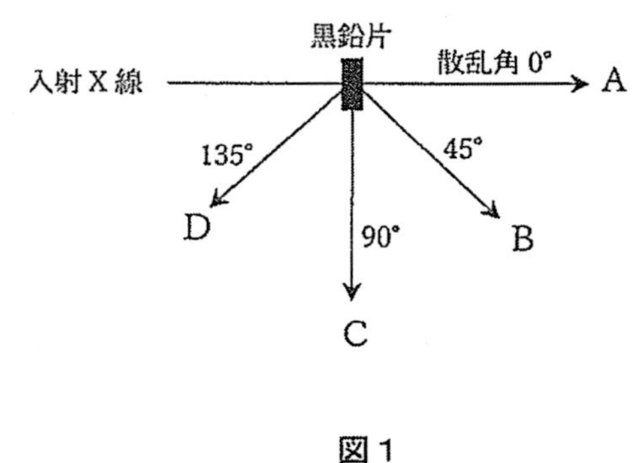

図１

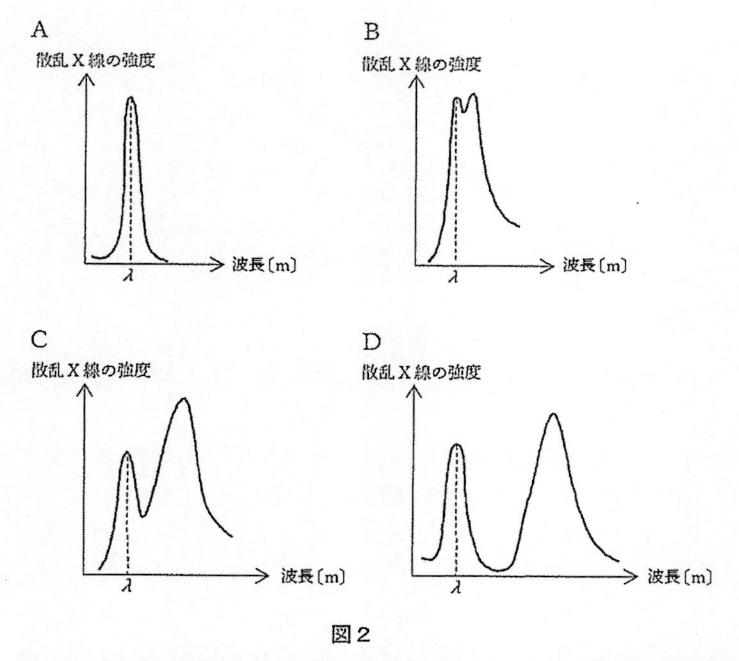

図2

(1) この実験結果から，X線を波動と考えたときの矛盾点を簡潔に説明せよ。

〔Ⅱ〕 次に，図3のように，$x-y$平面の原点に静止している質量m〔kg〕の電子に，波長λ〔m〕のX線をx軸方向に入射したとき，電子はx軸方向に対してα〔rad〕の角度に速さv〔m/s〕ではね飛ばされ，X線はθ〔rad〕の角度に散乱された。この散乱されたX線の波長をλ'〔m〕とする。ここで，この現象はX線光子と電子が弾性衝突をするものとし，弾性衝突ではエネルギーと運動量がともに保存されるとする。また，光の速さをc〔m/s〕，プランク定数をh〔J・S〕とし，次の(2)～(6)の問いに答えなさい。

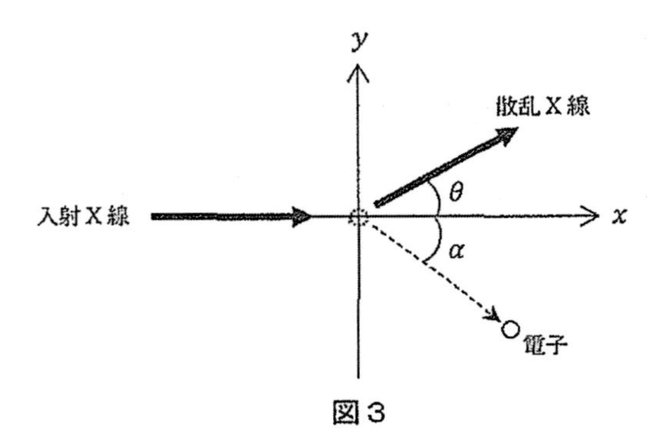

図3

(2)　X線光子と電子における散乱前後でのエネルギーに関する関係式を求めよ。

(3)　X線光子と電子における散乱前後での運動量に関して，x軸方向，y軸方向のそれぞれについて関係式を求めよ。

(4)　(2)，(3)より，λ'をλ，m，c，h，θを用いて表せ。ただし，λ'とλが非常に近い値の場合は，$\frac{\lambda'}{\lambda}+\frac{\lambda}{\lambda'}\fallingdotseq 2$が成り立つものとする。

(5)　(4)の結果を利用し，散乱角$\theta=90°$のときの$\lambda'-\lambda$の値を有効数字2桁で求めよ。ただし，$h=6.6\times10^{-34}$〔J・s〕，$c=3.0\times10^{8}$〔m/s〕，$m=9.1\times10^{-31}$〔kg〕とする。

(6)　X線の波長は10^{-11}～10^{-8}〔m〕程度である。X線の代わりに可視光線(380～770〔nm〕)を入射した場合，コンプトン効果が顕著には現れなくなる。その理由を(4)，(5)の結果を参考に，簡潔に説明せよ。

(☆☆☆◎◎◎)

【化学】

※　(式)とあるところは途中の式などを書くこと。また，必要があれば次の値を用いなさい。

原子量　H＝1.0，C＝12，N＝14，O＝16，Na＝23，S＝32，Cl＝35.5，K＝39，Fe＝56，Cu＝64，Zn＝65，Ag＝108，Pb＝207，アボガドロ定数　$N_A=6.0\times10^{23}$/mol　気体定数　$R=8.3\times10^{3}$Pa・L/

(K・mol)　ファラデー定数　F＝9.65×10^4C/mol

【1】次の(1)～(10)の問いに答えなさい。

(1)　イオン結晶であるものをア～オの中から1つ選び，記号で答えよ。

ア　ダイヤモンド　　イ　塩化アンモニウム　　ウ　エタノール

エ　塩化水素　　オ　銅

(2)　次の下線部が単体ではなく元素名として用いられているものをア～オの中から1つ選び，記号で答えよ。

ア　アルミニウムは，アルミナ(酸化アルミニウム)を原料としてつくられる。

イ　水を電気分解すると，水素と酸素が発生する。

ウ　発育期には，カルシウムが多く含まれた食品をとるように心がけたほうがよい。

エ　塩素には酸化作用があり，ヨウ化カリウムデンプン紙を青変させる。

オ　アンモニアは，鉄を主成分とする触媒を用いて窒素と水素から合成される。

(3)　水に溶かしたとき，水溶液が塩基性になる塩をア～オの中から1つ選び，記号で答えよ。

ア　NH_4Cl　　イ　$NaHSO_4$　　ウ　$CaCl_2$　　エ　KNO_3

オ　Na_2CO_3

(4)　5.6gの鉄粉を含む使い捨てカイロが，次の反応によって発生する熱量〔kJ〕を有効数字2桁で書け。

$$4Fe + 3O_2 + 6H_2O \rightarrow 4Fe(OH)_3$$

ただし，このときの反応熱の大きさは，鉄1molあたり400kJとする。

(5)　アルケン1.4gと塩素を付加反応させたところ，アルケンはすべて消費され，2.1gの生成物が得られた。このアルケンの分子式を書け。

(6)　硝酸はオストワルト法によりアンモニアから作られる。アンモニア3.4kgをすべて反応させて硝酸を得る場合，70％の濃硝酸は何kgできるか。有効数字2桁で書け。

(7)　ハロゲン化水素のうち，フッ化水素以外は強酸であるのに対し，フッ化水素だけは弱酸であるのはなぜか，説明せよ。

(8)　次の図の構造式で表される有機化合物について生徒が，「2－エチルプロパン」と誤った名前を付けた。正しい物質名に訂正し，名前の付け方について説明せよ。

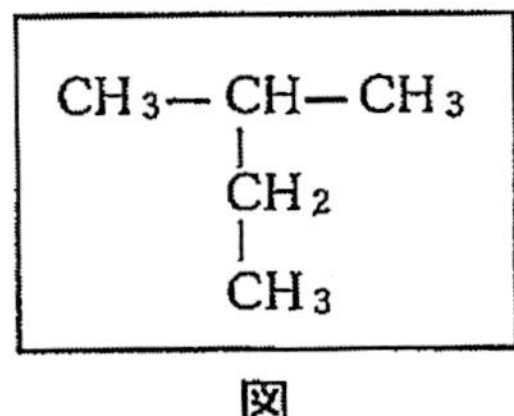

図

(9)　授業中，黒板に酢酸の化学式がCH_3COOHと書かれているのを見て，なぜ$C_2H_4O_2$と表さないのか，生徒から質問があった。これについて，酢酸を$C_2H_4O_2$で表すことで生じる問題に着目して説明せよ。

(10)　あるコロイド溶液をU字管に入れ，2本の白金電極をそれぞれの管口に挿入し，直流電圧をかけた。その結果，コロイド粒子は陰極のほうへ移動した。この結果から，このコロイド粒子のどのような性質がわかるか，書け。

(☆☆☆◎◎◎)

【2】気体の性質について，次の(1)～(5)の問いに答えなさい。

(1)　気体の中には，その性質を利用して日常的に使われているものがある。その中でも窒素は，常温では化学反応が起こりにくい気体の1つである。気体の窒素が利用されている身近な例を1つ挙げよ。

(2)　気体の捕集法には，水上置換法，上方置換法，下方置換法がある。次の気体のうち下方置換法で捕集することが適切な気体をア～オの中から1つ選び，記号で答えよ。

ア　水素　　イ　アンモニア　　ウ　酸素　　エ　塩素

オ　一酸化窒素

(3)　27℃において，次の図のように2.0×10^4PaのプロパンC_3H_8の入った3.0Lの容器Aと2.4×10^5Paの酸素が入った2.0Lの容器Bがコックで連結されている。コックを開いて気体を混合し，十分な時間がたった後，容器内の着火装置により気体に点火したところ，プロパンは完全燃焼した。

その後，容器内の温度を127℃に保ったところ，液体の水は残っていなかった。以下の①～③の各問いに答えよ。

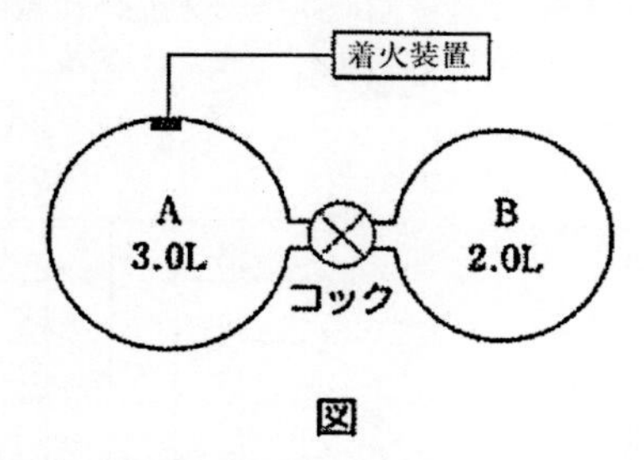

図

① コックを開く前の容器A内のプロパンの物質量〔mol〕を求め，有効数字2桁で書け。

② コックを開いた後の容器内の圧力〔Pa〕を求め，有効数字2桁で書け。

③ 完全燃焼後，127℃における容器内の圧力〔Pa〕を求め，有効数字2桁で書け。

(4) 気体の状態方程式に厳密に従う仮想的な気体を理想気体という。これに対して，実際に存在する気体(実在気体)では気体の状態方程式は，厳密には成り立たない。成り立たない原因を，温度を低くしたときと，圧力を大きくしたときの2つの視点から説明せよ。

(5) 理想気体では$Z=\dfrac{PV}{nRT}$の値が1であるが，実在気体ではこの値が1からずれることがある。300Kにおけるメタンの圧力とZの値を表したグラフとして最も適当なものを，次のア～エの中から1つ選び，記号で答えよ。

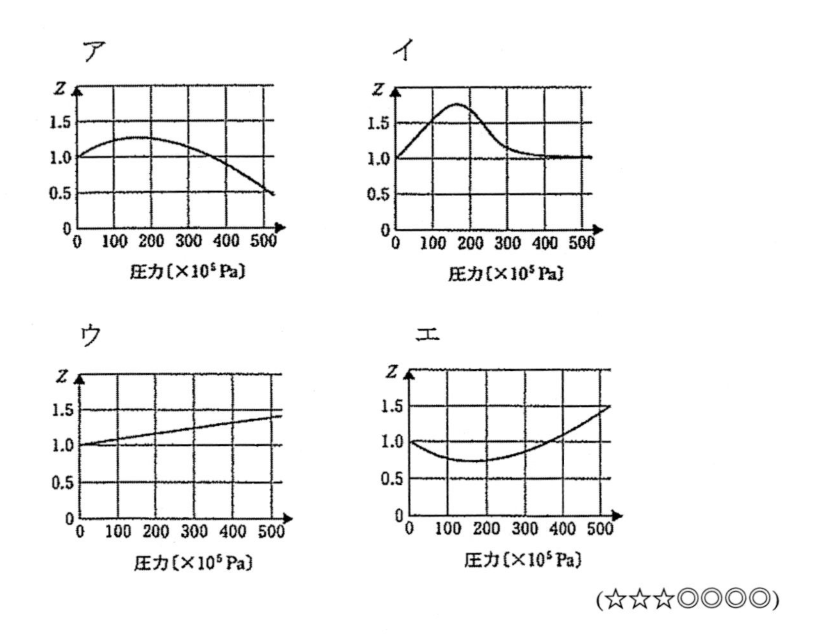

(☆☆☆◎◎◎◎)

【3】物質の溶解について，次の(1)，(2)の問いに答えなさい。

(1)　大気圧下(1.0×10^5Pa)，27℃において，変形に十分対応できる程度の柔らかさを有した容積1Lのペットボトルがある。そこに，溶存気体を含んでいない水を0.30L入れる。ペットボトル内の空気を，温度と大気圧一定の状態で，すべて二酸化炭素に置き換える。なお，二酸化炭素に置換中は二酸化炭素が水へ溶解しないように工夫する。ペットボトルをしっかりと密閉した後，十分な時間振る。すると，ペットボトルが徐々に変形し，つぶれていく。この実験に関して，次の①～④の問いに答えよ。なお，二酸化炭素は，27℃，1.0×10^5Paで水1Lに3.6×10^{-2}mol溶解し，水の蒸気圧は無視できるものとする。

①　ペットボトル内の二酸化炭素の物質量〔mol〕を求め，有効数字2桁で書け。

② 水に溶解した二酸化炭素の物質量〔mol〕を求め，有効数字2桁で書け。

③ ペットボトルの変形後，ペットボトル内の全体の容積〔L〕を求め，有効数字2桁で書け。(式)

④ 二酸化炭素は，水に少し溶けて弱酸性を示す。ある生徒から，「酸とは水素イオンH^+を生じるものだが，二酸化炭素からはどのようにして水素イオンH^+を生じるのか」と質問があった。このことについて，生徒へ対応する場面を想定して電離式を用いて説明せよ。

(2) 「高等学校学習指導要領(平成30年3月告示)解説理科編」に示された科目「化学」の「溶解平衡について」では，「溶解の仕組みについては，溶媒と溶質の組合せにより，溶解のしやすさが異なることを粒子のモデルと関連付けて扱う」とある。このことについて，次の①～④の問いに答えよ。

① 下線部に関して，水によく溶けるがベンゼンにはほとんど溶けない物質を次のア～オからすべて選び，記号で答えよ。

ア ヨウ素　　イ 塩化カリウム　　ウ ナフタレン
エ 酢酸　　オ グルコース

② エタノールは，1分子中に2種類の異なる性質の基(原子団)を有しており，そのため水にもベンゼンにもよく溶ける。どのような性質の基を有しているか，説明せよ。

③ エタノールと同じように水にもベンゼンにもよく溶ける物質を次のア～オから1つ選び，記号で答えよ。

ア ヨウ素　　イ 塩化カリウム　　ウ ナフタレン
エ 酢酸　　オ グルコース

④ イオン結合によってつくられるイオン結晶は一般に水に溶けやすい。しかし，硫酸バリウムはイオン結晶であるが，水に溶けにくい。その理由を説明せよ。

(☆☆☆◎◎◎◎)

【4】金属の工業的製法や金属の性質について，次の(1)～(4)の問いに答えなさい。

(1) 純銅と不純物金属として銀，亜鉛および鉛のみを含む粗銅を電極にし，銅(Ⅱ)イオンCu^{2+}を含む硫酸酸性水溶液1.0L中で電解精錬を行った。10Aの直流電流をある一定時間流したところ，粗銅は103.5g減少し，純銅は100.0g増加した。溶液中の銅(Ⅱ)イオンの濃度は0.060mol/L減少した。また，反応中に生じた沈殿の質量は3.87gであった。ただし，流れた電流はすべて金属の溶解・析出に使われ，気体は発生しないものとする。また，反応によって溶液の体積は変化しないものとする。次の①～③の問いに答えよ。

① この反応で流れた電気量〔C〕を求め，有効数字2桁で書け。

② 粗銅から溶け出した銅の質量〔g〕を求め，有効数字2桁で書け。

③ この電解精錬により粗銅から放出された不純物の銀，亜鉛，鉛が，ア～ウのいずれの状態で電解槽内に存在するかをそれぞれ1つずつ選び，記号で答えよ。

ア イオンとして溶解している。

イ 金属塩として沈殿している。

ウ 金属として沈殿している。

(2) 次に示す合金について，主要な成分元素およびその用途の組合せが正しいものをア～オからすべて選び，記号で答えよ。

	合金	主要な成分元素	用途
ア	黄銅（しんちゅう）	<u>Cu</u>，Zn	金管楽器，5円硬貨
イ	青銅（ブロンズ）	<u>Fe</u>，Zn	銅像
ウ	ニクロム	<u>Ni</u>，Cu	電熱線
エ	ジュラルミン	<u>Al</u>，Cu，Mg	航空機，鉄道車両
オ	ステンレス鋼	<u>Fe</u>，Cr，Ni	50円硬貨，100円硬貨

下線を引いた元素は，合金に含まれる最も多い元素を表す。

(3) 銅イオンを中心とした周囲に4つのアンモニアが結合した錯イオンは正方形の構造をとる。ここで，金属イオンMに2種類の配位子AとBが3つずつ結合した配位数6の錯イオン$[MA_3B_3]$が正八面体の構造をとる場合，異性体は何種類存在するか，答えよ。

(4)　銅粉15.9gを加熱し完全に酸化したところ，黒色の酸化銅(Ⅱ)19.9gが生成した。この酸化銅(Ⅱ)に含まれる^{63}Cuと^{65}Cuの物質量の比を1：xと表すとき，xにあてはまる値を有効数字2桁で書け。ただし，^{63}Cuの相対質量は63.0，^{65}Cuの相対質量は65.0とする。(式)

(☆☆☆◎◎◎)

【5】化学平衡について，次の(1)～(5)の問いに答えなさい。

(1)　次の文中の(　ア　)～(　キ　)に適した語句を答えよ。

化学平衡において，右向きの反応を(　ア　)，左向きの反応を(　イ　)といい，この両方向に進むことができる反応を(　ウ　)という。これに対して，一方向だけに進む反応を(　エ　)という。

(　ウ　)では，一定時間が経過すると，(　ア　)と(　イ　)の(　オ　)が等しくなり，見かけ上，反応が停止したような状態になる。この状態を平衡状態という。(　ウ　)が平衡状態にあるとき，濃度・圧力・温度などの条件を変化させると，その変化を(　カ　)向きに平衡が移動し，新しい平衡状態に達する。この原理を(　キ　)という。

(2)　化学平衡について調べるために，次の【実験Ⅰ】と【実験Ⅱ】を行った。

【実験Ⅰ】　二酸化窒素NO_2と四酸化二窒素N_2O_4の混合気体を2本の試験管に入れ，図1のように連結し，この試験管をそれぞれ氷水および熱湯に浸した。

【実験Ⅱ】　図2のように二酸化窒素NO_2と四酸化二窒素N_2O_4の混合気体を注射器に入れ，筒の先をゴム栓で強く押さえて，注射器内を強く圧縮した。

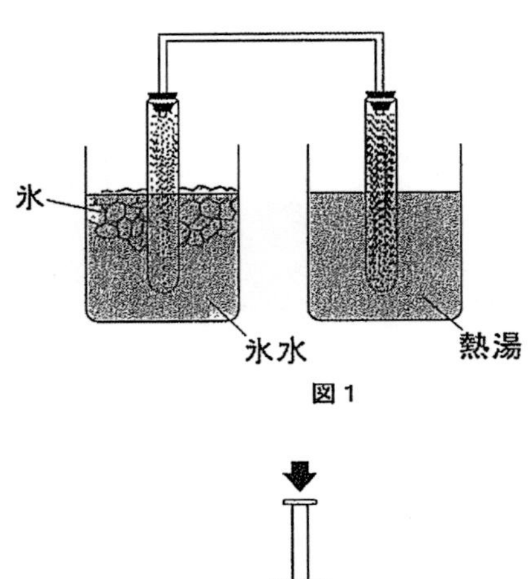

図１

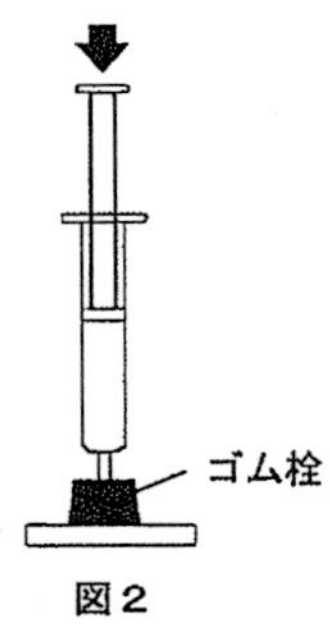

図２

なお，二酸化窒素NO_2は赤褐色の気体であり，無色の四酸化二窒素N_2O_4と次のような平衡状態になる。

$2NO_2$(気)　⇄　N_2O_4(気)

次の①，②の問いに答えよ。

①　【実験Ⅰ】の結果，高温側の色が濃くなった。このことから，NO_2からN_2O_4を生成する反応は，発熱反応と吸熱反応のどちらか。

②　【実験Ⅱ】で注射器を圧縮すると，その瞬間気体の色は濃くなる。その状態のまま，しばらく放置すると，混合気体の色はどのように変化するか。次のア～ウから1つ選び，記号で答えよ。

ア　赤褐色の濃さは変わらない。

イ　赤褐色がさらに濃くなる。

ウ　赤褐色が薄くなる。

(3) NO_2およびN_2O_4のそれぞれの分圧をP_{NO_2}，$P_{N_2O_4}$として，この反応の圧平衡定数K_pをP_{NO_2}，$P_{N_2O_4}$を用いて表せ。

(4) NO_2およびN_2O_4のそれぞれのモル濃度を$[NO_2]$，$[N_2O_4]$とし，濃度平衡定数をK_cとする。圧平衡定数K_pを，K_c，気体定数R，および絶対温度Tを用いて表せ。

(5) 20℃で，NO_2の分圧が0.30×10^5Pa，N_2O_4の分圧が0.050×10^5Paのとき，この反応の圧平衡定数K_pを求め，有効数字2桁で書け。(式)

(☆☆☆☆◎◎◎◎)

【6】芳香族化合物について，次の(1)～(3)の問いに答えなさい。

(1) 芳香族化合物のフェノールは，ヒドロキシ基を持つため，エタノールと似たような性質を持つ。フェノール，エタノールともに当てはまるものを次のア～エの中から1つ選び，記号で答えよ。

ア　無水酢酸と反応してエステルになる。

イ　酸化されてアルデヒドを生じる。

ウ　常温で固体である。

エ　水酸化ナトリウム水溶液と反応する。

(2) 次の図はサリチル酸の反応に関わる経路図である。これについて，以下の①，②の問いに答えよ。

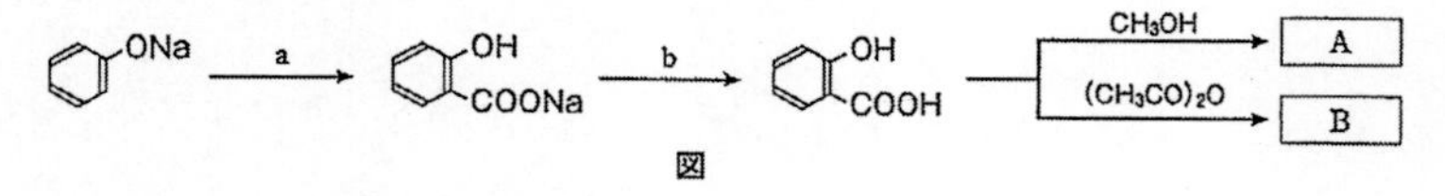

図

① a，bにあてはまる操作を書け。

② A，Bにあてはまる化合物の物質名を書け。

(3) 化合物Aは炭素，水素，酸素からなり，ベンゼン環に2つの置換基が結合している。化合物Aのベンゼン環の水素原子のうち1つを塩素原子で置き換えた化合物は2種類存在する。また，化合物Aの分子量は200以下であることが分かっている。

221mgの化合物Aを完全燃焼させると，572mgの二酸化炭素と117mgの水が生成した。化合物Aに塩化鉄(Ⅲ)水溶液を加えると，紫色の呈色があった。化合物Aにヨウ素と水酸化ナトリウム水溶液を加えて温めると，特有の臭いをもつ黄色沈殿が生じた。

化合物BおよびCはいずれも化合物Aの構造異性体であり，ベンゼン環に2つの置換基が結合している。化合物Bに炭酸水素ナトリウム水溶液を加えると，二酸化炭素が発生した。化合物Cにアンモニア性硝酸銀水溶液を加えて温めると，銀が析出した。化合物Cに塩化鉄(Ⅲ)水溶液を加えても呈色はなかった。化合物BおよびCそれぞれを，過マンガン酸カリウム水溶液で酸化すると，いずれの場合も二価カルボン酸である化合物Dが得られた。化合物Dのベンゼン環の水素原子のうち1つを塩素原子で置き換えた化合物は1種類存在する。

これについて，次の①～③の問いに答えよ。

① 化合物Aの分子式を書け。

② 文中の下線部の黄色沈殿の分子式を書け。

③ 化合物A～Dの構造式を次の例にならってそれぞれ答えよ。

構造式の例

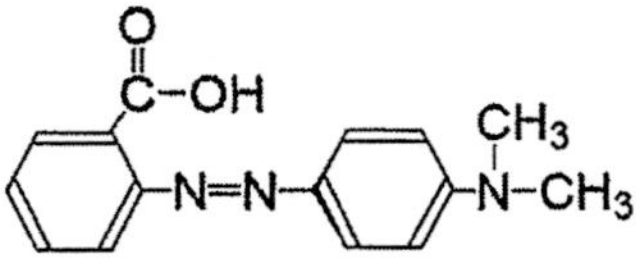

(☆☆☆☆◎◎◎◎)

【7】次の文章を読み，以下の(1)～(5)の問いに答えなさい。

合成高分子化合物は，我々の日常生活において不可欠なものとなっているが，合成高分子化合物の重合は主に以下の5つに分けられる。

二重結合や三重結合をもつ単量体が(　①　)反応を繰り返しながら結びつく重合を(　①　)重合，単量体などから水などの簡単な分子が取れる(　②　)反応を繰り返して結びつく重合を(　②　)重合，2種類以上の単量体を混合して行う重合を(　③　)重合，環状構造をもつ単量体が環を開きながら結びつく重合を(　④　)重合，付加反応と縮合反応が繰り返して進む重合反応を付加縮合という。

ナイロン66はアジピン酸と[A]が(②)重合させるとできるアミド結合をもつ合成高分子化合物であり，世界初の合成繊維である。

他の合成高分子化合物には，機能性高分子化合物(機能性樹脂)とよばれる特殊な機能をもつものがあり，その一種で，水溶液中のイオンを(⑤)符号の電荷をもった他のイオンに交換する機能をもつイオン交換樹脂がある。イオン交換樹脂は，水溶液中のイオンの分離や分析を行うために用いられている。陽イオン交換樹脂の構造を図1に示す。陽イオン交換樹脂を希塩酸で処理後，純水で十分に洗ったものに水溶液を通じると，水溶液中の陽イオンと(⑥)が交換する。一方，陰イオン交換樹脂はアルキルアンモニウム基をもち，水酸化ナトリウム水溶液で処理後，純水で十分に洗ったものに水溶液を通じると，水溶液中の陰イオンと(⑦)が交換する。イオン交換樹脂を用いて，しょう油中に含まれるナトリウムイオンの濃度を測定するために次の操作を行った。

上のような事前処理を行った十分な量の(⑧)イオン交換樹脂に，10倍に希釈したしょう油2.0mLを通した。このイオン交換樹脂を純粋な水で十分に洗浄し，イオン交換樹脂とイオン交換しない中性やイオン性の物質を除いた。この後，このイオン交換樹脂に1.0mol/L塩酸を10mL流し，ナトリウムイオンを完全に溶出させた。この溶液を中和するのに，0.50mol/L水酸化ナトリウム水溶液が18.94mL必要であった。

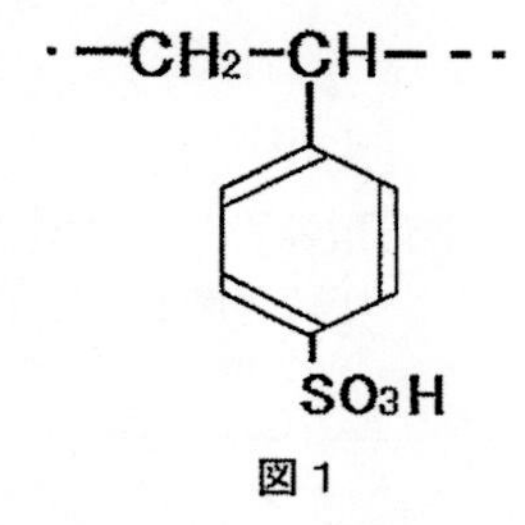

図1

(1) 文中の(①)～(⑧)に当てはまる語句を，次のア～シから選び，記号で答えよ。

ア　開環	イ　脱水	ウ　縮合
エ　付加	オ　共	カ　加水
キ　陽	ク　同じ	ケ　異なる
コ　水素イオン	サ　水酸化物イオン	シ　陰

(2)　文中の［ A ］に入る①化合物名と②構造式を答えよ。なお，構造式については図2にならって答えよ。

構造式の例

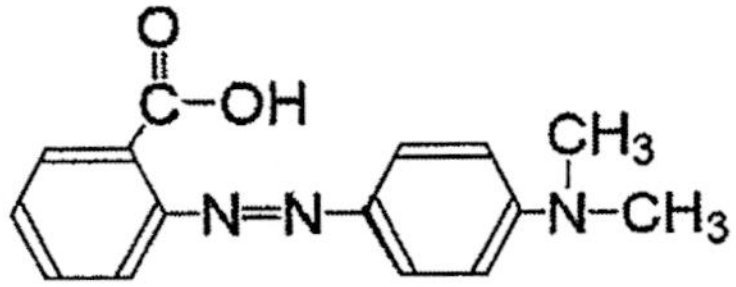

図2

(3)　平均分子量が4.5×10^5であるナイロン66の1分子中に含まれるアミド結合の数を有効数字2桁で書け。

(4)　イオン交換樹脂を通す前のしょう油は弱酸性であった。イオン交換樹脂を通過した後のしょう油のpHはどう変化するか。理由とともに答えよ。

(5)　希釈前のしょう油に含まれていたナトリウムイオンのモル濃度〔mol/L〕を求めよ。(式)

(☆☆☆☆◎◎◎)

【生物】

【１】次の文章は，「高等学校学習指導要領」(平成30年3月告示)に示された科目「生物基礎」からの一部抜粋である。以下の(1)，(2)の問いに答えなさい。

> 1　目標
>
> 　生物や生物現象に関わり，理科の見方・考え方を働かせ，見通しをもって観察，実験を行うことなどを通して，生物や

生物現象を[　①　]に探究するために必要な資質・能力を次のとおり育成することを目指す。

(1)　日常生活や社会との関連を図りながら，生物や生物現象について理解するとともに，[　①　]に探究するために必要な観察，実験などに関する基本的な技能を身に付けるようにする。

(2)　観察，実験などを行い，[　①　]に探究する力を養う。

(3)　生物や生物現象に[　②　]に関わり，[　①　]に探求しようとする態度と，生命を尊重し，自然環境の保全に寄与する態度を養う。

2　内容

(1)　(省略)

(2)　(省略)

(3)　生物の多様性と生態系

生物の多様性と生態系についての観察，実験などを通して，次の事項を身に付けることができるよう指導する。

ア　生物の多様性と生態系について，次のことを理解するとともに，それらの観察，実験などに関する技能を身に付けること。また，生態系の保全の重要性について認識すること。

(ア)　(省略)

(イ)　生態系とその保全

㋐　生態系と生物の多様性

生態系と生物の多様性に関する観察，実験などを行い，生態系における生物の種多様性を見いだして理解すること。また，<u>生物の種多様性と生物間の関係性とを関連付けて理解する</u>こと。

㋑　(省略)

イ　生物の多様性と生態系について，観察，実験などを通

して探究し，生態系における，生物の多様性及び生物と [　③　]との関係性を見いだして表現すること。

(1)　文章中の[　①　]～[　③　]に当てはまる語句をそれぞれ書け。

(2)　下線部について，生物間の関係性が生物の種多様性に影響を与えていることに気づかせるために資料に基づいた学習活動を設定したい。あなたならどのような学習活動を設定するか書け。

(☆☆◎◎◎)

【２】太郎君は久しぶりに光学顕微鏡を用いてオオカナダモの細胞の観察と大きさの測定を行った。次の(1)～(4)の問いに答えなさい。

(1)　太郎君のように光学顕微鏡の扱いが不慣れな生徒に対して，特に注意するよう呼びかけることを2つあげよ。

(2)　次の図1は太郎君が描いたオオカナダモの細胞のスケッチである。顕微鏡のスケッチとして適切ではない点を1つあげよ。

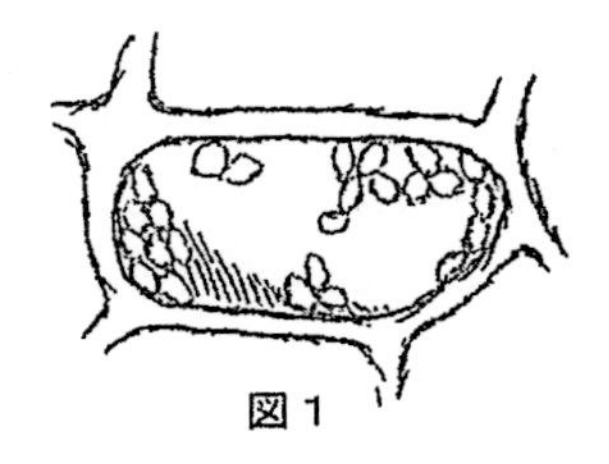

図１

(3)　接眼レンズに接眼ミクロメーターをセットし，10倍の対物レンズを使って，対物ミクロメーターを観察したところ，次の図2のように見えた。ただし，対物ミクロメーターの目盛りは1mmを100等分したものである。その後，オオカナダモの細胞の長径を測定したところ，接眼ミクロメーターで10目盛り分だった。オオカナダモの細胞の長径(μm)を求めよ。

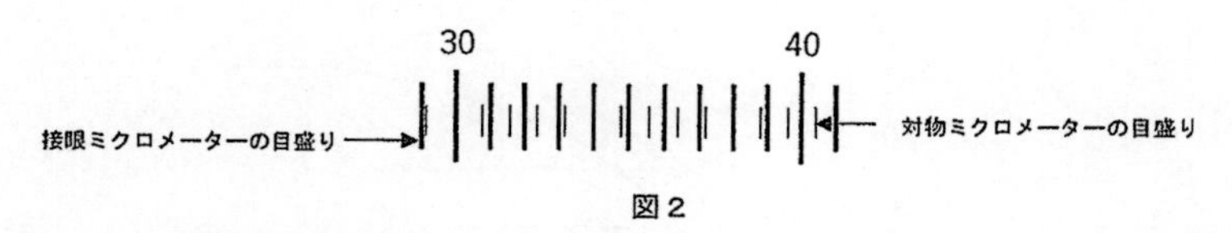

図２

(4)　(3)の観察後，対物レンズを40倍にして観察を行うと，オオカナダモの細胞の長径は，接眼ミクロメーターの何目盛り分に相当するか。

(☆◎◎◎◎)

【３】ヒトの血液に関する次の文を読み，以下の(1)～(3)の問いに答えなさい。

ヒトの血液は，液体成分と有形成分に分けられる。液体成分は[　①　]と呼ばれ，水が主成分である。有形成分には酸素を運搬する赤血球，免疫に関わる[　②　]，血液凝固に関わる[　③　]がある。

(1)　文章中の[　①　]～[　③　]に当てはまる語句をそれぞれ書け。

(2)　赤血球を血液中から取り出して蒸留水に浸すと，どのようになるか。ア～エから1つ選べ。また，その理由を「浸透圧」という語を用いて説明せよ。

ア　赤血球の体積は変化しない

イ　赤血球は収縮する

ウ　赤血球の細胞膜が破れる

エ　赤血球は分裂し始める

(3)　次の図はpHによって酸素ヘモグロビンの割合がどのように変化するかを示したグラフである。

このグラフを参考にして，運動前と運動中の筋組織においてヘモグロビンからの酸素の供給量がどのように変化するか，そのしくみとともに説明せよ。

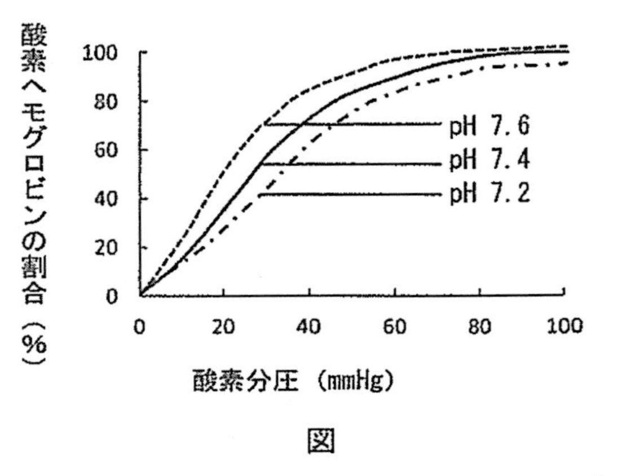

図

(☆☆☆◎◎◎)

【４】植生に関する次の(1)～(4)の問いに答えなさい。

(1)　植生は年平均気温や年降水量の影響を大きく受ける。年平均気温が20℃を超えるような気温の高い地域では，年降水量が増えるにつれて，バイオームはどのように変化すると考えられるか。次の空欄にあてはまるバイオームを答えよ。

(　①　)→サバンナ→(　②　)→熱帯多雨林

(2)　次の表1は，サバンナ，照葉樹林，針葉樹林，熱帯多雨林の単位面積当たりの純生産量，植物の現存量を表したものである。表中のa～dに当てはまるバイオームを答えよ。

表１

バイオームの種類	純生産量	現存量
	t/ha・年	t/ha
a	22.0	450
b	13.0	350
c	9.0	40
d	8.0	200

(3)　実際に，身近な植生を見てみると，年平均気温や年降水量で決まるバイオームとは異なる植生が見られることが多い。理論上のバイ

オームと実際の植生が異なる具体例を1つ挙げ，その理由も述べよ。

(4) 群馬県の山地帯でも見られる夏緑樹林の林床では，季節によって変化する光の量に適応した植物が生息している。次の表2は，各月に4種の植物(ヤブラン，カタクリ，ミズヒキ，ヒガンバナ)が地上で観察できるかどうかをまとめたものである。

表2

植物＼月	3月	4月	5月	6月	7月	8月	9月	10月	11月	12月	1月	2月
ヤブラン	○	○	○	○	○	○	○	○	○	○	○	○
カタクリ	○	○	○	○								
ミズヒキ			○	○	○	○	○	○				
ヒガンバナ	○					○	○	○	○	○	○	○

○は植物が地上部で観察できることを表している。

上の表2を参考にして，4種の植物が次のA～Dのどのタイプに該当するか，それぞれ1つずつ選べ。

A：上層の樹木が葉を展開する前に林床に届く光で光合成を行う。樹木の葉が広がり林内が暗くなると，地上からは姿を消し，球根などの状態で翌春に備える。

B：年間を通して光合成を行う。林内が暗くてもほとんど枯れない。

C：葉がない状態で先に花茎が伸びて開花する。その後，上部の木々の葉がないときに葉を出し，光合成を行う。

D：林床に達するわずかな光を有効に活用することができるので，樹木が葉を展開するのと同時に芽を出す。

(☆☆◎◎◎◎)

【5】DNAに関する次の文を読み，以下の(1)～(5)の問いに答えなさい。

DNAは，[①]とよばれる<u>構成単位が鎖状に多数つながってできた</u>物質である。DNAを構成する[①]は，リン酸と糖と塩基からなる。なお，DNAに使われる糖は[②]である。

2本の[①]鎖は塩基を内側にして平行に並び，塩基どうしが[③]という結合によって対をつくり，はしご状になっている。

(1) 文章中[①]～[③]に当てはまる語句をそれぞれ書け。

(2)　下線部の結合の様子を生徒に説明したい。構成単位の図を2つ書き，構成単位どうしの結合を-----で書け。さらに，図のどの部分が糖，塩基，リン酸であるかを書け。

(3)　ある生物の1個の体細胞中のDNAを調べたところ，総塩基数は6×10^9個であり，アデニンの割合が全体の31％であった。このDNAの1本の鎖をX鎖，もう一方をY鎖とする。X鎖についてのみ調べると，アデニンの割合は24％であった。X鎖におけるチミンの個数を答えよ。

(4)　(3)の生物ではDNA全体の長さは何mになるか答えよ。ただし，DNAは10塩基対ごとに1回転する二重らせん構造をとっていて，1回転のらせんの長さは3.4nmとする。

(5)　ウイルスは生物と無生物の中間に位置するものと考えられている。ウイルスがもつ生物との共通点を1つ，相違点を2つ，それぞれ簡潔に書け。

(☆☆☆◎◎◎◎◎)

【６】進化に関する次の文を読み，以下の(1)～(4)の問いに答えなさい。

地球上に初期の生物がどのようにして誕生したかについての詳細は不明であるが，原始地球ではまず，大気中や(a)熱水噴出孔などのさまざまな環境において，(b)無機物に雷や紫外線，熱などのエネルギーが加わることでアミノ酸や糖などの単純な構造の有機物が生成されたと考えられている。続いて，様々な高分子化合物の中から自己複製システムをもつ高分子化合物が生成されたと思われる。そして自己複製システムをもつ高分子化合物が遺伝情報物質となり，初期の生物が誕生したと考えられている。この初期の生物が(c)進化して生物の種類が増えた結果，現在の地球上には，(d)多様な生物が満ちあふれている。

(1)　下線部(a)について，熱水噴出孔の周辺の海水に特徴的な成分として適当なものを，次のア～キから3つ選び記号で答えよ。

ア　アンモニア　　イ　硫化水素　　ウ　グルコース
エ　二酸化硫黄　　オ　窒素　　カ　メタン

キ　酸素

(2)　下線部(b)について，このような有機物生成過程の名称を書け。

(3)　下線部(c)について，初期の生物の進化に関わる次のア～クの出来事について，発生したと考えられている順に並べよ。

ア　DNAワールドのはじまり　　イ　原始海洋の形成

ウ　生物の陸上進出　　エ　真核生物の出現

オ　RNAワールドのはじまり　　カ　原核生物の出現

キ　シアノバクテリアの繁栄　　ク　オゾン層の形成

(4)　下線部(d)について，三胚葉性の動物は，旧口動物と新口動物に大別される。発生過程における両者の違いについて書け。

(☆☆☆◎◎)

【7】遺伝に関する次の文を読み，以下の(1)～(3)の問いに答えなさい。

純系で対立形質をもつ両親(P)を交配し，得られた最初の代の個体を雑種第一代(F_1)という。いま，対立遺伝子をAとa，Bとb(Aはa，Bはbに対して顕性)とする。ある生物のF_1(遺伝子型AaBb)とaabbを交配したとき，次代の表現型の分離比が次のア～ウのようになったとする。なお，遺伝子Aの形質が表れた場合，表現型を[A]とする。

ア　[Ab]：[aB]＝1：1

イ　[AB]：[Ab]：[aB]：[ab]＝1：1：1：1

ウ　[AB]：[Ab]：[aB]：[ab]＝1：4：4：1

(1)　アおよびイのとき，遺伝子A，a，B，bが染色体上でどのような位置関係にあるかをそれぞれ簡潔に書け。

(2)　ウのとき，組換え価(%)はいくらか書け。

(3)　ア～ウのとき，それぞれF_1の自家受精によって雑種第二代(F_2)を得たとする。各F_2の表現型とその分離比を書け。

(☆☆◎◎◎◎◎)

【８】動物の発生に関する次の文を読み，以下の(1)～(4)の問いに答えなさい。

カエルの卵では，受精の際，(a)精子が卵内に進入すると，卵の表層全体が内側の細胞質に対して約30度回転する。この回転によって，(b)精子進入点の反対側の赤道部に灰色三日月環が生じる。これによって背腹軸が決定する。

初期の発生過程においては，卵形成中に合成され，卵の細胞質中に蓄積されるmRNAやタンパク質などの物質のかたより，すなわち卵の極性が発生に影響を与える。このような母方の遺伝子由来の物質を母性因子と呼ぶ。カエルの発生では，(c)予定内胚葉細胞から分泌されたノーダルタンパク質を受容した予定外胚葉が中胚葉へと分化する。また，高濃度のノーダルタンパク質を受容した背側の中胚葉の領域は形成体と呼ばれる。(d)形成体は，原腸陥入によって背側の外胚葉を裏打ちし，予定外胚葉域にはたらきかけてその領域を神経に分化させる。発生過程における複雑な構造の形成においては，ある部位の誘導を受けて分化した組織が，さらに別の組織の誘導を引き起こすといった(e)誘導の連鎖が見られることがある。

(1)　下線部(a)について，精子が卵に進入するのは動物極側，植物極側のどちら側か。また，下線部(b)について，この部分は胚の背腹のどちら側になるか。その組合せとして正しいものを次のア～エのうちから1つ選べ。

	(a)	(b)
ア	動物極側	腹側
イ	動物極側	背側
ウ	植物極側	腹側
エ	植物極側	背側

(2)　下線部(c)について，この現象の名称を書け。

(3)　下線部(d)について，ノギンやコーディンはBMPと呼ばれるタンパク質に結合する物質で，その機能を阻害することで外胚葉の一部を神経板へと分化させると考えられている。カエル胚において，BMPタンパク質を過剰に発現させた場合，神経胚期の外胚葉ではどのような変化が生じると予想されるか，理由とともに説明せよ。

(4)　下線部(e)によって眼が形成されることが知られている。その形成過程を，生徒に板書で説明することを想定して解答欄(非公開)の模式図を完成させよ。ただし，次の語句を全て用いること。

【　眼杯　　水晶体　　網膜　　角膜　　神経管　】

(☆☆☆◎◎◎◎)

解答・解説

中学理科

【1】(1)　電球を長い時間点灯させると，熱くなる　(2)　①　室温と同じ水温にし，電熱線から発生した熱の影響のみで水温が上昇するようにするため　②　発泡ポリスチレン製のカップを使う　③　電圧計などの内部抵抗があるため

④

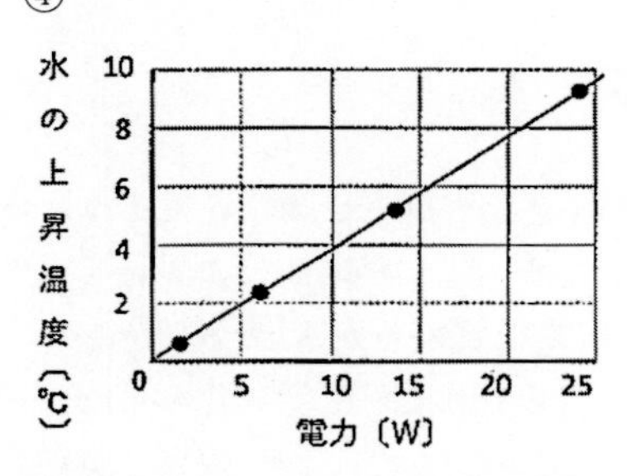

⑤　a　比例　b　電流と電圧の積　c　4　d　9　⑥　2430〔J〕

(3)　8〔倍〕　(4)　280〔秒〕

〈解説〉(1)　次の生徒Bの発言では，豆電球の明るさに注目していることから，電流を流す時間が長いときに電球がどのように変化するか具体

例を考えればよい。　(2)　①　解答参照。　②　発泡ポリスチレンには断熱性がある。　③　解答参照。　④　グラフの縦軸は変化させた量，横軸は変化した量を示す。生徒Dの発言より，横軸は電力であり，縦軸は水の上昇温度が発生する熱の量を示すので，これを表1から求める。　⑤　a　④で作成したグラフは原点を通る直線なので，比例関係を示す。　b，c，d　(電力)＝(電流)×(電圧)であり，表1より電流が2倍，3倍になると電圧も2倍，3倍となるので，これらの積である電力は4倍，9倍となる。　⑥　表1より，電圧が9.0Vのとき電力は13.5Wであり，電力とは1秒間電流を流したときに発生する熱量を指す。【実験1】では3分間，すなわち180秒間電流を流したので，発生した熱量は13.5×180＝2430〔J〕となる。　(3)　電熱線の直径を2倍にすると断面積は4倍になるので抵抗値は$\frac{1}{4}$倍となり，長さが半分になると抵抗値は$\frac{1}{2}$倍となるので，この電熱線の抵抗値は【実験1】と比べて$\frac{1}{4}\times\frac{1}{2}=\frac{1}{8}$〔倍〕となる。したがって，オームの法則より，電圧が一定であれば電流は8倍となるので，3分間電流を流したときに発生する熱量は【実験1】の8倍となる。　(4)　10.0℃の水1000gを90.0℃まで加温するのに必要な熱量は，1000×4.2×(90.0－10.0)＝336000〔J〕となる。この電気ポットは1200Wの電力なので，求める時間をt〔秒〕とすると，1200×t＝336000より，t＝280〔秒〕となる。

【2】(1)　①　スチールウール(鉄)を燃焼させる前と後の質量をはかる　②　・気体が発生しない反応であるため，化学反応前後の質量をはかることが容易である　・反応前後で物質の色が大きく変化するため，化学反応をしたことが視覚的に捉えられる　③　化学反応が起こっても，物質の質量の総和は変化しない　(2)　①　銅は空気中の酸素と反応すると光沢がなくなるため，酸素と反応していない光沢のある銅を用意する必要がある　②　銅と酸素がしっかり反応するように，撹拌をした上で加熱する

③

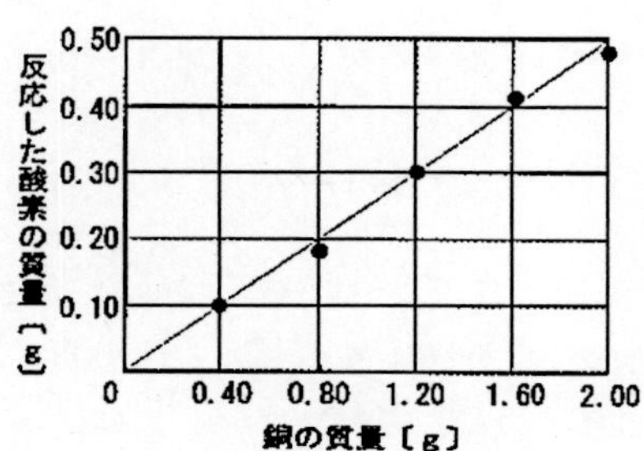

④ a 比例 b 4 c 1 化学反応式…$2Cu+O_2 \rightarrow 2CuO$

⑤ 反応せずに残った銅紛…0.80〔g〕 必要な酸素…0.20〔g〕

〈解説〉(1) ① 気体が発生しない化学反応が起きる実験が適している。
② この化学反応は，$Na_2CO_3+CaCl_2 \rightarrow 2NaCl+CaCO_3$であり，炭酸カルシウム$CaCO_3$の白色沈殿が生じる。 ③ この実験から質量保存の法則がわかる。 (2) ①② 解答参照。 ③ 反応した酸素の質量は，生成した酸化銅の質量と加熱前の銅の質量の差から求める。
④ a ③のグラフは原点を通る直線なので，比例関係を示している。
b，c ③のグラフより，銅と酸素の質量比は，(銅)：(酸素)＝4：1と読み取れる。 ⑤ 反応した酸素の質量は$2.80-2.40=0.40$〔g〕なので，反応した銅紛は$0.40\times4=1.60$〔g〕となる。よって，反応せずに残った銅紛の質量は$2.40-1.60=0.80$〔g〕であり，これと反応するために必要な酸素の質量は，$0.80\times\frac{1}{4}=0.20$〔g〕となる。

【3】(1) ① 学問としての生物の系統分類を理解させるのではなく，目的に応じて多様な分類の仕方があることに気付かせること
② 生活場所 ③ 別の生物でも，用いた観点や基準で分類できるか考えさせるため (2) ① 他の生徒とすぐに結果を共有する
② エ→イ→ウ→ア ③ a 花弁がくっついている b 花弁が離れている c 同じ (3) ① 両生類，魚類 ② 体表がしめった皮膚かどうか (4) 未知の生物でも共通点や相違点に基づいてどの仲間に分類できるか分かる

〈解説〉(1)　①　この単元の導入の場面では，いろいろな生物の共通点や相違点を見出し，共通点があるものを同じグループ，相違点があるものを別のグループに分類していくと考えられるが，このとき注目する観点には，色・形・大きさ・生活場所など様々なものがある。
②　メダカは水中のみ，カエルは水中と陸上の両方，その他は陸上のみで生活している。　③　ミズバショウは水辺で生活する植物なので，生徒Bが用いた観点や基準でどのように分類するかを考えさせようとしている。　(2)　①　例えば，ICT機器としてパソコン，プロジェクター，デジタルカメラ等を用いて，生徒が観察・撮影した生物を発表する場面などが想定される。　②　解答参照。　③　トマト・ツツジ・アブラナ・タンポポは，いずれも被子植物の双子葉類である。よって，ここでは，花弁がくっついているものを合弁花，花弁が離れているものを離弁花に分類する。　(3)　①　セキツイ動物，卵生，水中で生活する時期がある，という3つの条件を満たすのは，両生類または魚類である。　②　魚類は体の表面がうろこでおおわれ，両生類はしめった皮膚でおおわれている。　(4)　解答参照。

【4】(1)　①　衛星　　②　・東，南，西の空が見えるひらけた場所　・観測の目印となる建物などが見られる場所　　(2)　①　a　上弦の月　b　ア　c　キ　d　東　e　南　②　月の公転周期と自転周期が同じだから　　(3)　①　リング状に見えるもの…金環日食　しくみ…太陽が月にすべてかくれるときよりも，月が地球から遠い位置にあるため，月の見かけの大きさが小さくなり，太陽をすべてかくしきれない　　②　始まり…太陽の右上から　　理由…月が地球の自転と同じ方向に地球の周りを公転しているため，月の見かけの動きは太陽よりも遅くなるから　　(4)　①　よいの明星　　②　太陽の位置に電球，地球の位置に筒を置き，金星の位置に発泡スチロール球を置く。図11のサ～ツの位置に発泡スチロール球を置いたときに光って見える形を，地球の位置の筒からのぞいて観察する。

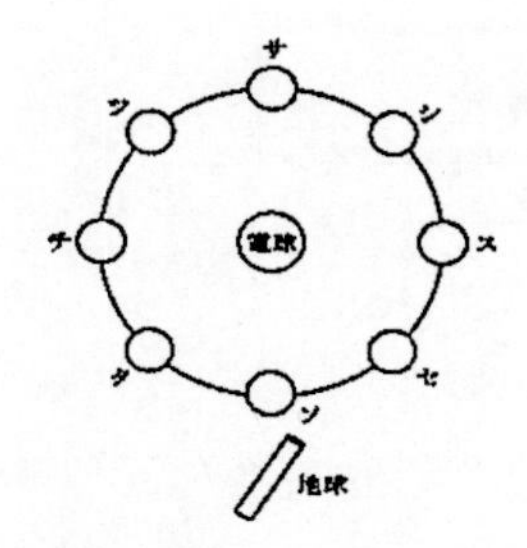

③　記号…タ

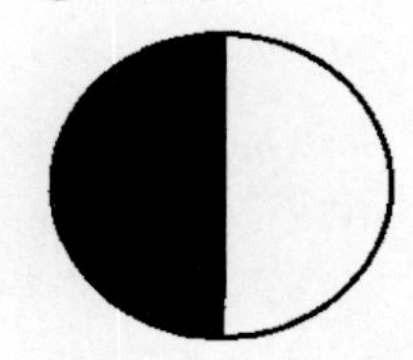

〈解説〉(1)　①　解答参照。　②　その他にも，観測の妨げになるような光が少ない場所や，夜間に安全に観測を行える場所であることにも注意したい。　(2)　①　図8において，太陽，地球，月の位置関係から，アは上弦の月，ウは新月，オは下弦の月，キは満月である。また，地球上の太陽がある側が日中，太陽と反対側が夜である。方角については，地球を示す円の中心が北と考える。　②　解答参照。

(3)　①　太陽が月にすべてかくれる場合は皆既日食という。　②　解答参照。　(4)　①　夕方に西の空に見える金星をよいの明星，明方に東の空に見える金星を明けの明星という。　②　解答参照。　③　金星の高度は，地球と金星軌道を結ぶ接線の接点上にあるときに最も高くなるので図11のセまたはタの位置であり，よいの明星が見えるのは夕方の西の空なので，タの位置となる。

高校理科

【物理】

【１】(1)　①　イ　②　カ　③　ウ　(2)　①　短くなる　②　短くなる　③　高くなる　④　長くなる　(3)　$A\sin\left\{2\pi f\left(t_0-\frac{x_0}{V}\right)\right\}$　(4)　$x_0+v_0\Delta t$　(5)　$A\sin\left[2\pi f\left\{(t_0+\Delta t)-\frac{x_0+v_0\Delta t}{V}\right\}\right]$　(6)　$\frac{V-v_0}{V}f$

〈解説〉(1)　①　水深が深いほど波の伝わる速さは大きいので，沖から海岸に近づくにつれて波の伝わる速さは遅くなる。このように，波の伝わる速さが波の伝わる向きに影響するのは，波の屈折の特徴である。②　重ね合わせの原理より，波が逆位相で重なると弱め合うが，これは波の干渉による。　③　波長が長い電波ほど，回折が起きやすい。(2)　解答参照。　(3)　時刻t_0において，観測者が観測した音波による媒質の変位X_0は，時刻$t_0-\frac{x_0}{V}$に音源を通過した音波の変位と等しい。したがって，$X_0=A\sin\left\{2\pi f\left(t_0-\frac{x_0}{V}\right)\right\}$となる。　(4)　観測者は一定の速さ$v_0$で$\Delta t$だけ進んだので，$x'=x_0+v_0\Delta t$となる。　(5)　(3)において$t_0\to t_0+\Delta t$，$x_0\to x'$とすると，$X'=A\sin\left\{2\pi f\left(t_0+\Delta t-\frac{x'}{V}\right)\right\}=A\sin\left[2\pi f\left\{(t_0+\Delta t)-\frac{x_0+v_0\Delta t}{V}\right\}\right]$となる。　(6)　(3)と(5)の位相差が$2\pi$なので，$2\pi f\left(\Delta t-\frac{v_0\Delta t}{V}\right)=2\pi$より，$\frac{V-v_0}{V}f\Delta t=1$となる。題意より，$\frac{1}{\Delta t}=f'$を用いると，$f'=\frac{V-v_0}{V}f$となる。

【２】(1)　イ　(2)　$mc(T_h-t)$　(3)　$\frac{(mc+C)(T_h-t)}{M(T-T_h)}$　(4)　①　小さくなる　②　小さくなる　③　小さくなる

〈解説〉(1)　水は金属球から熱を受け取り温度がtから上昇し，やがて温度がT_hになると熱平衡に達する。このときグラフは曲線を描く。(2)　解答参照。　(3)　金属球の比熱をc_Mとすると，金属球の温度はT

からT_hへ下降するので，金属球の失った熱量は，$Mc_M(T-T_h)$となる。これは(2)の水が金属球から得た熱量と，容器が金属球から得た熱量$C(T_h-t)$の和に等しいので，$mc(T_h-t)+C(T_h-t)=\mathrm{M}c_M(T-T_h)$より，$c_M=\dfrac{(mc+C)(T_h-t)}{(M(T-T_h)}$となる。 (4) ① 本問では，「この生徒は金属球の温度を測ったときはTであったため，しばらく空気中に放置してT'になったことに気付かなかった」と読み取れ，その場合は水と容器が得る熱量が小さくなるため，熱平衡に達したときの温度はT_hよりも低いT_h'になっている。つまり，このときの金属球の真の比熱の値は，(3)のc_Mについて，$T\to T'$かつ$T_h\to T_h'$なので$\dfrac{(mc+C)(T_h'-t)}{M(T'-T_h')}$となる。ところが，生徒の計算では$T\to T$かつ$T_h\to T_h'$なので$\dfrac{(mc+C)(T_h'-t)}{M(T-T_h')}$となり，$\dfrac{(mc+C)(T_h'-t)}{M(T'-T_h')}>\dfrac{(mc+C)(T_h'-t)}{M(T-T_h')}$より，この生徒が求めた金属球の比熱は真の値より小さくなる。 ② 容器が得た熱量を考えないので，(3)の計算は$mc(T_h-t)=Mc_M(T-T_h)$より，$c_M=\dfrac{mc(T_h-t)}{M(T-T_h)}$となる。よって，$\dfrac{mc(T_h-t)}{M(T-T_h)}<\dfrac{(mc+C)(T_h-t)}{M(T-T_h)}$なので，このときの金属球の比熱は真の値より小さくなる。 ③ (3)の計算結果$c_M=\dfrac{(mc+C)(T_h-t)}{M(T-T_h)}$において，$T_h$に実際よりも小さい値を代入すると，分母が大きくなり，分子が小さくなるので，このときの金属球の比熱は真の値より小さくなる。

【3】(1) $\dfrac{Gm_2}{R^2}$ (2) $\sqrt{gR}$ (3) $v=\sqrt{\dfrac{gR}{2}}$ $T_1=4\pi\sqrt{\dfrac{2R}{g}}$

(4) ① $\dfrac{1}{3}v$ ② $\dfrac{1}{2}\sqrt{3gR}$ ③ $16\pi\sqrt{\dfrac{R}{g}}$

(5) $\sqrt{\dfrac{gR}{3}}<v<\sqrt{gR}$

(6) 惑星の運動方程式は，$mr\left(\dfrac{2\pi}{T}\right)^2=F$

さらにケプラーの第3法則より，$\dfrac{T^2}{r^3}=k$

よって，$F=mr\dfrac{4\pi^2}{kr^3}=\dfrac{4\pi^2}{k}\dfrac{m}{r^2}$　となり，

向心力の大きさFは，惑星の質量mに比例し，
太陽の中心から惑星の中心までの距離rの
2乗に反比例する。

(7)　万有引力が基準点までにする仕事が，万有引力による位置エネルギーなので，その仕事の大きさWは，$W=\int_r^{\infty} G\dfrac{Mm}{x^2}dx=\left[-G\dfrac{Mm}{x}\right]_r^{\infty}=G\dfrac{Mm}{r}$

ここで，物体にはたらく万有引力の向きは移動する向きと反対のため，万有引力がする仕事は常に負である。よって，$U=-G\dfrac{Mm}{r}$

〈解説〉(1)　地上で質量m_1の物体にはたらく重力の大きさはm_1gであり，これが地球から受ける万有引力の大きさと等しいので，$m_1g=\dfrac{Gm_1m_2}{R^2}$より，$g=\dfrac{Gm_2}{R^2}$となる。　(2)　力学的エネルギー保存の法則より，$\dfrac{1}{2}m_1v_0{}^2-\dfrac{Gm_1m_2}{R}=0-\dfrac{Gm_1m_2}{2R}$が成り立つので，$v_0=\sqrt{\dfrac{Gm_2}{R}}$であり，(1)の結果を用いると，$v_0=\sqrt{gR}$となる。　(3)　小物体の円運動の運動方程式は，$\dfrac{m_1v^2}{2R}=\dfrac{Gm_1m_2}{(2R)^2}$より，$v=\sqrt{\dfrac{Gm_2}{2R}}=\sqrt{\dfrac{gR}{2}}$となる。この円運動の周期は$T_1=\dfrac{2\pi\times 2R}{v}=4\pi\sqrt{\dfrac{2R}{g}}$となる。　(4)　①　ケプラーの第2法則より，$\dfrac{1}{2}\times 2R\times v=\dfrac{1}{2}\times 6R\times V$が成り立つので，$V=\dfrac{1}{3}v$となる。

②　力学的エネルギー保存の法則より，$\dfrac{1}{2}m_1v^2-\dfrac{Gm_1m_2}{2R}=\dfrac{1}{2}m_1V^2-\dfrac{Gm_1m_2}{6R}$が成り立つので，(1)と(4)①の結果を用いて整理すると，$v=\dfrac{1}{2}\sqrt{3gR}$となる。　③　ケプラーの第3法則より，$\dfrac{T_1{}^2}{(2R)^3}=\dfrac{T_2{}^2}{(4R)^3}$が成り立つので，(3)の結果を用いて整理すると，$T_2=2\sqrt{2}\times T_1=16$

$\pi\sqrt{\dfrac{R}{g}}$となる。 (5) 小物体が地球の中心Oについて点Aと反対側の地表を衝突しないようにぎりぎり通過する場合の速さは，ケプラーの第2法則より$2v$となる。よって，力学的エネルギー保存の法則より，$\dfrac{1}{2}m_1v^2-\dfrac{Gm_1m_2}{2R}=\dfrac{1}{2}m_1(2v)^2-\dfrac{Gm_1m_2}{R}$が成り立つので，$v=\sqrt{\dfrac{gR}{3}}$となる。一方，小物体が無限遠方に飛び去る条件は，$\dfrac{1}{2}m_1v^2-\dfrac{Gm_1m_2}{2R}\geqq 0$なので，$v\geqq\sqrt{gR}$となる。よって，求める速さ$v$の範囲は，$\sqrt{\dfrac{gR}{3}}<v<\sqrt{gR}$となる。 (6)(7) 解答参照。

【4】(1) $\varepsilon_0\dfrac{S}{d}$ (2) $\dfrac{Qd}{\varepsilon_0 S}$ (3) 0 (4) $\dfrac{1}{2}CV^2$ (5) $V(CV-Q)$
(6) $\dfrac{(CV-Q)^2}{2C}$ (7) パネルと手の間の距離が大きくなるため，指と回路の間に作られるコンデンサーの静電容量は小さくなり，回路全体の合成容量の変化を検知することができなくなるから。

〈解説〉(1)(2) 解答参照。 (3) 十分に時間が経過すると，コンデンサーの電位差は起電力Vと等しくなるので，電流は流れない。 (4) 解答参照。 (5) 十分時間が経過した後に，コンデンサーに蓄えられた電気量はCVと表せる。つまり，この電源は電位差Vで新たに$CV-Q$だけ電荷を運んだので，電源がした仕事は$V(CV-Q)$となる。 (6) この電源がした仕事のうち，コンデンサーに蓄えられなかった分のエネルギーが，抵抗で生じたジュール熱になる。コンデンサーに新たに蓄えられたエネルギーは，$\dfrac{1}{2}CV^2-\dfrac{Q^2}{2C}$なので，抵抗で生じたジュール熱は，$V(CV-Q)-\left(\dfrac{1}{2}CV^2-\dfrac{Q^2}{2C}\right)=\dfrac{C^2V^2-2QCV+Q^2}{2C}=\dfrac{(CV-Q)^2}{2C}$となる。
(7) 解答参照。

【5】(1) $\dfrac{1}{2}r^2B\omega\Delta t$ (2) $\dfrac{1}{2}r^2B\omega$ (3) 大きさ…$\dfrac{r^2B\omega}{2R}$

向き…(イ)　(4) $\dfrac{r^4B^2\omega^2}{4R}$　(5) $\dfrac{r^4B^2\omega}{4aR}$　(6) $\dfrac{r^3B^2\omega}{2R}$

(7) まず，F_1の作用点は点Pで，F_2の作用点はOTの中点であり，作用点が異なることに注目したい。すると，導体棒を点Oまわりに等速で回転させるには，並進運動のつりあいではなく，点Oのまわりの力のモーメントのつりあいを考える必要がある。よって，$F_1\times a-F_2\times\dfrac{r}{2}=0$を満たせば良い。よって，$F_1=\dfrac{r}{2a}F_2$となり，これは(5)(6)を成立させる。　(8) $\dfrac{a^2r^4B^2\omega^2}{4(aR+rX)^2}R$

〈解説〉(1) 微小時間Δtの間にOTが通過する面積は，$\dfrac{1}{2}r^2\omega\Delta t$なので，$\Delta\Phi=B\times\dfrac{1}{2}r^2\omega\Delta t=\dfrac{1}{2}r^2B\omega\Delta t$となる。　(2) 求める誘導起電力の大きさは，$V=\dfrac{\Delta\Phi}{\Delta t}=\dfrac{1}{2}r^2B\omega$となる。　(3) 求める電流の大きさは，$I=\dfrac{V}{R}=\dfrac{r^2B\omega}{2R}$となる。また，OT間について考えると，ローレンツ力の向きよりTが高電位になるので，電流の向きは(イ)となる。　(4) 求める消費電力の大きさは，$I^2R=\dfrac{r^4B^2\omega^2}{4R}$となる。　(5) 先端Pにおける速さは$a\omega$なので，1秒当たりの仕事量(すなわち仕事率)は$F_1a\omega$である。これと(4)の消費電力の大きさが等しいと考えられるので，$F_1a\omega=\dfrac{r^4B^2\omega^2}{4R}$より，$F_1=\dfrac{r^4B^2\omega}{4aR}$となる。　(6) 求める力の大きさは，$F_2=IBr=\dfrac{r^3B^2\omega}{2R}$となる。　(7) 解答参照。　(8) 導体棒OPのうち，電流が流れているのはOTの部分なので，この部分の抵抗値は$X\times\dfrac{r}{a}=\dfrac{r}{a}X$より，このとき流れる電流$I'$は$I'=\dfrac{V}{R+\dfrac{r}{a}X}=\dfrac{ar^2B\omega}{2(aR+rX)}$となる。よって，求める電力は$P'=I'^2R=\dfrac{a^2r^4B^2\omega^2}{4(aR+rX)^2}R$となる。

【６】(1) X線を波動と考えると，入射X線と散乱X線の波長は変化しないはずであるが，そのような結果になっていない点。

(2)　$\frac{hc}{\lambda}=\frac{hc}{\lambda'}+\frac{1}{2}mv^2$　　(3)　x軸…$\frac{h}{\lambda}=\frac{h}{\lambda'}\cos\theta+mv\cos\alpha$
y軸…$0=\frac{h}{\lambda'}\sin\theta-mv\sin\alpha$　　(4)　$\lambda'=\lambda+\frac{h}{mc}(1-\cos\theta)$
(5)　2.4×10^{-12}〔m〕　　(6)　(4)より，波長の変化量$\lambda'-\lambda$は入射X線の波長に依存せず，散乱角θによって定数$\frac{h}{mc}$の0～2倍の間で定まり，$0\leqq\lambda'-\lambda\leqq4.8\times10^{-12}$〔m〕となる。波長がX線よりも10～$10^4$倍長い可視光線の場合，波長に対する変化量の割合$\frac{\lambda'-\lambda}{\lambda}$がX線の場合の$10^{-1}$～$10^{-4}$倍になるので，コンプトン効果が顕著に現れなくなる。

〈解説〉(1)(2)　解答参照。　(3)　運動量はベクトル量なので，向きに注意すること。　(4)　(3)より，$m^2v^2\cos^2\alpha=\left(\frac{h}{\lambda}-\frac{h}{\lambda'}\cos\theta\right)^2$，$m^2v^2\sin^2\alpha=\left(\frac{h}{\lambda'}\sin\theta\right)^2$であり，これら2式より，$\left(\frac{h}{\lambda}\right)^2+\left(\frac{h}{\lambda'}\right)^2-\frac{2h^2}{\lambda\lambda'}\cos\theta=m^2v^2$…①となる。一方，(2)の両辺に$2m$をかけると，$2mhc\left(\frac{1}{\lambda}-\frac{1}{\lambda'}\right)=m^2v^2$より，$\frac{2mhc(\lambda'-\lambda)}{\lambda\lambda'}=m^2v^2$…②となる。①②より，$\left(\frac{h}{\lambda}\right)^2+\left(\frac{h}{\lambda'}\right)^2-\frac{2h^2}{\lambda\lambda'}\cos\theta=\frac{2mhc(\lambda'-\lambda)}{\lambda\lambda'}$となり，$\frac{\lambda'}{\lambda}+\frac{\lambda}{\lambda'}-2\cos\theta=\frac{2mc}{h}(\lambda'-\lambda)$となる。さらに，$\frac{\lambda'}{\lambda}+\frac{\lambda}{\lambda'}\fallingdotseq2$の近似を用いると，$\lambda'=\lambda+\frac{h}{mc}(1-\cos\theta)$となる。
(5)　$\theta=90^\circ$のとき$\cos\theta=0$なので，$\lambda'-\lambda=\frac{h}{mc}=\frac{6.6\times10^{-34}}{(9.1\times10^{-31})\times(3.0\times10^8)}\fallingdotseq2.4\times10^{-12}$〔m〕となる。　(6)　解答参照。

【化学】

【1】(1)　イ　　(2)　ウ　　(3)　オ　　(4)　40〔kJ〕　　(5)　$C_{10}H_{20}$
(6)　18〔kg〕　　(7)　フッ化水素どうしが水素結合によって会合分子をつくっており，そのため分子間に挟まれたH原子は，水素結合を切断しなければ水素イオンH^+として電離することができないため。
(8)　枝分かれしている炭化水素は，最も長い炭素鎖を主鎖とし，側鎖の位置番号が最小になるように番号をつける。そのため，この有機化合物は2－メチルブタンとなる。　(9)　$C_2H_4O_2$だと，酢酸以外の物質も表すことになるから，カルボキシ基を持つことがわかるようにこのような示性式を用いる。　(10)　コロイド粒子の表面は，正の電荷を帯びている。

〈解説〉(1)　イオン結合を形成するのは，塩化アンモニウムだけである。

(2)　ウ以外は，単体としての性質などを説明してるので不適。

(3)　アは強酸と弱塩基からなる塩なので酸性，イは2段階に電離して水素イオンを放出するので酸性，ウとエは強酸と強塩基からなる塩なので中性になる。　(4)　鉄1mol(56g)あたり発生する熱量は400kJなので，5.6g$\left(\frac{5.6}{56}=0.10\text{〔mol〕}\right)$で発生する熱量は，$400\times0.10=40$〔kJ〕となる。　(5)　このアルケンの分子量を$M$とすると，これに塩素(分子量71)が付加した生成物の分子量は$M+71$となる。また，反応前のアルケンと生成物の物質量は等しいので，$\frac{1.4}{M}=\frac{2.1}{M+71}$より，$M=142$となる。ここで，このアルケンの分子式を$C_nH_{2n}$とすると，分子量は$12n+2n=14n$と表せるので，$14n=142$より$n\fallingdotseq10$である。よって，このアルケンの分子量は$C_{10}H_{20}$となる。　(6)　オストワルト法の全反応式をまとめると，$NH_3+2O_2\rightarrow HNO_3+H_2O$であり，1molのアンモニアから1molの硝酸が生成する。反応するアンモニア(分子量17)は$\frac{3.4\times10^3}{17}=2.0\times10^2$〔mol〕なので，生成する硝酸(分子量63)の質量は$63\times(2.0\times10^2)=12600$〔g〕$=12.6$〔kg〕となる。よって，70%の濃硫酸は$\frac{12.6}{0.70}=18$〔kg〕得られる。　(7)(8)　解答参照。　(9)　分子式が$C_2H_4O_2$と表される化合物には，環式化合物もある。　(10)　コロイド粒子による電気泳動では，コロイド粒子自身が帯びている電荷とは反対符号の電極へ移動する。

【2】(1)　食品などの品質を保持するための封入剤として使われる。

(2)　エ　(3)　①　2.4×10^{-2}〔mol〕　②　1.1×10^5〔Pa〕

③　1.6×10^5〔Pa〕　(4)　温度を低くすると分子間力の影響を受け，液体や固体になってしまい，圧力を大きくすると凝縮が起こったり，分子自身の体積の影響が強くなったりしてしまうため。　(5)　エ

〈解説〉(1)　解答参照。　(2)　塩素は空気より密度が大きく水に溶けやすいので，下方置換法で捕集する。　(3)　①　プロパンの物質量をn_A

〔mol〕とすると，気体の状態方程式より，$(2.0\times10^4)\times3.0=n_A\times(8.3\times10^3)\times(273+27)$が成り立つので，$n_A=\frac{2}{83}\fallingdotseq2.4\times10^{-2}$〔mol〕となる。
② コックを開く前の酸素の物質量をn_B〔mol〕とすると，気体の状態方程式より，$(2.4\times10^5)\times2.0=n_B\times(8.3\times10^3)\times(273+27)$が成り立つので，$n_B=\frac{16}{83}$〔mol〕となる。したがって，コックを開いた後の混合気体の物質量は，$n_A+n_B=\frac{2}{83}+\frac{16}{83}=\frac{18}{83}$〔mol〕となる。よって，求める圧力は，$\dfrac{\frac{18}{83}\times(8.3\times10^3)\times(273+27)}{3.0+2.0}=1.08\times10^5\fallingdotseq1.1\times10^5$〔Pa〕となる。 ③ プロパンの燃焼の反応式は，$C_3H_8+5O_2\rightarrow3CO_2+4H_2O$である。燃焼したプロパンの物質量は$\frac{2}{83}$〔mol〕なので，未反応の酸素の物質量は$\frac{16}{83}-\frac{2}{83}\times5=\frac{6}{83}$〔mol〕，生成した二酸化炭素の物質量は$\frac{2}{83}\times3=\frac{6}{83}$〔mol〕，水の物質量は$\frac{2}{83}\times4=\frac{8}{83}$〔mol〕なので，混合気体の物質量は$\frac{6}{83}+\frac{6}{83}+\frac{8}{83}=\frac{20}{83}$〔mol〕となる。よって，求める圧力は，
$\dfrac{\frac{20}{83}\times(8.3\times10^3)\times(273+127)}{3.0+2.0}=1.6\times10^5$〔Pa〕となる。

(4) 理想気体では，気体分子自身の体積がなく，分子間力がはたらかないと考える。 (5) メタンなど分子量の大きい気体分子は，圧力が低いときに分子間力の影響を強く受けるため，圧縮されやすくなりZの値が1より小さくなる。一方，圧力が高くなると分子間距離が小さくなるため分子自身の体積の影響を受け，圧縮されにくくなるのでZの値は1より大きくなる。これらの条件を満たすのは，エのグラフである。

【3】(1) ① 2.8×10^{-2}〔mol〕 ② 1.1×10^{-2}〔mol〕
③ ①，②より気相中の二酸化炭素の物質量は，$(2.80-1.08)\times10^{-2}=1.72\times10^{-2}$〔mol〕である。ここで，ペットボトル内の気相の体積をV〔L〕とすると，理想気体の状態方程式より$1.0\times10^5\times V=1.72\times10^{-2}$

$\times 8.3\times 10^3\times(273+27)$　$\therefore V\fallingdotseq 0.428$〔L〕となる。よって，ペットボトルの変形後の全体の体積は，$0.428+0.30=0.728$〔L〕(気相中のCO_2の物質量を$(2.80-1.1)\times 10^{-2}=1.7\times 10^{-2}$〔mol〕で計算すると$0.723\fallingdotseq 0.72$〔L〕)　0.73〔L〕　④　CO_2が水に溶けると，次のような反応が生じ，その後電離して水素イオンが生じるため。$CO_2+H_2O \rightleftarrows H_2CO_3$　$H_2CO_3 \rightleftarrows H^+ + HCO_3^-$　(2)　①　イ，オ　②　極性の大きい親水性の基と極性の小さい疎水性の基がある。　③　エ　④　イオン結合が強いため安定した結晶を形成し，この結晶は水に溶けてイオンが水和された状態よりも安定だから。

〈解説〉(1)　①　二酸化炭素が水に溶解する前について，ペットボトル内の二酸化炭素の体積は$1-0.30=0.70$〔L〕であり，求める物質量をn〔mol〕とすると，気体の状態方程式より，$(1.0\times 10^5)\times 0.70=n\times(8.3\times 10^3)\times(273+27)$が成り立つので，$n=\frac{7}{249}\fallingdotseq 2.8\times 10^{-2}$〔mol〕となる。　②　この条件では，二酸化炭素は水1L中に3.6×10^{-2}〔mol〕溶けるので，水0.30L中に溶ける物質量は$(3.6\times 10^{-2})\times 0.30=1.08\times 10^{-2}\fallingdotseq 1.1\times 10^{-2}$〔mol〕となる。　③　公開解答のようにいくつかの計算方法があるが，①について，$n\fallingdotseq 2.81\times 10^{-2}$〔mol〕となりこれを用いて計算しても，求める容積は約0.73Lとなる。　④　解答参照。　(2)　①　ヨウ素やナフタレンは無極性分子なので，ベンゼンによく溶ける。酢酸は水によく溶けるが，③の解説より二量体を形成するためベンゼンにもよく溶ける。　②　エタノールC_2H_5OHのうち，エチル基C_2H_5-は疎水性，ヒドロキシ基$-OH$は親水性である。　③　酢酸CH_3COOHのうち，メチル基CH_3-は疎水性，カルボキシ基$-COOH$は親水性である。酢酸2分子はヒドロキシ基同士が水素結合を形成することで二量体となるので，疎水性の基の部分が外側を向くためベンゼンにもよく溶ける。　④　解答参照。

【４】(1)　①　3.0×10^5〔C〕　②　96〔g〕　③　銀…ウ　亜鉛…ア　鉛…イ　(2)　ア，エ　(3)　2種類　(4)　この反応の化学反応式は，$2Cu+O_2 \rightarrow 2CuO$　よって，反応したO_2は$19.9-15.9=4.0$〔g〕

で，物質量は，$\frac{4.0}{32}=0.125$〔mol〕　化学反応式の係数より，反応したCuは，$0.125\times2=0.25$〔mol〕となるので，Cuのモル質量は，$\frac{15.9}{0.25}=$ 63.6〔g/mol〕　したがって，Cuの平均相対質量は63.6となる。Cuの同位体の物質量の比を，$^{63}Cu:^{65}Cu=1:x$とおくと，$63.0\times\frac{1}{1+x}+65.0\times\frac{x}{1+x}=63.6$　$x\fallingdotseq0.43$

〈解説〉(1)　①　陽極では$Cu\rightarrow Cu^{2+}+2e^-$，陰極では$Cu^{2+}+2e^-\rightarrow Cu$という反応が生じる。陰極で増加した純銅の物質量は$\frac{100.0}{64}$〔mol〕なので，流れた電子の物質量は$\frac{100.0}{64}\times2$〔mol〕であり，流れた電気量は$(9.65\times10^4)\times\frac{100.0}{64}\times2\fallingdotseq3.0\times10^5$〔C〕となる。　②　減少した溶液中の銅(Ⅱ)イオンの物質量は$0.060\times1.0=0.060$〔mol〕なので，これと増加した純銅の物質量の差をとると，粗銅から溶け出した銅の質量は$\left(\frac{100.0}{64}-0.060\right)\times64\fallingdotseq96$〔g〕となる。　③　水素よりイオン化傾向の小さな銀は，金属として沈殿する。水素よりイオン化傾向の大きな亜鉛と鉛はイオンとして溶け出すが，これらのうち鉛は硫酸鉛(Ⅱ)の白色沈殿となる。　(2)　イ　青銅(ブロンズ)の主な成分元素は，CuとSnである。　ウ　ニクロムの主な成分は，NiとCrである。　オ　ステンレス鋼の用途は，台所用品や鉄道車両などである。　(3)　6配位正八面体$[MA_3B_3]$の幾何異性体には，*fac*型と*mer*型の2種類が存在する。　(4)　解答参照。

【5】(1)　ア　正反応　　イ　逆反応　　ウ　可逆反応　　エ　不可逆反応　　オ　反応速度　　カ　やわらげる(緩和する)　　キ　ルシャトリエの原理(平衡移動の原理)　　(2)　①　発熱反応　　②　ウ　(3)　$K_p=\frac{P_{N_2O_4}}{P_{NO_2}{}^2}$　　(4)　$K_p=\frac{K_c}{RT}$　　(5)　$K_p=\frac{P_{N_2O_4}}{P_{NO_2}{}^2}=\frac{0.050\times10^5\text{〔Pa〕}}{(0.30\times10^5)^2\text{〔Pa}^2\text{〕}}=\frac{5.0}{9}\times10^{-5}$〔/Pa〕$=0.5555\times10^{-5}$〔/Pa〕$\fallingdotseq5.6\times10^{-6}$〔/Pa〕　5.6×10^{-6}〔/Pa〕

〈解説〉(1)　解答参照。　(2)　①　高温側の色が濃くなったことから，温度が高くなると赤褐色のNO_2が増加したことになる。これは，NO_2からN_2O_4が生成する反応が発熱反応なので，温度が高くなるとその影響をやわらげるために逆反応が進行するように平衡が移動したからである。　②　圧縮した直後は，NO_2の濃度が増加するため気体の色は濃くなるが，やがて分子数が減少するように正反応が進行するように平衡が移動し，NO_2の濃度が減少するため赤褐色が薄くなる。

(3)　解答参照。　(4)　$K_c = \frac{[N_2O_4]}{[NO_2]^2}$と表せ，$NO_2$の物質量を$n_{NO_2}$〔mol〕，$N_2O_4$の物質量を$n_{N_2O_4}$〔mol〕，体積を$V$〔L〕，温度を$T$〔K〕とすると，気体の状態方程式より，$P_{NO_2} = \frac{n_{NO_2}}{V}RT = [NO_2]RT$，$P_{N_2O_4} = \frac{n_{N_2O_4}}{V}RT = [N_2O_4]RT$より，$K_p = \frac{P_{N_2O_4}}{P_{NO_2}^{\ 2}} = \frac{[N_2O_4]RT}{([NO_2]RT)^2} = \frac{[N_2O_4]}{[NO_2]^2RT} = \frac{K_c}{RT}$となる。

(5)　解答参照。

【６】(1)　ア　　(2)　①　操作a…高温・高圧で二酸化炭素と反応させる　操作b…塩酸を加える　　②　化合物A…サリチル酸メチル　　化合物B…アセチルサリチル酸

(3)　①　$C_8H_8O_2$　　②　CHI_3

③

A

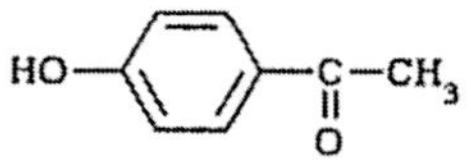

$HO-C_6H_4-C(=O)-CH_3$

B

$CH_3-C_6H_4-C(=O)-OH$

C

$HO-CH_2-C_6H_4-C(=O)-H$

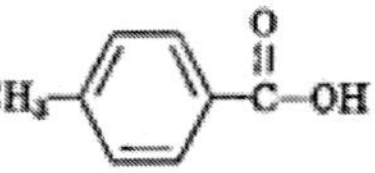

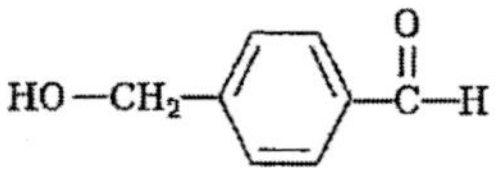

D

$HO-C(=O)-C_6H_4-C(=O)-OH$

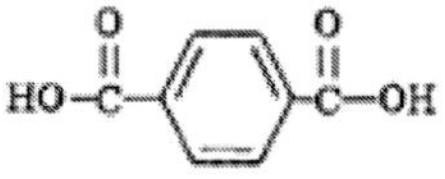

〈解説〉(1)　イ　フェノールには当てはまらない。　ウ　どちらにも当てはまらない。　エ　エタノールには当てはまらない。　(2)　①　bの操作としては，希硫酸を加えてもよい。　②　解答参照。

(3)　①　二酸化炭素の分子量は44，水の分子量は18なので，化合物Aを構成するそれぞれの原子の質量は，炭素原子は$572 \times \frac{12}{44} = 156$〔mg〕，水素原子は$117 \times \frac{12.0}{18} = 13$〔mg〕，酸素原子は$221 - (156 + 13) = 52$

〔mg〕となる。したがって，それぞれの原子数の比は，C：H：O＝$\frac{156}{12}$：$\frac{13}{1.0}$：$\frac{52}{16}$＝4：4：1より，化合物Aの組成式はC_4H_4O，分子式は$(C_4H_4O)_n$，分子量は68nと表せる。ここで，化合物Aはベンゼン環をもつためn≧2であり，分子量は200以下なのでn＝2，よって，分子式は$C_8H_8O_2$となる。　②　化合物Aはヨードホルム反応を示したので，ヨードホルムCHI_3の黄色沈殿が生成する。　③　化合物Aに塩化鉄(Ⅲ)水溶液を加えると紫色に呈色したのでフェノール性のヒドロキシ基をもつので，これとベンゼン環を除いた残りの原子の種類と数から，もう一方の置換基はC_2H_3Oであり，ヨードホルム反応を示すので部分構造$-CO-CH_3$とわかる。さらに，ベンゼン環の水素原子のうち1つを塩素原子で置き換えると2種類の化合物が存在するので，2つの置換基はパラ位に結合しており，構造式が決定する。化合物Bは，炭酸水素ナトリウム水溶液を加えると二酸化炭素を発生するのでカルボキシ基をもち，これとベンゼン環を除いた残りの原子の種類と数から，もう一方の置換基はCH_3となる。さらに，化合物Bを酸化して生成した二価カルボン酸の化合物Dのベンゼン環の水素原子のうち1つを塩素原子で置き換えた化合物は1種類なので，2つの置換基はパラ位に結合しており，構造式が決定する。化合物Cは還元性を示すホルミル基(アルデヒド基)$-CHO$をもち，置換基の炭素数は1つずつなので，これとベンゼン環を除いた残りの原子の種類と数から，もう一方の置換基はCH_3Oとなる。さらに，化合物Cはフェノール性のヒドロキシ基をもたないので，もう一方の置換基は$-CH_2OH$となり，化合物Bと同様に，2つの置換基はパラ位に結合しているので，構造式が決定する。化合物Dは，テレフタル酸とわかる。

【7】(1)　①　エ　②　ウ　③　オ　④　ア　⑤　ク　⑥　コ　⑦　サ　⑧　キ　(2)　①　ヘキサメチレンジアミン　②　$H_2N-(CH_2)_6-NH_2$　(3)　4.0×10^3　(4)　しょう油に含まれる陽イオンは，大部分がナトリウムイオンである。しょう油を陽イオン交換樹脂に通すと，ナトリウムイオンが水素イオンと交換されるため，

水素イオン濃度が大きくなり，pHは小さくなる。　(5)　塩酸を流すと，イオン交換樹脂に吸着しているNa^+がHClのH^+と交換される。したがって，しょう油中のNa^+の物質量と同じ物質量のH^+が吸着して出てこなくなる。よって，次の関係式が成り立つ。

(流したHCl中のH^+)－{樹脂に吸着したH^+(しょう油中のNa^+)}＝(中和に要した$NaOH$中のOH^-)

流した塩酸，つまり1.0mol/Lの塩酸10mLに含まれる水素イオンH^+の物質量は，1.0〔mol/L〕×10×10^{-3}〔L〕＝1.0×10^{-2}〔mol〕

中和に要した$NaOH$中の水酸化物イオンOH^-の物質量は，0.50〔mol/L〕×18.94×10^{-3}〔L〕＝9.47×10^{-3}〔mol〕

この差が，陽イオン交換樹脂に吸着したH^+の物質量である。これは，10倍に希釈されたしょう油2.0mL中に含まれていたNa^+の物質量に等しいから，希釈前のしょう油のモル濃度は，

$$\frac{(1.0\times10^{-2})-9.47\times10^{-3})\text{〔mol〕}}{2.0\times10^{-3}\text{〔L〕}}\times10\fallingdotseq2.7\text{〔mol/L〕}$$

〈解説〉(1)(2)　解答参照。　(3)　ナイロン66は重合度をnとすると，[－NH－$(CH_2)_6$－NH－CO－$(CH_2)_4$－CO－$]_n$と表せ，この繰り返し構造にはアミド結合－NH－CO－が2つ存在するので，1分子のナイロン66に含まれるアミド結合は$2n$個である。また，平均分子量は$226n$と表せるので，$226n=4.5\times10^5$より，$n=\frac{4.5\times10^5}{226}$となる。よって，求めるアミド結合の数は，$2\times\frac{4.5\times10^5}{226}\fallingdotseq4.0\times10^3$となる。　(4)(5)　解答参照。

【生物】

【1】(1)　①　科学的　②　主体的　③　環境　(2)　磯の生態系に見られる生物の食物網の資料と，ヒトデのような上位の捕食者を継続的に取り去ったときの下位の生物の種数や生息密度の変化を示す資料に基づいて，変化が生じた理由を考えさせ，捕食と被食の関係が種多様性に関わることに気付かせる。

〈解説〉(1)　解答参照。　(2)　「高等学校学習指導要領(平成30年告示)解説　理科編」に，同様の記述があるので，自身の考えを簡潔な文章に

まとめられるよう準備しておくとよい。

【2】(1) ・アームと鏡台の下を持って運ぶ。 ・調節ねじをゆっくりと一方向に動かしながらピントを合わせる。 ・ピントを合わせる前に，横から見ながらプレパラートを対物レンズに近づける。
(2) ・輪郭が1本の線で描かれていない。 ・影が点描で表されていない。 から1つ (3) 125〔μm〕 (4) 40〔目盛り〕

〈解説〉(1) 顕微鏡の破損などが起きる状況を想定し，注意を呼びかけるとよい。 (2) 解答参照。 (3) 対物ミクロメーターの1目盛りは，1mmの$\frac{1}{100}$倍なので10μmである。図2より，対物ミクロメーターの5目盛りと接眼ミクロメーターの4目盛りが等しいので，接眼ミクロメーターの1目盛りは$10\times\frac{5}{4}=12.5$〔μm〕となる。オオカナダモの長径は，接眼ミクロメーター10目盛り分なので，$12.5\times10=125$〔μm〕となる。 (4) 対物レンズを10倍から40倍にすると，接眼ミクロメーターの1目盛りに対応する長さは$\frac{1}{4}$倍になるので，オオカナダモの長径は接眼ミクロメーターの$10\times4=40$〔目盛り〕分となる。

【3】(1) ① 血しょう ② 白血球 ③ 血小板 (2) ウ 理由…蒸留水は細胞内液より浸透圧が低いので，赤血球に水が入り，赤血球の体積が増加するから。 (3) 活発に運動する筋肉は乳酸や二酸化炭素を放出する。すると血液のpHが低下するので，グラフより酸素ヘモグロビンの割合は低下する。ヘモグロビンに酸素が結合しにくくなると，ヘモグロビンからの酸素の供給量は運動前に比べて増加する。

〈解説〉(1) 解答参照。 (2) ヒトの赤血球は植物細胞ではないので細胞壁をもたず，水が入り込むと細胞膜が破れて溶血する。 (3) ヘモグロビンは酸素分圧の高い肺で酸素を受け取って酸素ヘモグロビンとなり，酸素分圧の低い組織で酸素を解離する。図より，同じ酸素分圧でもpHが低いほど酸素ヘモグロビンの割合が少ないので，それだけ酸素を解離しやすい状態にあると考えられる。

【4】(1)　①　砂漠　　②　雨緑樹林　　(2)　a　熱帯多雨林　　b　照葉樹林　　c　サバンナ　　d　針葉樹林　　(3)　平均気温や降水量からはシイ，カシなどの照葉樹林が成立する地域でも，陽樹であるコナラ・クヌギなどの落葉広葉樹林が見られることがある。これは人手が入ることで遷移の途中の植生が維持されているからである。
(4)　ヤブラン…B　　カタクリ…A　　ミズヒキ…D　　ヒガンバナ…C

〈解説〉(1)　解答参照。　(2)　cは現存量が最も小さいので森林ではないサバンナ，aは純生産量や現存量が最も大きいので熱帯多雨林である。さらに，緯度の高い森林ほど純生産量が小さいので，bは照葉樹林，dは針葉樹林と考えられる。　(3)　人手が入るなど中規模な撹乱が起こると，生物群集中で共存できる種数が高まる場合がある。　(4)　ヤブランは，年間を通して地上部で観察できるので，常に光合成を行うことができるBが該当すると考えられる。カタクリは，上層の樹木が葉を展開する初夏を過ぎると地上部で観察できなくなるのでAが該当すると考えられる。ミズヒキは，上層の樹木が葉を展開する初夏から地上部で観察できるのでDが該当すると考えられる。ヒガンバナは，上層の樹木に葉がないときに地上部で観察できるのでCが該当すると考えられる。

【5】(1)　①　ヌクレオチド　　②　デオキシリボース　　③　水素結合
(2)

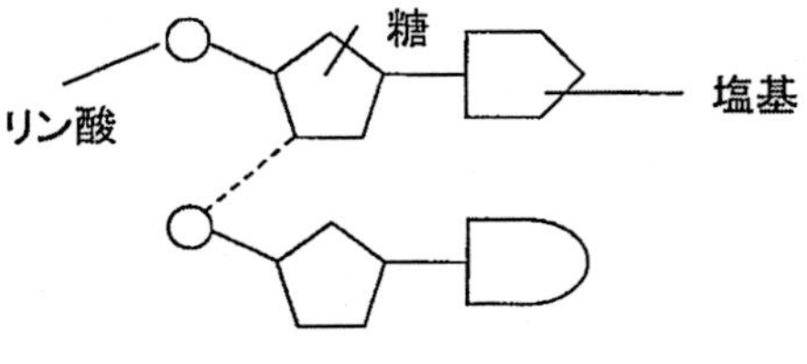

(3)　1140000000〔個〕　　(4)　1.02〔m〕(1.0〔m〕も可)　　(5)　共通点…遺伝物質をもつ。　　相違点…　・細胞構造をもたない(細胞膜で

つつまれていない)。自身で代謝をしない。　・他の生物の細胞内でしか増殖できない(自身で増殖できない)。　から2つ

〈解説〉(1)　解答参照。　(2)　ヌクレオチド同士は，一方のヌクレオチドの糖と他方のヌクレオチドのリン酸がリン酸ジエステル結合(ホスホジエステル結合)を形成している。　(3)　DNAは2本鎖なので，X鎖とY鎖それぞれの塩基数は3×10^9〔塩基〕である。X鎖とY鎖のアデニンの割合の平均が31％と考えると，X鎖のアデニンの割合が24％なので，Y鎖のアデニンの割合は$31\times2-24=38$〔％〕となる。求めるX鎖におけるチミンの個数は，Y鎖におけるアデニンの個数と等しいので，$(3\times10^9)\times0.38=1.14\times10^9$〔個〕(1140000000〔個〕)となる。　(4)　DNAの1本鎖の塩基数3×10^9〔塩基〕が，10塩基ごとに1回転するので，このらせん構造は$\frac{3\times10^9}{10}=3\times10^8$〔回転〕している。よって，求める長さは$(3\times10^8)\times(3.4\times10^{-9})=1.02$〔m〕となる。　(5)　解答参照。

【6】(1)　ア，イ，カ　(2)　化学進化　(3)　イ→オ→ア→カ→キ→エ→ク→ウ　(4)　旧口動物では，原腸胚に形成された原口が成体の口になり，肛門は別につくられるが，新口動物では，原口またはその付近が成体の肛門になり，口が新たにつくられる。

〈解説〉(1)(2)　解答参照。　(3)　生物は原始海洋の中で誕生し，はじめはRNAが代謝と自己複製を担っていたが，次第にその役割はタンパク質とDNAに置き換わっていったと考えられる。また，シアノバクテリアなどの原核生物は真核生物より先に出現したと考えられる。生物の陸上進出は，オゾン層が形成されて地表に届く紫外線が少なくなったためである。　(4)　解答参照。

【7】(1)　ア　遺伝子Aと遺伝子b，遺伝子aと遺伝子Bはそれぞれ同一染色体上(連鎖の関係)にあり，遺伝子間の位置が近接している。
イ　各遺伝子はそれぞれ別々の染色体上(独立の関係)にある。
(2)　20〔％〕　(3)　ア　[AB]：[Ab]：[aB]：[ab]＝2：1：1：0
イ　[AB]：[Ab]：[aB]：[ab]＝9：3：3：1　ウ　[AB]：[Ab]：[aB]：

[ab]＝51：24：24：1

〈解説〉(1)　ア　表現型[AB]や[ab]が表れていないので，遺伝子Aと遺伝子b，遺伝子aと遺伝子Bはそれぞれ同一染色体上にあり，組換えは起こっていない。　イ　すべての表現型が同じ分離比で表れたので，各遺伝子はそれぞれ別々の染色体上にあると考えられる。　(2)　表現型[AB]と[ab]の分離比が小さいので，これらが組換えで生じたことになるので，組換え価は$\frac{1+1}{1+4+4+1}\times 100=20$〔%〕となる。

(3)　ア　$(Ab+aB)^2=AAbb+2AaBb+aaBB$より，表現型の分離比は[AB]：[Ab]：[aB]：[ab]＝2：1：1：0となる。　イ　$(AB+Ab+aB+ab)^2$を展開して整理すると，表現型の分離比は[AB]：[Ab]：[aB]：[ab]＝9：3：3：1となる。　ウ　$(AB+4Ab+4aB+ab)^2$を展開して整理すると，[AB]：[Ab]：[aB]：[ab]＝51：24：24：1となる。

【８】(1)　イ　　(2)　中胚葉誘導　　(3)　胚全域に分布するBMPの量が増え，ノギンやコーディンによる阻害効果が相対的に小さくなるので，神経に分化する領域が減り，表皮に分化する領域が増えると考えられる。

(4)

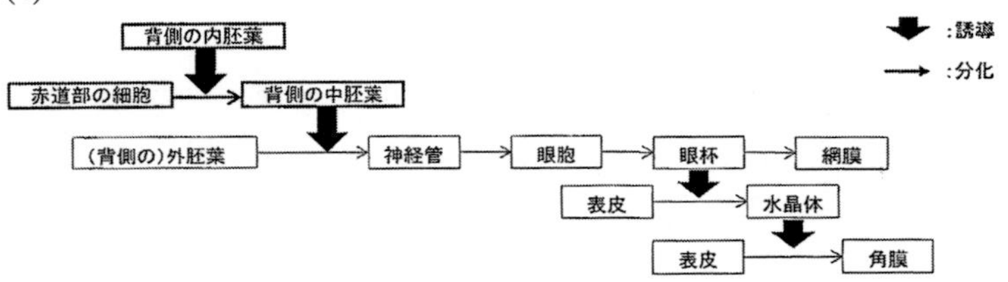

〈解説〉(1)　灰色三日月環が生じる側が将来の背側，その反対側が腹側になる。　(2)　ノーダルタンパク質の濃度勾配が形成され，それぞれ高濃度の領域は脊索，中濃度の領域は体節，低濃度の領域は側板に分化する。　(3)　解答参照。　(4)　眼の形成過程では，分化した組織が次の組織を分化する際の形成体としてはたらくため，誘導の連鎖が起きる。

2023年度　実施問題

中学理科

【1】第1学年「身近な物理現象(光)」において，単元の課題「光の進み方には，どのような規則性があるのだろうか」を設定し，学習を進めた。次の(1)～(5)の問いに答えなさい。

(1) 単元の導入で，ブラインドの隙間から差しこむ光と影の様子を観察し，「光は直進する」ことが分かった。他に光が直進することが分かる事象を1つ書きなさい。

(2) 光が鏡に当たるときの進み方を調べるために実験1を行った。後の①～④の問いに答えなさい。

【実験1】
1. 図1のように光源装置から出した光を鏡で反射させ，的に光を当てる。
2. 1.のときの光の道筋を，記録用紙に記録する。
3. 光が鏡に当たる前と当たった後の光の道筋を比較する。

図1

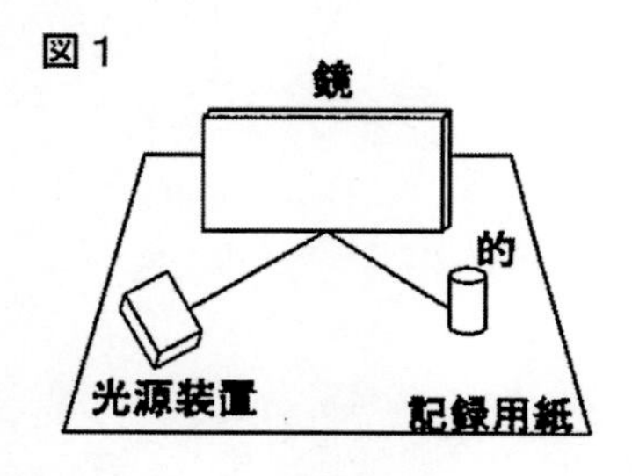

① 光源装置を使う際に，安全面で配慮しなければならないことを1つ書きなさい。

② 光が反射するとき，入射角と反射角の大きさは，どのような関

係になっているか書きなさい。

③　光源装置側から鏡をのぞくと，鏡の中に的の像が見えた。このとき鏡に当たった後の光の道筋の記録は，鏡の中でどのように見えるか，簡潔に書きなさい。

④　光源装置から鏡の中の像までの光の道筋について，タブレット端末のカメラを用いて記録した。鏡の中の光の道筋について他の班と意見交流をする際に，カメラで記録した画像を用いることのよさを書きなさい。

(3)「自分の全身を確認するために最低限必要な鏡の上下の長さはどのくらいだろうか」と新たな課題を設定したところ，「鏡から遠い位置に立つほど，最低限必要な鏡の上下の長さは短くなる」という予想が出た。次の①，②の問いに答えなさい。

①　ある生徒が鏡に近い位置に立ったときの，最低限必要な鏡の上下の長さを調べた。その後，生徒が鏡から遠い位置に移動したとき，必要な鏡の上下の長さはどのようになるか。次のア～ウの中から1つ選びなさい。

ア　短くなる　　イ　長くなる　　ウ　変わらない

②　身長160cmの生徒が次の図2の位置に立ったとき，自分の全身を確認するために最低限必要な鏡の上下の長さは何cmか，作図をして求めなさい。ただし，作図に使った線は残しておくこと。

図2

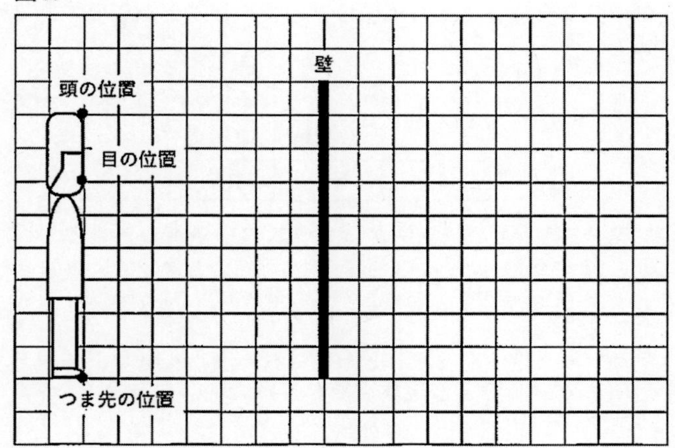

(4) 「光が空気中からガラスの中へ進むとき，境界で進む向きが変わる」ことに気付き，そのときの規則性を調べる実験2を行った。後の①，②の問いに答えなさい。

【実験2】
1. 図3のように半円形ガラスの平面側に，光源装置の光を空気側から当てる。
2. 1.のときの光の道筋を，記録用紙に記録する。
3. 2.のときの入射角と屈折角の大きさを記録する。

図3

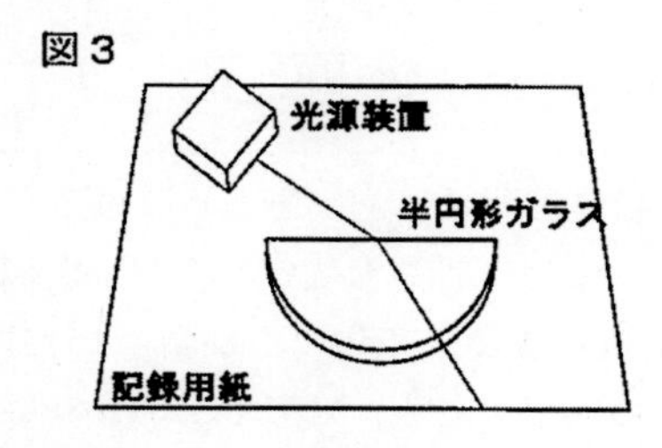

① ある班は，表1を根拠として，「空気側から光を当てると，入射角のほうが屈折角よりも大きくなると考えられる」と考察したが，

他の班から「そのように言えないのではないか」と意見が出た。科学的な考察にするためにはどのようなことが必要であるか書きなさい。

表1

	入射角	屈折角
角度	30°	18°

② 実験2で「光が空気中からガラスの中へ進むときでも，境界で進む向きが変わらない」ことがあった。どのような条件のときか書きなさい。

(5) 単元のまとめで，日常生活との関連として，屈折で学習した内容を活用して説明できる現象を取り上げたい。具体例を1つ書きなさい。

(☆☆◎◎)

【2】第1学年「身の回りの物質(状態変化)」において，単元の課題「物質が状態変化するときには，どのようなきまりがあるのだろうか」を設定し，学習を進めた。次の(1)～(4)の問いに答えなさい。

(1) 導入の場面で，生徒に動画や画像を見せ，小学校第4学年で学習した水の状態変化について思い出させる活動を行った。次の［ア］，［イ］に当てはまる数と言葉を書きなさい。

> ・水は100℃で水蒸気(気体)に，［ア］℃で氷(固体)になる。
> ・水が氷になると体積が［イ］。

(2) 「水以外の物質が状態変化するときには，どのようなきまりがあるのだろうか」という課題を設定し，ロウが液体から固体に状態変化するとき体積と質量が変化するか調べた。レポート1は生徒が書いたレポートの一部である。以下の①～③の問いに答えなさい。

レポート1

【結果】

状態	液体	固体
体積	61 ㎤	55 ㎤
質量	50g	50g
密度	ウ	エ

ロウは液体から固体に状態変化するとき，質量は［　オ　］が体積は［　カ　］。よって，密度は［　キ　］。

① ［　ウ　］，［　エ　］に当てはまる数を小数第二位まで求め，単位を含めて書きなさい。

② ［　オ　］～［　キ　］に当てはまる言葉を書きなさい。

③ レポート1の結果から，個体のロウを液体のロウの中に入れると，どのようになると考えられるか，理由を含めて書きなさい。

(3) 「物質が液体から気体に状態変化するとき，体積はどのように変化するのか」を調べるために，エタノールを使って実験3を行った。レポート2は生徒が書いたレポートの一部である。後の①～③の問いに答えなさい。

【実験3】

1 ポリエチレンの袋にエタノールを入れ，空気を抜いて口をしばり，バット内に置く。

2 袋の上から熱湯をゆっくりとかけて，袋の様子を観察する。

レポート2

【考察】 液体のエタノールを入れた袋を熱湯で加熱すると，袋が大きくふくらみ，エタノールが見えなくなった。冷えてくると袋が縮み，液体のエタノールが袋の中に現れた。このことから液体から気体の状態変化では，

現れた。このことから液体から気体の状態変化では，体積の変化が[ク]，エタノールが気体になる温度は水よりも[ケ]と考えられる。

図4

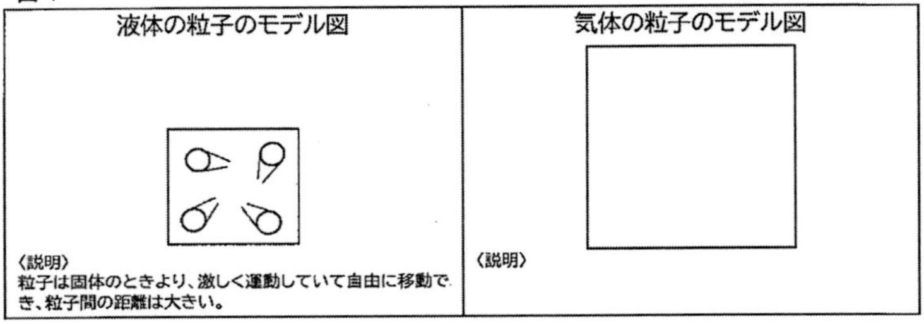

液体の粒子のモデル図	気体の粒子のモデル図
〈説明〉 粒子は固体のときより、激しく運動していて自由に移動でき、粒子間の距離は大きい。	〈説明〉

① ポリエチレンの袋を使う理由を書きなさい。

② [ク]，[ケ]に当てはまる言葉を書きなさい。

③ 物質の状態変化を粒子のモデルで説明する活動を行った。図4のように液体のときの様子を表したとき，気体のときの様子をモデル図に表し，説明しなさい。

(4) エタノールを加熱して沸点を調べたところ，78℃であった。水とエタノールの混合物から沸点の違いを利用して物質を分離できるかを考えた。レポート3はある生徒の混合物を加熱したときの温度変化の予想である。以下の①，②の問いに答えなさい。

レポート3

【予想】 混合物を加熱すると，14℃から徐々に温度が上がり，78℃で温度が一定になりエタノールが気体になる。その後，再び温度が上がり，100℃で一定になり水が気体になる。だから，78℃付近の気体を集めて液体にすればエタノールを取り出せるのではないかと考えられる。

① この生徒は，水とエタノールの混合物がどのように温度変化す

ると考えているか，図5のグラフに表しなさい。

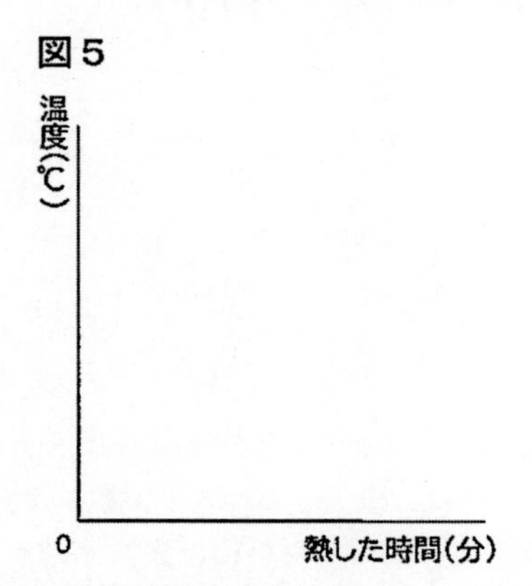

② 実際にこの混合物を加熱したとき，どのような温度変化になるか説明しなさい。

(☆☆☆◎◎)

【3】第3学年「生物の成長と殖え方(細胞分裂と生物の成長)」において，単元の課題「生物が成長するとき，細胞はどのように変化するのだろうか」を設定し，学習を進めた。次の(1)～(4)の問いに答えなさい。

(1) 単元の導入で，タマネギの根が伸びる様子を観察した記録を用いて，気付いたことを発表し合う活動を行った。次の①，②の問いに答えなさい。

① タマネギの根のどの部分が伸びているのかを明らかにするために，図6のように根に等間隔に印を付けて観察しようと計画した。根が伸びたときの様子を生徒に予想させたところ，図7のような図をかいた。この生徒は根のどの部分が伸びていると考えているか書きなさい。

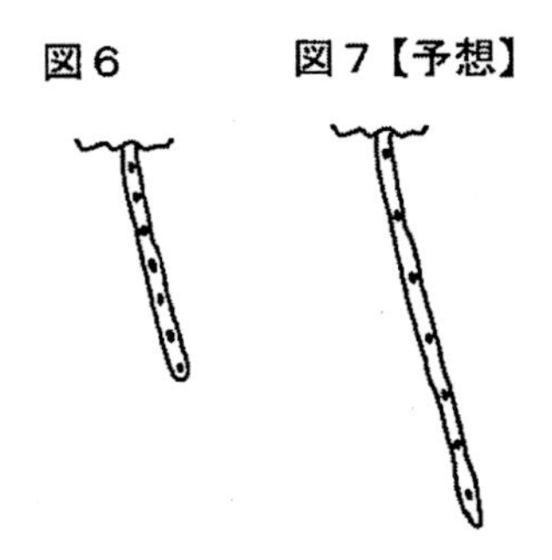

② 図7のように予想した生徒が，根が伸びる様子を写真に撮って継続して記録を行う際に，留意する点を1つ書きなさい。

(2) (1)の観察した記録から，タマネギの根は先端部分がよく伸びていることが分かった。そこで，次のように，単元の課題に対する予想を確かめるため，観察を行った。以下の①～④の問いに答えなさい。

> 【予想】
> (ア) 生物が成長するとき，1つ1つの細胞が大きくなる
> (イ) 生物が成長するとき，同じ大きさの細胞の数が増える
> 【観察】
> 1. 塩酸処理を行ったタマネギの根の先端部分と根本部分をスライドガラスにのせ，染色液をたらして，プレパラートをつくる。
> 2. 1.のプレパラートを顕微鏡で観察する。
> 3. 細胞の様子をスケッチする。

① 観察において，タマネギの根の先端部分だけでなく，根元部分の細胞を観察する理由を書きなさい。

② 下線部で使用する染色液は何か書きなさい。

③ 顕微鏡で細胞分裂をしている細胞をなかなか見付けられない生徒がいた。顕微鏡の操作について，どのような助言を行うか書きなさい。

④ 細胞分裂の過程を記録する際，写真だけでなくスケッチを行わ

せる教師の意図は何か，1つ書きなさい。

(3)　次の文は，(2)の観察の結果をもとに考察を検討している生徒のやりとりの一部である。以下の①，②の問いに答えなさい。

> 生徒A：予想(ア)については，［ a ］から，正しくなかったね。
> 生徒B：予想(イ)については，観察で，細胞が増えているのが確認できたね。
> 生徒C：でも，［ b ］から，細胞の数が増えても全体の大きさは変わらないのではないかな。
> 生徒D：先端部分にも，大きな細胞や小さな細胞があったよ。
> 生徒E：それならば，細胞分裂で細胞の数が増え，増えた1つ1つの細胞が大きくなっていると考えれば，生物が成長しているといえるのではないかな。

①　［ a ］，［ b ］にあてはまる結果は，どのような結果かそれぞれ書きなさい。

②　生徒Eの意見について，細胞の様子を模式図で表したとき，次の図8のようになった。空欄に当てはまる図をかきなさい。

図8

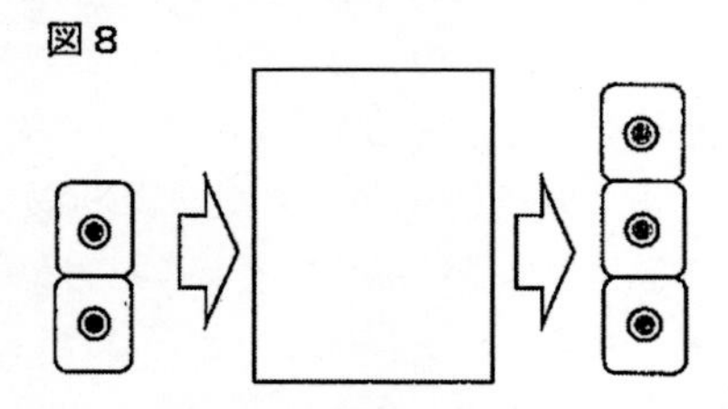

(4)　単元の学習後，ある生徒が，植物だけでなく動物の個体の体細胞分裂について興味をもち，調べることにした。体細胞分裂の過程について，植物と異なる点を1つ書きなさい。

(☆☆◎◎)

【4】第1学年「大地の成り立ちと変化(地層)」において，単元の課題「私たちの住む大地はどのようにしてできたのだろうか」を設定し，

学習を進めた。次の(1)～(5)の問いに答えなさい。

(1) 周辺の河原にある露頭の観察を行った。図9は観察した露頭の一部を模式的に表したものである。以下の①～③の問いに答えなさい。

図9

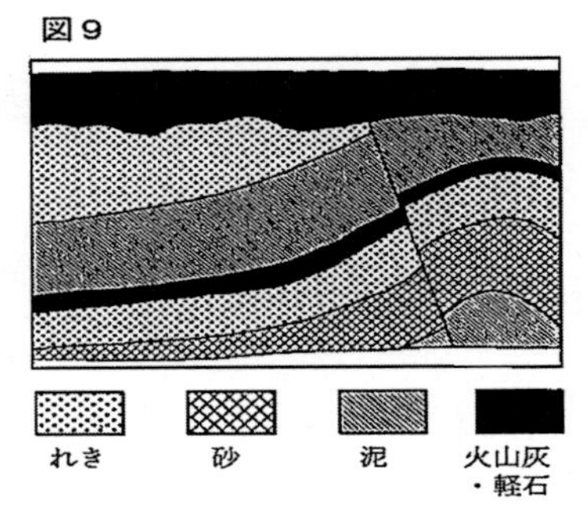

① はじめに離れたところから露頭全体を見渡すようにした。このとき，どのような点に注目して観察させたらよいか書きなさい。

② 岩石などを採取する際には，安全面の他にどのような指導を行うか書きなさい。

③ 観察した地層がどのようにできたかを考える活動を行ったところ，小学校で学んだ堆積の知識だけでは説明できない露頭の様子に気付いた。それは，どのようなことか。2つ書きなさい。

(2) 社会科地理的分野で学習する扇状地については，水はけがよく果樹園に適しているといわれる。一般的に扇状地が水はけがよいのはなぜか。土砂の堆積の様子に触れて簡潔に説明しなさい。

(3) 堆積岩の観察の場面では，採取した岩石の他に，生物の死骸が固まってできた石灰岩やチャートの岩石標本も用いた。石灰岩のある場所では，鍾乳洞がみられることがあるが，鍾乳洞はどのようにしてできるのか。石灰岩の主成分に触れ，簡潔に説明しなさい。

(4) 身近な地層を調べるために，学校のボーリング資料を観察する活動を設定した。図10は，観察結果をもとに作成した学校付近の地層の柱状図である。また，レポート4は，学校と周辺の地層の様子を比較した生徒のレポートの一部分である。後の①～④の問いに答えなさい。

図 10

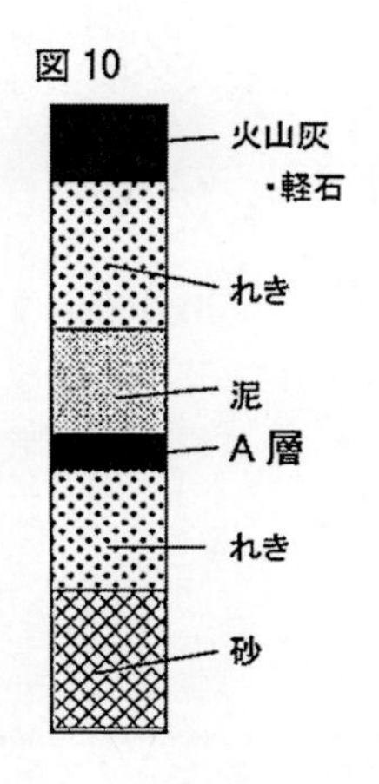

レポート4

インターネットの地盤情報データベースを使って，町内のほかの場所の地層がどうなっているか調べました。比較した結果，層の厚さに違いはあるものの，堆積している順番は同じでした。でも，学校のボーリング資料から作成した柱状図のA層は，他の地点でもほぼ同じ厚さでした。きっと，土砂の堆積と違って，噴火によって火山灰や軽石が，一定期間広い範囲に降り積もったので，この層はどの地点でも同じような厚さになっているのだと考えました。

地層によって岩石に含まれる粒の大きさが異なるのは，大地が上下して水深が変わったからだと思いました。

① A層のように地層中に見られる火山灰や軽石の層は，地層の広がりや年代の推測に利用することができる。地層を調べるときの目印となる層のことを何というか書きなさい。

② 地層の生成年代の推定には示準化石が用いられることもある。示準化石として扱われる化石にはどのような条件が必要であるか書きなさい。

③ 下線部について，A層が堆積していた年代から最上部の火山灰

や軽石の層が堆積するまでの間に起きたと思われる大地の変動の様子を説明しなさい。

④　露頭の観察時に採取した砂岩を割ってみると，アサリの化石が出てきた。このことから，この層が堆積していた頃はどのような環境であったと推測できるか書きなさい。

(5)　約77.4万年前から約12.9万年前の地質年代に，初めて日本の地名に由来する名称がつけられた。国際機関によって2020年に決定されたその名称を書きなさい。

(☆☆☆◎◎)

高　校　理　科

【物理】

【1】単振動について，以下の〔Ⅰ〕～〔Ⅲ〕の問いに答えなさい。

〔Ⅰ〕　図1のように，ばね定数kのばねの先端に質量mの小球を付け，他端を天井につるす。まず，小球にはたらく力がつり合う位置で静かに小球をはなすと小球は静止し続けた。次に，図2のように小球を力のつり合いの位置からA $(A>0)$だけ鉛直上向きに持ち上げて静かにはなしたところ，小球は鉛直線上で単振動をした。ただし，重力加速度の大きさをg，円周率をπとし，空気抵抗は無視できるものとする。以下の(1)～(4)の問いに答えなさい。

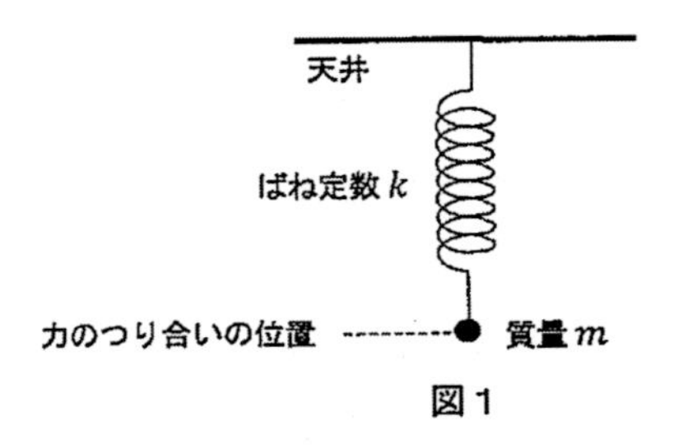

図1

(1)　図1で，小球にはたらく力がつり合う位置におけるばねの伸びをm，g，kを用いて表せ。

(2)　図2で，小球を力のつり合いの位置からAだけ鉛直上向きに持ち上げて静かにはなした瞬間の小球にはたらく合力の大きさをA，kを用いて表せ。

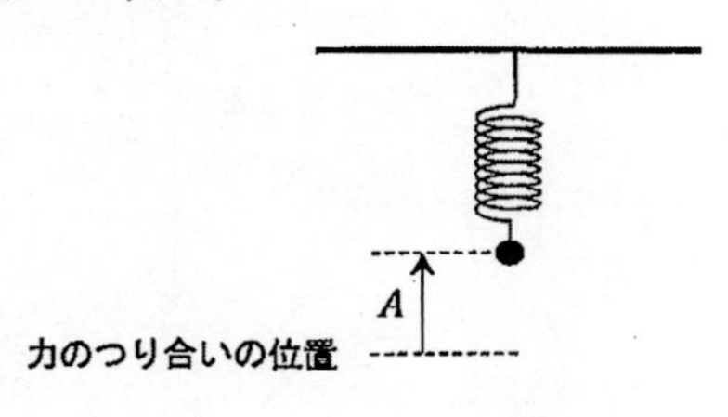

図2

(3)　小球の単振動の周期をm，kを用いて表せ。

(4)　小球が力のつり合いの位置を通過する瞬間の速さをA，m，kを用いて表せ。

〔Ⅱ〕　図3のように2つのばね振り子を用意する。ばね振り子1は先端に質量mの小球1を付け，他端は天井につるした。ばね振り子2は先端に質量$4m$の小球2を付け，他端は床に固定した。ばね振り子のばねはどちらもばね定数kである。各ばね振り子が静止して力のつり合いの状態にあるとき，小球1と小球2は同じ位置にあった。次に，図3のように小球1を鉛直上向きにAだけ持ち上げて静かにはなすと，小球1と小球2が弾性衝突をした。小球1と小球2は同一鉛直線上を運動する。また，各小球のつり合いの位置を原点Oとしてx軸をとり，鉛直下向きを正とする。ただし，重力加速度の大きさをgとし，空気抵抗は無視できるものとする。以下の(5)，(6)の問いに答えなさい。

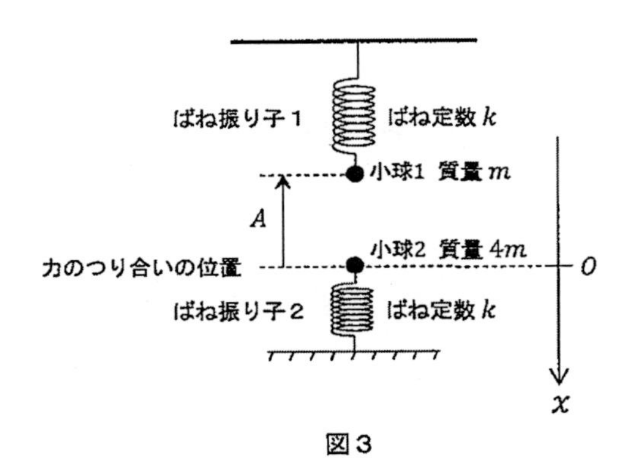

図３

(5)　小球1と小球2が初めて弾性衝突をした直後の小球2の速度v_2を，A，m，kを用いて表せ。ただし，解答に至る過程も記述せよ。なお，小球の速度は鉛直下向きを正とする。

(6)　小球1と小球2が2回目の弾性衝突をするときの位置Xを，Aを用いて表せ。ただし，解答に至る過程も記述せよ。必要ならば，$\sin 2\theta = 2\sin\theta\cos\theta$ を用いよ。

〔Ⅲ〕　単振動をする物体の変位，速度，加速度の表し方を等速円運動と関連付けて指導する授業について考える。次の(7)，(8)の問いに答えなさい。

(7)　次の文中の[　①　]，[　②　]に当てはまるものを図4中の矢印ア～エのいずれかから選び，[　③　]～[　⑥　]には当てはまる適切な文字式を答えよ。

> 図4のように，平面上で物体が半径Rの円周上を角速度ωで反時計回りに等速円運動をしている。円の中心を原点Oとして，x軸とy軸を定める。物体は時刻$t=0$において，$x=R$の位置にあり，図4は，時刻$t=t_1$の瞬間を示す。ここで，時刻$t=t_1$において，等速円運動をしている物体の速度の向きは[　①　]，加速度の向きは[　②　]である。また，等速円運動をしている物体の速度の大きさはR，ω，t_1のうちか

ら必要なもので表すと[　③　]であり，加速度の大きさはR，ω，t_1のうちから必要なもので表すと[　④　]である。

単振動は物体の等速円運動をx軸上に正射影することで表現できる。時刻$t=t_1$において，x軸上に正射影した物体の位置x_1はR，ω，t_1のうちから必要なもので表すと[　⑤　]と表現でき，x軸上に正射影した物体の加速度a_1はω，x_1で表すと[　⑥　]と表現できる。

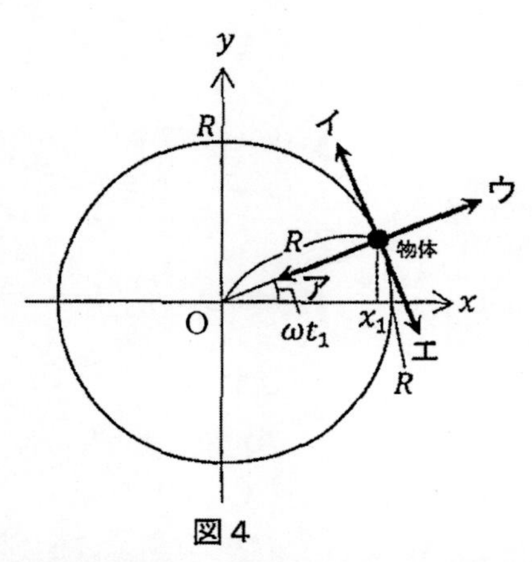

図4

(8)　高等学校学習指導要領(平成30年3月告示)の第2章第5節理科第2款各科目第3物理において，「様々な物体の運動について，(中略)規則性や関係性を見いだして表現すること。」とある。単振動をする物体の変位，速度，加速度の規則性や関係性を生徒が見いだすためには，ICT機器の活用が考えられる。どのように活用すると効果的と考えるか。「単振動を等速円運動と関連付けて指導する」授業における具体的な活用例を1つ示せ。

(☆☆☆◎◎◎)

【２】光の波動性について，次の〔Ⅰ〕,〔Ⅱ〕の問いに答えなさい。

〔Ⅰ〕 図1のように，波長λのレーザー光をスリットの間隔をdとした複スリットS_1，S_2を通して，観察用のスクリーンにあてると，(a)明暗の縞模様を観察することができる。この実験を「ヤングの実験」という。複スリットとスクリーンとの間の距離はLとし，複スリットS_1，S_2から等距離にあるスクリーン上の点をOとする。また，点Oからスクリーン上の任意の点Pまでの距離をxとする。なお，複スリットの間隔dは距離Lに対して十分に小さいものとする。また，スクリーンはS_1，S_2を含む面に平行に設置してある。以下の(1)～(3)の問いに答えなさい。

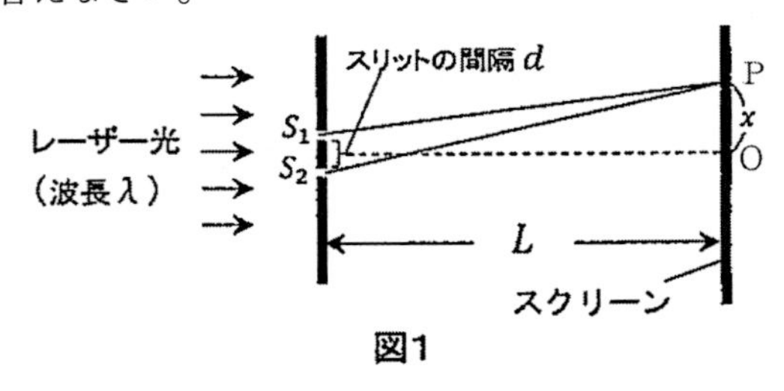

図1

(1) 下線部(a)に関して，この現象を表す光の性質の名称として適切なものを次の選択肢ア～オから1つ選べ。

ア 反射　イ 屈折　ウ 分散　エ 散乱　オ 干渉

(2) 点Pで光が弱めあって暗くなる場合，xを整数m ($m=0$，1，2，…)とλ，d，Lを用いて表せ。

(3) 波長5×10^2〔nm〕のレーザー光を用いてヤングの実験を行い，スクリーン上の暗い点の間隔Δxを1〔cm〕にしたい。複スリットの間隔dが0.50〔mm〕のとき，複スリットとスクリーンとの間の距離Lを求めよ。

〔Ⅱ〕図2のように，波長λのレーザー光を格子定数Dの回折格子に入射させ，回折格子とスクリーンの間の距離をLとすると，スクリーン上には等間隔で複数の明るい点が観察できた。以下の(4)～(6)の問いに答えなさい。

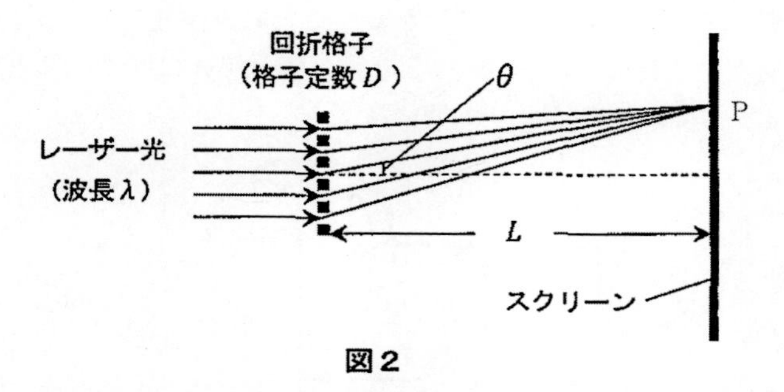

図2

(4)　レーザー光の入射方向に対して角度θの方向にあるスクリーン上の任意の点Pがm次の明点となるとき，$\sin\theta$をD，m，λを用いて表せ。ただし，回折格子とスクリーンの間の距離Lは十分に長いものとする。また，mは整数である。

(5)　1cmあたり10^3〔本〕の溝がつけられた回折格子に波長5×10^2〔nm〕のレーザー光を入射させ，スクリーン上の明るい点の間隔Δxを1〔cm〕にしたい。このとき，回折格子とスクリーンの間の距離Lを求めよ。

(6)　CDやDVDは，(4)の現象を生徒が観察する際の簡易分光器として活用できる。CDやDVDで分光することができる理由を簡潔に説明せよ。

(☆☆☆◎◎◎)

【3】光の粒子性に関してあとの問いに答えなさい。

光の粒子性を示す代表的な現象に光電効果がある。光電効果はアインシュタインの光量子仮説によって説明ができる。光電効果について考察するために，図1のような実験装置を考える。図1で，光電効果が生じているとき，光電管の陰極に光を当てると光電子が飛び出し，陽極に流れ込む。また，この実験では，陰極に対する陽極の電位Vと，光電子によって生じる電流(光電流)の大きさIを測定でき，電源は陽極の電位Vを調整できる。振動数νの光を実験系の光電管に入射し，陽極の電位を変えていくと，図2のように光電流が変化した。ただし，プランク定数をh，電気素量をeとし，陰極と陽極は同じ金属を用いるものとする。以下の(1)～(5)の問いに答えなさい。

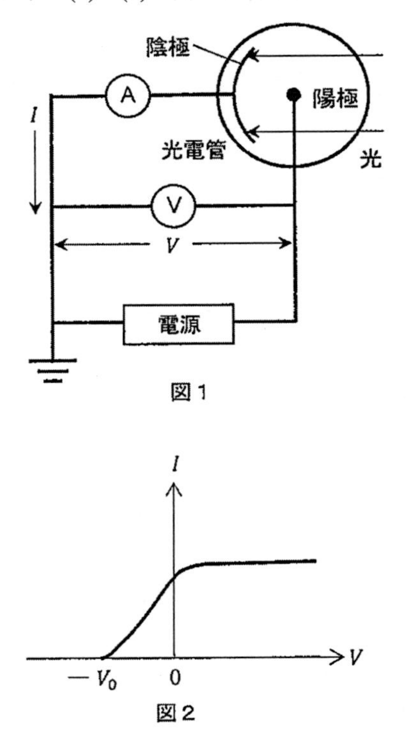

図1

図2

(1)　振動数νの光子1個あたりのもつエネルギーをe，ν，hのうちから必要なものを用いて表せ。

(2)　光電流が0となった瞬間の陽極の電位の大きさ(阻止電圧)をV_0とする。振動数νの光を陰極にあてたときに飛び出てくる光電子の運動エネルギーの最大値をe，ν，h，V_0のうちから必要なものを用いて表せ。

(3)　光の振動数を大きくすると阻止電圧はどのように変化するか，理由も含めて簡潔に説明せよ。

光の振動数を様々に変化させた結果，横軸を光の振動数ν，縦軸を光電子の運動エネルギーの最大値Kとすると，図3のような結果が得られ，ν_0よりも小さな振動数の光では光電管の金属からは光電子は飛び出ないことがわかった。また，図3のグラフの直線の傾きはプランク定数hであることが確かめられた。

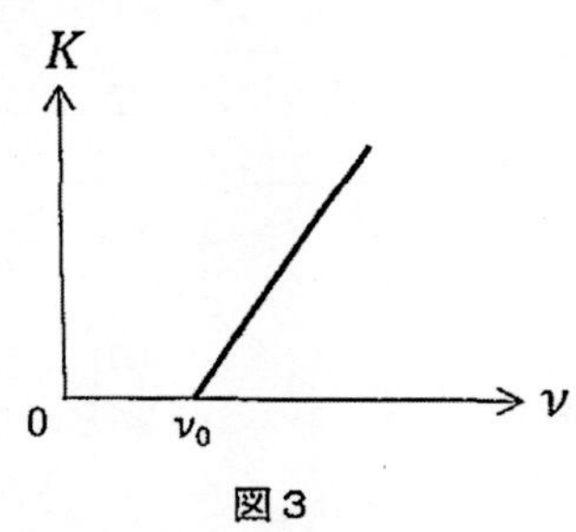

図3

(4) 光電管の陰極の金属の仕事関数を，e，ν_0，hのうちから必要なものを用いて表せ。

(5) 光電効果を説明するには，光の波動性を仮定すると矛盾が生じるが，光の粒子性を仮定すると矛盾が生じずに説明できる。なぜ光の粒子性を仮定すると矛盾が生じないのか，簡潔に説明せよ。

(☆☆☆☆◎◎◎)

【4】ホール効果について，あとの問いに答えなさい。

図のように，各辺の長さがa，b，cの直方体の導体の両端に電圧を加えて電流Iを流す。導体中には単位体積あたりn個の自由電子(質量m，電荷$-e$)が含まれており，自由電子は一定の速さvで動いている。そこに，電流に対して垂直に磁束密度Bの磁場を加えた。以下の(1)～(6)の問いに答えなさい。

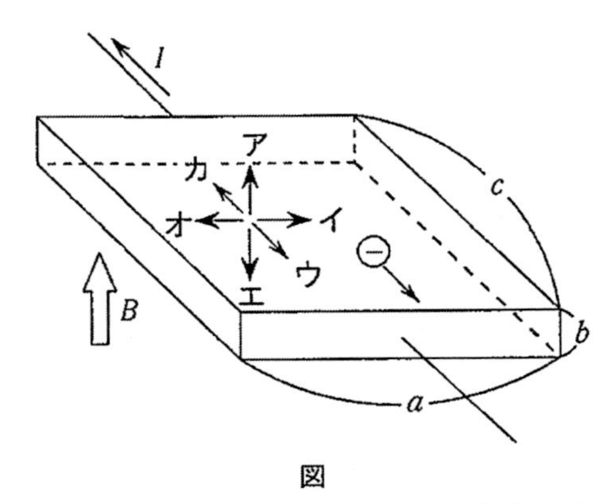

図

(1)　自由電子が磁場から受ける力の名称と向きを答えよ。ただし，向きは図中のア～カのうちいずれか一つを選び答えよ。

(2)　しばらく時間が経過して定常状態となったとき，導体内部には一様な電場が生じた。この現象をホール効果という。この電場の大きさと向きを求めよ。ただし，電場の大きさはv，B，I，a，b，cの中から必要なものを用いて表せ。電場の向きは図中のア～カのうちいずれか一つを選び答えよ。

(3)　ホール効果が生じたときに発生する電位差をホール電圧という。定常状態となったときに導体内部に生じるホール電圧をv，B，I，a，b，cの中から必要なものを用いて表せ。

(4)　$a=2.0\times10^{-3}$〔m〕，$b=5.0\times10^{-4}$〔m〕，$c=2.5\times10^{-3}$〔m〕の導体に$I=2.0\times10^{-2}$〔A〕の電流を流し，$B=4.0\times10^{-4}$〔T〕の磁場を加えたところ，$V=5.0\times10^{-3}$〔V〕のホール電圧が得られた。このとき，導体中の単位体積当たりの自由電子の個数n〔個/m^3〕を求めよ。ただし，$e=1.6\times10^{-19}$〔C〕とする。

(5)　電流や磁場の向きを変えずに，導体の代わりにp型半導体を用いた場合，ホール効果によって内部に生じる電場の向きは，導体のときと比較して同じ向きか，逆向きか。理由も含めて簡潔に説明せよ。

(6)　ホール効果が使われている例を一つ挙げよ。

(☆☆☆◎◎◎)

【5】静電気に関して，次の(1)～(3)の問いに答えなさい。ただし，円周率をπ，クーロンの法則の比例定数をk〔N・m²/C²〕とする。

(1) 帯電体から出る電気力線に関して，次の文章の[①]～[③]に当てはまる文字式を答えよ。

図1のように，Q〔C〕の正電荷を中心とする半径r〔m〕の球面S上の各点において，電場の方向は球面Sに対して垂直であり，クーロンの法則よりQ，k，rを用いて，電場の強さは，E=[①]〔N/C〕である。球面Sを貫く電気力線の数は1m²当たりE〔本〕で，球面Sの面積はrを用いて，[②]〔m²〕であるから，球面Sを貫く電気力線の総数はQ，kを用いて，N=[③]〔本〕となる。一般に，Q〔C〕の帯電体から出る電気力線の総数は[③]〔本〕であるといえる。

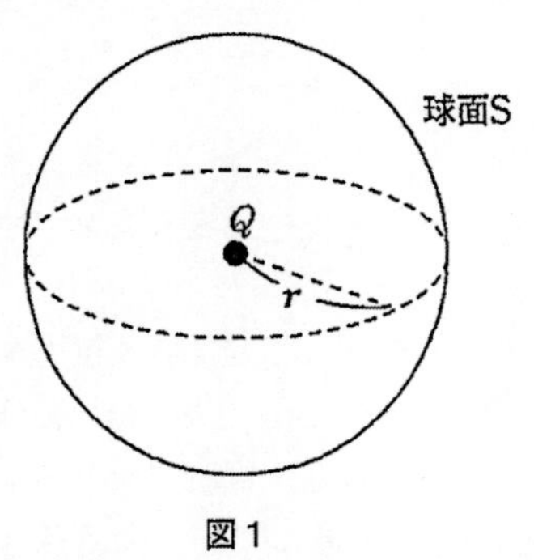

図1

(2) 図2は，周辺部の影響が無視できる広い金属板に，1〔m²〕当たりq〔C〕の正電荷が一様に分布している様子を表している。この金属板からr〔m〕はなれた点の電場の強さをk，q，rから必要なものを用いて表せ。

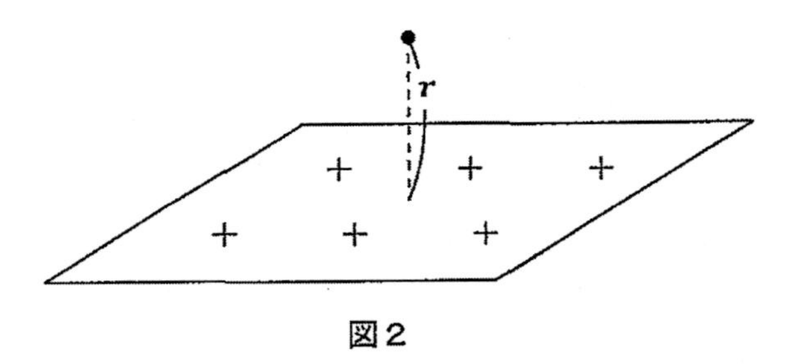

図2

(3)　図3のように，質量M〔kg〕，電気量Q〔C〕の荷電粒子Aが固定されており，そこから距離r〔m〕はなれた位置に，質量m〔kg〕，電気量q〔C〕の荷電粒子Bが固定されている。ただし，重力の影響は無視する。以下の①～③の問いに答えよ。

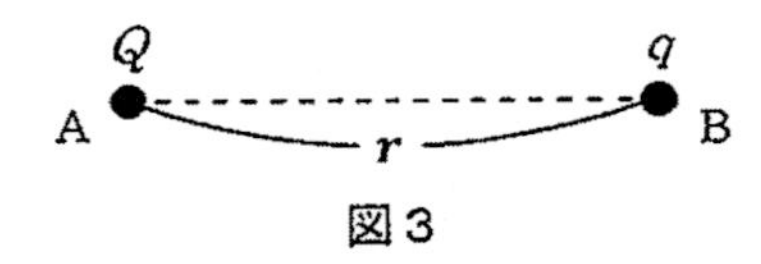

図3

①　粒子Bが粒子Aから受ける静電気力の大きさをQ，q，k，rを用いて表せ。

②　粒子Bの固定を外すと，粒子Bは粒子Aから離れいった。無限遠まで離れたときの粒子Bの速さをQ，q，k，r，mを用いて表せ。

③　粒子Aと粒子Bの固定を同時に外すと，粒子Aと粒子Bは互いに逆向きに一直線上を進んでいった。粒子Aと粒子Bが互いに無限遠まで離れたときの粒子Bの速さvをQ，q，k，r，m，Mを用いて表せ。ただし，解答に至る過程も記述せよ。

(☆☆☆◎◎◎)

【6】理想気体の状態変化について，次の〔Ⅰ〕，〔Ⅱ〕の問いに答えなさい。

〔Ⅰ〕図1のように，なめらかに動くピストン付きのシリンダーAとシリンダーB(以下，A，B)を大気中で水平に固定し，ばね定数kの軽いばねで連結する。ばねはちょうど自然長である$3L$の長さとなっている。AとBは一定の断面積Sをもち，それぞれに絶対温度T，体積SLで圧力が大気圧P_0と等しい単原子分子理想気体(以下，理想気体)が入っている。また，Aは断熱材でできており，Aの左側にはヒーターが取り付けられており，気体を加熱することができる。Bは大気と熱のやり取りをすることができ，Bの内部は常に温度Tに保たれている。Aに入っている理想気体をゆっくりと熱していくと，図2のようにばねの長さが$2L$になった。このときの状態変化について，以下の(1)～(4)の問いに答えなさい。

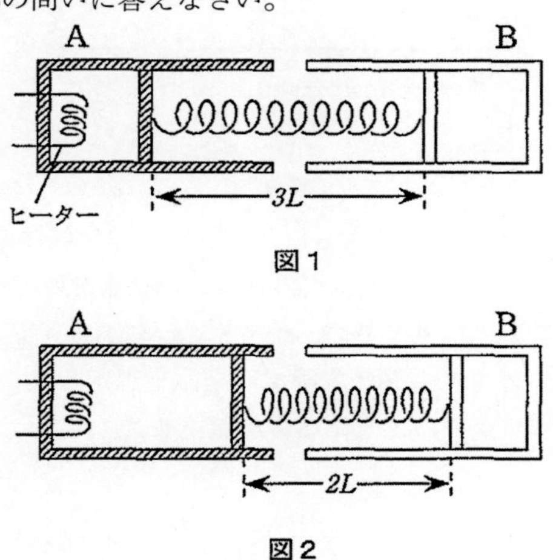

図1

図2

(1)　ばねに蓄えられたエネルギーをk，Lを用いて表せ。

(2)　シリンダーBの中の理想気体の圧力をP_0，k，L，Sを用いて表せ。

(3)　シリンダーBの中の理想気体の体積をP_0，k，L，Sを用いて表せ。

(4)　シリンダーAの中の理想気体の絶対温度をP_0，k，L，S，Tを用いて表せ。

〔Ⅱ〕　図3のように，断熱材でできたシリンダーCがあり，内部は断熱材でできた断面積Sのピストンで仕切られており，ピストンはなめらかに移動できる。シリンダーCの左側にはヒーターが取り付けられており，気体を加熱することができる。ピストンの右側には，ばね定数kのばねが取り付けられている。今，ピストンの左側の部分に単原子分子理想気体を入れて，右側の部分を真空にしたところ，ばねは自然長からLだけ縮んだ状態となった。このときの理想気体の体積は$4SL$であった。以下の(5)，(6)の問いに答えなさい。ただし，気体定数をRとする。

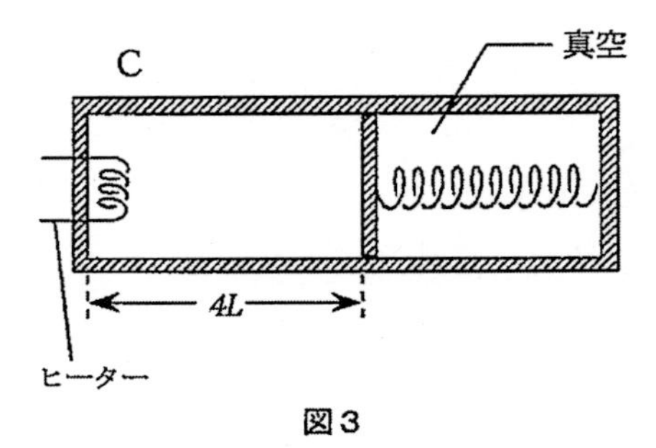

図3

(5)　ヒーターで理想気体を加熱したところ，理想気体の体積は$5SL$になった。このとき、理想気体が外部にした仕事をk，Lを用いて表せ。

(6)　ヒーターによる加熱をやめ，ピストンの右側を真空に保ったまま，ばねを取り除いた。生徒に説明する場面を想定し，このあとの理想気体の温度変化がどのようになるか記述せよ。

(☆☆☆◎◎◎)

【化学】

※　(式)とあるところは途中の式などを書くこと。また，必要があれば次の値を用いなさい。

原子量　H＝1.0，C＝12，N＝14，O＝16，Na＝23，S＝32，Cl＝35.5，K＝39，Cr＝52，Cu＝64，Zn＝65，Ag＝108，Pb＝207

アボガドロ定数　$N_A = 6.0 \times 10^{23}$/mol

気体定数　$R = 8.3 \times 10^3$Pa・L/(K・mol)

ファラデー定数　$F = 9.65 \times 10^4$C/mol

【1】次の(1)～(10)の問いに答えなさい。

(1)　引火性のある物質をア～オの中から1つ選び，記号で答えよ。

ア　過酸化水素　　イ　フッ化水素　　ウ　硝酸　　エ　アセトン
オ　水銀

(2)　0.000000001mを表したものをア～オの中から1つ選び，記号で答えよ。

ア　1μm　　イ　1nm　　ウ　1Å　　エ　1pm　　オ　1fm

(3)　電極として陰極に鉄，陽極に炭素をそれぞれ用いて塩化ナトリウムの溶融塩電解を行った結果，陰極にナトリウムが0.46g生じた。このとき，陽極に生じた気体の体積は標準状態で何mLか，有効数字2桁で書け。

(4)　次のア～エの反応のうち，吸熱反応であるものを1つ選び，記号で答えよ。

ア　水酸化ナトリウムを水に溶解する。
イ　エタノールを空気中で燃焼する。
ウ　塩酸と水酸化ナトリウム水溶液の中和を行う。
エ　硝酸アンモニウムを水に溶解する。

(5)　銅の結晶構造は，面心立方格子である。面心立方格子の一辺の長さをa〔cm〕，銅の原子量をM，アボガドロ定数をN_Aとしたとき，密度〔g/cm^3〕をa，M，N_Aを用いて書け。

(6)　500gの純水に0.585gの塩化ナトリウムを溶かした水溶液の凝固点を，有効数字3桁で書け。ただし，塩化ナトリウムは完全に電離しており，水のモル凝固点降下を1.85K・kg/molとする。

(7)　27℃において，図1のように1.0Lの容器Aと0.50Lの容器Bがコックで接続されている。容器Aに1.0×10^5Paの二酸化炭素，容器Bに2.0×10^5Paの窒素を充塡した。その後，コックを開き，温度一定のまま両気体を混合した。接続部の内容積は無視できるものとして，このときの混合気体の全圧を，有効数字2桁で書け。

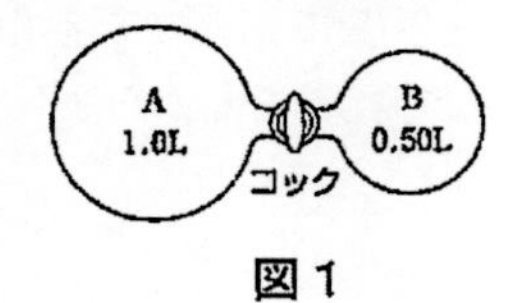

図1

(8)　Al^{3+}，Ba^{2+}，Fe^{3+}，Zn^{2+}を含む水溶液から，図2の操作a～cにより，各イオンをそれぞれ分離した。この実験に関する記述として正しいものを，以下のア～エの中から1つ選び，記号で答えよ。

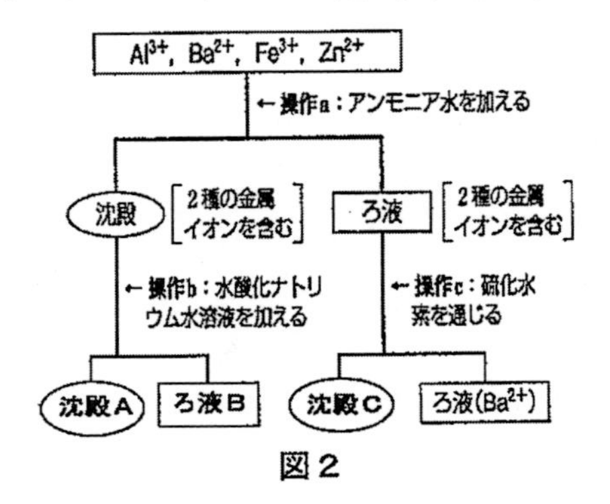

図2

ア　操作aで加えたアンモニア水は，少量である。

イ　操作bで加えた水酸化ナトリウム水溶液は，少量である。

ウ　操作cでは，硫化水素を通じる前にろ液を酸性にする必要がある。

エ　沈殿Aを塩酸に溶かして$K_4[Fe(CN)_6]$水溶液を加えると，濃青色沈殿が生じる。

(9)　生徒から，①～③の質問を受けた。生徒が理解するにはどのような説明をしたらよいか，それぞれ書け。

①　測定値の末尾に0が書かれていることがありますが，12.50と12.5の違いは何ですか。

②　塩酸と水酸化ナトリウム水溶液の中和の実験で生じた廃液は，どのように処理しますか。

③　濃硝酸を褐色びんに入れて，冷暗所で保存するのはなぜですか。

(10)　生徒が，科学論文の作成やプレゼンテーションをするために，情報通信ネットワークを介して情報の収集や検索を行う場合，どのようなことに留意するよう指導をしたらよいか，書け。

(☆☆☆◎◎◎◎)

【2】電池やその使われ方について，次の(1)～(5)の問いに答えなさい。

(1) 次のア～エの文は，電池の発明の歴史について述べたものである。年代が古い順に並べよ。

ア 屋井先蔵が，乾電池の開発に取り組んだ。

イ ダニエルが，分極が起こらない電池を発明した。

ウ カルヴァーニが，2種類の金属をカエルの脚に触れさせると痙攣することを発見した。

エ ボルタが，電解液をしみこませた布を金属に挟んで何層も重ね合わせた電池を発明した。

(2) 授業の演示実験で，次図のように半分に切ったレモンに亜鉛板と銅板をそれぞれ1枚ずつ刺し，電子オルゴールと導線で繋げた。このとき，乾電池と繋げたときと比べて再生の音量が小さく，速度も遅かった。電子オルゴールを乾電池と繋げたときと同じように再生するためには，演示実験上どのような改善点が考えられるか，書け。

図

(3) 標準電極電位は，水溶液中における物質からの電子の放出しやすさを表す指標であり，水素が電子を放出するときの値を基準(0V)としている。次の金属の標準電極電位を用いて，ダニエル電池の起電力を有効数字2桁で書け。

亜鉛	鉄	鉛	銅	白金
−0.76V	−0.44V	−0.13V	0.34V	1.19V

(4) 近年，水素と酸素の反応を利用した燃料電池で動くバスなどを導入する企業や自治体が増えている。燃料電池について，次の①，②の各問いに答えよ。ただし，電解質は酸性とする。

① 正極および負極で起こる反応を，e^-を含むイオン反応式で書け。

② 燃料電池が使われた結果，水が180g生成した。このとき燃料電池に流れた電気量は何Cか，有効数字3桁で書け。

(5) 鉛蓄電池は，充電して繰り返し使うことができるため，自動車用バッテリーに使われている。濃度が40％の希硫酸1.0kgを電解液とする鉛蓄電池がある。この鉛蓄電池を2.5Aで2時間放電を行った。次の①～③の各問いに答えよ。

① 放電後，正極の質量は何g変化したか，有効数字2桁で書け。

② 放電後の希硫酸の質量パーセント濃度は何％か，有効数字2桁で書け。

③ 放電後の鉛蓄電池に1.5Aの電流を流して充電を行う。希硫酸の濃度を放電前と同じにするためには，理論上必要な時間は何時間か，有効数字2桁で書け。

(☆☆☆◎◎◎)

【3】化学反応によって生じる熱について，次の(1)～(4)の問いに答えなさい。

(1) 濃硫酸を希釈するとき，濃硫酸に水を加えてはいけない理由を書け。

(2) 水素と塩素から塩化水素が生成する反応の反応熱をQ〔kJ〕とすると，この反応における熱化学方程式は，次のように表すことができる。

$$H_2 + Cl_2 = 2HCl + Q\text{〔kJ〕}$$

表は，各結合の結合エネルギーを示している。各結合の結合エネルギーを用いて，Q〔kJ〕の値を書け。

結合 (分子)	結合エネルギー [kJ/mol]
H－H	432
Cl－Cl	239
H－Cl	428

表

(3) 自動車等の燃料の1つにメタノールがある。メタノールの工業的な製法には，触媒を用いた一酸化炭素と水素の反応がある。このメタノールを合成する反応について，次の①～③の各問いに答えよ。

① 一酸化炭素と水素からメタノールを生成する反応は，次のように表される。

CO(気)＋$2H_2$(気)→ CH_3OH(液)

この反応の熱化学方程式を書け。ただし，一酸化炭素と水素，メタノール(液体)の燃焼熱はそれぞれ283kJ/mol，286kJ/mol，726kJ/molとし，燃焼により水が生成する場合は液体になるものとする。

② メタノールを合成する反応は，実際には可逆反応である。ピストンのついた密閉された耐圧容器の中に一酸化炭素と水素を入れたときの反応が平衡状態であるとき，温度を一定として，メタノールの生成量を増加させる操作として適当なものを，次のア～エの中から1つ選び，記号で答えよ。ただし，生成したメタノールは気体であるとする。

ア 触媒の量を増やす。

イ ピストンを動かし，容器の体積を小さくする。

ウ 容器の体積を変えず，アルゴンガスを加える。

エ ピストンを動かし，全圧を一定に保ちながらアルゴンガスを加える。

③ 一酸化炭素2.0molと水素3.8molを触媒とともに10Lの密閉された耐圧容器に入れ，平衡状態に達するまで一定の温度で保持した。このとき生成したメタノールが1.2molであったとすると，平衡定数Kの値を単位も含めて有効数字2桁で書け。ただし，生成したメタノールは気体であるとする。

(4) バイオエタノール(エタノール)は，メタノールと同様，ガソリン(主成分はオクタン)に代わる自動車等の燃料として注目されている物質である。エタノール1.0L及びオクタン1.0Lを完全燃焼させたときに発生する熱量を，それぞれ有効数字2桁で書け。ただし，エタノールとオクタンの密度は，それぞれ0.80g/mL，0.70g/mLとし，エタノールとオクタンの燃焼熱は，それぞれ1368kJ/mol，5501kJ/molとする。

(☆☆☆◎◎◎)

【4】次の文章を読んで，以下の(1)～(3)の問いに答えなさい。

単体のナトリウムは天然に存在せず，工業的に製造されている。単体のナトリウムは反応性が高いため，取り扱いには注意が必要である。ナトリウムの化合物には，しょう油などに多く含まれている塩化ナトリウムや，胃薬やベーキングパウダーなどに使用されている炭酸水素ナトリウムなどがある。

(1) 単体のナトリウムは，どのように保存したらよいか，理由とともに説明せよ。

(2) 炭酸水素ナトリウムが胃薬として使われる理由を，胃酸との反応に着目して説明せよ。

(3) 市販のしょう油中の塩分濃度を求めるために，次の実験を行った。以下の①～④の各問いに答えよ。ただし，しょう油中に含まれている塩分は塩化ナトリウムのみとする。

＜実験操作＞

1 ホールピペットを用いて市販のしょう油を水で50倍にうすめた水溶液を15.0mLはかり取り，コニカルビーカーの中に入れた。そこに2.85×10^{-4}molのK_2CrO_4を含む微量の水溶液を加えた。このとき溶液の色はうすい黄褐色であった。

2 コニカルビーカーの中の水溶液に，ビュレットを用いて，5.00×10^{-2}mol/Lの硝酸銀水溶液を1滴滴下して，しばらく攪拌（かくはん）すると水溶液がうすくにごった。

3 さらに，硝酸銀水溶液を滴下しつづけるとにごりが増していった。硝酸銀水溶液を13.5mL滴下したときにうすい

暗赤色のAg_2CrO_4の沈殿が生成し，撹拌しても沈殿の色が変わらなかったため，これを終点とした。

① 水溶液をはかり取るときのホールピペットの使い方について，次のア～エの中から正しいものを1つ選び，記号で答えよ。ただし，ホールピペットはあらかじめ蒸留水で洗浄し，ぬれた状態になっている。

ア 蒸留水でぬれた状態のまま使用する。

イ エタノールでホールピペットの中を数回すすいだ後，ぬれた状態のまま使用する。

ウ はかり取る水溶液でホールピペットの中を数回すすいだ後，加熱乾燥して使用する。

エ はかり取る水溶液でホールピペットの中を数回すすいだ後，ぬれた状態のまま使用する。

② 実験操作2の下線部のような状態になったとき，水溶液中に生じている物質は何か。化学式で書け。

③ しょう油を水で50倍にうすめた水溶液15.0mL中に含まれるCl^-のモル濃度〔mol/L〕を，有効数字2桁で書け。

④ Cl^-の濃度がしょう油中の塩分濃度に等しいとき，しょう油中の塩分濃度〔mol/L〕を有効数字2桁で書け。

(☆☆☆◎◎◎)

【5】物質の水に対する溶解について，次の(1)～(4)の問いに答えなさい。ただし，$\log_{10}2=0.301$，$\log_{10}3=0.477$とする。

(1) 次のア～オの物質の中で，20℃の水に最も溶けにくいものを選び，記号で答えよ。

ア 硝酸カリウム　　イ 水酸化ナトリウム

ウ 炭酸ナトリウム　　エ 水酸化マグネシウム

オ 塩化マグネシウム

(2) アンモニアや塩化水素が水に溶けやすい理由を説明せよ。

(3)　60℃の硝酸カリウムの飽和水溶液105gを加熱して，10gの水を蒸発させた後，10℃まで冷却すると，何gの硝酸カリウムの結晶が析出するか，有効数字2桁で書け。ただし，硝酸カリウムの溶解度[g/100g水]は，10℃で22，60℃で110とする。

(4)　大気汚染物質の影響がない場合に降る雨のpHは，大気中の二酸化炭素の水への溶解度と二酸化炭素が溶解したあとの電離平衡から求めることができ，一定の圧力のもとでは，気体の水への溶解度は温度が高くなるほど小さくなる。また，大気中の二酸化炭素はヘンリーの法則にしたがい，雨水に一定の濃度で溶ける。このとき水に溶けた二酸化炭素は，次の式のように，一部が水素イオンと炭酸水素イオンに電離する。以下の①～④の各問いに答えよ。

$$CO_2 + H_2O \rightleftarrows H^+ + HCO_3^-$$

①　下線部について，圧力一定で温度を上昇させたとき，気体分子の水への溶解度が小さくなる理由を説明せよ。

②　30.0℃，1.00×10^5Paにおいて，水1Lに二酸化炭素が3.13×10^{-2} mol溶けるとき，30.0℃，1.00×10^5Paの大気中の雨水に溶けている二酸化炭素のモル濃度を有効数字3桁で書け。ただし，大気中の二酸化炭素のモル分率は，4.00×10^{-4}とする。

③　平衡状態で水に溶解した二酸化炭素のモル濃度を$[CO_2(aq)]$，水素イオンのモル濃度を$[H^+]$，炭酸水素イオンのモル濃度を$[HCO_3^-]$としたとき，電離定数K_aを表す式を書け。ただし，炭酸水素イオンの一部はさらに電離するが，その影響は無視できるものとする。

④　②で求めた雨水のpHを有効数字3桁で書け。ただし，$[H^+] = [HCO_3^-]$であり，二酸化炭素の溶解における電離平衡の電離定数K_aを4.80×10^{-7}mol/Lとし，$[CO_2(aq)]$は一定であるものとする。

(☆☆☆◎◎◎◎)

【6】医薬品として利用されている有機化合物とその関連する物質について，次の(1)～(5)の問いに答えなさい。

(1) 次のア～オのうち，結核の治療に使用されてきた医薬品を1つ選び，記号で答えよ。

ア モルヒネ　　イ アセトアミノフェン

ウ 硫酸アルキルナトリウム　　エ DDT

オ ストレプトマイシン

(2) アニリンは，医薬品や染料，指示薬などの原料として用いられてきた物質である。アニリンに，塩酸と亜硝酸ナトリウムを加えてジアゾ化の実験を行う際，水溶液を5℃以下に保つ理由を書け。

(3) 医薬品に含まれる次のア～エの物質のうち，鏡像異性体をもつものを1つ選び，記号で答えよ。

ア イブプロフェン（消炎鎮痛剤）

$CH_3CH(CH_3)CH_2$–(ベンゼン環)–$CH(CH_3)COOH$

イ ナブメトン（抗炎症薬）

CH_3O–(ナフタレン環)–$CH_2CH_2C(=O)CH_3$

ウ プロポフォール（鎮静剤）

(ベンゼン環の1位にOH，2位と6位に $CH(CH_3)_2$)

エ スルファニルアミド（抗生物質）

H_2N–(ベンゼン環)–SO_2NH_2

(4) ベンゼン環をもつ分子式C_7H_8Oの化合物A～Eがある。化合物A～Eに塩化鉄(Ⅲ)水溶液を加えたところ，化合物A，化合物C，化合物Eは呈色したが，化合物Bと化合物Dは呈色しなかった。化合物Dは，金属ナトリウムと反応して水素を発生したが，化合物Bは反応しなかった。また，酸化剤を用いて化合物Dを酸化すると，液体の化合物Fが生成した。

次に，化合物Aを酸化したところ，分子式$C_7H_6O_3$の化合物Gが生成した。触媒を用いて，化合物Gとアルコールである化合物Hを反応させると，消炎鎮痛剤として利用されるサリチル酸メチルを生成することができる。次の①～④の問いに答えよ。

① 化合物A，化合物B，化合物D，化合物Fの構造式を書け。

② 化合物Hの名称を書け。

③ 化合物Cと化合物Eのような関係を何というか，書け。

④ 化合物G27.6gと化合物H16.0gから生成するサリチル酸メチルは何gか，有効数字3桁で書け。

(5) フェナセチンは，解熱鎮痛剤の成分である。次の図はベンゼンからフェナセチンを合成するときの過程である。以下の①～③の問いに答えよ。

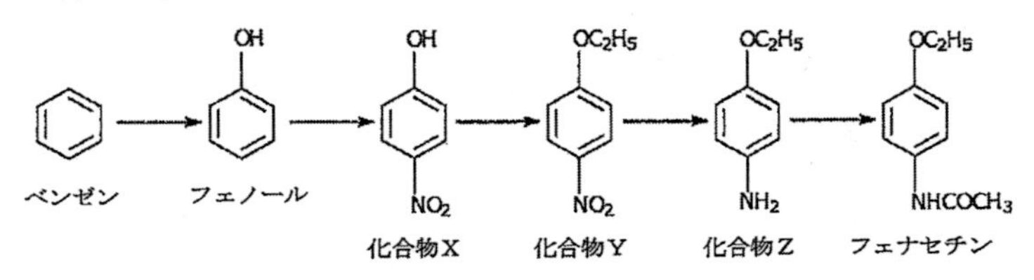

① フェノールの合成法として，ベンゼンとプロペンを触媒を用いて反応させた後，酸化し，硫酸で分解させる方法がある。この方法の名称を書け。

② フェノールから化合物Xを合成するために必要となる試薬の名称を2つ書け。

③ 化合物Yから化合物Zを合成するための方法を説明せよ。

(☆☆☆☆◎◎)

【７】合成高分子化合物について，次の(1)～(4)の問いに答えよ。

(1) 次のア～オの合成高分子化合物の中で，付加縮合により生成されるものを1つ選び，記号で答えよ。

ア　ポリ塩化ビニル　　イ　ナイロン66　　ウ　PET

エ　メラミン樹脂　　オ　ポリ塩化ビニリデン

(2) 高分子化合物に関する記述ア～オのうち，正しいものを1つ選び，記号で答えよ。

ア　ナイロン6は，縮合重合で工業的に合成される。

イ　アラミド繊維は芳香族のポリアミド系合成繊維で，縮合重合で合成される。

ウ　イソプレンが付加重合したポリイソプレンは，二重結合をもたない。

エ　ポリメタクリル酸メチルとフェノール樹脂は，いずれも熱硬化性樹脂である。

オ　塩化ナトリウム水溶液を陽イオン交換樹脂に通すと，流出液は塩基性を示す。

(3)　自然界で分解される生分解性高分子であるポリ乳酸は，乳酸$C_3H_6O_3$を原料として合成される。ただし，実際は単量体の乳酸を直接重合反応させて，ポリ乳酸を合成することは困難である。そのため，ポリ乳酸は，乳酸2分子を脱水縮合した環状二量体(ジラクチド)を合成し，これを開環重合させると合成することができる。ジラクチドの構造式と重合度nのポリ乳酸を，次の例にならって，それぞれ書け。

構造式の例

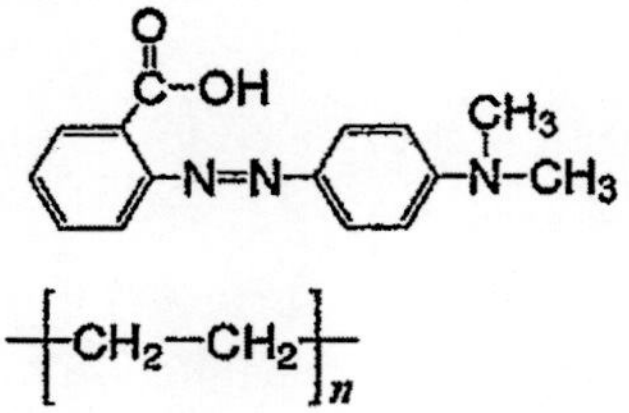

(2-COOH phenyl)–N=N–(4-phenyl)–N(CH$_3$)–CH$_3$

$$\left[CH_2-CH_2 \right]_n$$

(4)　ビニロンは，日本で最初に開発された合成繊維であり，木綿の代用品として使われてきた。ビニロンは，ポリビニルアルコールを繊維状に固めたものにホルムアルデヒド水溶液を作用させることで合成することができる。次の①～③に答えよ。

①　ポリビニルアルコールを合成する方法について，用いる物質名を挙げて説明せよ。

②　1.0gのポリビニルアルコールを溶解した水溶液200mLの浸透圧は，27℃のとき2.5×10^2Paであった。このときのポリビニルアルコールの重合度を有効数字2桁で書け。

③　ポリビニルアルコール88gからビニロン93gが生成した。ポリビ

ニルアルコール中のヒドロキシ基のうち，ホルムアルデヒドと反応したのは何%か，有効数字2桁で書け。

(☆☆☆☆◎◎◎)

【生物】

【1】次の文章は，「高等学校学習指導要領」(平成30年3月告示)に示された科目「生物基礎」からの一部抜粋である。以下の(1)，(2)の問いに答えなさい。

> 1　目標
>
> 生物や生物現象に関わり，理科の見方・考え方を働かせ，[　①　]をもって観察，実験を行うことなどを通して，生物や生物現象を科学的に[　②　]するために必要な資質・能力を次のとおり育成することを目指す。
>
> (1)　日常生活や社会との関連を図りながら，生物や生物現象について理解するとともに，科学的に[　②　]するために必要な観察，実験などに関する基本的な技能を身に付けるようにする。
>
> (2)　観察，実験などを行い，科学的に[　②　]する力を養う。
>
> (3)　生物や生物現象に主体的に関わり，科学的に[　②　]しようとする態度と，生命を尊重し，自然環境の[　③　]に寄与する態度を養う。
>
> 2　内容
>
> (1)　省略
>
> (2)　ヒトの体の調節
>
> ヒトの体の調節についての観察，実験などを通して，次の事項を身に付けることができるよう指導する。
>
> ア　ヒトの体の調節について，次のことを理解するとともに，それらの観察，実験などの技能を身に付けること。
>
> (ア)　神経系と内分泌系による調節

> ㋐ 情報の伝達
> 体の調節に関する観察，実験などを行い，体内での情報の伝達が体の調節に関係していることを見いだして理解すること。

(1) 文章中の[①]～[③]に当てはまる語句をそれぞれ書け。

(2) 下線部について，体内での情報の伝達が体の調節に関係していることを見いださせるには，どのような体の調節に関する観察，実験などが考えられるか書け。

(☆☆☆◎◎◎◎)

【2】酵素に関する次の文章を読み，以下の(1)～(4)の問いに答えなさい。

酵素は，生命活動を維持するうえで重要な役割を担い，温度や基質濃度の影響を受ける。

温度については，(a)温度が高くなるにつれて反応速度が大きくなるが，一定の温度を超えると急激に反応速度が低下する。

基質濃度については，(b)温度やpHなどの条件が適当で酵素濃度が一定のとき，酵素の反応速度は基質濃度に比例して大きくなるが，やがて一定となる。

また，基質以外の物質が，酵素に結合して酵素反応を阻害する場合がある。阻害物質が(c)活性部位に結合する場合と(d)活性部位以外の部位に結合する場合の2種類がある。

(1) 下線部(a)について，ある一定の温度を超えると酵素の反応速度が急激に低下する理由を書け。

(2) 下線部(b)について，基質濃度が増加し続けると酵素の反応速度が一定になる理由を書け。

(3) 下線部(c)と下線部(d)について，酵素反応にもたらす作用をそれぞれ何というか書け。

(4) 下線部(c)と下線部(d)について，それぞれの阻害物質を加え，下線部(b)と同じ条件で実験をしたときの反応速度のグラフをそれぞれ書け。なお，破線で示したグラフは阻害物質がない場合の反応速度を示したものである。

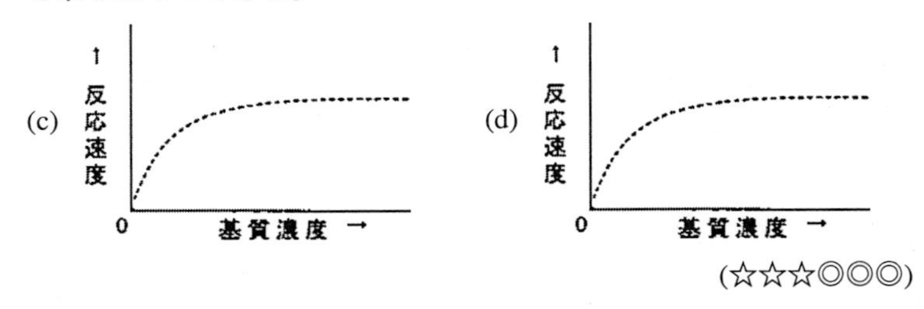

(☆☆☆◎◎◎)

【3】ATPに関する次の文章を読み，以下の(1)～(4)の問いに答えなさい。

光合成では光エネルギーからATPが合成され，呼吸では化学エネルギーからATPが合成される。これらの反応において，ATPが合成される仕組みは類似している。

光合成では葉緑体で，H^+が[　①　]から[　②　]へ移動する際にATP合成酵素を通ってATPが合成される。また，呼吸ではミトコンドリアで，H^+が[　③　]から[　④　]へ移動する際にATP合成酵素を通ってATPが合成される。

(1)　ATPの構造を生徒に説明したい。図及び名称を書け。

(2)　文章中の[　①　]～[　④　]に当てはまる語句をそれぞれ書け。

(3)　光合成細菌である紅色硫黄細菌が行う光合成の反応式を次に記した。反応式中の[　ア　]～[　エ　]に当てはまる化学式をそれぞれ書け。

$6CO_2$＋12[　ア　]＋光エネルギー　→　[　イ　]＋12[　ウ　]＋6[　エ　]

(4)　グルコースが完全に燃焼するときに放出されるエネルギーを2870kJ/mol，ATPに蓄えられるエネルギーを30.5kJ/molとしたとき，呼吸におけるグルコース1molのエネルギー利用率は何％か。小数第二位を四捨五入し，小数第一位まで答えよ。

(☆☆☆◎◎◎)

【4】バイオテクノロジーに関する先生と生徒の会話文を読み，以下の(1)～(3)の問いに答えなさい。

先生：特定のDNAを増やしたいときは，大腸菌にある染色体DNAとは別の[　①　]と呼ばれる小さい環状DNAを用いるんだよ。
太郎：染色体とは別にDNAがあるんですか。驚きです。それをどうするのですか？
先生：[　①　]を「はさみ」のような働きをする[　②　]で切断し，そこに目的のDNA断片を入れて「のり」のような働きをする[　③　]でつなげるんだ。これを大腸菌に入れて特定のDNAを増やしてもらうんだ。
太郎：目的のDNAが増えたか確認するにはどうするのですか？
先生：[　④　]法という寒天ゲルに電流を流して，DNAを分離する方法を用いるんだ。

(1)　文章中の[　①　]～[　④　]に当てはまる語句をそれぞれ書け。
(2)　下線部において，DNA断片を分離する際，DNA断片が寒天ゲルから流れ出てしまった。考えられる原因を2点，簡潔に書け。なお，寒天ゲルに損傷はなかったものとする。
(3)　次の実験を行った。図に酵素Aを基準として酵素B～酵素Dの予想される切断箇所と切断箇所間の塩基対数をそれぞれ書け。ただし，書き方については図2を参考にすること。

【実験】
3000塩基対からなる環状DNAを酵素A～Dでサンプル1～3のように切断した。

サンプル1
…酵素A，酵素B，酵素Cで切断
サンプル2
…酵素A，酵素C，酵素Dで切断
サンプル3

…酵素A，酵素B，酵素Dで切断

これらのサンプルを下線部の方法で分析したところ，図1に示す結果を得た。なお，マーカーは，300，700，800，1000，1200，1500，2000塩基対とする。

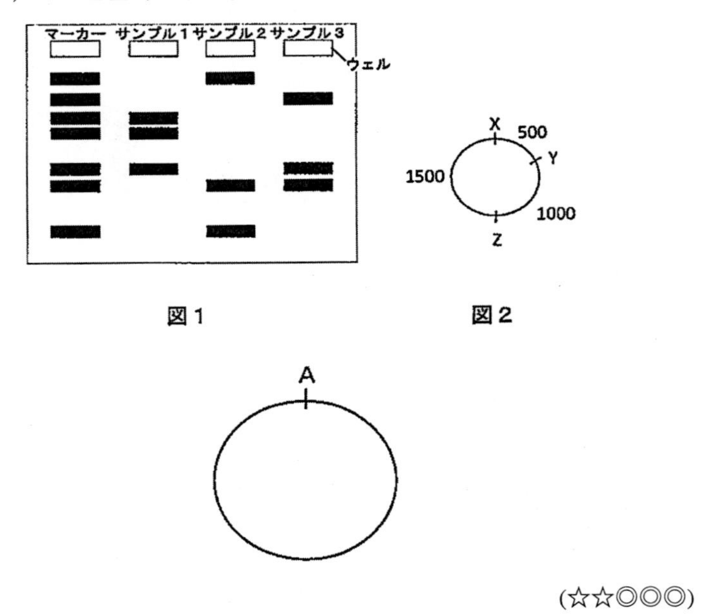

図1　　　図2

(☆☆◎◎◎)

【5】植物の遷移に関する次の文章を読み，以下の(1)～(4)の問いに答えなさい。

植物が存在しなかった場所に植物が侵入して起こる遷移を(a)一次遷移という。遷移の過程では，(b)時間の経過とともに様々な植物が侵入・定着し，やがて長い年月の後に安定した植生が成立する。しかし，安定した植生であっても，様々な要因によって植物種の変動が起こっている。例えば，山火事や森林伐採のあとなどには(c)二次遷移が見られる。また，ギャップが形成されると，先駆種の幼木が急速に成長したり，(d)埋土種子が発芽して成長したりする。

(1)　下線部(a)について，一次遷移には裸地から始まる遷移と，湖沼などから始まる遷移とがある。それぞれの遷移の名称を答えよ。

(2)　下線部(b)について，次のア～カのうち，極相を形成する植物種と比較したときに，先駆種の方の値が大きくなるものをすべて選び，記号で答えよ。

ア　種子の大きさ　　　イ　種子の散布範囲
ウ　植物体の大きさ　　エ　植物体の成長速度
オ　植物体の寿命　　　カ　植物体の耐陰性

(3)　下線部(c)について，二次遷移とは何か，説明せよ。

(4)　下線部(d)について，ギャップで発芽する植物であるホソアオゲイトウの種子を用いて次のような実験を行った。このことについて，以下の①，②の問いに答えよ。

> ホソアオゲイトウの種子をA，Bの2つの集団に分けた。Aには直射日光を，Bには葉を透過した光をそれぞれ2日間照射した(図1)。その後，明所においた状態で種子の様子を10時間ごとに記録した。(e)同じ実験を複数の班で行い，そこから求めた発芽率を図2にまとめた。

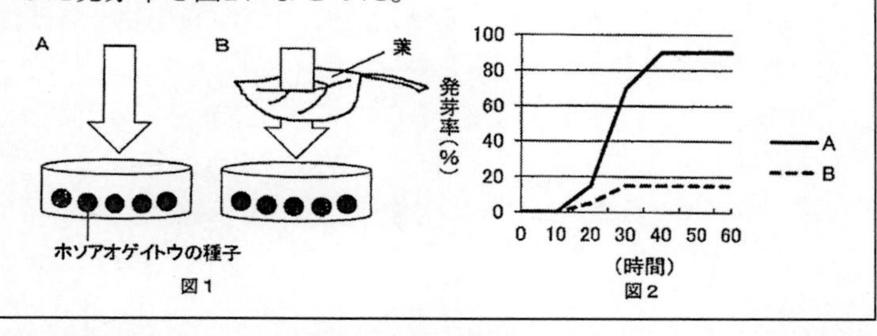

図1　　図2

①　下線部(e)について，複数の班で実験を行うことにどのような利点があるか説明せよ。

②　ある生徒が，AとBで異なる結果が得られたことに対する考察として「種子にあたる光が弱いと発芽が抑制される」という考察をしていた。あなたならどのような助言をするか書け。

(☆☆◎◎◎)

【6】受容器と神経系に関する次の文章を読み，以下の(1)～(3)の問いに答えなさい。

眼や耳などの受容器は$_{(a)}$適刺激を受け取っている。受容器が受け取った情報は，$_{(b)}$末梢神経系を通して中枢神経系に集まり，刺激に応じた感覚が生じる。

(1)　下線部(a)について，適刺激とは何か説明せよ。

(2)　ヒトの耳について，次の①，②の問いに答えよ。

①　耳管とうずまき管の中を満たしているものはそれぞれ何か答えよ。

②　次のア～カを，音が外耳道から聴神経に伝わる順に並べよ。

ア　聴細胞　　イ　鼓膜　　ウ　鼓室階　　エ　前庭階
オ　耳小骨　　カ　基底膜

(3)　下線部(b)について，正しいものを次のア～オのうちから全て選び，記号で答えよ。

ア　大脳の新皮質には，視覚などの感覚中枢と本能行動に関わる中枢がある。

イ　小脳には，筋肉運動の調節や体の平衡保持に関わる中枢がある。

ウ　延髄には，呼吸運動，心臓の拍動，血管の収縮などを調節する中枢がある。

エ　感覚神経は腹根を通って脊髄に入り，運動神経は背根を通って脊髄を出る。

オ　中枢神経系は，脳にある神経細胞のみから構成される。

(☆☆☆☆◎◎◎)

【7】窒素の循環に関する生徒と先生の会話を読み，以下の(1)～(3)の問いに答えなさい。

> 次郎：少し前，田植え前の田んぼにレンゲソウが沢山咲いているのを見たよ。
> 花子：えっ，それって…二毛作かな。
> 次郎：どうなんだろう。レンゲソウは食べられないし，そのまま土に混ぜていたのを見たよ。
> 花子：土に混ぜていたの？レンゲソウを育てる意味は何かあるのかな？
> 先生：それは，窒素に関わりがありそうですね。
> 次郎：(a)窒素を含む化合物は，植物でも(b)動物でも，重要な役割を果たし，不要なものは排出されると学びました。
> 先生：考えてごらん。レンゲソウは，マメ科の植物です。
> 花子：マメ科…。もしかして，(c)窒素固定に関係がありますか？

(1) 下線部(a)について，有機窒素化合物として適切なものを，ア～カのうちから全て選び，記号で答えよ。

ア アデノシン三リン酸　イ セルロース　ウ グルコース
エ ピルビン酸　オ ミオシン　カ クロロフィル

(2) 下線部(b)に関して，窒素化合物の排出に関わる次の①，②の問いに答えよ。

① ヒトの体内で生じたアンモニウムイオンは，どの器官でどのような分子に変えられた後，体外に排出されるか。それぞれ答えよ。

② 鳥類や爬虫類は，不要な窒素排出物を尿酸で排出する。このような排出を行う利点を2点，簡潔に書け。

(3) 下線部(c)に関して，次の①，②の問いに答えよ。

① 窒素固定とはどのようなはたらきか説明せよ。

② 窒素固定できる生物として適切なものをア～カのうちから全て選び，記号で答えよ。

ア　クロストリジウム　　イ　脱窒素細菌
ウ　ネンジュモ　　エ　アグロバクテリウム
オ　ダイズ　　カ　ミドリゾウリムシ

(☆☆☆◎◎◎)

【8】突然変異と遺伝子頻度に関する次の(1)，(2)の問いに答えなさい。

(1)　突然変異について，次のア～オのうち正しいものを全て選び，記号で答えよ。

ア　突然変異には，DNAの塩基配列に変化が生じるものと，染色体の構造や数に変化が生じるものがある。

イ　鎌状赤血球貧血症は，ヘモグロビン遺伝子内の1カ所の塩基が別の塩基に置き換わることで起こる。

ウ　生物のからだを構成する体細胞に生じる突然変異は，発がんや奇形，その他の疾病の原因になることがあるが，子孫に伝わることはない。

エ　DNAの1個の塩基が置き換わることでフレームシフトが起こる。

オ　突然変異は生物を取り巻く環境など外的な要因によってのみ起こる。

(2)　遺伝子頻度を変化させる要因について理解を深めるために，AさんとBさんが次の実験を行った。これに関して，以下の①～③の問いに答えよ。

【方法】白と黒のカード(□・■とする)を用意し，□と■はそれぞれ親集団の対立遺伝子と考える。親1個体からは親と同じ対立遺伝子をもつ子が5個体生まれ，生まれた子が育ち成体(親)になれる確率は20％というルールで，遺伝子頻度の変化を記録する。

ⅰ　5個体の成体の対立遺伝子として，□と■のカードを5枚ずつ，計10枚取り出す。
これを第1世代とする。

ii　1個体から5個体ずつ次世代が生じたとして，□と■を25枚ずつ，袋に入れる。

iii　iiの50枚のカードをよくかき混ぜ，全体の20％にあたる10枚のカードをランダムに取り出す。これを第2世代とする。取り出した□と■の数を記録する。

iv　残っているカードを袋からすべて取り除き，iiiで取り出した□と■のカードをそれぞれ5倍した数を新たに袋に入れる。

v　iii～ivを繰り返し，第3世代以降第10世代まで考える。ただし，□と■のどちらかが0枚になった場合はそこで終了する。

vi　取り出した□と■の枚数の変化をグラフにまとめる。

【結果1】Aさんと Bさんの結果は，それぞれ図1，図2のようになった。

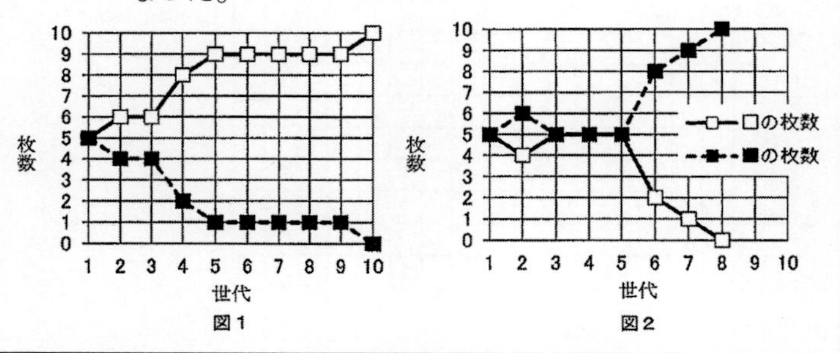

図1　　図2

①　実験結果をもとに，遺伝的浮動について説明せよ。

②　自然選択によって遺伝子頻度が変化することをシミュレーションする場合，方法i～vのうち，どの方法をどのように変更すればよいか，説明せよ。

③　②のような方法でシミュレーションした場合，どのような結果が得られるか説明せよ。

(☆☆☆☆◎◎◎)

解答・解説

中学理科

【1】(1)　鉛筆の影が真っすぐにできる，夜の灯台の光を観察する　から1つ　(2)　①　光源の光を直接見ないようにする。　②　入射角と反射角の大きさは等しい。　③　入射光と一直線になるように見える。　④　他の班の結果を実際と同じ視点で確認できる。

(3)　①　ウ

②　作図…

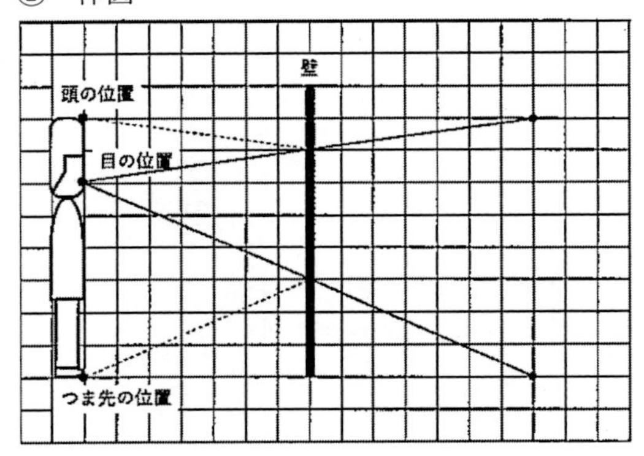

上下の長さ…80〔cm〕

(4)　①　入射角の大きさを変えて同様の実験を行ったときの結果。　②　入射角が0°で，光を境界面に垂直に入射させたとき。　(5)　水の中に入れた手が短く見える，ガラスを通して鉛筆をみるとずれて見える　から1つ

〈解説〉(1)　物体に光を当てると影ができるのは，直進する光が物体に遮られるからである。　(2)　①　光源装置の光を直接見ると目を傷つける可能性がある。　②　入射角と反射角の大きさが等しくなることを反射の法則という。　③　鏡に映る物体は，下図のように鏡の奥にあるように見える。

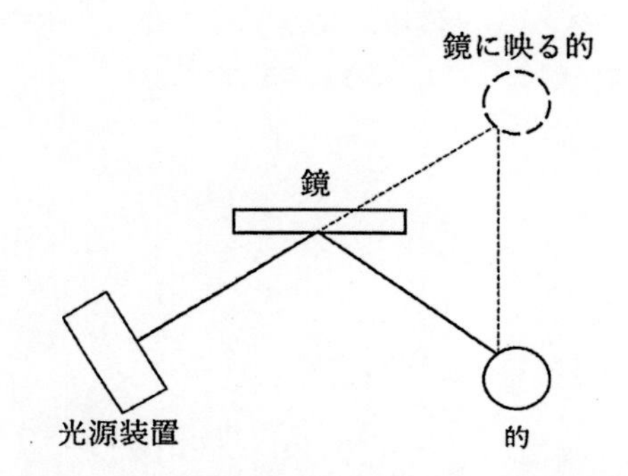

④ 「光源装置側から鏡をのぞく」とあるが，実際にはすべての斑の生徒が同じ視点で観察できているわけではなく，同じ現象について意見交換できるとは限らないので，カメラで記録した画像を用いることは有効である。 (3) ① 身体のある点から出て，鏡で反射し，目に届く光を考えると，鏡を遠ざければ鏡への入射角は小さくなるが，同時に反射角も小さくなるため，鏡で反射する点は変化しない。したがって，必要な鏡の上下の長さは変わらない。 ② 反射の法則から頭の位置の光とつま先の位置から目に届く光が反射する点の高さはそれぞれの位置と目の位置との中点の高さである。よって，自分の身長の半分の長さの鏡があればよいことになる。 (4) ① 中学校学習指導要領(平成29年告示)解説 理科編では，中学校の理科における「見方・考え方」を，「自然の事物・現象を，質的・量的な関係や時間的・空間的な関係などの科学的な視点で捉え，比較したり，関係付けたりするなどの科学的に探究する方法を用いて考えること」と示している。本問では，「量的な関係」や「比較」などが行われていれば，科学的な考察になると考えられる。 ② 入射角が0°のときは屈折角も0°である。 (5) 解答参照。

【2】(1) ア 0 イ 増加する(増える) (2) ① ウ 0.82〔g/cm^3〕 エ 0.91〔g/cm^3〕 ② オ 変化しなかった カ 減少した(減った) キ 大きくなった ③ 液体のロウより固体のロウの方が，

密度が大きいため沈む。　(3)　①　体積が変化することによって，容器の破損や破裂などの事故が起こらないようにするため。

②　ク　非常に大きく　　ケ　低い

③　モデル図…

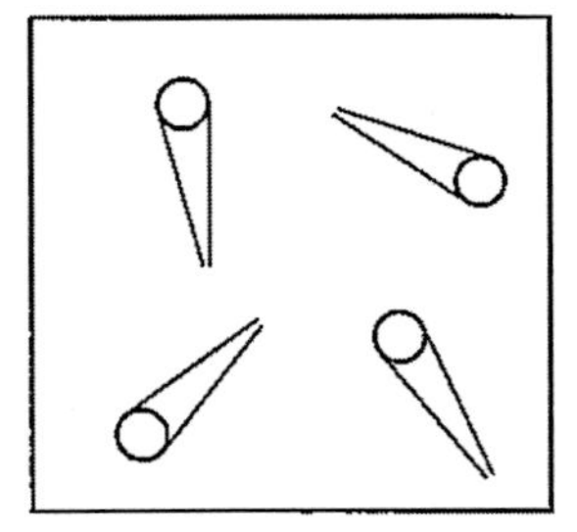

説明…粒子の運動は，液体のときよりも激しくなり，粒子は自由に空間を動く。固体や液体に比べ，粒子間の距離は非常に大きい。

(4)　①

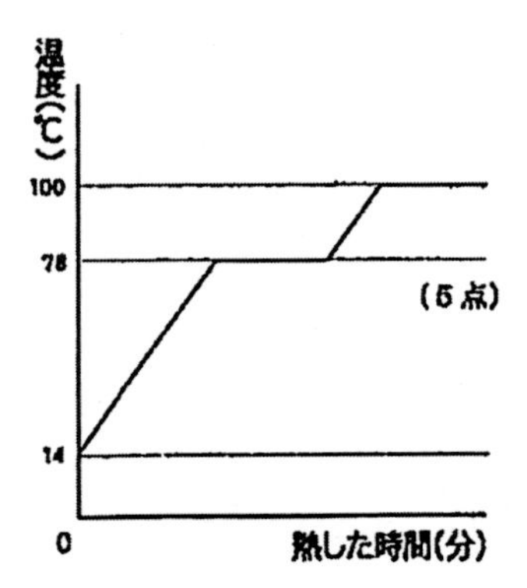

②　沸騰しても温度は一定にならず，少しずつ100℃まで上昇する。

〈解説〉(1)　ア　1気圧における水の凝固点は0℃である。　イ　他の物質とは異なり，水の体積は液体より固体の方が大きくなる。

(2)　①　ウ　(密度)＝(質量)÷(体積)より，50÷61≒0.82〔g/cm^3〕である。　エ　50÷55≒0.91〔g/cm^3〕である。　②　【結果】の表や(2)①の解答を参照。　③　水の場合は，液体より固体の方が密度は小さいため氷は水に浮く。　(3)　①　熱湯をかけるので熱に強いポリエチレンの袋を用いるとよい。　②　液体から気体へ状態変化すると，体積が大幅に増加する。エタノールの沸点は約78℃，水の沸点は100℃である。　③　固体では，粒子はしっかり結びつき，規則正しく配列している。　(4)　①【予想】より「78℃で温度が一定になる時間が続く」ので，エタノールが沸騰する間は温度が一定になり，その間水には影響がないと考えている。　②　時間が経つにつれてエタノールが沸騰して少なくなるため，水の比率が大きくなるので，混合物の温度は徐々に上がる。

【3】(1)　①　根の全体が均等に成長し，伸びている。　②　予想のように成長したときに倍率や遠近が変わらないように撮影できる位置を決め，毎回同じ位置から継続して記録する。　(2)　①　根元部分と根がよく伸びている先端部分の，細胞の大きさや数を比較するため。　②　酢酸カーミン液(酢酸オルセイン液)　③　はじめは低倍率で観察し，細胞分裂が行われている細胞が多く見える部分を探してから，高倍率で観察する。　④　過程ごとの染色体の細部の違いについて，生徒の意識を向けさせること。　(3)　①　a　根がよく伸びている先端部分の細胞のほうが，根元部分の細胞より小さい　b　細胞分裂してできた細胞は，大きさが元の半分になっている

②

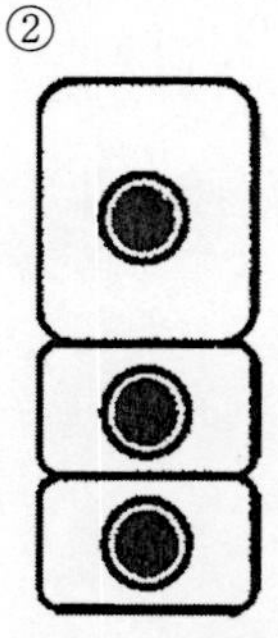

(4)　細胞板ができずに，細胞の真ん中がくびれ，細胞質が2つに分かれる

〈解説〉(1)　①　図7より，点の間隔が均等に広がっているため，根の先端付近の根端分裂組織ではなく，根の全体が均等に伸びていると考えている。　②　正確な記録を行うために記録するときの条件は毎回できるだけ揃えるように注意する。　(2)　①　先端部分と根元部分を比較することで，それぞれの細胞の違いが視覚的によくわかる。
②　酢酸カーミンや酢酸オルセインは細胞の核を染色するため，細胞の大きさや数の観察が容易になる。　③　顕微鏡を操作する際の手順が正しく守られているかを踏まえての助言が考えられる。　④　写真は正確に記録することに優れているが，スケッチを行うことで特徴を捉えたり，それぞれの細胞分裂の段階での細胞の違いを考えながら記録したりすることができる。　(3)　①　a　分裂直後の細胞は分裂前より小さいので，小さい細胞が多く観察される部位ほど分裂が盛んであると考えられる。よって，分裂直後の時期の観察結果に基づき考察するとよい。　b　生徒Cの発言「細胞の数が増えても全体の大きさは変わらない」，および生徒Eの発言「細胞分裂で細胞の数が増え，増えた1つ1つの細胞が大きくなっている」より，「増えた直後の細胞は元の細胞より小さい」という趣旨の発言が該当する。　②　解答用紙から判断すると細胞の高さについては指定されていないが，実際には図8の左側の2つの細胞の図と下端を揃え，かつ高さが等しい図を想定していると考えられる。　(4)　解答例の他に，動物細胞には植物細胞の体細胞分裂時には見られない中心体が出現する点も挙げられる。

【4】(1)　①　地層の広がり，重なり，傾き　　②　環境保全の観点から，採取は必要最小限とすること。　　③　地層がずれている(断層)，地層が曲がっている(しゅう曲)　　(2)　扇状地は河口より山地に近いところで土砂が堆積していて，れきを多く含むため，水はけが良い。
(3)　石灰岩の主成分である炭酸カルシウムが，酸性になった水の影響で溶けることで，長い年月をかけて大きな空洞を作り出した。
(4)　①　鍵層　　②　限られた年代にしか生息していなかった生物。
③　大きく沈降した後に，隆起を繰り返した。　　④　浅い海

(5) チバニアン

〈解説〉(1) ① 離れた位置から露頭全体を見渡すときは，「地層がどのようにつながり，どの程度の広がりをもつか」，「地層の重なり方に不連続なところはないか」，「地層が水平か，傾いているか」，「色や岩質に違いはないか」，「断層やしゅう曲はないか」などに注意して観察する。 ② 中学校学習指導要領(平成29年告示)解説 理科編には「身近な地形や地層，岩石などの観察に当たっては，事前，事後の指導も含めて年間指導計画の中に位置付け，計画的に実施する。また，安全にも十分配慮し，自然環境の保全に寄与する態度を養うという観点から，岩石などの採取は必要最小限にするように指導する。」と示されている。 ③ 小学校では，第4学年で，水は高い場所から低い場所へと流れて集まること，第5学年で，水の働きによって侵食，運搬，堆積が起こること，第6学年で，土地はれき，砂，泥，火山灰などからできていること，層をつくって広がっているものがあること，流れる水の働きでできた岩石として，れき岩，砂岩，泥岩があることを学習している。 (2) 扇状地は，山地から平地に出てくるところで，傾斜が急に緩やかになり，河川の運搬作用が小さくなるため，比較的粗粒なれきや砂が堆積して形成される。 (3) 鍾乳洞は，石灰岩の化学的風化作用が進むことで形成される。 (4) ① 離れた場所の地層を比較して新旧を比較することを地層の対比といい，地層の対比に有効な地層を鍵層という。 ② 示準化石には，生息期間が短く，生息の地理的範囲が広く，産出する個体数が多い化石が適する。地層の生成年代の推定という題意から，生息期間が短いことを答えるとよい。
③ 砕屑物は粒経が大きい順にれき・砂・泥であり，この順に海岸付近の浅い海底に堆積する。図10より，A層の次に泥層が形成されたので，まずは海面が深くなり，次にれき層が形成されたので海面は浅くなったと考えられる。 ④ アサリの化石は示相化石である。アサリは浅い海に生息しているので，その化石が発見された地層は浅い海で堆積したと推測できる。 (5) 約77万4000年前には地磁気の逆転が起こり，そこが更新世の前期と中期の境界になっている。千葉県市原市

にはその頃の連続した地層があり，2020年に国際的に認められたことで，更新世中期(約77万4000年前～12万9000年前)は「チバニアン」と名付けられた。

高　校　理　科

【物理】

【1】(1) $\dfrac{mg}{k}$　(2) kA　(3) $2\pi\sqrt{\dfrac{m}{k}}$　(4) $A\sqrt{\dfrac{k}{m}}$

(5) 衝突直前の小球1の速度をv，衝突直後の小球1の速度をv_1，小球2の速度をv_2とおく。弾性衝突をするから，

$1=\dfrac{v_2-v_1}{v}$　また，運動量保存則より，$mv=mv_1+4mv_2$

以上2式より，$v_2=\dfrac{2}{5}v=\dfrac{2}{5}A\sqrt{\dfrac{k}{m}}$

(6) (5)で1回目の衝突直後の小球1及び小球2の速度はそれぞれ

$v_1=-\dfrac{3}{5}v$，$v_2=\dfrac{2}{5}v$　各小球の位置をx_1，x_2とし，小球1の角振動数を

$\omega_1=\sqrt{\dfrac{k}{m}}$，1回目の衝突からの時間を$t$とおくと，$x_1=-\dfrac{3v}{5\omega_1}\sin\omega_1 t$，

$x_2=\dfrac{4v}{5\omega_1}\sin\left(\dfrac{\omega_1}{2}t\right)$，$x_1=x_2=X$，及び2式より，$X=\dfrac{4\sqrt{5}}{15}A$

(7) ①　イ　②　ア　③　$R\omega$　④　$R\omega^2$　⑤　$R\cos\omega t_1$

⑥　$-\omega^2 x_1$　(8) 生徒のもつ端末から等速円運動と単振動の関係性を図やグラフで示したアプリケーションへアクセスできるようにし，生徒が繰り返して単振動と等速円運動の様子を観察できるようにする。

〈解説〉(1) 求めるばねののびをx_0とすると，力のつり合いより，$mg=kx_0$　∴　$x_0=\dfrac{mg}{k}$　(2) ばねによる弾性力は，つり合いの位置にあるときと比べて下向きにkAだけ増加するので，下向きを正にとると，求める合力Fは$F=-kx_0+kA+mg$となり，(1)より$mg=kx_0$なので，$F=kA$

(3)　(2)より，変位xのときの運動方程式は，加速度をaとすると，$ma=-kx$となる。これより，$a=-\frac{k}{m}x$　一方，単振動の場合，角振動数をωとすると$a=-\omega^2 x$と表せる。したがって，$-\frac{k}{m}x=-\omega^2 x$が成り立ち，$\omega=\sqrt{\frac{k}{m}}$　よって，単振動の周期Tは，$T=\frac{2\pi}{\omega}=2\pi\sqrt{\frac{m}{k}}$

(4)　単振動の振幅はAである。また，力のつり合いの位置を通過する瞬間が最大の速さであるから，求める速さは$A\omega=A\sqrt{\frac{k}{m}}$　(5)　衝突直前の小球1の速度vは，(4)で求めた速さに相応する。　(6)　$\alpha=\frac{\omega_1}{2}t$とおくと，$\sin 2\alpha=2\sin\alpha\cos\alpha$より，$-\frac{3v}{5\omega_1}\sin\omega_1 t=\frac{4v}{5\omega_1}\sin\left(\frac{\omega_1}{2}t\right)$に代入して，$-\frac{3v}{5\omega_1}\sin 2\alpha=\frac{4v}{5\omega_1}\sin\alpha$，$-\frac{3v}{5\omega_1}\cdot 2\sin\alpha\cos\alpha=\frac{4v}{5\omega_1}\sin\alpha$，$-\frac{6}{5}\cos\alpha=\frac{4}{5}$　$\therefore$　$\cos\alpha=-\frac{2}{3}$　したがって，$\sin\alpha=\frac{\sqrt{5}}{3}$となるので，$X=x_2=\frac{4v}{5\omega_1}\frac{\sqrt{5}}{3}=\frac{4\sqrt{5}}{15}\frac{v}{\omega_1}=\frac{4\sqrt{5}}{15}\frac{1}{\omega_1}A\sqrt{\frac{k}{m}}=\frac{4\sqrt{5}}{15}A$　なお，1回目の弾性衝突をした位置は，小球1，小球2のいずれにとってもつり合いの位置であることに注意すると，小球1も小球2も，つり合いの位置を中心とした単振動を行うことになる。　(7)　①　速度は円の接線方向である。　②　加速度は中心方向である。　③　半径R，角速度ωで回転しているので，物体は1秒間に円周上を$R\omega$だけ進み，これが速度となる。　④　(加速度)=(速度)×(角速度)=$R\omega^2$で表される。
⑤，⑥　この円運動は，$x=R$から始まり，x軸上の正射影をとることに注意すると，物体の位置x_1は，$x_1=R\cos\omega t_1$，速度v_1は，$v_1=-R\omega\sin\omega t_1$，加速度$a_1$は，$a_1=-R\omega^2\cos\omega t_1=-\omega^2 x_1$と表せる。　(8)　解答参照。

【2】(1)　オ　　(2)　$\frac{L}{d}\left(m+\frac{1}{2}\right)\lambda$　　(3)　1×10〔m〕　　(4)　$\frac{m\lambda}{D}$
(5)　0.2〔m〕　　(6)　CDやDVDは規則正しく並んだ凹凸があり，反射

型回折格子とみなせるから。

〈解説〉(1)　明暗の縞が観察できるのは，2つの光が干渉し合うからである。　(2)　S_1PとS_2Pの光路差を考える。$S_1P^2=L^2+\left(x-\frac{d}{2}\right)^2$，$S_2P^2=L^2+\left(x+\frac{d}{2}\right)^2$である。ここで，$x$や$d$がLに比べて十分小さいとき，1に比べて十分小さい$\alpha$に対し，$(1+\alpha)^n \fallingdotseq 1+n\alpha$と近似できるので，$S_2P=\sqrt{L^2+\left(x+\frac{d}{2}\right)^2}=L\left\{1+\frac{\left(x+\frac{d}{2}\right)^2}{L^2}\right\}^{\frac{1}{2}} \fallingdotseq L\left\{1+\frac{\left(x+\frac{d}{2}\right)^2}{2L^2}\right\}$，同様に，$S_1P \fallingdotseq L\left\{1+\frac{\left(x-\frac{d}{2}\right)^2}{2L^2}\right\}$となるので，$S_2P-S_1P=L\cdot\frac{2xd}{2L^2}=\frac{xd}{L}$　これが半波長の奇数倍になれば，点Pで光が弱め合い暗くなるので，整数m ($m=0$, 1, 2, …)を用いると，$\frac{xd}{L}=\left(m+\frac{1}{2}\right)\lambda$　したがって，$x=\frac{L}{d}\left(m+\frac{1}{2}\right)\lambda$
(3)　(2)より，暗い点の間隔Δxは，$m=0$，1のときの差をとって$\Delta x=\frac{L\lambda}{d}$となる。$\lambda=5\times10^{-7}$〔m〕，$\Delta x=1\times10^{-2}$〔m〕，$d=0.50\times10^{-3}$〔m〕より，$1\times10^{-2}=\frac{L\times5\times10^{-7}}{0.50\times10^{-3}}$　$\therefore$　$L=1\times10$〔m〕
(4)　回折格子を通った光が特定の方向θで強め合う条件は，$D\sin\theta=m\lambda$である。これより，$\sin\theta=\frac{m\lambda}{D}$　(5)　$D=\frac{1.0\times10^{-2}}{10^3}=1.0\times10^{-5}$〔m〕である。入射方向とスクリーンとの交点をOとし，OP$=x$とすると，Lが十分に長いため，$\sin\theta \fallingdotseq \tan\theta=\frac{x}{L}$と表せる。これらを(4)の式に代入すると，$\frac{x}{L}=\frac{m\times(5\times10^{-7})}{1.0\times10^{-5}}$　$\therefore$　$x=m\times L\times5\times10^{-2}$　$m=0$, 1のときの差をとって，$\Delta x=L\times5\times10^{-2}$となる。$\Delta x=1\times10^{-2}$なので，$L=0.2$〔m〕　(6)　解答参照。

【3】(1)　$h\nu$　　(2)　eV_0　　(3)　振動数が大きくなると，光子1個のもつエネルギーが大きくなり，光電子の最大運動エネルギーも大きくなる。したがって，阻止電圧は大きくなる。　(4)　$h\nu_0$　(5)　光の波動性を仮定すると，光のエネルギーは明るい光であれば大きくなるため，光の振動数にかかわらず光電子が飛び出るはずである。しかし，

光の振動数が限界振動数よりも小さいと，光が明るくても光電子は飛び出ない。光の粒子性を仮定すると，光子1個のエネルギーは振動数に比例するため，光の振動数により光電子のふるまいが変わる光電効果を矛盾なく説明できる。

〈解説〉(1)　光子1個のエネルギーEは，$E=h\nu$と表せる。　(2)　電子1個に対し，電位差Vによりなされる仕事はeVなので，求める光電子の運動エネルギーの最大値はeV_0に等しい。　(3)　(1)より，光子1個のエネルギーは振動数に比例する。　(4)　限界振動数ν_0の光子は，$h\nu_0$のエネルギーをもっているが，電子を金属内に束縛するエネルギーである仕事関数の分だけエネルギーが少なくなるため，図3のグラフにおいて0となっている。このことを踏まえると，仕事関数の大きさは$h\nu_0$と表せる。　(5)　光を明るくする(強くする)と，光子数が増加するが，光子1個あたりのエネルギーが大きくなるわけではない。

【4】(1)　名称…ローレンツ力　　向き…イ　　(2)　大きさ…vB　　向き…イ　　(3)　vBa　　(4)　2.0×10^{19}〔個/m^3〕　　(5)　向き…逆向き　理由…p型半導体のキャリアは正の電荷とみなすことができるホールであるから。　　(6)　冷蔵庫の扉やノートPCの開閉検知，磁束密度の測定

〈解説〉(1)　電流が受ける力の向きは，フレミングの左手の法則から求められる。　(2)　定常状態になると，ローレンツ力と電場による力がつり合う。ローレンツ力により，はじめに電子はイの方向へ動き，導体の右側が負に帯電するため，電場は右向き(イ)となる。電場の大きさをEとすると，力のつり合いより，$evB=eE$　$\therefore$　$E=vB$　(3)　左右方向の距離がaなので，求める電圧Vは，$V=Ea=vBa$　(4)　$I=envab$と表されるので，$v=\dfrac{I}{enab}$　(3)より，$V=\dfrac{IBa}{enab}=\dfrac{IB}{enb}$　したがって，$n=\dfrac{IB}{ebV}=\dfrac{(2.0\times10^{-2})\times(4.0\times10^{-4})}{(1.6\times10^{-19})\times(5.0\times10^{-4})\times(5.0\times10^{-3})}=2.0\times10^{19}$〔個/m^3〕　(5)　電流を運ぶ粒子の電荷の符号により，ホール効果による電場の向きや電圧が変わる。　(6)　ホール効果は磁気センサーなどに

利用されている。

【５】(1)　①　$k\frac{Q}{r^2}$　　②　$4\pi r^2$　　③　$4\pi kQ$　　(2)　$2\pi kq$〔N/C〕

(3)　①　$k\frac{Qq}{r^2}$〔N〕　　②　$\sqrt{\frac{2kQq}{mr}}$〔m/s〕

③　A，Bの物体系において，運動量は保存される。無限遠でのAの速度をVとすると，$MV+mv=0$　また，力学的エネルギーも保存される。

$\frac{1}{2}MV^2+\frac{1}{2}mv^2+0=0+0+k\frac{Qq}{r}$

以上2式より，$v=\sqrt{\frac{2MkQq}{mr(M+m)}}$〔m/s〕

〈解説〉(1)　点電荷のつくる電場Eは，電気量Qに比例し，距離rの二乗に反比例する。比例定数をkとすると，$k\frac{Q}{r^2}$となる。球面Sの面積は$4\pi r^2$であるため，電気力線の総数は，$k\frac{Q}{r^2}\times 4\pi r^2=4\pi kQ$〔本〕となる。

(2)　1m^{2}あたりq〔C〕の電荷が一様に分布しているので，電気力線の数は1m^{2}あたり$4\pi kq$〔本〕となる。電場の強さは，1m^{2}を貫く電気力線の数に等しいので，金属板が表裏両面あることに注意すると，片面分なので$2\pi kq$〔N/C〕となる。また，広い金属板なので，電場の向きは板に垂直であり，距離が離れても電場の強さは変わらない。したがって，求める電場の強さは$2\pi kq$〔N/C〕　(3)　①　クーロンの法則より，求める力は互いの電気量に比例し，距離の二乗に反比例するので，$k\frac{Qq}{r^2}$〔N〕　②　粒子Aからrの位置における電位は，無限遠を基準とすると，$k\frac{Q}{r}$である。これは，1〔C〕の電荷を無限遠から距離rの点まで動かす際に静電気力に逆らってする仕事なので，粒子Bが無限遠まで離れたときの運動エネルギーは，この電位のq倍のエネルギーと等しく，$k\frac{Qq}{r}$である。一方，運動エネルギーは$\frac{1}{2}mv^2$で表されるので，

$\frac{1}{2}mv^2=\frac{kQq}{r}$　∴　$v=\sqrt{\frac{2kQq}{mr}}$〔m/s〕　③　解答参照。

【6】(1) $\frac{1}{2}kL^2$　(2) $P_0+\frac{kL}{S}$　(3) $\frac{P_0S^2L}{P_0S+kL}$　(4) $\frac{2P_0S+3kL}{P_0S}T$

(5) $\frac{3}{2}kL^2$　(6) 理想気体がピストンを押して右側に広がるとき，断熱変化であるので，気体の熱量変化$Q=0$となる。また，気体は外部(真空)からまったく圧力を受けていないので，広がるときに外部へ仕事Wをしなくても体積が増加できる。すなわち，$W=0$となる。熱力学第一法則より，$\Delta U=Q-W=0$　また，単原子分子理想気体であるから内部エネルギー$\Delta U=\frac{3}{2}nR\Delta T$より，$\Delta T=0$となる。よって気体の温度は変化しない。

〈解説〉(1) 図2では，自然長からLだけばねが縮んだので，求めるエネルギーは$\frac{1}{2}kL^2$　(2) ばねがピストンを押す力はkLである。求める圧力をpとすると，シリンダーBのピストンにおける力のつり合いより，$pS=P_0S+kL$　∴　$p=P_0+\frac{kL}{S}$　(3) 求める体積をVとすると，シリンダーBの中では温度一定なので，ボイルの法則より，$P_0SL=pV$

∴　$V=\frac{P_0SL}{p}=\frac{P_0S^2L}{P_0S+kL}$　(4) シリンダーAの中の気体の圧力もpであり，体積をV'とすると，シリンダーAとBの中の気体の体積の合計がはじめは$2SL$であり，ばねがLだけ縮んだことにより，$2SL+SL=V'+V$が成り立つので，$V'=3SL-V$である。はじめ，シリンダーAの中の気体の物質量をnとすると，気体の状態方程式より$P_0SL=nRT$ …①　また，加熱後について，求める絶対温度をT'とすると，$p(3SL-V)=nRT'$　…②　①②よりnRを消去すると，

$$T'=\frac{p(3SL-V)}{P_0SL}T=\frac{\left(P_0+\frac{kL}{S}\right)\left(3SL-\frac{P_0S^2L}{P_0S+kL}\right)}{P_0SL}T=\frac{2P_0S+3kL}{P_0S}T$$

(5) ばねの入っているピストンの右側は真空なので，求める仕事は，ばねによる弾性エネルギーの変化量に相当する。加熱すると，ばねがLだけ縮んだ状態から，$2L$だけ縮んだ状態へ変化するので，求める仕事は$\frac{1}{2}k(2L)^2-\frac{1}{2}kL^2=\frac{3}{2}kL^2$　(6) 解答参照。

【化学】

【1】(1)　エ　　(2)　イ　　(3)　2.2×10^2〔mL〕　　(4)　エ

(5)　$\dfrac{4M}{a^3N_A}$　　(6)　-0.0740〔℃〕　　(7)　1.3×10^5〔Pa〕

(8)　エ　　(9)　①　12.50は有効数字4桁であり，12.5は有効数字3桁である。　②　環境に配慮してpHを7に近づけて，希釈して流しに流す。　③　光や熱によって分解することを防ぐため。　(10)　情報源や情報の信頼度について検討し，引用するときは引用部分を明確にする。

〈解説〉(1)　アセトンは強い引火性をもっている。　(2)　10^{-9}を表す単位の接頭語はn(ナノ)である。　(3)　陽極で起きる反応は，$2Cl^- \rightarrow Cl_2 + 2e^-$である。したがって，陽極で生じた塩素の物質量は，$\dfrac{1}{2}\times\dfrac{0.46}{23}=1.0\times10^{-2}$〔mol〕なので標準状態での体積は，$1.0\times10^{-2}\times22.4\times10^3 \fallingdotseq 2.2\times10^2$〔mL〕となる。　(4)　硝酸アンモニウムは水に溶解すると溶液の温度が低下するので，冷却パックに利用されている。　(5)　面心立方格子の単位格子に含まれる銅原子は4個なので質量は，$\dfrac{4M}{N_A}$〔g〕，体積は，a^3〔cm^3〕と表せるので，密度は，$\dfrac{4M}{N_A}\times\dfrac{1}{a^3}=\dfrac{4M}{a^3N_A}$〔$g/cm^3$〕となる。　(6)　塩化ナトリウム(式量58.5)の質量モル濃度は，$\dfrac{0.585}{58.5}\times\dfrac{1000}{500}$〔mol/kg〕，溶質粒子は$Na^+$と$Cl^-$の2種類なので，凝固点降下は，$1.85\times2\times\dfrac{0.585}{58.5}\times\dfrac{1000}{500}=0.0740$〔℃〕となる。よって，この塩化ナトリウム水溶液の凝固点は，$0-0.0740=-0.0740$〔℃〕となる。

(7)　混合気体中の二酸化炭素の分圧をp_1とすると，温度は一定なのでボイルの法則より，$(1.0\times10^5)\times1.0=p_1\times(1.0+0.50)$が成り立ち，$p_1=\dfrac{2}{3}\times10^5$〔Pa〕となる。同様に，混合気体中の窒素の分圧を$p_2$とすると，$(2.0\times10^5)\times0.50=p_2\times(1.0+0.50)$より，$p_2=\dfrac{2}{3}\times10^5$〔Pa〕となる。よって，この混合気体の全圧は，$\dfrac{2}{3}\times10^5+\dfrac{2}{3}\times10^5\fallingdotseq1.3\times10^5$〔Pa〕となる。　(8)　ア　2種の金属を沈殿させるためには，過剰量のアンモニア水を加える必要がある。Al^{3+}とFe^{3+}が沈殿し，Ba^{2+}は沈殿せず，Zn^{2+}

は錯イオンを形成して溶ける。　イ　Al^{3+}とFe^{3+}を分離するためには，水酸化ナトリウム水溶液を過剰に加える必要があり，Al^{3+}だけが溶ける。　ウ　Ba^{2+}とZn^{2+}を分離するためには，ろ液を塩基性のまま硫化水素を通じる必要があり，Zn^{2+}だけが沈殿する。　(9)　①　0以外の数字は有効数字であるが，0は位取りに用いる場合は有効数字ではないので注意が必要である。　②「高等学校学習指導要領(平成30年告示)解説　理科編　理数編　第3章　各科目にわたる指導計画の作成と内容の取扱い　2　内容の取扱いに当たっての配慮事項　(7)　事故防止，薬品などの管理及び廃棄物の処理」を参照。③について，硝酸は光や熱によって分解され二酸化窒素となる。　(10)「高等学校学習指導要領(平成30年告示)解説　理科編　理数編　第3章　各科目にわたる指導計画の作成と内容の取扱い　2　内容の取扱いに当たっての配慮事項　(3)　コンピュータなどの活用」を参照。

【2】(1)　ウ→エ→イ→ア　(2)　亜鉛板と銅板の枚数を増やし，レモンに刺して，電子オルゴールと導線で直列に繋げる。　(3)　1.1〔V〕
(4)　①　正極…$O_2+4H^++4e^-\rightarrow 2H_2O$　負極…$H_2\rightarrow 2H^++2e^-$
②　1.93×10^6〔C〕　(5)　①　$\dfrac{2.5\times2\times60\times60}{9.65\times10^4}\times\dfrac{1}{2}\times64=5.968\cdots$

答　6.0〔g〕　②　$\dfrac{1.0\times10^3\times0.40-196\times0.187\times\frac{1}{2}}{1.0\times10^3-160\times0.187\times\frac{1}{2}}\times100=38.75$

答　39〔%〕　③　$2.5\times2=1.5\times X$　$X=3.33\cdots$　答　3.3〔時間〕
〈解説〉(1)　解答解説。　(2)　金属板が溶け出すことで電子が放出されて電気が流れるので，金属板の数を増やすとよい。　(3)　ダニエル電池の起電力は，正極(銅)の標準電極電位が0.34V，負極(亜鉛)の標準電極電位が-0.76Vなので，$0.34-(-0.76)=1.1$〔V〕となる。
(4)　①　正極では，酸素O_2が還元されて水H_2Oが生成する。負極では，水素H_2が酸化されて水素イオンH^+になる。　②　①の反応式から電子を消去すると$2H_2+O_2\rightarrow 2H_2O$となり，電子が4mol流れると水が2mol生成するので，電子の物質量は，$\dfrac{180}{18}\times2=20$〔mol〕となる。よって，求める電気量は，$20\times9.65\times10^4=1.93\times10^6$〔C〕となる。

(5)　①　鉛蓄電池の負極の反応式は，$Pb+SO_4^{2-}\rightarrow PbSO_4+2e^-$，正極の反応式は，$PbO_2+SO_4^{2-}+4H^++2e^-\rightarrow PbSO_4+2H_2O$であり，全体の反応式は，$Pb+PbO_2+2H_2SO_4\rightarrow 2PbSO_4+2H_2O$となる。正極の質量の変化は，$PbO_2$と$PbSO_4$の質量の差なので，$SO_2$の増加分(式量64)を考慮すればよい。流れた電気量は，$2.5\times2\times60\times60=18000$〔C〕なので，正極での$SO_2$の増加分に相当する質量は，$\frac{18000}{9.65\times10^4}\times\frac{1}{2}\times64\fallingdotseq6.0$〔g〕となる。　②　放電前の硫酸の質量は，$1.0\times10^3\times0.40$〔g〕，放電により消費した硫酸(分子量98)の質量は反応式より，$2\times98\times\frac{18000}{9.65\times10^4}\times\frac{1}{2}\fallingdotseq196\times0.187\times\frac{1}{2}$〔g〕となる。また，放電前の希硫酸の質量は，$1.0\times10^3$〔g〕，放電により生成した水の質量は，$2\times18\times\frac{18000}{9.65\times10^4}\times\frac{1}{2}\fallingdotseq36\times0.187\times\frac{1}{2}$〔g〕なので，消費した水溶液の質量は，$(196-36)\times0.187\times\frac{1}{2}=160\times0.187\times\frac{1}{2}$〔g〕となる。よって，求める質量パーセント濃度は，$\dfrac{1.0\times10^3\times0.40-196\times0.187\times\frac{1}{2}}{1.0\times10^3-160\times0.187\times\frac{1}{2}}\times100\fallingdotseq39$〔%〕となる。　③　放電時と充電時に流れる電子の物質量が等しくなるので，求める時間をX時間とすると，$2.5\times2=1.5\times X$より，$X\fallingdotseq3.3$〔時間〕となる。

【3】(1)　濃硫酸は溶解熱が大きく，水が沸騰して危険であるため。

(2)　185　　(3)　①　$CO(気)+2H_2(気)=CH_3OH(液)+129kJ$　　②　イ

③　$K=\dfrac{[CH_3OH]}{[CO][H_2]^2}=\dfrac{\frac{1.2}{10}}{\frac{0.8}{10}\times\left(\frac{1.4}{10}\right)^2}=76.53\cdots$　答　77〔$(mol/L)^{-2}$〕

(4)　$\dfrac{1.0\times10^3\times0.80\times1368}{46}=23791\cdots$　$\dfrac{1.0\times10^3\times0.70\times5501}{114}=33778\cdots$

エタノール…2.4×10^4〔kJ〕　　オクタン…3.4×10^4〔kJ〕

〈解説〉(1)　解答参照。　(2)　反応熱$Q=(432+239)-2\times428=-185$〔kJ/mol〕となる。　(3)　①　一酸化炭素の燃焼の反応式は，CO(気)＋

$\frac{1}{2}O_2$(気)$=CO_2$(気)$+283$kJ …(i)，水素の燃焼の反応式は，H_2(気)$+\frac{1}{2}$ O_2(気)$=H_2O$(液)$+286$kJ …(ii)，メタノールの燃焼の反応式は，$CH_3OH+\frac{3}{2}O_2=CO_2+2H_2O+726$kJ …(iii)となる。(i)+2×(ii)−(iii)より，求める熱化学方程式は，CO(気)$+2H_2$(気)$=CH_3OH$(液)$+129$kJとなる。 ② 容器の体積を小さくすると，各成分気体の分圧が大きくなるので，ルシャトリエの原理より，気体の分子数が減少する方向である右側(メタノールの生成量が増加する方向)に平衡が移動する。

③ 平衡状態でのメタノールの物質量が1.2molなので，一酸化炭素の物質量は，$2.0-1.2=0.8$〔mol〕，水素の物質量は，$3.8-1.2\times2=1.4$〔mol〕となる。体積は10Lで一定なので，平衡定数Kは，$K=\frac{[CH_3OH]}{[CO][H_2]^2}$ $=\frac{\frac{1.2}{10}}{\frac{0.8}{10}\times\left(\frac{1.4}{10}\right)^2}\fallingdotseq77$〔$(mol/L)^{-2}$〕となる。 (4) 燃焼熱は，物質1molを完全燃焼させたときに発生する熱量である。1.0Lのエタノール(C_2H_6O：分子量46)の物質量は，$\frac{1.0\times10^3\times0.80}{46}$〔mol〕なので，燃焼熱は，$\frac{1.0\times10^3\times0.80}{46}\times1368\fallingdotseq2.4\times10^4$〔kJ〕となる。また，1.0Lのオクタン($C_8H_{18}$：分子量114)の物質量は，$\frac{1.0\times10^3\times0.70}{114}$〔mol〕なので，燃焼熱は，$\frac{1.0\times10^3\times0.70}{114}\times5501\fallingdotseq3.4\times10^4$〔kJ〕となる。

【4】(1) 空気中の酸素や水分と反応してしまうので，石油中に保存する。 (2) 炭酸水素ナトリウムが水に溶けると塩基性を示すため，胃酸を中和するから。 (3) ① エ ② AgCl ③ $5.00\times10^{-2}\times\frac{13.5}{1000}=6.75\times10^{-4}$ $6.75\times10^{-4}\div\frac{15}{1000}=4.5\times10^{-2}$
答 4.5×10^{-2}〔mol/L〕 ④ $4.5\times10^{-2}\times50=2.25$ 答 2.3〔mol/L〕

〈解説〉(1) ナトリウムは，灯油とは反応しないため，灯油などを保存液体として使用する。 (2) 炭酸水素ナトリウムは，弱酸と強塩基からなる塩なので，水溶液は弱塩基性を示す。 (3) ① ホールピペットは試料の体積を正確にはかり取るために用いるので，はかり取る試料で共洗いしてから用いる。また，加熱乾燥させるとピペットの体積が変化する場合がある。　②　クロム酸イオンCrO_7^{2-}の水溶液は黄色を呈するが，しょう油に含まれる塩化ナトリウムと硝酸銀が反応すると，塩化銀AgClの白色沈殿が生じる。　③　13.5mLの硝酸銀水溶液に含まれる銀イオンAg^+の物質量は，$5.00\times10^{-2}\times\frac{13.5}{1000}=6.75\times10^{-4}$〔mol〕であり，これと50倍にうすめたしょう油15.0mLに含まれる塩化物イオンCl^-の物質量は等しい。よって，Cl^-のモル濃度をxとすると，$x\times\frac{15.0}{1000}=6.75\times10^{-4}$より，$x=4.5\times10^{-2}$〔mol/L〕となる。　④　50倍にうすめる前のしょう油の塩分濃度は，③のCl^-のモル濃度の50倍大きいので，$4.5\times10^{-2}\times50\fallingdotseq2.3$〔mol/L〕となる。

【5】(1)　エ　(2)　極性分子であり，極性分子である水に溶けやすいから。　(3)　析出した硝酸カリウムをx〔g〕とすると，

$\frac{55-x}{105-10-x}=\frac{22}{122}$　$x=46.2$〔g〕　答　46〔g〕

(4)　①　熱運動が激しくなり，水分子との分子間力を振り切り，空気中に飛び出しやすくなるため。　②　$3.13\times10^{-2}\times4.00\times10^{-4}=1.252\times10^{-5}$　答　1.25×10^{-5}〔mol/L〕　③　$K_a=\frac{[H^+][HCO_3^-]}{[CO_2(aq)]}$

④　$[H^+]=\sqrt{1.25\times10^{-5}\times4.80\times10^{-7}}=\sqrt{6}\times10^{-6}$〔mol/L〕

$pH=-\log_{10}(\sqrt{6}\times10^{-6})=6-\frac{1}{2}(\log_{10}2+\log_{10}3)=6-0.389=5.611\fallingdotseq5.61$　答　pH…5.61

〈解説〉(1)，(2)　解答参照。　(3)　60℃の硝酸カリウムの飽和水溶液105g中に含まれる硝酸カリウムの質量をa〔g〕とすると，(100＋110)：110＝105：aより，$a=55$〔g〕となる。また，10℃まで冷却したときに析出する硝酸カリウムの質量をx〔g〕とすると，(100＋22)：22＝(105－10－x)：55－xより，$x=46.2$〔g〕となる。　(4)　①　解答参照。　②　ヘンリーの法則より，一定温度で一定量の溶媒において，気体の溶解度は分圧に比例する。各成分気体の分圧はモル分率に比例

するので，雨水中に溶けている二酸化炭素のモル濃度は，$3.13\times10^{-2}\times4.00\times10^{-4}\fallingdotseq1.25\times10^{-5}$〔mol/L〕となる。　③　問題文の反応式において，H_2Oのモル濃度は他の物質と比べて極めて大きいため，常に一定とみなすことができる。このような場合，H_2Oのモル濃度は電離定数の式には含まれない。　④　題意によって，$K_a=\frac{[H^+][HCO_3^-]}{[CO_2(aq)]}=\frac{[H^+]^2}{[CO_2(aq)]}=4.80\times10^{-7}$が成り立ち，②より$[CO_2(aq)]=1.25\times10^{-5}$〔mol/L〕なので，$[H^+]$が求められる。

【6】(1)　オ　　(2)　ジアゾニウム塩は熱に不安定であり，分解してフェノールが生じるため。　　(3)　ア

(4)　①　化合物A…　　化合物B…　　化合物D…

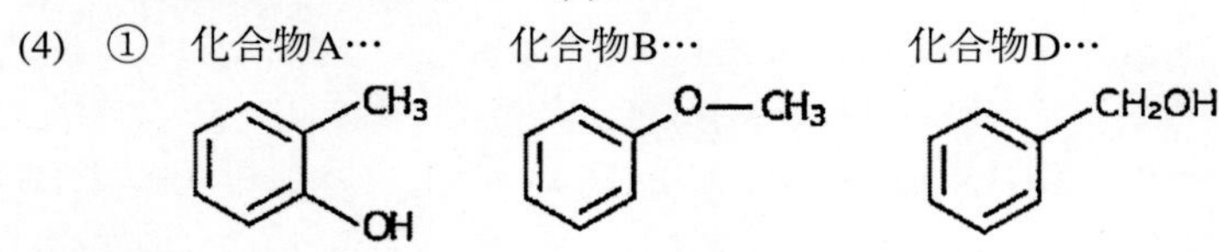

化合物F…

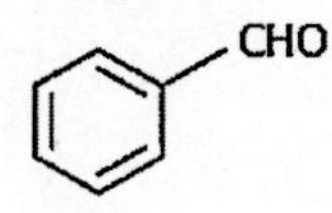

②　メタノール　　③　構造異性体　　④　30.4〔g〕　　(5)　①　クメン法　　②　濃硝酸，濃硫酸　　③　まず，化合物Yに濃塩酸とスズを加えて，加熱し，還元することで塩酸塩とする。その後，塩酸塩に水酸化ナトリウム水溶液を加えて，塩基性にして，遊離させる。

〈解説〉(1)　ストレプトマイシンは，細菌のタンパク質合成を妨げる抗生物質である。　(2)　解答参照。　(3)　分子内に不斉炭素原子を含む化合物は鏡像異性体をもつ。　(4)　①　塩化鉄(Ⅲ)水溶液を加えると呈色した化合物A，化合物C，化合物Eは，ベンゼン環にメチル基とヒドロキシ基が直接結合したクレゾールであり，互いに構造異性体の関係にある。これらのうち，化合物Aのメチル基を酸化して得られた化合物Gはカルボキシ基をもっており，これと化合物Hを反応させるとサリチル酸メチルが得られたので，化合物Gはサリチル酸，化合物A

はo－クレゾールである。化合物Dは，金属ナトリウムと反応して水素を発生したので，ヒドロキシ基をもつがベンゼン環と直接結合していないベンジルアルコールである。化合物Bは金属ナトリウムと反応しなかったので，化学式を考慮するとエーテル結合をもつアニソールである。化合物Fは，ベンジルアルコールを酸化して得られるベンズアルデヒドである。　②　サリチル酸と化合物Hが反応してサリチル酸メチルが得られたので，化合物Hはメタノールである。　③　①の解説を参照。　④　サリチル酸(分子量138)1molとメタノール(分子量32)1molからサリチル酸メチル(分子量152)1molが生成する。サリチル酸27.6gの物質量は，$\frac{27.6}{138}=0.200$〔mol〕，メタノール16.0gの物質量は，$\frac{16.0}{32}=0.500$〔mol〕でありサリチル酸より過剰量なので，生成するサリチル酸メチルの質量は，$0.200\times152=30.4$〔g〕となる。

(5)　①　クメン法はフェノールの工業的製法である。　②　有機化合物にニトロ基($-NO_2$)を導入する反応をニトロ化という。ニトロ化には混酸を用いる。　③　一連の反応はニトロベンゼンからアニリンを合成する方法と同様である。

【7】(1)　エ　　(2)　イ

(3)　ジラクチド…　　　　ポリ乳酸…

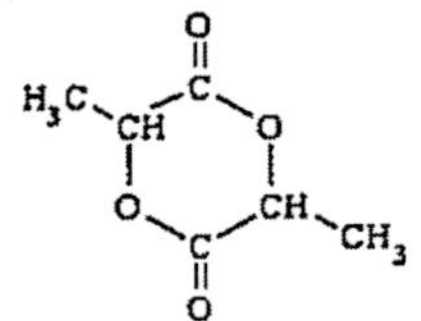

$$\left[\begin{array}{c}\mathrm{O}\quad\mathrm{CH_3}\\ \|\quad\ \ |\ \ \\ \mathrm{-C-CH-O-}\end{array}\right]_n$$

(4)　①　酢酸ビニルを付加重合させて，ポリ酢酸ビニルをつくり，さらに水酸化ナトリウム水溶液でけん化すると得られる。

②　$M=\frac{8.3\times10^3\times300}{2.5\times10^2\times0.2}=4.98\times10^4$　　$\frac{4.98\times10^4}{44}=1.1\times10^3$

答　1.1×10^3　　③　$\left(100\times\frac{x}{100}n+88\times\frac{100-x}{100}n\right)\times\frac{88}{88n}=93$　$x=41.6$〔%〕　　答　42〔%〕

〈解説〉(1)　メラミン樹脂は，メラミンとホルムアルデヒドの付加縮合で合成される。 (2) アラミド繊維は，pーフェニレンジアミンとテレフタル酸ジクロリドの縮合重合で合成されるポリpーフェニレンテレフタルアミドなどである。 (3) 解答参照。 (4) ① 解答参照。
② ファントホッフの法則より，ポリビニルアルコールの平均分子量$M=\frac{8.3\times10^{3}\times300}{(2.5\times10^{2})\times0.200}=4.98\times10^{4}$となる。ポリビニルアルコールの繰り返し単位の式量は44なので，重合度$n=\frac{4.98\times10^{4}}{44}\fallingdotseq1.1\times10^{3}$である。
③ ビニロンは，ポリビニルアルコールをホルムアルデヒドでアセタール化して合成される。ポリビニルアルコールの重合度をnとすると，分子量は88nと表せるので，88gのとき物質量は$\frac{88}{88n}$〔mol〕となる。また，ポリビニルアルコールの繰り返し単位の式量は88，ホルムアルデヒドと反応してアセタール化されたものの繰り返し単位の式量は100なので，このビニロンの分子量は$100\times\frac{x}{100}\times n+88\times\frac{100-x}{100}\times n$と表せる。ここで，アセタール化された繰り返し単位の割合をx〔%〕とすると，$\left(100\times\frac{x}{100}\times n+88\times\frac{100-x}{100}\times n\right)\times\frac{88}{88n}=93$より，$x\fallingdotseq42$〔%〕となる。

【生物】

【1】(1) ① 見通し ② 探究 ③ 保全 (2) 運動すると心拍数が増加するということから，運動部位である脚から情報が伝えられて心臓の拍動が変化することに気付かせるために，数分間の踏み台昇降運動の前後で心拍数を測定する実験を行う。

〈解説〉(1) 新学習指導要領での各教科の「目標」は，育成を目指す資質・能力の三つの柱である「知識及び技能」，「思考力，判断力，表現力等」，「学びに向かう力，人間性等」で構成されている。 (2)「高等学校学習指導要領(平成30年告示)解説 理科編 理数編 第2章 理科の各科目 第6節 生物基礎 3 内容とその範囲，程度 (2) ヒトの体の調節」を参照。

【２】(1)　・酵素の主成分であるタンパク質が熱で変性し，酵素が活性を失うから。　・酵素のタンパク質が熱変性し，酵素が失活するから。　(2)　すべての酵素が基質と結合してしまい，新たな基質と結合できなくなるから。　(3)　(c)　競争的阻害　(d)　非競争的阻害

(4)　(c)　(d)

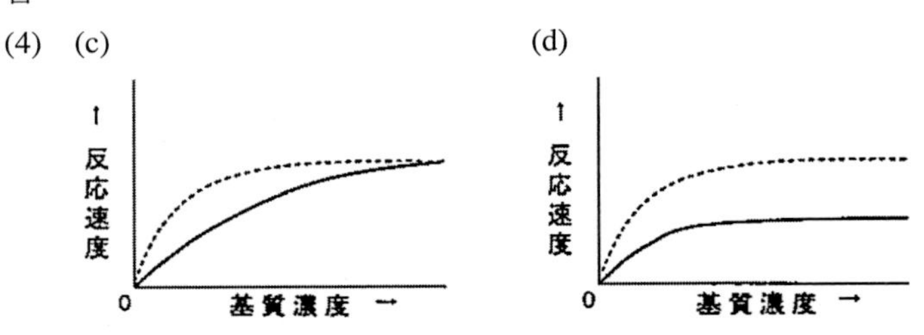

〈解説〉(1)　解答参照。　(2)　酵素反応は，酵素－基質複合体を経て進行するが，基質濃度が大きくなると，全ての酵素が酵素－基質複合体となり，それ以上基質が酵素と結合できなくなるため反応速度は最大に達したまま変化しない。　(3)　(c)　阻害物質が酵素の活性部位に結合してしまうため，基質は酵素と結合できなくなる。　(d)　阻害物質が酵素の活性部位以外の部位に結合すると，その酵素は活性を失う。　(4)　(c)　阻害物質が酵素を競争的に阻害する場合は，同じ結合部位を奪い合うので，基質濃度が増加すれば阻害物質濃度が減少するため，最大反応速度は阻害剤がないときと等しくなる。　(d)　阻害物質が酵素を非競争的に阻害する場合は，阻害物質は基質の結合部位とは異なる部位に結合するため，基質濃度によらず最大反応速度は減少する。

【３】(1)

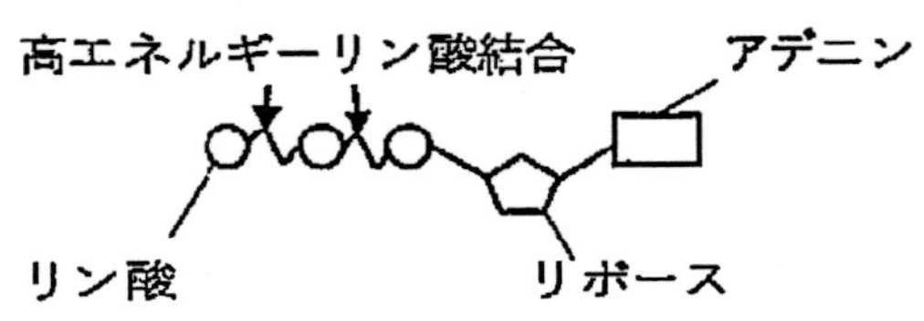

(2)　①　チラコイド内腔　②　ストロマ　③　膜間腔　④　マ

トリックス　(3) ア　H_2S　イ　$C_6H_{12}O_6$　ウ　S　エ　H_2O
(4)　40.4〔%〕

〈解説〉(1)　ATPはアデノシン三リン酸といい，アデニンとリボースからなるアデノシンに3分子のリン酸が高エネルギーで結合している。
(2)　①，②　光合成では，H^+は濃度勾配にしたがってチラコイド内腔からATP合成酵素を通過してストロマへ移動する。　③，④　呼吸では，H^+は濃度勾配にしたがって膜間腔からATP合成酵素を通過してマトリックスへ移動する。　(3)　紅色硫黄細菌の光合成は植物とは異なり，水の代わりに硫化水素を用い，酸素の代わりに硫黄が生成する。
(4)　呼吸では，1molのグルコースから最大で38molのATPが合成される。呼吸でグルコース1molを利用すると，燃焼時と同様に2870kJのエネルギーを放出し，そのうち$30.5\times38=1159$〔kJ〕をATPに蓄えて生命活動に利用することができるため，エネルギー利用率は，$\frac{1159}{2870}\times100\fallingdotseq40.4$〔%〕となる。

【4】(1)　①　プラスミド　②　制限酵素　③　DNAリガーゼ
④　電気泳動　(2)　・電極の向きを反対にした。　・時間が長すぎた。
(3)

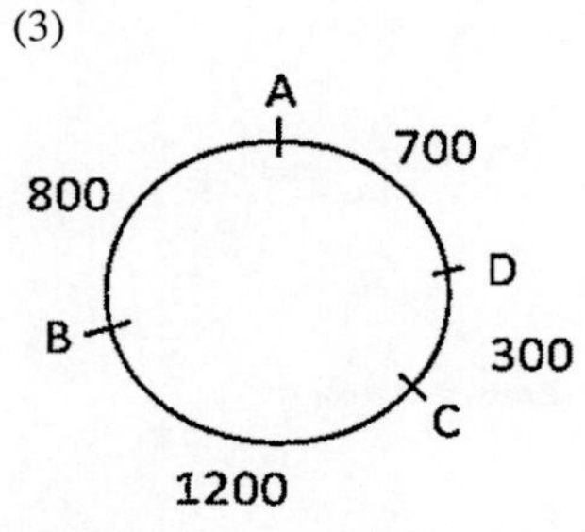

〈解説〉(1)　①　プラスミドは原核生物がもつ環状の2本鎖DNAである。
②，③　まず制限酵素を用いて，目的のDNA断片を導入する箇所を切断し，導入後はDNAリガーゼを用いて目的のDNA断片とプラスミドを結合させる。　④　DNAは溶液中で負に帯電し，電流を流すと陽極側へ移動する。DNA断片の大きさにより移動量が異なるため，その差を

利用して異なる塩基配列のDNA断片を分離することができる。
(2)　DNA断片を入れるウェルが電気泳動装置の陽極側に設置されていると，DNA断片は陽極側へ移動するため，電流を流してすぐに寒天ゲルから流れ出てしまう。また，電気泳動の時間を長くするほどDNA断片は陽極側へ移動していくため，時間が長すぎるとDNA断片が陽極側の寒天ゲルから流れ出てしまう。　(3)　サンプル1とサンプル3が酵素Aと酵素Bを共通して使用しており，図1よりいずれも800塩基対でバンドが出ているので，酵素Aと酵素Bの切断箇所の間は800塩基対離れている(下図a)。同様に，サンプル2とサンプル3の結果より酵素Aと酵素Dの切断箇所の間は700塩基対離れている(下図b)。ここで，サンプル1ではその他に1000塩基対と1200塩基対でバンドが出ているが，酵素Cが酵素Bの切断箇所から1000塩基対離れた箇所を切断すると仮定すると，サンプル2では300塩基対と2000塩基対でバンドが出ているので，酵素Cは酵素Aと酵素Dの切断箇所の間の2300塩基対を2000塩基対と300塩基対に切断することになるが，それでは下図bを満たす酵素Dの切断箇所がなくなる(下図c)。一方，サンプル1において酵素Cが酵素Bの切断箇所から1200塩基対離れた箇所で切断すると仮定すると，条件を満たす酵素Dの切断箇所を特定できる(下図d)。よって，求める図は下図dのようになる(公開解答と左右反転していても可)。

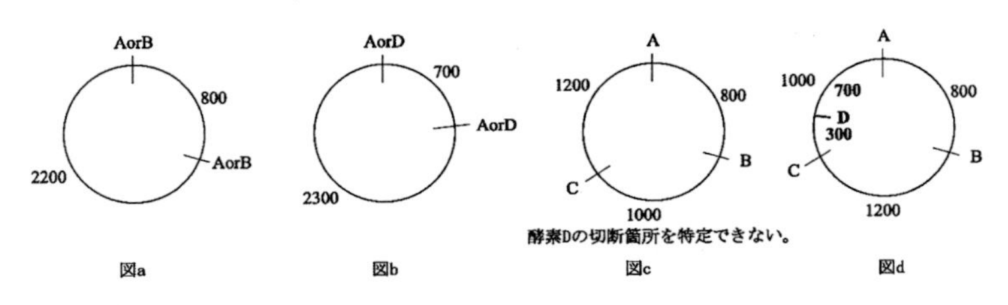

図a　図b　図c　図d

【5】(1)　裸地…乾性遷移　　湖沼…湿性遷移　　(2)　イ，エ
(3)　土壌が形成されており，植物の一部(根や種子)が残った場所で起こる遷移のこと。　(4)　①　測定誤差や個体差の影響を少なくすることができる。　②　・光の強弱だけではなく，葉の透過光の波長

に着目して調べてみるのはどうでしょう。　・葉の透過光の照度を測定し，同じ照度でAの実験をしてみたらどうなるか，確かめてみるのはどうでしょう。

〈解説〉(1)　陸上から始まる一次遷移を乾性遷移，湖沼などから始まりやがて陸化する一次遷移を湿性遷移という。　(2)　先駆種の植物は，風により散布されやすい種子をもつ(イ)，成長速度が速い(エ)といった特徴がある。　(3)　解答参照。　(4)　①　生物を用いた実験では，個体間差や実験手技により結果にばらつきが生じる場合がある。

②　この生徒は「光の強さや量」が実験結果に影響すると考えているので，「光の種類(波長)」に注目させ，「光の強さや量が同じとき，光の種類(波長)の違いが実験結果に影響するか」を確認させるとよい。

【6】(1)　それぞれの受容器が受けとることのできる刺激のこと。

(2)　①　耳管…空気　　うずまき管…リンパ液　　②　外耳道→イ→オ→エ→ウ→カ→ア→聴神経　　(3)　イ，ウ

〈解説〉(1)　眼が光を，耳が音波を受容するように，ある受容器が自然の状態で受容する特定の刺激のことを適刺激という。　(2)　①　耳管は耳と鼻の間をつなぎ，鼓室内の圧力調整を行っている。うずまき管はリンパ液で満たされ，音の振動を脳へ伝えていく。　②　音波は外耳道を通って鼓膜を振動させ，耳小骨により増幅される。次に卵円窓を通るとうずまき細管の前庭階に伝わり，基底膜に振動が生じ，鼓室階に伝わると，聴細胞が興奮し，大脳の聴覚中枢に伝えられる。

(3)　ア　本能行動の中枢は大脳の辺縁皮質にある。　エ　感覚神経は背根を通って脊髄に入り，運動神経は腹根を通って脊髄を出る。

オ　中枢神経系は脳と脊髄から構成される。

【7】(1)　ア，オ，カ　　(2)　①　器官…肝臓　　分子…尿素

②　・尿酸は水に溶けにくいため少量の水で排出することができる。

・毒性が低いため，卵殻内に安全にためておくことができる。

(3)　①　空気中の窒素をアンモニア(アンモニウムイオン)に変えるは

たらき。　②　ア，ウ

〈解説〉(1)　有機窒素化合物とは窒素を含む有機化合物のことである。ミオシンなどのタンパク質はこれに該当する。　(2)　①　アンモニウムイオンは肝臓で毒性の低い尿素となり，腎臓を通過し尿として排出される。　②　解答参照。　(3)　窒素固定は窒素固定細菌という一部の原核生物が行う。

【8】(1)　ア，イ，ウ　　(2)　①　カードをランダムに取り出した時の偶然の選択によって結果が変化している。このような偶然の遺伝子頻度の変化を遺伝的浮動という。　②　方法iiiでカードを取り出すときに，常に■<□を保つ様な設定で取り出す。　③　何度シミュレーションしても，世代を重ねると□の枚数が増え，いずれ□のみとなる。

〈解説〉(1)　エ　フレームシフトは，1個の塩基が挿入されたり欠失したりする場合に起こる。　オ　突然変異が起こる原因としては，放射線や化学物質などによる外的な要因だけでなく，DNA合成時など細胞の活動によって生じる内的な要因がある。　(2)　①　遺伝的浮動とは，ある集団の遺伝子頻度が偶然によって変動することであり，個体数の少ない集団ほどその影響を受けやすい。　②，③　自然選択とは，生存や繁殖に有利な変異をもつ個体ほど次世代に多くの子孫を残す現象である。この実験で自然選択による遺伝子頻度の変化をシミュレーションするためには，対立遺伝子のうち有利であるものを□とした場合，その生存確率が■<□となるように定めてカードの枚数を調節すればよい。

2022年度　実施問題

中学理科

【1】第3学年「力学的エネルギー」において，単元の課題「ジェットコースターは最初の高さまで上がれるのだろうか」を設定し，学習を進めた。次の(1)～(5)の問いに答えなさい。

(1)　運動エネルギーについて考える学習で，生活の中の事象としてボウリングの様子を生徒に提示した。ピンを動かしたボールのもつ運動エネルギーの大きさに関係する条件を2つ書きなさい。

(2)　高いところにある物体がもつ位置エネルギーの大きさについて考える学習で，おもりがくいに当たるとくいが移動し，移動距離を測ることができる図1のような装置を用いて実験を行った。以下の①，②の問いに答えなさい。

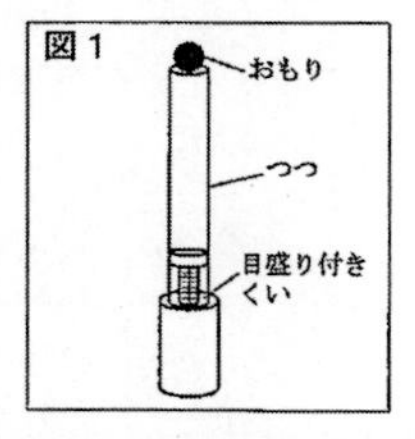

①　位置エネルギーの大きさは，落下する物体の位置と質量に関係すると予想し，おもりの高さ，質量を変えて実験を行い，くいの移動距離を測ったところ，表1のような結果となった。おもりの高さとくいの移動距離の関係をおもりの質量ごとにグラフに表しなさい。

表1　おもりの高さと質量に対するくいの移動距離［cm］

		おもりの高さ		
		10 cm	20 cm	30 cm
おもりの質量	50 g	0.25	0.50	0.75
	100 g	0.53	0.95	1.55
	150 g	0.80	1.50	2.30

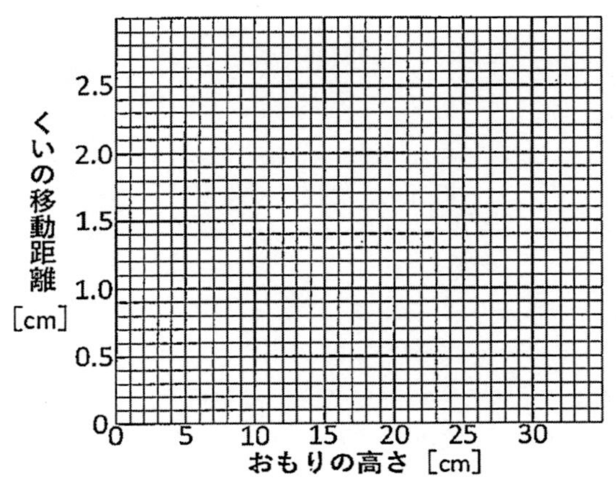

② この実験結果から，生徒に見いださせたい考察の内容を書きなさい。

(3) 力学的エネルギーの保存について考える学習で，図2のような振り子の観察を行った。A，Cはおもりの位置が最も高い位置であり，最も低いBの位置を基準面として，位置エネルギーと運動エネルギーの移り変わりについて考えた。以下の①～③の問いに答えなさい。

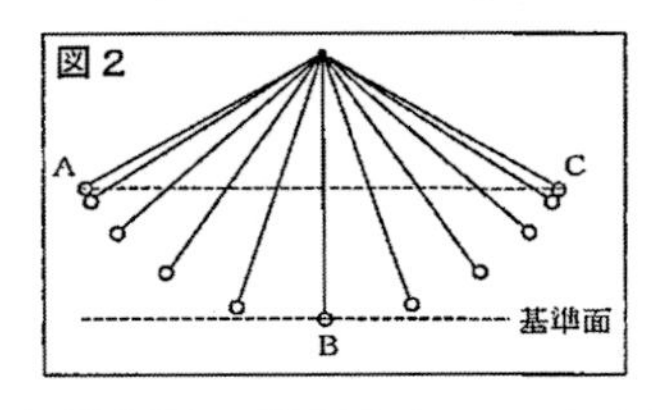

① 振り子の観察を行う際，観察をしていた生徒から，AとBにおける力学的エネルギーの総量は本当に同じなのかという疑問が出された。図1の目盛り付きくいを使って，実際に確かめる方法を書きなさい。

② 図2は，ストロボ写真で撮影したものをもとに作成している。実際の授業において振り子の様子をこのように撮影したものを生徒に見せることのよさを書きなさい。

③ 図2で，Aの高さが19.6cm，おもりの質量が100gである場合，高

さ9.8cmの位置におけるおもりの速さは何m/sか。重力加速度を9.8m/s^2として，小数第二位まで求めなさい。(力学的エネルギーは保存されるものとする。)

(4) (3)の「力学的エネルギーの保存」の学習後，単元の課題について考える学習を行った。力学的エネルギーが保存されれば，初めにモーターの力で高い位置に引き上げられたジェットコースターは，その後，最初の高さまで上がれるが，実際には上がることができない。その理由を，「エネルギー」という言葉を使って書きなさい。

(5) 日常生活では，白熱電球からLED電球が多く使われるようになってきた。その理由を，「エネルギー」という言葉を使って書きなさい。

(☆☆☆◎◎◎)

【2】第3学年「化学変化と電池」において，単元の課題「電池はどのようにして電気エネルギーを取り出しているのだろうか」を設定し，学習を進めた。次の(1)～(5)の問いに答えなさい。

(1) 導入の場面で，食塩水に備長炭とアルミニウムはくを組み合わせた木炭電池を用いて，豆電球が点灯する様子を提示した。次の①，②の問いに答えなさい。

① 電流を長時間流した後の木炭電池も準備しておき，生徒に提示した。木炭電池のどのような様子を見て，どのようなことに気付かせたいかを書きなさい。

② 木炭電池以外の手作り電池を生徒に提示し，2種類の金属を電解質の水溶液に入れたときに電流が取り出せることに着目させたい。身の回りの物を組み合わせてできる電池の例を木炭電池以外に1つ書きなさい。

(2)　電流を取り出すのに必要な条件を調べるために実験1を行った。以下の①，②の問いに答えなさい。

【実験1】
1. 金属板(銅・亜鉛・マグネシウム)と水溶液(うすい塩酸・砂糖水)を用意する。
2. 様々な組合せ(同じ金属どうしも含む)で2枚の金属板を水溶液に入れ，電子オルゴールをつないで音が鳴るか調べる。
3. 電子オルゴールの鳴り方や，それぞれの金属板が何極であったかを記録する。

①　この実験で，電流が流れているかを確かめるために電子オルゴールを用いた理由を，微量な電流についても調べられること以外に1つ書きなさい。

②　亜鉛とマグネシウムをうすい塩酸に入れたときに，＋極になるのはどちらの金属板か書きなさい。

(3)　実験1で，電流を取り出せたときには－極で金属板が溶けたことや，亜鉛は組合せによって極が変わったことから，「金属の種類によって，陽イオンへのなりやすさに差があるのではないか」という新たな課題を設定し，実験2を行った。あとの①，②の問いに答えなさい。

【実験2】
図3のようなマイクロプレートの横の列に同じ種類の水溶液を，縦の列に同じ種類の金属を入れ，変化を観察した。

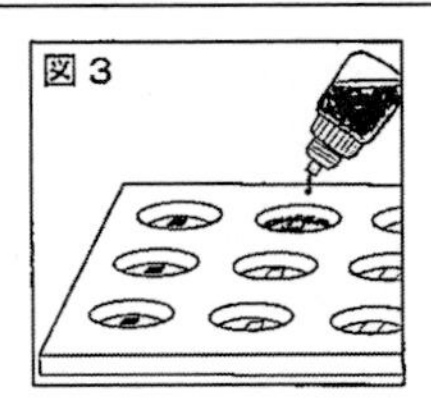
図3

①　結果をまとめた表2のア～ケのうち，金属板の表面に別の金属が付着したものを全て選び，記号で書きなさい。

表2

	銅	マグネシウム	亜鉛
硫酸銅水溶液	ア	イ	ウ
硫酸マグネシウム水溶液	エ	オ	カ
硫酸亜鉛水溶液	キ	ク	ケ

② 生活の中で，イオンになりにくい性質を生かした金属の活用例を1つ書きなさい。

(4) 実験1で扱った電池は，すぐに電圧が低下してしまったため，安定した電圧を長続きさせることのできるダニエル電池(図4)をつくる実験を行った。以下の①～③の問いに答えなさい。

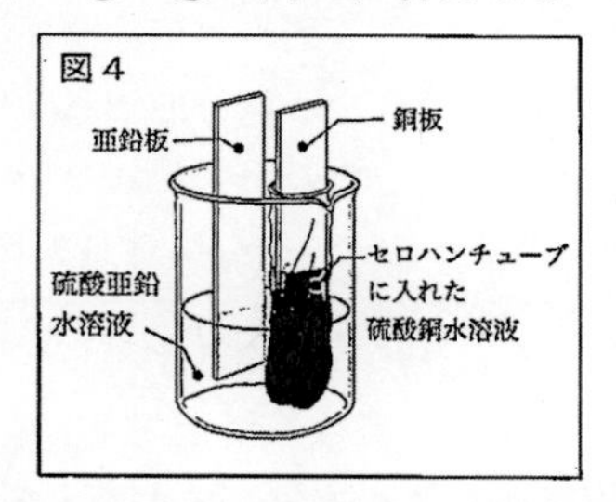

① ダニエル電池が安定して起電力を保てる理由を簡潔に書きなさい。

② 図4でセロハンチューブを用いている理由を書きなさい。

③ ダニエル電池が電流を生み出している間に$_a$濃度が上がるイオンと，$_b$濃度が下がるイオンをそれぞれ化学式で書きなさい。

(5) 単元のまとめでは，身の回りで使われている様々な電池について調べる活動を設定した。スマートフォンから電気自動車まで幅広く利用され，開発者である吉野彰さんら3人がノーベル化学賞を受賞した電池の名称を書きなさい。

(☆☆☆◎◎◎)

【3】第2学年「植物のからだのつくりと働き」において，単元の課題「光合成は葉のどこでどのように行われているのだろうか」を設定し，学習を進めた。次の(1)，(2)の問いに答えなさい。

(1)　「光合成は葉の細胞のどこで行われているか」について調べる実験を計画する場面で，見通しが立てられるよう小学校の学習内容を振り返った。次の文は，そのときの生徒のやりとりの一部である。以下の①～④の問いに答えなさい。

生徒A：斑入りの葉に日光を当てたとき，葉の緑色の部分しかヨウ素液の反応が出なかったから，光合成は細胞の中の葉緑体で行われていると思うよ。
生徒B：それなら，日光を当てた葉にヨウ素液をたらして，葉緑体の色の変化を顕微鏡で観察するのはどうかな。
生徒C：でも，それでヨウ素液の反応が出たとしても，光合成のおかげでできたとは言い切れないね。もともとデンプンをためていたのかもしれないから。
生徒D：それならば，[　ア　]も用意して比べたらどうだろう。

①　対照実験となるように，[　ア　]に入る言葉を書きなさい。

②　生徒のやりとりから実験を計画する際，図5のようにしてオオカナダモを用いることとした。オオカナダモを用いる利点を書きなさい。

図5

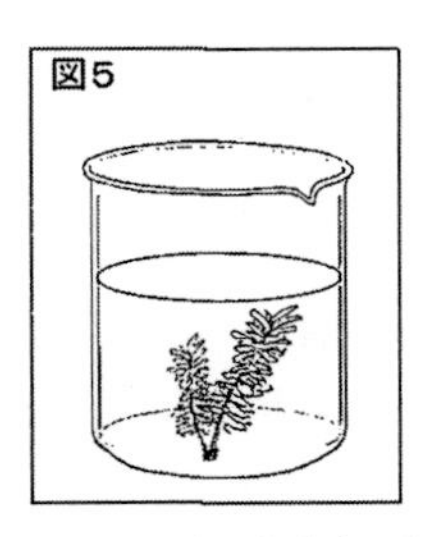

③　顕微鏡でオオカナダモの葉の細胞を観察する際，ヨウ素液の反応による色の変化を見やすくするために漂白したい。その方法と，安全面で配慮することを書きなさい。

④　図5のようにして光を当てていると，光合成と気体との関係について気付きがもてる事象が観察できる。どのような事象か書きなさい。

(2) 次に，小学校での学習内容から，「光合成で二酸化炭素が使われているのではないか」という予想を立て，班ごとに実験を計画したところ，BTB溶液を用いる班と石灰水を用いる班に分かれた。次の文は，BTB溶液を用いた実験の手順である。あとの①～④の問いに答えなさい。

【実験】
1. 呼気を吹き込んで黄色にしたBTB溶液入りの水を4本の試験管A～Dに分ける。(図6)
2. 試験管AとCにはオオカナダモを入れ，試験管CとDはアルミニウムはくで全体をおおい，光を遮断する。
3. 試験管に30分間光を当て，色の変化を調べる。

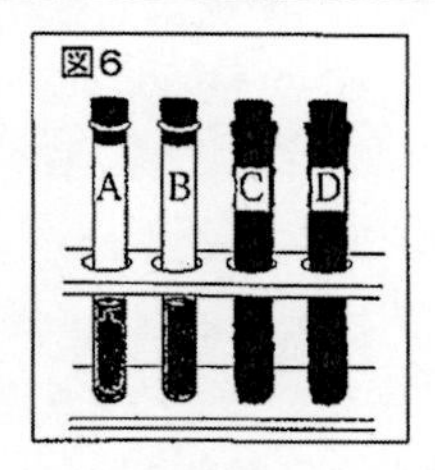

① 試験管BやDのように空の試験管を用意するのはなぜか。理由を簡潔に書きなさい。

② 実験の結果，試験管AのBTB溶液だけが変色した。試験管AとCの結果の比較からどのようなことが考えられるか書きなさい。

③ 青色のBTB溶液に呼気を吹き込み，緑色の状態にしてから，1時間以上光を当ててこの実験を行うと，試験管A以外でも色の変化が見られた。色が変化する試験管を記号で選び，色の変化の様子とその理由を書きなさい。

④ 石灰水を用いる班ではオオカナダモの代わりにタンポポの葉を試験管に入れることとした。BTB溶液を用いた実験と同じように4本の試験管で実験を行うときの手順を書きなさい。ただし，試験管の記号にはE，F，G，Hを用いることとする。

(☆☆☆◎◎◎)

【４】第1学年「火山活動と火成岩」において，単元の課題「マグマの性質と火山活動にはどのような関係があるのだろうか」を設定し，学習を進めた。次の(1)～(4)の問いに答えなさい。

(1) 単元の導入では，伊豆大島火山(東京都)と雲仙普賢岳(長崎県)の火山噴出物の写真や過去の噴火の様子の動画を視聴することで，2つの火山を比較しながら火山活動について考える学習を行った。次の①～④の問いに答えなさい。

① 自然災害についての動画を選ぶ際に配慮すべきことはどのようなことか書きなさい。

② 伊豆大島火山と雲仙普賢岳で，溶岩が流れる様子が確認しやすいのはどちらか書きなさい。

③ 2つの火山から噴出した火山灰を比べたところ，伊豆大島火山は黒っぽく，雲仙普賢岳は白っぽかった。色の違いについて詳しく調べるため，双眼実体顕微鏡を使って観察を行った。双眼実体顕微鏡を使うよさを書きなさい。

④ 伊豆大島火山の火山灰を観察したところ，黒っぽい有色鉱物が多く見られた。中学校で扱う有色鉱物の名称を1つと，その有色鉱物の色以外の特徴を書きなさい。

(2) 火山灰に含まれる無色鉱物が多いと，基であるマグマのねばりけが強いことを学習した生徒は，次の会話のように，火山の形もマグマと関係があるのではないかと考えた。以下の①，②の問いに答えなさい。

生徒A：雲仙普賢岳は，無色鉱物が多かったから，マグマのねばりけが強いな。
生徒B：伊豆大島火山は，無色鉱物が少なく，有色鉱物が多かったから，マグマのねばりけは強くないな。
生徒A：マグマのねばりけと火山の形は関係しているのかな。
生徒B：マグマのねばりけと噴火の様子も関係しているかもしれないよ。

① マグマのねばりけの違いによる火山のでき方についてのモデル実験を行うこととした。どのようなモデル実験を行うか。マグマのモデルとなる材料の名称を1つ書き，実験方法を言葉と図を用いて説明しなさい。

② 「マグマのねばりけ」という言葉を使い，伊豆大島火山の火山の形について説明しなさい。

(3) 生徒は，火山の岩石(火成岩)の色もマグマと関係していると考え，様々な火成岩について調べることとした。岩石標本を観察し，その特徴で分類した。次の①，②の問いに答えなさい。

① ある岩石を観察した結果は図7のようになった。図7のようなつくりを何というか。漢字で書きなさい。

図7

② 火山岩と深成岩のでき方について考えるために，ミョウバンを用いて，冷え方の違いによる結晶のでき方を調べるモデル実験を行った。この実験から分かる深成岩のでき方とその特徴について書きなさい。

(4) 単元のまとめにおいて図8，図9のような異なる2つの地域のハザードマップを提示した。これらのハザードマップから，生徒にどのようなことを考えさせたいか書きなさい。

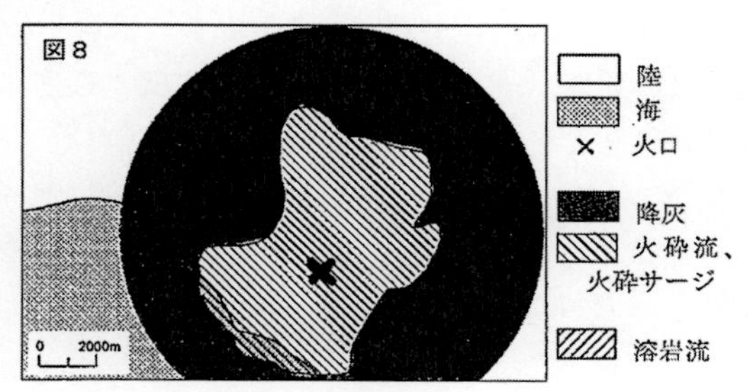

図8

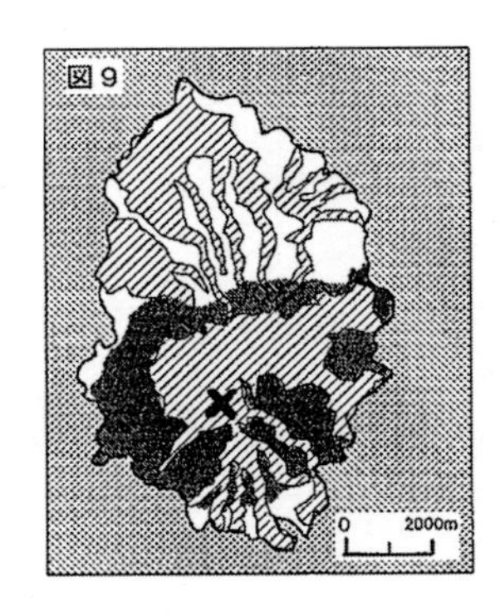

(☆☆☆☆◎◎◎)

高　校　理　科

【物理】

【1】次の文章は，高等学校学習指導要領(平成30年3月告示)の「物理基礎」の目標である。文中の空欄(　ア　)～(　ウ　)に入る語句を答えなさい。また，「理科の見方・考え方」について，「自然」，「視点」，「探究」という3つの語句を用いて詳しく説明しなさい。

> 物体の運動と様々なエネルギーに関わり，理科の見方・考え方を働かせ，見通しをもって(　ア　)，(　イ　)を行うことなどを通して，物体の運動と様々なエネルギーを科学的に探究するために必要な資質・能力を次のとおり育成することを目指す。
> (1)　日常生活や社会との関連を図りながら，物体の運動と様々なエネルギーについて理解するとともに，科学的に探究するために必要な(　ア　)，(　イ　)などに関する基本的な技能を身に付けるようにする。
> (2)　(　ア　)，(　イ　)などを行い，科学的に探究する力を養う。
> (3)　物体の運動と様々なエネルギーに(　ウ　)に関わり，科学的に探究しようとする態度を養う。

(☆☆◎◎◎)

【2】図1のような密度ρ，底面積S，高さlの一様な円柱状の木片がある。これを十分大きな水槽の水の中に浮かべた。このとき，以下の問いに答えなさい。ただし，水面のゆれや表面張力は無視する。また，木片は鉛直方向のみになめらかに運動し，横揺れや回転運動はせず，水中を運動する際の水による抵抗はないものとする。水の密度をρ_0（$\rho_0 > \rho$），重力加速度の大きさをgとする。

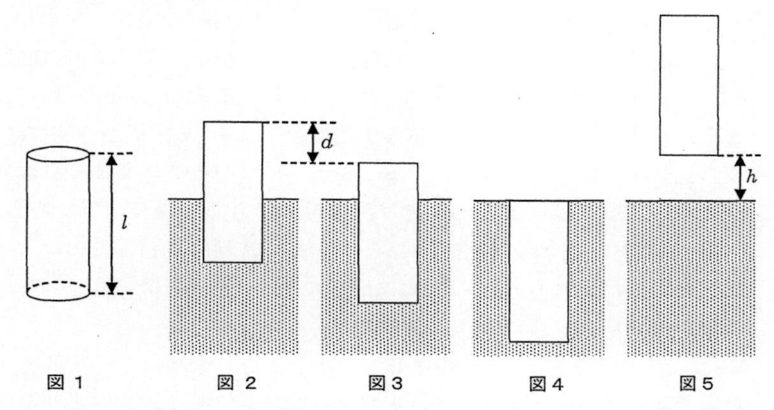

図1　図2　図3　図4　図5

(1)　木片が静止している状態(図2)から，木片を下向きに長さdだけ押し下げ(図3)，静かに離したところ，木片は上下に振動を始めた。このとき，次の①～③の問いに答えよ。

①　このときの周期Tを求めよ。

②　振動中に，木片が静止状態と同じ位置を通過するときの木片の速さvを求めよ。

③　この操作を北極付近で行う場合と，赤道付近で行う場合で，木片の振動の周期はどのような違いが生じるか。理由を含めて説明せよ。

(2)　次に，木片の上面が水面と同じになるまで押し下げ(図4)，静かに離した。すると，木片は水中から完全に飛び出し，水面から木片の底面までの高さがhになるまで上昇した(図5)。このとき，次の①，②の問いに答えよ。

① 高さhを求めよ。また，解答に至る過程も記述せよ。

② この操作において，木片が水中から完全に飛び出した瞬間から，高さhになるまでにかかる時間tを求めよ。

(☆☆☆☆◎◎◎)

【3】図1は水深が深い領域Ⅰと浅い領域Ⅱとからなる水槽を斜め上から見た図である。領域Ⅰで振動板を水面に当てて20Hzで振動させたところ，水面波が2つの領域の境界で屈折し，波面が境界面となす角度は45°から30°に変化した。領域Ⅰでの平面波の波長は0.50mであった。また，領域Ⅱ内で，波の進む方向の鉛直面内における平面波の波形は，波の進む向きにx軸，鉛直上向きにy軸をとると，図2の実線で表される振幅Aの正弦波であった。P，Qは実線で表される平面波の谷である。Pが$x=0$にあるときの時刻を$t=0$sとすると，時刻$t=0.110$sにおける平面波の波形は図2の破線のようになった。P′，Q′は破線で表される平面波の谷である。このとき，以下の問いに答えなさい。ただし，円周率はπとし，答えは有効数字2桁とする。また，水槽は十分大きく水槽の側面からの反射は考えないものとする。

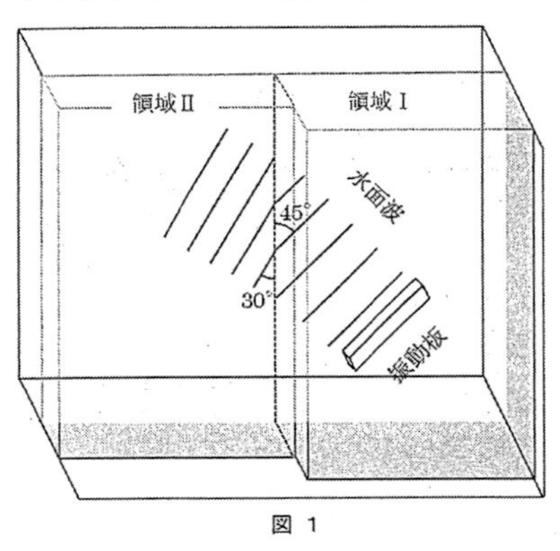

図 1

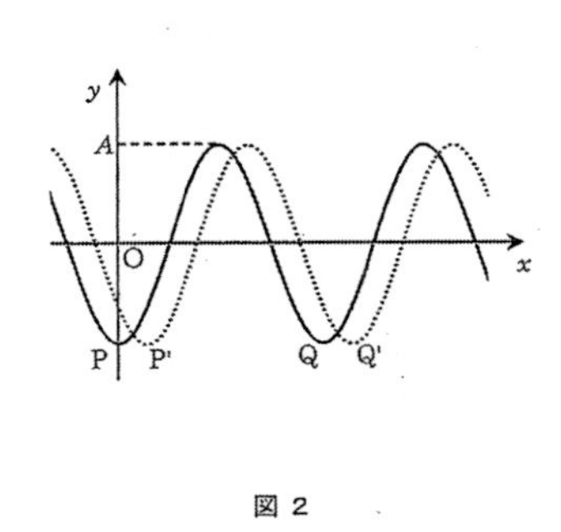

図 2

(1) 領域Ⅱ内での平面波の速さ$v_{\text{Ⅱ}}$〔m/s〕を求めよ。

(2) 図2のQQ′の距離l〔m〕を求めよ。

(3) 領域Ⅱ内の平面波について，位置x〔m〕における時刻t〔s〕の変位y〔m〕を表す式を，x，t，Aを用いて表せ。

(4)　水深が次第に浅くなる海岸では，沖合から海岸線に対して斜めに進んできた波はどのように岸に打ち寄せるか。理由を含めて説明せよ。

(5)　波の伝わり方について，次の文章の(　①　)〜(　③　)に入る語句を答えよ。

「波が伝わるとき，ある瞬間の(　①　)の各点から無数の(　②　)と呼ばれる球面波が発生し，これらの(　②　)に共通に接する面が，次の瞬間の(　①　)になると考える。この考え方を(　③　)の原理といい，屈折や回折などの現象を説明することができる。」

(6)　この波の速さは水深の平方根に比例するものとすると，領域Ⅰに対する領域Ⅱの水深の比はいくらか。

(☆☆☆◎◎◎)

【4】図のように，1辺の長さLの立方体の容器に，質量mの単原子分子からなる理想気体が入っている。x，y，z軸を図のようにとり，壁Sはx軸に垂直であるとする。このとき，以下の問いに答えなさい。

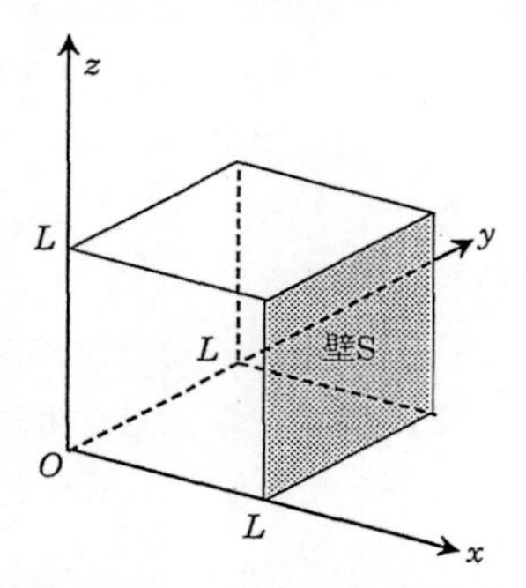

(1)　質量m，速さvの1個の分子が，壁Sに弾性衝突した。壁Sが1個の分子から受ける平均の力の大きさfを，vのx成分v_xを用いて表せ。また，解答に至る過程も記述せよ。

(2)　容器内にN個の分子があり，分子は互いに衝突することなく運動しているとする。このとき，容器内の気体の圧力Pをvを用いて表せ。

また，解答に至る過程も記述せよ。ただし，速さvで動く分子のx成分，y成分，z成分の大きさは平均をとると全て同じとなり，$\overline{v_x{}^2}=\frac{1}{3}\overline{v^2}$で表せるものとする。

(3)　(2)において，容器内の気体の密度がρであるとき，容器内の気体の圧力Pをρ，vを用いて表せ。

(4)　(2)において，容器内の気体の温度がTであるとき，容器内の気体の内部エネルギーUを，Tを用いて表せ。ただし，アボガドロ定数をN_A，気体定数をRとする。

(5)　容器内の気体の圧力について，「容器の1辺の長さがLから$2L$になると，分子が壁Sに衝突する回数が半分になるので，圧力も半分になるはずだ。」と考える生徒がいた。この考え方が正しいか誤っているかを答え，生徒に説明する場面を想定し，その理由を書け。

(☆☆◎◎◎)

【5】図のように，水平面に置かれた十分大きな平板磁石の上に水平と斜面のなす角がθの三角台を固定した。三角台には十分に長い導体のレールabとレールcdを水平となす角がθとなるように設置する。2本のレールは平行で，距離lだけ離れており，レールの端aとcの間には抵抗値Rの抵抗を接続する。質量mの金属棒XYをレールの上に静かに置くと，レールに垂直な状態を保ったまま，回転することなくすべり始め，しばらくすると一定の速さになった。このとき，以下の問いに答えなさい。ただし，レールと金属棒の間の動摩擦係数をμ，重力加速度をgとし，平板磁石によって鉛直上向きで磁束密度Bの一様な磁場が生じているとする。また，回路を流れる誘導電流がつくる磁場，金属棒とレールの電気抵抗や空気抵抗は無視できるものとする。

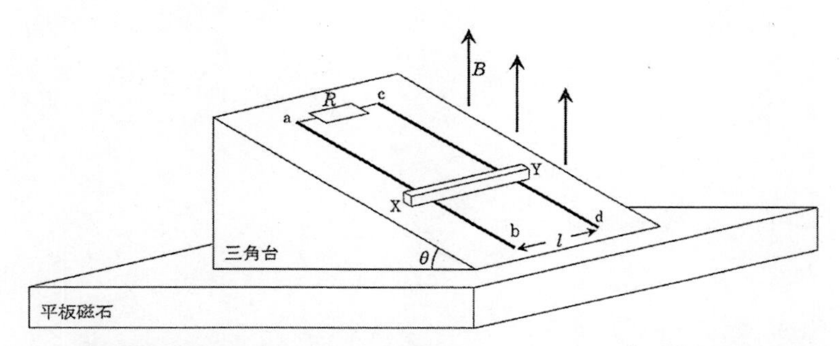

(1)　金属棒の速さがvになった瞬間について，次の①，②の問いに答えよ。

①　金属棒に生じる誘導起電力の大きさVを求めよ。

②　金属棒の加速度aを求めよ。

(2)　一定の速さになったときの金属棒の速さv'を求めよ。

(3)　回路を流れる誘導電流の向きに関して，「金属棒に生じる誘導起電力によって，YよりXの方が電位が高くなるから，電流は金属棒の中をXからYの方向へ流れるはずだ。」と考える生徒がいた。この考え方が正しいか誤っているかを答え，生徒に説明する場面を想定し，その理由を書け。

(☆☆☆◎◎◎)

【6】ボーアの理論では，水素原子中の電子が，原子核と電子との電気的な力により，原子核のまわりを等速円運動するとされている。図は，電子の質量をm，電荷を$-e$，原子核の電荷を$+e$，円運動の半径をr，電子の速さをvとしたときの円運動の様子を表したものである。また，真空中のクーロンの法則の比例定数をk，プランク定数をhとし，位置エネルギーの基準を無限遠とする。このとき，以下の問いに答えなさい。

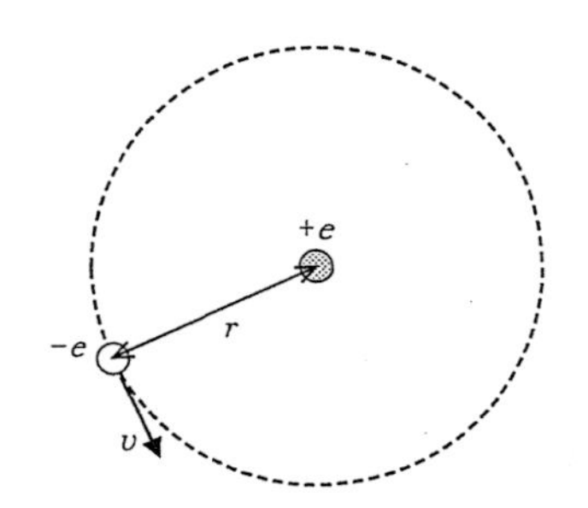

(1)　電子の半径方向の運動方程式を表せ。

(2)　電子のエネルギーEをe，k，rを用いて表せ。

(3)　自然数nを用いて，vとrの間に成り立つ，ボーアの量子条件を示せ。

(4)　電子のエネルギーE_nをn，m，e，k，hを用いて表せ。また，解答に至る過程も記述せよ。

(5)　高温の水素原子は特定の波長の電磁波を放射することが知られている。その理由について，(4)の結果をふまえて，電子のエネルギー準位の観点から説明せよ。

(☆☆☆◎◎◎)

【化学】

※1　(式)とあるところは途中の式などを書くこと。

※2　必要があれば次の値を用いなさい。

原子量　H＝1.0，C＝12，N＝14，O＝16，Ne＝20，Na＝23，S＝32，Cl＝35.5，Cu＝64

アボガドロ定数　$N_A = 6.0 \times 10^{23}$/mol

気体定数　$R = 8.3 \times 10^3$ Pa・L/(mol・K)

$\sqrt{2} = 1.41$，$\sqrt{5} = 2.24$，$\sqrt{17} = 4.12$

【1】次の(1)～(8)の問いに答えなさい。

(1)　ベーキングパウダーや胃腸薬，発泡性入浴剤に共通して用いられる物質をア～オの中から1つ選び，記号で答えよ。

ア　炭酸ナトリウム　　イ　炭酸水素ナトリウム
ウ　酸化カルシウム　　エ　炭酸カルシウム
オ　炭酸水素カルシウム

(2)　次の物質のうち，混合物であるものをア～エの中から1つ選び，記号で答えよ。
ア　ドライアイス　　イ　ダイヤモンド　　ウ　塩酸
エ　塩化ナトリウム

(3)　可逆反応である$N_2+3H_2=2NH_3+92kJ$が平衡状態であるとき，①，②のように条件を変化させると，平衡はどちら向きに移動するか。ア～ウの中からそれぞれ1つ選び，記号で答えよ。
①　温度を高くする
②　触媒を加える
　ア　右方向　　イ　左方向
　ウ　条件を変化させる前と変わらない

(4)　次の気体を同じ質量だけ計り取り，同温・同体積下でその圧力を測定した。圧力が最も大きい気体をア～エの中から選び，記号で答えよ。
ア　水素　　イ　ネオン　　ウ　窒素　　エ　二酸化炭素

(5)　次の文中の空欄(　ア　)，(　イ　)に入る，適切な語を書け。
　アルミニウムは(　ア　)力が強く，多くの金属の酸化物と反応させて，金属の単体を取り出すことができる。例えば，酸化鉄(Ⅲ)とアルミニウムを混ぜて点火すると，反応熱の大きな反応が起こる。これを(　イ　)反応といい，鉄道のレールの溶接などに利用されている。

(6)　生徒から，①～④の質問を受けた。化学の知識を活用して，生徒が理解するにはどのような説明をしたらよいか，それぞれ書け。
①　雪が多く降る町の道路に，白い粒(塩化カルシウム)がまかれているのはなぜですか。
②　カリウムの第1イオン化エネルギーの大きさが，価電子の数が同じナトリウムよりも小さいのはなぜですか。

③　ルビーやサファイアは白色の酸化アルミニウムが主成分ですが，ルビーやサファイアが特有の色を示すのはなぜですか。

④　バリウムイオンは毒性が強いですが，胃の造影剤として硫酸バリウムを用いることができるのはなぜですか。

(7)　硝酸カリウムの溶解度は25℃で36，60℃で110である。60℃の硝酸カリウム飽和水溶液100gを25℃に冷却すると，硝酸カリウムの結晶は何g析出するか。有効数字2桁で求めよ。

(8)　金箔は，金1.0gを叩いて引きのばすと1.0×10^{-4}mmの厚さとなる。この厚さとなるよう均等に延ばしたとき，金箔の面積は何m^2か，有効数字2桁で求めよ。ただし，金の密度を$20g/cm^3$とする。

(☆☆☆◎◎◎)

【2】ファラデー定数を求めるために，図のように電気分解を行った。硫酸銅(Ⅱ)五水和物110gを水に溶かして500mLとした硫酸銅(Ⅱ)水溶液に洗浄した2枚の銅板を浸し，直流の電源装置を用いて1.0Aで15分間電流を通じた。以下の(1)～(6)の問いに答えなさい。

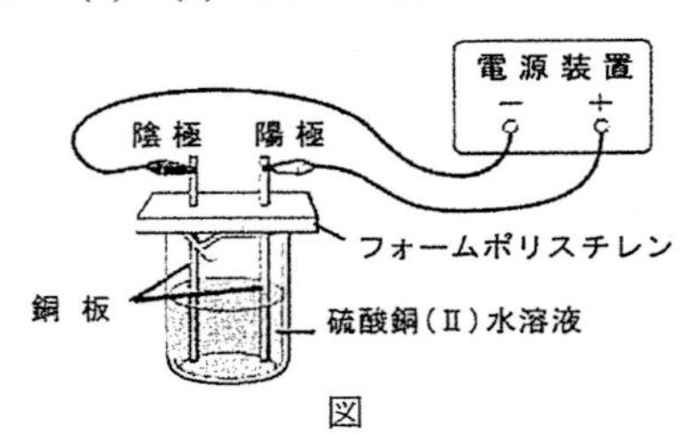

図

(1)　電気分解を行う前の硫酸銅(Ⅱ)水溶液のモル濃度を有効数字2桁で求めよ。

(2)　陰極と陽極で起こる主な反応の化学反応式をそれぞれ書け。

(3)　電気分解を行うと電解液のpHはどのように変化するか。次のア～ウから選び，記号で答えよ。

ア　大きくなる　　イ　小さくなる　　ウ　変化しない

(4)　電気分解中，電極に酸化皮膜が生じ，電流が流れにくくなる場合がある。この場合の対処法を1つ書け。

(5)　電気分解の結果，陽極の質量の変化量は0.294gであった。この結果を用いて，次の①，②の問いに答えよ。

①　陰極の質量の変化量を有効数字3桁で求めよ。

②　ファラデー定数を有効数字2桁で求めよ。(式)

(6)　電気分解を応用した例として，適当なものを次のア～オからすべて選べ。

ア　イオン交換膜法　　イ　電解精錬　　ウ　化学カイロ

エ　燃料電池　　　　　オ　電気めっき

(☆☆☆◎◎◎◎)

【3】酢酸の濃度と電離度の関係について調べるために，次のような実験を行った。以下の(1)～(5)の問いに答えなさい。ただし，$3.98^2 = 15.84$とする。

＜準備＞

メスシリンダー，ビーカー，駒込ピペット，ガラス棒，ピンセット，pHメーター，保護めがね，0.10mol/L酢酸水溶液，蒸留水，関数電卓

＜実験操作＞

1　0.10mol/L酢酸水溶液を蒸留水で薄めて，［　ア　］mol/L，0.010mol/Lの酢酸水溶液をつくった。

2　各濃度の酢酸水溶液を25℃に保ち，各濃度の酢酸水溶液のpHをpHメーターを用いて測定した。

3　得られた結果から，酢酸の電離定数K_aと電離度αを求めた。

＜結果＞

酢酸の濃度〔mol/L〕	pH	$[H^+]$〔mol/L〕	$[CH_3COOH]$〔mol/L〕	Ka〔mol/L〕	電離度α
0.10	2.9	1.26×10^{-3}	9.87×10^{-2}	1.6×10^{-5}	［　ウ　］
［　ア　］	3.1	7.95×10^{-4}	4.92×10^{-2}	1.3×10^{-5}	0.016
0.010	3.4	3.98×10^{-4}	9.60×10^{-3}	［　イ　］	［　エ　］

(1)　酢酸の電離平衡の反応式を書け。

(2)　酢酸の電離定数K_aを表す式を$[CH_3COOH]$及び$[CH_3COO^-]$，$[H^+]$を用いて書け。

(3)　結果の表中にある［　ア　］と［　イ　］に当てはまる数値を有効数字2

桁で求めよ。

(4) 酢酸の濃度をc〔mol/L〕，電離度をαとして，次の①，②の問いに答えよ。ただし，αは1に比べて十分に小さいものとする。

① αをK_aとcを用いて表せ。

② 結果の表中にある［ウ］と［エ］に当てはまる数値を有効数字2桁で求めよ。ただし，K_aは表にある有効数字2桁の値を用いてよい。

(5) 実験の結果から，酢酸の濃度と電離度にはどのような関係があることがわかるか，簡潔に書け。

(☆☆☆◎◎◎◎)

【４】次のレポートは，生徒が家で使っているトイレ用洗剤に含まれる塩化水素の濃度について，実験を通して考察したものの一部である。以下の(1)～(5)の問いに答えなさい。ただし，トイレ用洗剤に含まれる酸は，塩化水素のみとする。

「トイレ用洗剤に含まれる塩化水素の濃度の測定」

G高校　2年　N山　M子

＜実験の目的＞

トイレ用洗剤のラベルには「まぜるな危険(酸性タイプ)」と表示があり，塩化水素が含まれていることを知った。水酸化ナトリウム水溶液で滴定し，トイレ用洗剤に含まれる塩化水素の濃度を正確に求めたい。

＜実験操作＞

1 トイレ用洗剤(以下，「試料」とする。)10.0mLを，十分に洗浄し乾燥させた[　ア　]を用いて正確に計り取り，その質量を測定した。

2 計り取った試料を，200mLのメスフラスコを用いて20倍に希釈した。

3 この希釈した溶液10.0mLを，十分に洗浄し共洗いした[　ア　]を用いて正確に計り取り，コニカルビーカーに入れ，さらに指示薬として[　イ　]を数滴加えた。

4　0.10mol/Lの水酸化ナトリウム水溶液を，十分に洗浄し乾燥させた[　ウ　]を用いてコニカルビーカーの中に少しずつ滴下し，赤色が消えなくなった点を中和点として，滴下した水酸化ナトリウム水溶液の体積を求めた。

5　実験操作3と実験操作4を3回繰り返した。

＜実験結果＞

1　実験操作1で測定した試料の質量は10.50gであった。

2　実験操作4で得られた水酸化ナトリウム水溶液の滴下量は，次の表のとおりであった。

	水酸化ナトリウム水溶液の滴下量〔mL〕
1回目	13.66
2回目	13.56
3回目	13.58

3　滴下した水酸化ナトリウム水溶液の体積の平均値から試料中の塩化水素のモル濃度を求めたところ[　エ　]mol/Lとなった。

4　実験結果1からわかる試料の密度を用いると，試料中の塩化水素の質量パーセント濃度は[　オ　]%であった。……(以下，省略)

(1)　試料は，次亜塩素酸ナトリウムNaClOを含む塩素系の洗剤と混合してはいけない。混合したときに起こる反応の化学反応式と，混合してはいけない理由を書け。

(2)　[　ア　]，[　ウ　]には当てはまる器具の名称を，[　イ　]には適切な指示薬の名称を，それぞれ書け。

(3)　試料のラベルには，含まれる塩化水素の濃度は約10%と表示されていた。このことを考慮し，次の①，②の問いに答えよ。

①　塩化水素の濃度を10%としたとき，試料中の塩化水素のモル濃度を有効数字2桁で求めよ。ただし，試料の密度は，実験結果1か

ら求めた値を用いるものとする。

② 今回の実験では，下線部のように試料を希釈して実験操作を行うことが適当であると考えられる。希釈して実験を行う利点と，希釈濃度を20倍程度にした理由を書け。

(4) 実験結果について，次の①，②の問いに答えよ。

① 滴下した水酸化ナトリウム水溶液の体積の平均値を用いて，希釈前の試料に含まれる塩化水素のモル濃度[　エ　]を有効数字2桁で求めよ。(式)

② 滴下した水酸化ナトリウム水溶液の体積の平均値を用いて，希釈前の試料に含まれる塩化水素の質量パーセント濃度[　オ　]を有効数字2桁で求めよ。(式)

(5) 別の生徒が同様の実験を行ったところ，指示薬の色の変化の様子には大きな違いがなかったにもかかわらず，滴下した水酸化ナトリウム水溶液の体積がM子さんが滴下したときよりも多くなり，塩化水素の質量パーセント濃度の値が大きくなってしまった。水酸化ナトリウム水溶液の滴下量が多くなってしまった原因を考えるために，この生徒が器具を正しく使用できていたかを確認したい。扱った器具について，どのような点を確認したらよいか，書け。

(☆☆☆◎◎◎◎)

【5】次の図1～図3について，以下の(1)～(4)の問いに答えなさい。ただし，27℃の水の飽和水蒸気圧を3.6×10^3Paとする。また，すべての気体は理想気体とし，酸素の水への溶解およびゴム管内の気体の量は無視できるものとする。

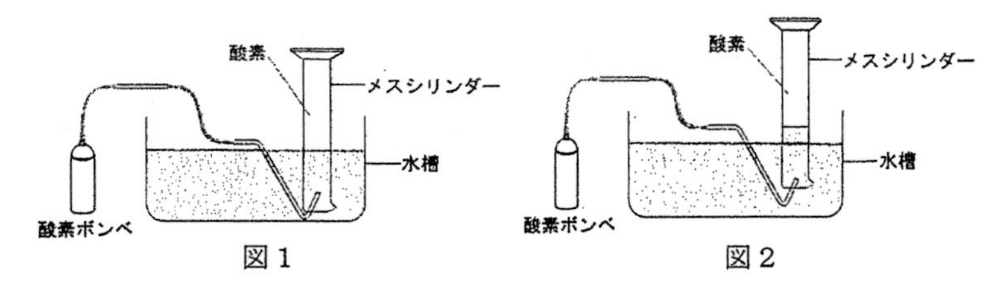

図1　　図2

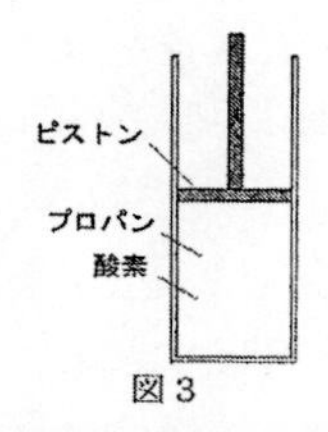

図3

(1) 酸素は水に溶けにくい気体であるため，正確な量を捕集する際には，水上置換法で捕集する。酸素のほかに，実験室で水上置換法を用いて捕集することが適している気体の名称を1つ書け。

(2) 図1のような装置を組み立て，酸素を捕集した。捕集した酸素の体積を測定すると27℃，大気圧1.036×10^5Paで450mLであった。メスシリンダー内の酸素の物質量はいくらか。有効数字2桁で求めよ。

(3) ある生徒が水上置換法により，酸素を捕集したところ，図2のようになった。この状態で，捕集した酸素の物質量を計算したところ，酸素ボンベの質量変化から求められる酸素の物質量と一致しなかった。その理由を説明せよ。

(4) 図3のようなピストン付きの容器内に，プロパンとプロパンの完全燃焼に十分な量の酸素を加えた。このときの容器内の全圧は27℃で2.0×10^4Pa，体積は16.6Lであった。この容器内のプロパンを完全燃焼させた後，残った気体の温度を27℃まで徐々に下げたところ，全圧が1.46×10^4Paを示し，容器内に水滴が生じた。次の①～③の問いに答えよ。ただし，生成した水滴の体積は無視できるものとし，ピストンは上下に自由に動くものとする。

① 燃焼前のプロパンと酸素の分圧を，それぞれx〔Pa〕，y〔Pa〕としたとき，燃焼後の容器内の圧力をxとyを含む数式で表せ。(式)

② 燃焼前のプロパンの分圧x〔Pa〕はいくらか。有効数字2桁で求めよ。(式)

③ 燃焼したプロパンの物質量はいくらか。有効数字2桁で求めよ。(式)

(☆☆☆◎◎◎◎)

【6】未知の化合物の元素組成と構造を調べるために，次のような実験を行った。以下の(1)～(5)の問いに答えなさい。

＜実験操作＞

1　図のように，試料を完全燃焼させるために[　ア　]を入れ，発生した水と二酸化炭素を吸収させるために，吸収管Ⅰに[　イ　]を，吸収管Ⅱに[　ウ　]をそれぞれ入れた。この装置を用いて，炭素，水素，酸素のみからなる51.0mgの化合物Aを完全燃焼させたところ，45.0mgの水と110mgの二酸化炭素が生成したことがわかった。また，化合物Aの分子量を調べたところ102であった。

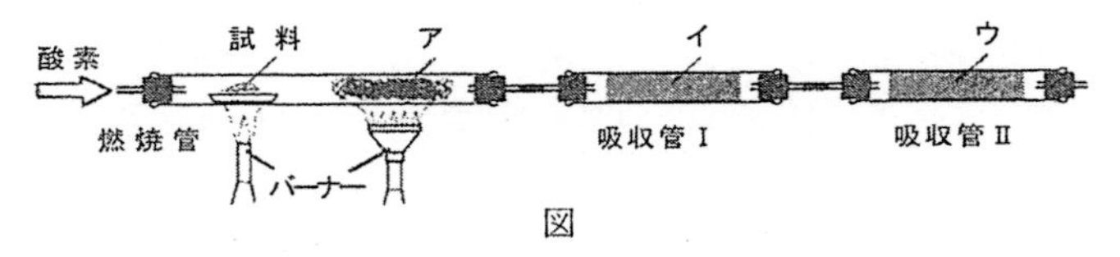

図

2　化合物Aを加水分解すると，化合物Bと化合物Cが得られた。

3　化合物Bにアンモニア性硝酸銀水溶液を加えて温めると，銀が析出した。

4　化合物Cに<u>ヨウ素と水酸化ナトリウム水溶液を加えて温めると，黄色の沈殿が生じた</u>。

(1)　文中の[　ア　]～[　ウ　]に最も適するものを次のa～fからそれぞれ1つずつ選び，記号で答えよ。

a　炭酸水素ナトリウム　　b　ソーダ石灰
c　塩化ナトリウム　　d　塩化カルシウム
e　酸化銅(Ⅰ)　　f　酸化銅(Ⅱ)

(2)　吸収管Ⅰと吸収管Ⅱを逆に連結すると，正確な元素の質量組成を求めることはできない。その理由を説明せよ。

(3)　化合物Aの分子式を書け。(式)

(4)　文中の下線部の反応を何というか，反応名を答えよ。また，この反応が起こる化合物を次のa～fからすべて選び，記号で答えよ。

a　メタノール　　b　エタノール
c　ホルムアルデヒド　　d　アセトアルデヒド

e　アセトン　　　　　　　　f　2−プロパノール

(5)　実験操作1～4の結果から，化合物B，Cの名称をそれぞれ書け。また，化合物Aの構造式を次の例にならって書け。

例

```
          OH                          O
          |                           ||
CH3 - CH ⟨ベンゼン環⟩ O - C - CH = CH2
              |
              NO2
```

(☆☆☆◎◎◎◎)

【7】次の文を読み，後の(1)～(4)の問いに答えなさい。

α-アミノ酸は一般式R－CH(NH_2)COOHで表され，次の表のように置換基Rの違いによって固有の名称がつけられている。分子中に塩基性の[　ア　]基と酸性の[　イ　]基をもち，[　ウ　]以外のα-アミノ酸には不斉炭素原子があり，[　エ　]が存在する。また，水溶液中では陰イオン，[　オ　]イオン，陽イオンが平衡状態にあり，溶液のpHにより3種類のイオンの割合が変化する。このとき，水溶液中のイオンの電荷が全体として0になるようなpHを等電点という。

α-アミノ酸の名称	置換基R－の種類
グリシン	H－
アラニン	CH_3-
チロシン	$HO-C_6H_4-CH_2-$ (HO－⟨ベンゼン環⟩－CH_2－)
セリン	$HO-CH_2-$
システイン	$HS-CH_2-$
グルタミン酸	$HOOC-(CH_2)_2-$
リシン	$H_2N-(CH_2)_4-$

表

(1)　文中の[　ア　]～[　オ　]の空欄に適する語を書け。

(2)　卵白には，あるアミノ酸が含まれるため，濃硝酸を加えて加熱すると黄色になる。この反応名と反応が起こる理由について説明せよ。

(3)　下線部について，次の①，②の問いに答えよ。

①　グリシンは水溶液中で陽イオンX^+，[　オ　]イオン$Y^{\pm}$，陰イオンZ^-の3種のイオンとして存在し，次の(i)と(ii)の電離平衡が成

り立つ。

$X^{+} \rightleftarrows Y^{\pm} + H^{+}$……(i)

$Y^{\pm} \rightleftarrows Z^{-} + H^{+}$……(ii)

(i)と(ii)の電離定数をそれぞれ$K_1=4.0\times10^{-3}$mol/L，$K_2=2.5\times10^{-10}$ mol/Lとして，グリシンの等電点を小数第1位まで求めよ。(式)

② 表中のアミノ酸の水溶液のうち，次の図のように直流電圧をかけたときに陰極側へ移動するものはどれか。表中のアミノ酸から選び，その名称を書け。

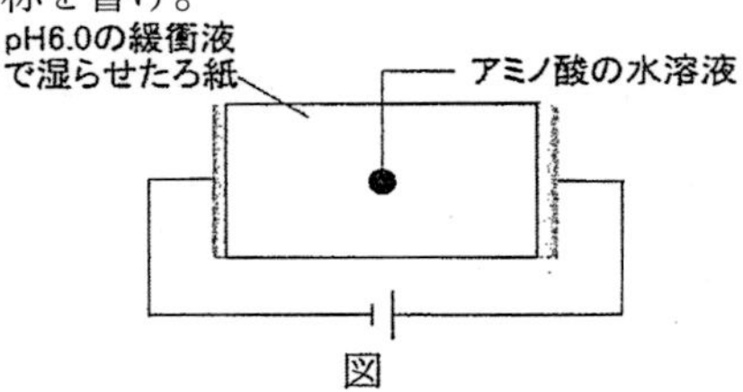

図

(4) 表中のいくつかのアミノ酸からなるテトラペプチドAがある。テトラペプチドAに酵素を作用させると1ヶ所で加水分解が起こり，化合物Bと化合物Cが得られた。一方，テトラペプチドAに別の酵素を作用させると別の1ヶ所で加水分解が起こり，化合物Dおよび[　エ　]が存在しない化合物Eが得られた。また，化合物B～Dについて調べたところ，次のような実験結果が得られた。この結果から，テトラペプチドAを構成しているアミノ酸を上の表中から選び，その名称をすべて書け。

＜実験結果＞

1　化合物Bおよび化合物Dに濃硝酸を加えて加熱すると黄色を呈した。

2　化合物B～Dに水酸化ナトリウム水溶液を加えたのち，硫酸銅(Ⅱ)水溶液を少量加えると，化合物Cは赤紫色を呈した。

3　化合物B～Dに水酸化ナトリウム水溶液を加えて加熱したのち，酸で中和して酢酸鉛(Ⅱ)水溶液を加えると，化合物Cおよび化合物Dは黒色沈殿を生じた。

(☆☆☆☆◎◎◎◎)

【生物】

【1】細胞の化学組成に関する次の文章を読み，以下の(1)～(3)の問いに答えなさい。

ヒトの体の化学組成は(a)水が最も多く，続いて(b)タンパク質，脂質，無機塩類，炭水化物やその他となっている。

(1) 下線(a)について，水は溶媒として多くの化学反応に関与することができるという利点がある。他に，恒常性を保つ上での利点を「比熱」という語を用いて，説明せよ。

(2) 下線(b)について，タンパク質の構成元素を元素記号で5つ答えよ。

(3) 下線(b)について，タンパク質の二次構造と三次構造の違いを，結合の種類に着目して説明せよ。

(☆☆◎◎◎)

【2】生物の遺伝子調節に関する次の文章を読み，以下の(1)～(4)の問いに答えなさい。

生物のゲノムには多数の遺伝子が含まれており，遺伝子の塩基配列はRNAに転写され，タンパク質に翻訳される。これを遺伝子の発現という。遺伝子の発現の調節は主に転写の段階で行われる。原核生物の場合，RNA合成酵素は[①]に結合するが，[①]内またはその近くの塩基配列部位にある[②]に，調節タンパク質が結合したり，解離したりすることで転写の調節が行われる。真核生物の場合は，RNA合成酵素が[③]と呼ばれる複数のタンパク質とともに転写複合体を形成し，[①]に結合する。これが複数の転写調節領域に結合した調節タンパク質と，さらに複合体をつくることで転写が開始される。

(1) 文章中の[①]～[③]に当てはまる最も適切な語句を書け。

(2) 下線について，転写を抑制する調節タンパク質を何というか書け。

(3) ホルモンは標的細胞の受容体で受け取られ，特定の遺伝子の発現を調節する。細胞外にある糖質コルチコイドが細胞内の特定の遺伝子の発現を調節するしくみを説明せよ。

(4)　原核生物の転写と翻訳の過程について，生徒に黒板で図示することを想定して，次の図を完成させよ。なお，mRNAは————，リボソームを○，アミノ酸を●で表すこと。ただし，リボソームは2つ描き，RNA合成酵素とリボソームの進行方向を矢印(→)で示すこと。

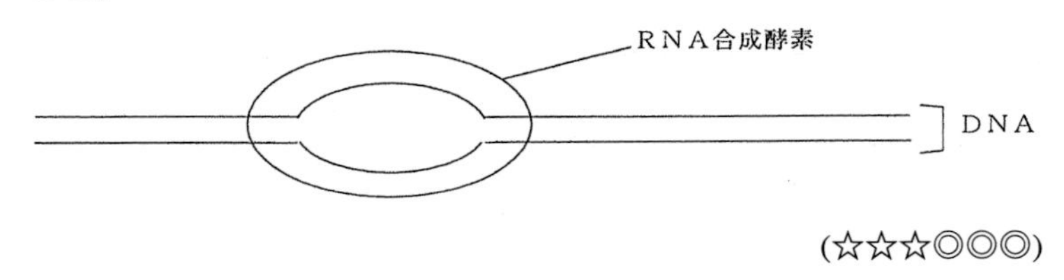

(☆☆☆◎◎◎)

【3】腎臓とホルモンに関する次の文章を読み，以下の(1)～(4)の問いに答えなさい。

腎臓では，血しょうがろ過と再吸収を経て尿となり，有害物質の排出や塩類濃度の調節など，体内環境を一定に保つうえで中心的な役割を果たす。水の再吸収には，(a)バソプレシンという(b)ホルモンが作用し，体内環境の維持にはたらく。

(1)　腎臓ではネフロンと呼ばれる構造が存在し，尿の生成にはたらく。ネフロンを通過した液体は，「ネフロン→[　ア　]→[　イ　]→[　ウ　]→[　エ　]→尿道」の順で体外へ排出される。[　ア　]～[　エ　]に入る部位の名称を書け。

(2)　表は，ある成人の，血しょう，原尿および尿中におけるNa^{+}の濃度(質量%)を示したものである。この人の腎臓では1分間に120mLの原尿がつくられ，1mLの尿ができるとすると，Na^{+}の再吸収率は何%か。四捨五入して小数第1位まで答えよ。ただし，血しょう，原尿，尿の密度は1g/mLとする。

表

成分	血しょう	原尿	尿
Na^{+}	0.30%	0.30%	0.34%

(3)　次は下線(a)に関する文章である。文章中の[　①　]～[　③　]に当てはまる語句を書け。

> バソプレシンは腎臓の[　①　]に作用するホルモンである。多量に水を飲むと，体液濃度が低下する。この情報を[　②　]が受け取り，脳下垂体後葉からのバソプレシンの分泌量は[　③　]する。その結果，尿量は増加する。

(4)　下線(b)について，ホルモンに関する記述として正しいものを次のア～オのうちからすべて選び，記号で書け。

ア　ホルモンを分泌する内分泌腺は，外分泌腺に見られるような排出管をもっている。

イ　ホルモンの調節作用は弱く，微量では作用しない。

ウ　ホルモンには自律神経の作用で分泌が調節されるものもある。

エ　ホルモンは特定の標的器官に直接分泌される。

オ　同じホルモンでも，作用する細胞が異なると，細胞に異なる作用を引き起こす場合がある。

(☆☆☆◎◎◎◎)

【4】免疫に関して，次の(1)～(4)の問いに答えなさい。

(1)　次は，免疫に関する文章である。文章中の[　①　]～[　⑤　]に当てはまるものを以下のア～コのうちから1つ選び，記号で書け。

> 体内に侵入した異物は自然免疫に関わる細胞がもつ[　①　]により認識され，食作用によって取り込まれる。樹状細胞は取り込んだ異物の一部を細胞表面にある[　②　]分子と呼ばれるタンパク質にのせて提示する。するとT細胞は，細胞表面にある[　③　]で提示された抗原と接触する。提示された抗原と合致する[　③　]をもつT細胞は活性化してサイトカインを分泌し，B細胞など他の免疫細胞を活性化する。また，B細胞は細胞表面にある[　④　]で抗原を認識して活性化する。[　②　]分子は自己・非自己の識別に重要であり，ヒトの[　②　]分子は[　⑤　]とよばれる。

ア	PCR	イ	MHC	ウ	SNP	エ	HLA	オ	BCR
カ	TLR	キ	BMP	ク	ATP	ケ	IAA	コ	TCR

(2)　細胞性免疫とはどのような免疫か説明せよ。

(3)　体液性免疫では，ウイルスに対して排除効果が低いと考えられる。その理由について，ウイルスの性質に着目し，説明せよ。

(4)　予防接種と血清療法について，接種の目的と接種する物質をそれぞれ簡潔に書け。

(☆☆☆◎◎◎◎)

【5】神経の興奮と筋収縮に関して，次の(1)，(2)の問いに答えなさい。

(1)　図Ⅰは，神経細胞の一部に実験的に電気刺激を与えたときの，細胞外に対する細胞内の電位変化を示したものである。以下の①～③の問いに答えよ。

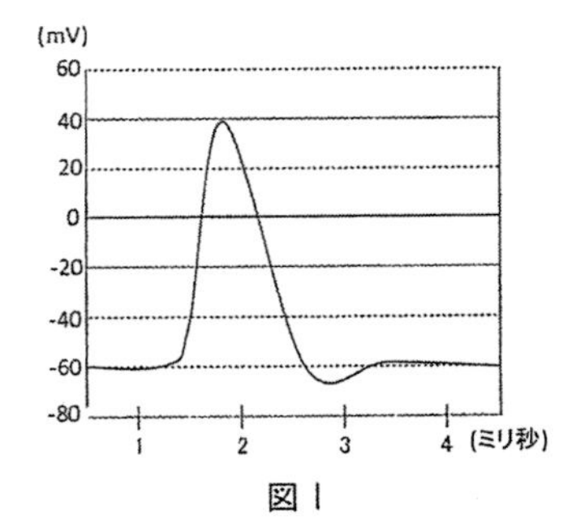

図Ⅰ

①　この場合の静止電位および，活動電位の最大値として当てはまる数値を，ア～キのうちからそれぞれ1つずつ選び，記号で答えよ。

ア　−70mV　　イ　−60mV　　ウ　0mV　　エ　40mV

オ　60mV　　カ　100mV　　キ　110mV

②　受容細胞が，興奮が起こる程度の弱い刺激を受けたときに比べて，より強い刺激を受けたとき，感覚神経におこる興奮に関することとして，正しいものをア～オのうちからすべて選び，記号で書け。

ア　興奮する神経細胞の数が多くなる。

イ　興奮する神経細胞の数は変わらない。

ウ　1つの神経細胞にみられる興奮の頻度は変化しないが，興奮の大きさは大きくなる。

エ　1つの神経細胞にみられる興奮の頻度が多くなるが，興奮の大きさは変わらない。

オ　1つの神経細胞にみられる興奮の頻度が多くなるとともに，興奮の大きさも大きくなる。

③　神経細胞での活動電位は，細胞膜上の輸送タンパク質とイオンの移動によって次の(i)～(v)の流れで発生する。[A]，[B]にあてはまる現象を，輸送タンパク質とイオンの移動の方向に着目して，それぞれ書け。

(i)　静止状態では，細胞外が正，細胞内が負の膜電位に保たれている。

(ii)　閾値以上の刺激を受けると，[A]

(iii)　その結果，細胞内が正，細胞外が負へと膜電位が逆転する。

(iv)　次に，[B]

(v)　その結果，逆転した膜電位がもとに戻り始める。

(2)　神経筋標本を用いて実験を行った。図Ⅱは，その模式図である。以下の①～④の問いに答えよ。

神経上で筋肉から2.0cm離れたA点と筋肉から6.0cm離れたB点に，それぞれ同じ大きさの電気刺激を与えると，それぞれ5.9ミリ秒後，7.5ミリ秒後に筋肉が収縮した。

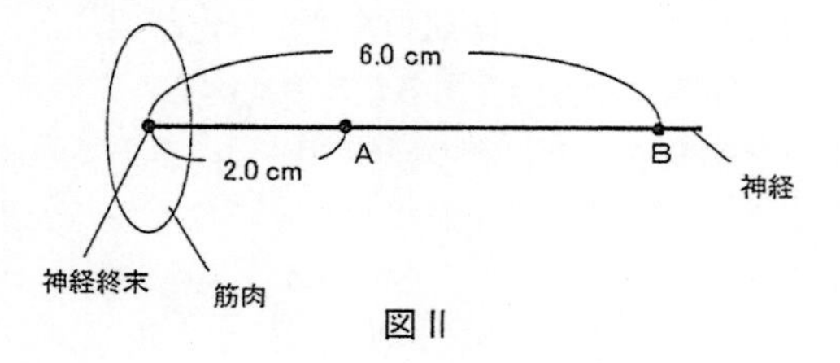

図Ⅱ

① この神経上での興奮の伝導速度〔m/秒〕を求めよ。

② この神経上の筋肉から3.5cm離れた点に電気刺激を与えてから，筋肉が収縮するまでに要する時間を求めよ。

③ シナプスでの興奮伝達は神経分泌物質によって行われるが，運動神経の神経細胞から分泌される神経伝達物質は何か，書け。

④ シナプスでの興奮伝達が速やかに終了できる理由を2点，簡潔に書け。

(☆☆☆◎◎◎)

【6】植物の環境応答に関する次の文章を読み，以下の(1)～(4)の問いに答えなさい。

植物は，外界からさまざまな刺激を受けている。植物は，それらの刺激に対して，さまざまな応答をし，生活している。例えば，刺激に対して一定の方向性をもって屈曲する屈性とよばれる反応がある。(a)光屈性などがその例である。また，刺激の方向と無関係に起こる傾性とよばれる反応もある。花の開閉運動は成長運動であるが，(b)オジギソウの葉の開閉運動のように成長運動とは異なる運動もある。

(1) 下線(a)について，正の光屈性を生じさせる光受容体を何というか，書け。

(2) 花の開閉運動が温度の刺激によっておこる植物を，次のア～オのうちから1つ選び，記号で書け。

ア タンポポ　　イ ハス　　ウ マツバギク

エ チューリップ　　オ アサガオ

(3) 下線(b)のような運動を一般に何というか，書け。

(4) 植物の種によっては，暗期の長さが一定時間以下になると，花芽を形成して開花するものがある。この植物を一定の明暗条件で育て，栄養成長を継続させた。その植物に暗期の途中で短時間の光を照射したところ，植物は花芽を形成した。この場合，暗期に与えた光はどのような効果をもつと考えられるか，説明せよ。

(☆☆☆◎◎◎)

【7】生物の系統に関する次の文章を読み，以下の(1)，(2)の問いに答えなさい。

地球上には，現在わかっているだけでも約175万種以上の生物がいる。それらの共通性に基づいて多様な生物をグループに分けることを(a)分類という。また，生物がたどってきた進化の道筋を系統という。(b)生物の系統関係は，遺伝子や分子データなどを比較することで調べることができる。

(1) 下線(a)について，次のア～クは，生物の分類に用いられる代表的な8つの階級である。これらすべてを，上位から下位の階級の順に記号で並べて書け。

ア 目　イ 属　ウ 門　エ 種　オ 界　カ 科
キ 綱　ク ドメイン

(2) 下線(b)について，あるタンパク質のアミノ酸配列を調べ，A～D種についてアミノ酸の異なる数を表にした。以下の①，②の問いに答えよ。

表

	A	B	C	D
A	＼	4	13	40
B		＼	15	38
C			＼	42
D				＼

① 表をもとにA～D種の分子系統樹を作成し，それぞれの祖先生物からのアミノ酸置換数がわかるように記入せよ。ただし，進化速度は一定とする。また，生徒に説明することを想定して，作成手順を書け。

② A種とD種が共通の祖先から分岐したのはおよそ2億年前と考えられている。このタンパク質において，1つのアミノ酸が置換するのに要する時間はおよそ何年と考えられるか，求めよ。

(☆☆☆☆◎◎◎)

【８】個体群に関する生徒と先生の会話を読み，次の(1)～(4)の問いに答えなさい。

(1)　次の会話文中の[　　]に当てはまる，生徒の質問に対する解答を簡潔に書け。

生徒A：アユを釣るときに，エサを付けないで生きたアユを付けるのはなぜですか。 先　生：アユの[　　]という性質を利用しているからですよ。

(2)　次の会話文中の[　　]に当てはまる語句を書け。

生徒B：アリなどの社会性昆虫は，なぜ複雑な集団行動をとれるのですか。 先　生：[　　]などによる個体間のコミュニケーション手段が発達しているからですよ。

(3)　次の会話文中の[　①　]，[　②　]に当てはまる，生徒の質問に対する解答を簡潔に書け。

先　生：これらはトノサマバッタの群生相と孤独相の写真です。何か気づくことはありますか。 生徒C：群生相のトノサマバッタは体長に比べて翅が長いですね。孤独相と行動面で違いはありますか。 先　生：[　①　]。 生徒C：なるほど。それにはどのような利点があるのですか。 先　生：[　②　]。

(4) 次の会話文について，以下の問いに答えよ。

生徒D：授業で学んだ区画法に興味をもったので，近くの草原でセイタカアワダチソウの個体数を調べてきました。
先　生：行動力がありますね。区画法は[　　]という特徴をもつ生物の個体数を調べることに使われるので，セイタカアワダチソウは適していますね。どのように調査したのですか。
生徒D：草原の一部に，それぞれ面積が1m²となるようランダムに6区画つくりました。区画中にセイタカアワダチソウが何個体あるかを数えると，それぞれ，30個体，21個体，36個体，15個体，26個体，13個体でした。また，草原全体の面積は210m²でした。
先　生：なるほど。では，草原全体のセイタカアワダチソウの個体数はいくらになると考えられますか。
生徒D：それが，計算方法がわからなくなってしまったので，教えてください。

① 文章中の[　　]に当てはまる説明を，簡潔に書け。
② 下線部について，あなたが黒板で生徒Dに説明することを想定して計算式と答えを書け。

(☆☆☆◎◎◎)

解答・解説

中学理科

【１】(1)　・ボールの速さ　　・ボールの質量

(2)　①

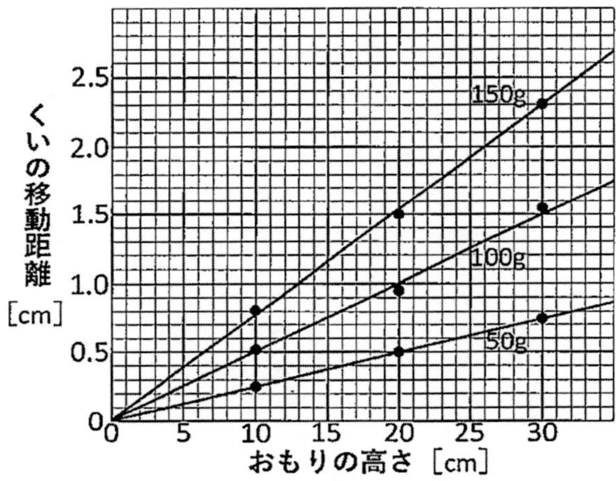

②　どの質量のおもりでも，高さが高いほど，くいの移動距離が大きいので，位置エネルギーも大きいと考えられる。また，おもりの高さが同じであれば，おもりの質量が大きいほど，くいの移動距離が大きいので，位置エネルギーも大きいと考えられる。　(3)　①　まず，目盛り付きくいを用いて，Aの高さから振り子のおもりを落としたときのくいの移動距離を測る。次にBの位置に横向きに目盛り付きくいを設置し，振り子がBの位置にきたときのくいの移動距離を測る。その後，得られた測定値を比較する。　②　単位時間あたりのおもりの移動距離が見られることによって，速さの変化と物体の高さの関係を捉えやすい。　③　1.39〔m/s〕(1.38〔m/s〕)　(4)　摩擦力や空気の抵抗が働き，力学的エネルギー以外の音や熱などのエネルギーに変わるため。　(5)　明るさが同じ程度の照明でも，LED電球は白熱電

球よりも熱の発生が少なく，エネルギー変換効率がよいため。

〈解説〉(1)　運動エネルギーは，質量に比例し，速度の2乗に比例する。(2)　この実験では，おもりの高さとおもりの重さの違いによるくいの移動距離の変化から位置エネルギーの大きさの変化について考察させたい。　(3)　①　位置エネルギーは物体を鉛直方向に落下させる衝突実験，運動エネルギーは水平面上を動く物体の衝突実験を行うことで，エネルギーの大きさを調べることができる。　②　解答参照。

③　求める速さをvとすると，力学的エネルギー保存の法則より，$0.100\times9.8\times0.196=\frac{1}{2}\times0.100\times v^2+0.100\times9.8\times0.098$が成り立ち，$v^2=2\times9.8\times(0.196-0.098)=2\times9.8\times0.098$　$v=\sqrt{(0.98)^2}\times\sqrt{2}$　$\sqrt{2}=1.41$として計算すると，$v=0.98\times1.41\fallingdotseq1.38$〔m/s〕　なお，$\sqrt{2}$を$\frac{2}{\sqrt{2}}$として計算すると，$v=0.98\times\frac{2}{\sqrt{2}}\fallingdotseq1.39$となる。　(4)　ジェットコースターは車輪の接地面に働く摩擦や車体に働く空気抵抗によって，力学的エネルギーが他のエネルギーに変換される。　(5)　解答参照。

【2】(1)　①　ボロボロになったアルミニウムはくを見て，化学変化が起こっていることに気付かせたい。　②　レモンに銅板とアルミニウムはくを組み合わせた果物電池　(2)　①　電流の向きを調べることができるため。　②　亜鉛　(3)　①　イ，ウ，ク　②　ブリキ　(4)　①　＋極に水素が発生しないので，電池の分極を防ぐことができるため。　②　2つの水溶液を混ぜないで，電流を流すために必要なイオンを通過させるため。　③　a　Zn^{2+}　b　Cu^{2+}

(5)　リチウムイオン電池

〈解説〉(1)　①　アルミニウムが溶けて電子を放出する$Al\rightarrow Al^{3+}+3e^-$の反応が起こっている。　②　他にも，みかんやグレープフルーツを用いた果実電池，ジャガイモを用いた電池などがある。　(2)　①　電子オルゴールは，＋極と－極のつなぐ向きを間違えると音が出ないため，電流の流れる方向が理解できる。　②　Mgのイオン化傾向はZnより大きいので，Mgが－極，Znが＋極となる。　(3)　①　イオン化傾向の大きい順に，Mg＞Zn＞Cuとなる。イオン化傾向が小さい方の金属を含む水溶液中の金属が析出するので，イ・ウ・クの場合に金属が析出する。　②　ブリキは，鉄の表面にスズメッキを施したもので，おもちゃや缶詰などに用いられる。スズは鉄よりイオンになりにくいため，鉄は腐食しにくくなる。　(4)　①　果物電池の正極では，ボルタ電池と同様に$2H^{+}+2e^{-} \rightarrow H_2$という反応が起こると考えられ，発生した水素が極板に付着し電子が流れにくくなるため時間がたつと起電力が低下する。これを分極という。一方，ダニエル電池の正極では，$Cu^{2+}+2e^{-} \rightarrow Cu$という反応が起こるため水素は発生しない。　②　セロハンは半透膜であり，溶媒は通過できないがイオンは通過できる。③　負極では$Zn \rightarrow Zn^{2+}+2e^{-}$，正極では$Cu^{2+}+2e^{-} \rightarrow Cu$という反応が起こるため，電解質水溶液中の$Zn^{2+}$の濃度は上がり，$Cu^{2+}$の濃度は下がる。　(5)　リチウムイオン電池とは，正極と負極の間をリチウムイオンが移動することで充電や放電を行うことができる二次電池である。2019年に吉野彰氏がノーベル化学賞を受賞している。

【3】(1)　①　日光を当てない葉　②　葉が透けていて，細胞の観察がしやすい。　③　方法…温めたエタノールに入れる。　安全面で配慮すること…引火の危険性があるため，湯せんで温める。
④　光を当てたオオカナダモの葉に無数の気泡がついていること。
(2)　①　オオカナダモのはたらきによって二酸化炭素が減っているかどうかを確かめるため。　②　光を当てたことで二酸化炭素がなくなったこと。　③　色が変化する試験管…C　色の変化の様子…黄色が変化した理由…オオカナダモが光合成を行えず，呼吸のみが行われ，二酸化炭素が増えたから。　④　1．4本の試験管に呼気を吹き込む。　2．試験管E，Gにはタンポポの葉を入れ，試験管G，Hはアルミニウムはくでおおう。　3．試験管に30分間光を当てた後，全ての試験管に石灰水を入れ，変化を見る。
〈解説〉(1)　①　対照実験とは，仮説検証のために必要な処理をした実験と，その処理以外の条件を全く同じにした実験を行い，それぞれの結果を比べるものである。今回の場合は，日光の有無が葉に影響を与えるのか確かめなければならない。 ② オオカナダモの葉の細胞は，生きたまま観察することができる。 ③ 光を当てた後，オオカナダモの葉を温めたエタノールで脱色する。なお，エタノールは引火性が高いため，火を使って温めるのではなくお湯などを用いる。 ④ オオカナダモの葉で光合成が行われると，酸素が発生し気泡となって確認できる。 (2) ① 対照実験のために空の試験管を用意する。
② 試験管Aでは，光合成が行われたため二酸化炭素が消費され，酸素が生成されたため，BTB溶液の色が変化している。 ③ 植物は常に呼吸を行っており，日光下では光合成も同時に行っている。しかし，試験管Cではアルミニウムはくで光が遮られているため，呼吸のみが行われている。二酸化炭素が水に溶けると酸性を示すため，BTB溶液は黄色に変化する。 ④ 石灰水を用いる場合，二酸化炭素が消費したことを確認するために，手順1で呼気(二酸化炭素)を吹き込むことで石灰水を白濁させる。光合成が行われて二酸化炭素が消費されると，石灰水の濁りは徐々に薄まっていく。

【4】(1) ① 生徒の発達段階や家庭状況等を配慮し，不安感や恐怖心を与えるようなものを避ける。 ② 伊豆大島火山 ③ 立体的に観察できる。 ④ 名称…黒雲母 特徴…うすく剝がれる
(2) ① 材料…石こうと水 方法…・ねばりけの異なるものを複数用意する ・図のような地下からマグマが出るモデルの装置を用意する ・材料をマグマと見立て，押し出してできた様子を観察する。

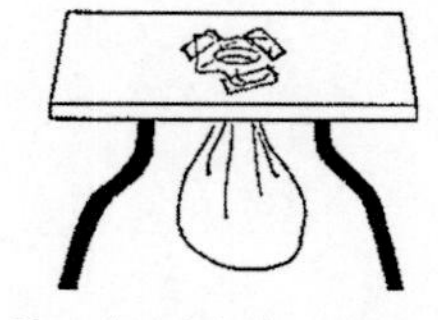

② 伊豆大島火山はマグマのねばりけが弱いため，溶岩が流れやすく，なだらかな形になった。 (3) ① 斑状組織 ② 深成岩はマグ

マがゆっくりと冷えて固まった岩石。結晶が大きい特徴がある。

(4)　それぞれの火山の特徴によって，火砕流や溶岩流など，予想される被害が異なることに気付かせ，各地域の火山の特徴に応じた災害への備えを行っていく必要があることを考えさせたい。

〈解説〉(1)　①　生徒への配慮という点では，第1学年ということで生徒の発達段階や生徒の状況(本人または家族や親族に火山災害の被害者がいるかどうか)などの配慮が必要である。また，利用する写真や映像の著作権への配慮も必要である。　②　伊豆大島火山が噴出する溶岩は，ねばりけが弱く広範囲に広がっていくため観察しやすい。一方，雲仙普賢岳が噴出する溶岩のねばりけは強い。　③　双眼実体顕微鏡を用いると，プレパラートを作製することなく観察対象の厚みや凹凸まで観察できる。　④　その他，角閃石，輝石，かんらん石などが一般的な中学校の学習範囲の有色鉱物である。　(2)　①　小麦粉と水でも可能である。　②　なお，雲仙普賢岳はマグマのねばりけが強いため，溶岩が流れにくく，山頂付近に溶岩ドーム(溶岩円頂丘)を形成している。　(3)　①　地表付近でマグマが急冷されてできた岩石を火山岩という。火山岩では，マグマだまりで大きく成長した粗粒の結晶である斑晶を，細粒の結晶やガラスからなる石基が取り囲んでおり，斑状組織とよばれる。　②　マグマが地下深いところでゆっくりと冷されてできた岩石を深成岩という。深成岩では，結晶が十分に成長して，粗粒で同程度の大きさの鉱物が集まってできており，等粒状組織とよばれる。結晶化の実験には，設問のようにミョウバンやサリチル酸フェニルが使われている。　(4)　解答に加えて，予想される被害は各地域で異なることから，自分が住む地域のハザードマップがどうなっているかを確認させて，学習内容と日常生活や社会の結びつきを実感させるなどがある。ただしこの場合では，ハザードマップ上で危険と示されている地域に住む生徒への配慮が必要である。

高校理科

【物理】

【1】ア　観察　　イ　実験　　ウ　主体的　　「理科の見方・考え方」の説明…自然の事物・現象を，質的・量的な関係や時間的・空間的な関係などの科学的な視点で捉え，比較したり，関係付けたりするなどの科学的に探究する方法を用いて考えること

〈解説〉目標の(1)～(3)は，「高等学校学習指導要領(平成30年告示)　第1章第1の3」に示される育成を目指す資質・能力の3つの柱に対応している。(1)が「知識及び技能」，(2)が「思考力，判断力，表現力等」，(3)が「学びに向かう力，人間性等」を反映している。なお，「理科の見方・考え方」については，「高等学校学習指導要領(平成30年告示)解説　理科編　理数編」の「第1部　理科編　第2章　理科の各科目　第2節　物理基礎　2　目標」を参照。

【2】(1)　①　運動方程式より　$\rho Sla=-\rho_0 Sdg$　∴　$a=-\frac{\rho_0 g}{\rho l}d$

∴　$T=2\pi\sqrt{\frac{\rho l}{\rho_0 g}}$　　②　エネルギー保存則より $\frac{1}{2}\rho Slv^2=\frac{1}{2}\rho_0 Sgd^2$

∴　$v=d\sqrt{\frac{\rho_0 g}{\rho l}}$　　③　重力は万有引力と遠心力の合力であるため，赤道での重力加速度の値は，北極での値に比べて小さくなる。①の結果より，重力加速度の値が小さいほど，木片の振動の周期は大きくなるので，北極での値より，赤道での値の方が長くなる。

(2)　①　静止状態での木片の水面下の長さx_0は $\rho Slg=\rho_0 Sx_0 g$

∴　$x_0=\frac{\rho}{\rho_0}l$　　水中から飛び出す瞬間の木片の運動エネルギーをKとすると，エネルギー保存則より$K+\frac{1}{2}\rho_0 Sgx_0^2=0+\frac{1}{2}\rho_0 Sg(l-x_0)^2$

∴　$K=\frac{1}{2}\rho_0 Sg(l^2-2lx_0)$　高さhにおけるエネルギー保存則より

$K=\rho Slgh$　$\frac{1}{2}\rho_0 Sg(l^2-2lx_0)=\rho Slgh$　∴　$h=l\left(\frac{\rho_0}{2\rho}-1\right)$

② 水面を飛び出す瞬間の速さをvとすると，エネルギー保存則より $\frac{1}{2}\rho Slv^2=\frac{1}{2}\rho_0 Sg(l^2-2lx_0)$　∴　$v=\sqrt{gl\left(\frac{\rho_0}{\rho}-2\right)}$　木片が水面を飛び出した後の運動を考えると$v=v_0+at$　∴　$\sqrt{gl\left(\frac{\rho_0}{\rho}-2\right)}=gt$

∴　$t=\sqrt{\frac{l}{\rho g}(\rho_0-2\rho)}$

〈解説〉(1)　①　木片の質量はρSl，木片にはたらく重力はρSlgとなる。図2より，木片が静止している状態で水面から木片の下端までの高さをx_0とすると，木片にはたらく浮力は$\rho_0 Sx_0 g$，重力と浮力がつり合っているので，$\rho Slg=\rho_0 Sx_0 g$より，$x_0=\frac{\rho}{\rho_0}l$　図3において，木片にはたらく浮力は$\rho_0 S(x_0+d)g$より，木片の運動方程式は，加速度をaとすると，$\rho Sla=Slg-\rho_0 S(x_0+d)g=\rho Slg-\rho_0 S\left(\frac{\rho}{\rho_0}l+d\right)g=-\rho_0 Sdg$より，$a=-\frac{\rho_0 g}{\rho l}d$　これは単振動を表しており，角振動数をωとすると，$\omega^2=\frac{\rho_0 g}{\rho l}$より，周期$T=\frac{2\pi}{\omega}=2\pi\sqrt{\frac{\rho l}{\rho_0 g}}$　②　(1)①より，つり合いの位置を中心とした単振動であることがわかり，ばね定数$k=\rho Sl\cdot\omega^2=\rho_0 Sg$である。したがって，木片が静止状態と同じ位置を通過するときのばねによる弾性エネルギーは，$\frac{1}{2}\rho_0 Sgd^2$　なお，つり合いの位置を基準にして力学的エネルギー保存の法則を用いるときには，重力による位置エネルギーの変化を考えなくてよい。　③　解答参照。　(2)　①　(1)と同様に考えればよい。　②　水面を出た後は鉛直投射と同様の運動となる。

【3】(1)　領域Ⅰ，領域Ⅱでの平面波の速さをそれぞれv_{I}，v_{II}とすると $v_{\text{II}}=\frac{\sin 30^\circ}{\sin 45^\circ}v_{\text{I}}=\frac{\sqrt{2}}{2}\times(20\times0.50)=7.071\cdots\fallingdotseq7.1$〔m/s〕　(2)　$l=v_{\text{II}}\times0.010=0.07071\cdots\fallingdotseq0.071$〔m〕　(3)　$y=-A\cos40\pi\left(t-\frac{x}{7.1}\right)$

(4)　波は水深が深い部分から浅い部分へ進むと，波の速度が遅くなるため，入射角より屈折角が小さくなるように屈折しながら進む。水深がしだいに浅くなると，進む向きは岸に近づくにつれ岸に向かうように曲がっていき，波面は岸に平行に打ち寄せる。　(5)　①　波面　②　素元波　③　ホイヘンス　(6)　領域Ⅰの水深をd_{I}，領域Ⅱの水深をd_{II}とすると　$\frac{d_{\mathrm{II}}}{d_{\mathrm{I}}}=\frac{v_{\mathrm{II}}^2}{v_{\mathrm{I}}^2}=\left(\frac{\sin 30^\circ}{\sin 45^\circ}\right)^2$　∴　0.50

〈解説〉(1)　入射角45°，屈折角30°で屈折の法則を利用する。　(2)　屈折の前後で波の周期は変わらないため，領域Ⅱ内での平面波の周期は0.050〔s〕である。t＝0.110〔s〕＝0.050×2＋0.010〔s〕なので，平面波の谷Q′はt＝0.010の位置にある。　(3)　t＝0におけるPの位置より，角振動数ω，振幅Aとすると，原点での振動は$-A\cos\omega t$という形になる。$\omega=2\pi\times20=40\pi$，波の速さは$v_{\mathrm{II}}=7.1$〔m/s〕より，$t$秒後の位置$x$における波の変位は，$t-\frac{x}{7.1}$秒後の原点での変位と等しい。
(4)　解答参照。　(5)　ホイヘンスの原理は，波の伝わり方や性質を理解する上で重要である。素元波の考え方も含めてよく整理しておこう。
(6)　解答参照。

【4】(1)　1回の衝突における分子の運動量変化は$-mv_x-mv_x=-2mv_x$　t秒の間に分子が壁Sに衝突する回数は$v_xt\div2L=\frac{v_xt}{2L}$　壁Sが分子から受ける力積は作用反作用の法則より$ft=2mv_x\times\frac{v_xt}{2L}$　∴　$f=\frac{mv_x^2}{L}$
(2)　壁SがN個の分子から受ける力Fは気体分子全体のv_x^2の平均を$\overline{v_x^2}$とすると$F=N\times\frac{m\overline{v_x^2}}{L}=\frac{Nm\overline{v_x^2}}{L}$　壁Sが受ける圧力Pは$P=\frac{F}{S}$より$P=\frac{F}{L^2}=\frac{Nm\overline{v_x^2}}{L^3}$　$\overline{v_x^2}=\frac{1}{3}\overline{v^2}$より$P=\frac{Nm\overline{v^2}}{3L^3}$　(3)　$\rho=\frac{Nm}{L^3}$　(2)より$P=\frac{\overline{v^2}}{3}\times\frac{Nm}{L^3}$　∴　$P=\frac{\rho\overline{v^2}}{3}$　(4)　(2)より　$P=\frac{Nm\overline{v^2}}{3L^3}$
∴　$N\frac{1}{2}m\overline{v^2}=\frac{3}{2}PV$　理想気体の状態方程式$PV=\frac{N}{N_A}RT$を代入すると
$U=N\frac{1}{2}m\overline{v^2}=\frac{3}{2}PV=\frac{3}{2}\frac{N}{N_A}RT$　(5)　この考え方は間違っている。衝突する回数は半分になるという考えは正しいが，壁の面積は4倍となるため，結果として圧力は8分の1になると考えられる。

〈解説〉(1)　分子が壁に衝突する際，壁に平行な速度成分は考慮しなくてよい。また，運動量の変化は，その間に物体が受けた力積に等しいことを利用する。　(2)　実際の気体分子は，速さや向きが異なるため，すべての分子の平均値を用いることになる。　(3)　解答参照。

(4)　容器の体積$V=L^3$，気体の物質量$n=\dfrac{N}{N_A}$となる。単原子分子理想気体の内部エネルギーは，すべての分子の並進エネルギーの総和となる。　(5)　(2)より，容器の1辺の長さがLのとき，$P=\dfrac{Nm\overline{v^2}}{3L^3}$となるが，容器の1辺の長さが$2L$のときの圧力$P'$は，$P'=\dfrac{Nm\overline{v^2}}{3(2L)^3}=\dfrac{Nm\overline{v^2}}{24L^3}=\dfrac{1}{8}P$となる。

【5】(1)　①　$V=v\cos\theta\times B\times l=vBl\cos\theta$　②　斜面下向きを正とすると運動方程式は$ma=mg\sin\theta-\dfrac{vB^2l^2\cos\theta}{R}\cos\theta-\mu\left(mg\cos\theta+\dfrac{vB^2l^2\cos\theta}{R}\sin\theta\right)$　$\therefore\ a=g(\sin\theta-\mu\cos\theta)-\dfrac{vB^2l^2\cos\theta(\mu\sin\theta+\cos\theta)}{mR}$

(2)　(1)②より$a=0$のとき$v=v'$となるので$0=g(\sin\theta-\mu\cos\theta)-\dfrac{v'B^2l^2\cos\theta(\mu\sin\theta+\cos\theta)}{mR}$　$\therefore\ v'=\dfrac{mgR(\sin\theta-\mu\cos\theta)}{B^2l^2(\mu\sin\theta+\cos\theta)\cos\theta}$

(3)　この考え方は間違っている。金属棒は起電力が生じているため電池とみなすことができる。YよりXの電位が高いためXが電池のプラス極，Yがマイナス極となる。回路に電池が接続されていると想定すれば，電流はX，a，c，Yの順に流れると考えられる。

〈解説〉(1)　①　金属棒の運動方向が磁場と垂直ではないため，速度は磁場と垂直な成分のみを考慮する。　②　金属棒にはたらく重力，磁場から受ける力，動摩擦力を求めて運動方程式を立てる。この回路を流れる電流の大きさをIとすると，金属棒が磁場から受ける力は$IBl\cos\theta$，オームの法則より，$IBl\cos\theta=\dfrac{V}{R}Bl\cos\theta=\dfrac{vBl\cos\theta}{R}Bl\cos\theta=\dfrac{vB^2l^2\cos\theta}{R}\cos\theta$となる。したがって，動摩擦力は$\mu\left(mg\cos\theta+\dfrac{vB^2l^2\cos\theta}{R}\sin\theta\right)$となる。　(2)　一定の速さで運動する金属棒について，(1)②の力がつり合っていることに注意する。 (3) 電池とは，化学反応を利用することで2枚の金属板の間に電位差を発生させる装置であり，電流は電位の高い正極から電線などを伝わり電位の低い負極へ流れる。また，磁界の向きと金属棒が磁場から受ける力の向きからフレミング左手の法則で誘導電流の方向がわかる。

【6】(1) $m\frac{v^2}{r}=k\frac{e^2}{r^2}$ (2) $E=\frac{1}{2}mv^2-k\frac{e^2}{r}=-\frac{ke^2}{2r}$ (3) ボーアの量子条件$2\pi r=n\lambda$ ド・ブロイ波の波長λは$\lambda=\frac{h}{mv}$より$2\pi r=\frac{nh}{mv}$

(4) (1)より $v^2=\frac{ke^2}{mr}$ (3)より $r=\frac{nh}{2\pi mv}$ $r^2=\frac{n^2h^2}{4\pi^2m^2v^2}=\frac{n^2h^2}{4\pi^2m^2}\times\frac{mr}{ke^2}$ ∴ $r=\frac{n^2h^2}{4\pi^2mke^2}$ (2)より $E_n=-\frac{ke^2}{2r}=-\frac{ke^2}{2}\times\frac{4\pi^2kme^2}{n^2h^2}=-\frac{2\pi^2k^2me^4}{n^2h^2}$ (5) (4)より，$n=1$のときのエネルギー準位E_1は最小値となり電子は安定し，$n=2$，3，…の励起状態では不安定となる。また，(4)よりエネルギーは不連続である。そのため，例えばE_2からE_1へ移る際に放出される電磁波は，その差のエネルギーをもち，特定のエネルギーをもつことになる。電磁波のエネルギーと波長は対応しているため，特定の波長の電磁波が放出される。

〈解説〉(1) 電子は，原子核から受ける静電気力$k\frac{e^2}{r^2}$を向心力とする等速円運動をしている。 (2) (1)の$m\frac{v^2}{r}=k\frac{e^2}{r^2}$を変形すると，運動エネルギーは$\frac{1}{2}mv^2=\frac{ke^2}{2r}$となる。また，原子核から無限遠の距離にある位置を基準とすると，静電気力による位置エネルギーは，$-k\frac{e^2}{r}$となる。
(3) ボーアの量子条件より，電子の円運動の半径が電子波の波長の整数倍になるとき定常状態となり安定化する。このときの電子波をド・ブロイ波に置き換えればよい。 (4)・(5) 解答参照。

【化学】

【1】(1)　イ　(2)　ウ　(3)　①　イ　②　ウ　(4)　ア
(5)　ア　還元　イ　テルミット　(6)　①　塩化カルシウムは，水に溶けやすく，また電離しやすいため，凝固点降下の効果が大きく，道路の凍結を防ぐことができるため。　②　原子番号が大きくなるにつれて，最外殻電子がより外側の電子殻に入り，電子と原子核の結びつきが弱くなるため。　③　不純物としてクロムやチタン等が含まれており，特定の光を吸収するため。　④　硫酸バリウムは，水に溶けにくく，さらに胃液(塩酸)にも溶けにくいため，バリウムイオンを生じないから。　(7)　35〔g〕　(8)　0.50〔m^2〕

〈解説〉(1)　炭酸水素ナトリウムは重曹ともよばれ，膨らし粉，胃酸を抑える胃腸薬，入浴剤などに用いられる。　(2)　混合物とは純物質(単体や化合物)が混ざり合ったもので，塩酸は塩化水素と水からなる混合物である。　(3)　ルシャトリエの平衡移動の原理より，温度を高くするとその影響を打ち消す方向，つまり温度が下がる方向に平衡が移動する。設問の右方向への反応は発熱反応なので，平衡は左に移動する。また，触媒は反応速度を速めるはたらきをもつが，平衡移動には影響しない。　(4)　気体の状態方程式より，圧力P，体積V，物質量n，気体定数R，絶対温度T，質量w，分子量Mとすると，$PV=nRT=\frac{w}{M}\cdot RT$，$P=\frac{wRT}{MV}$が成り立つ，この式から，同温・同体積下で質量が等しい場合は分子量の小さい気体ほど圧力が大きくなることがわかる。　(5)　アルミニウムはイオン化傾向が大きく，電子を他の金属に与えて還元するはたらきをもつ。テルミットとは，アルミニウムで金属酸化物を還元する方法のことをいい，酸化鉄とアルミニウムとの粉末混合物を燃やすと，$Fe_2O_3+2Al \rightarrow 2Fe+Al_2O_3$という反応が起こり鉄の単体が得られる。　(6)　①　凝固点降下は，溶液中の溶質粒子の質量モル濃度に比例する。塩化カルシウムは$CaCl_2 \rightarrow Ca^{2+}+2Cl^-$と電離するため，1molの塩化カルシウムから3molの溶質粒子が得られ，より凝固点降下の効果が大きくなる。　②　Naは第3周期，Kは第4周期の元素である。　③　ルビーはアルミニウムの代わりに微量成分としてクロムが含まれたものであり，赤色以外の光が吸収されるため赤色に見る。一方，サファイアは微量成分として2価の鉄とチタンが含まれており青く見える。　④　硫酸バリウムはX線をよく吸収し，水や酸に溶けにくく化学的に安定である。　(7)　溶解度とは，100gの水に溶ける溶質の最大質量である。60℃の硝酸カリウム飽和水溶液は水100gと硝酸カリウム110gからなり，これを25℃に冷却すると110－36＝74〔g〕の結晶が析出する。したがって，硝酸カリウム飽和水溶液100gの場合の結晶の析出量をxとすると，210：74＝100：xより，x＝35.2≒35〔g〕　(8)　1m^3＝10^6〔cm^3〕より，金の密度は20〔g/cm^3〕＝20×10^6〔g/m^3〕となり，1gの体積は$\frac{1}{20\times10^6}=5.0\times10^{-8}$〔m^3〕となる。また，1mm＝10^{-3}〔m〕より，1.0×10^{-4}〔mm〕＝1.0×10^{-7}〔m〕となる。よって，求める面積は，$\frac{5.0\times10^{-8}}{1.0\times10^{-7}}=5.0\times10^{-1}$〔m^2〕となる。

【2】(1)　0.88〔mol/L〕　(2)　陰極…$Cu^{2+}+2e^-\rightarrow Cu$　陽極…$Cu\rightarrow Cu^{2+}+2e^-$　(3)　ウ　(4)　電解液を湯浴に入れ，高温で電気分解を行う。　(5)　①　0.294〔g〕　②　$\frac{1}{2}\times\frac{64}{0.294}\times900≒97959≒9.8\times10^4$　答　9.8×10^4〔C/mol〕　(6)　ア，イ，オ

〈解説〉(1)　硫酸銅(Ⅱ)五水和物$CuSO_4\cdot5H_2O$の式量は250より，モル濃度をM〔mol/L〕とすると，$M\times\frac{500}{1000}\times250=110$より，$M$＝0.88〔mol/L〕。(2)　陽極では酸化反応が起こるので，銅が溶けて電子を放出する。陰極では還元反応が起こるので，銅(Ⅱ)イオンが電子を受け取り銅が析出する。　(3)　この電気分解では水素イオンや水酸化物イオンは影響を受けないため，pHは変化しない。　(4)　銅(Ⅱ)イオンと酸素が反応することで，酸化皮膜が形成される場合がある。　(5)　①　(2)の反応式より，陽極の質量の変化量と陰極の質量の変化量は等しい。
②　ファラデー定数F〔C/mol〕とは，電子1molがもつ電気量のことである。(2)の反応式より，電子2molが流れることでCuが1mol(＝64〔g〕)

析出する。この実験で流れた電気量は，$1.0\times15\times60=900$〔C〕であり，析出した銅は0.294gなので，$\frac{0.294}{64}\times2\times F=900$が成り立つ。　(6)　ウ　鉄の酸化による発熱を利用したものである。　エ　電池の原理は，電気分解とは真逆である。

【3】(1)　$CH_3COOH \rightleftarrows CH_3COO^- + H^+$　　(2)　$K_a=\frac{[CH_3COO^-][H^+]}{[CH_3COOH]}$

(3)　ア　0.050　　イ　1.7×10^{-5}　　(4)　①　$K_a=c\alpha^2$　　答　$\sqrt{\frac{K_a}{c}}$

②　ウ　$\alpha=\sqrt{\frac{1.6\times10^{-5}}{0.1}}=0.01\times0.4\times\sqrt{2}\times\sqrt{5}=0.0126$　　答　0.013

エ　$\alpha=\sqrt{\frac{1.7\times10^{-5}}{0.01}}=4.12\times0.01=0.0412$　　答　0.041　　(5)　電離度は，酢酸の濃度が小さいほど大きくなる。

〈解説〉(1)　酢酸は，酢酸イオンと水素イオンに電離する。　(2)　反応物のモル濃度を分母，生成物のモル濃度を分子に記す。　(3)　ア　酢酸は弱酸でありわずかに電離するため，試料の酢酸水溶液のモル濃度と電離平衡時の酢酸のモル濃度はほとんど変わらないと考えられる。よって，$4.92\times10^{-2}=0.0492 \fallingdotseq 0.050$〔mol/L〕となる。　イ　(1)の式より，$[CH_3COO^-]=[H^+]$なので，$K_a=\frac{(3.98\times10^{-4})^2}{9.60\times10^{-3}} \fallingdotseq 1.7\times10^{-5}$〔mol/L〕となる。　(4)　①　電離平衡時の各物質のモル濃度は，$[CH_3COOH]=c(1-\alpha)$，$[CH_3COO^-]=c\alpha$，$[H^+]=c\alpha$となる。ここで，$\alpha \ll 1$より，$c(1-\alpha) \fallingdotseq c$と近似できるので，$K_a=\frac{c\alpha\cdot c\alpha}{c}=c\alpha^2$

$\therefore\ \alpha=\sqrt{\frac{K_a}{c}}$　②　ウ　$\alpha=\sqrt{\frac{K_a}{c}}=\sqrt{\frac{1.6\times10^{-5}}{0.10}}=\sqrt{16\times10^{-5}}=0.004\times\sqrt{5}\times\sqrt{2}=0.004\times1.41\times2.24 \fallingdotseq 0.0126 \fallingdotseq 0.013$　エ　$\alpha=\sqrt{\frac{1.7\times10^{-5}}{0.010}}=\sqrt{17\times10^{-4}}=4.12\times0.01=0.0412 \fallingdotseq 0.041$

(別解)　ウ　$[H^+]=c\alpha$より，$\alpha==\frac{1.26\times10^{-3}}{9.87\times10^{-2}} \fallingdotseq 0.127\times10^{-1} \fallingdotseq 0.013$

エ　$\alpha=\frac{3.98\times10^{-4}}{9.60\times10^{-3}} \fallingdotseq 0.414\times10^{-1} \fallingdotseq 0.041$　　(5)　(4)①より，電離度は酢酸のモル濃度の平方根に反比例することがわかる。

【4】(1)　化学反応式…$NaClO + 2HCl \rightarrow NaCl + H_2O + Cl_2$　　理由…有毒な塩素ガスが発生するため。　(2)　ア　ホールピペット　イ　フェノールフタレイン　ウ　ビュレット　(3)　①　2.9〔mol/L〕
②　希釈の利点…滴下する0.10mol/Lの水酸化ナトリウム水溶液の体積を大きく減らすため。　20倍程度に薄めた理由…2.9mol/Lの塩酸は，29倍に希釈すると水酸化ナトリウム水溶液の濃度と等しくなるが，少し濃くしておくことにより，滴下する体積をやや多くし，精度を上げるため。　(4)　①　希釈した塩化水素の濃度をyとする。$1 \times y \times \frac{10}{1000} = 1 \times 0.10 \times \frac{13.60}{1000}$　$y = 0.136$〔mol/L〕　0.136〔mol/L〕×20＝2.72
答　2.7〔mol/L〕　②　溶液1L(＝1000〔cm^3〕)の質量は，1.05〔g/cm^3〕×1000〔cm^3〕＝1.05×10^3〔g〕　溶液1L中に含まれる塩化水素HClの質量は，36.5〔g/mol〕×2.72〔mol〕＝99.28〔g〕　$\frac{99.28}{1.05 \times 10^3} \times 100 =$ 9.455…　答　9.5〔%〕　(5)　器具ウ(ビュレット)を用いて滴定する前に，先端部分の空気を抜いたか。

〈解説〉(1)　解答参照。　(2)　一定量の体積の液体を正確にはかりとる場合，ホールピペットを用いる。滴定時に滴下した試料の体積を測定する場合，ビュレットを用いる。滴定液が水酸化ナトリウムであり，指示薬としては，塩基性領域で変色するフェノールフタレインが適切である。　(3)　①　試料の密度は，$\frac{10.5}{10.0} = 1.05$〔g/mL〕より，この試料1Lの質量は1.05×1000＝1050〔g〕，塩化水素の濃度が10%より，塩化水素の質量は$1050 \times \frac{10}{100} = 105$〔g〕となる。塩化水素HClの分子量は36.5より，モル濃度は，$\frac{\frac{105}{36.5}}{1} \fallingdotseq 2.87 \fallingdotseq 2.9$〔mol/L〕となる。
②　試料そのままの濃度では，0.10mol/L水酸化ナトリウムの滴下量は膨大になってしまうため，希釈する必要がある。また，ビュレットから滴下する溶液の体積が誤差の原因となるので，試料の濃度を少し大きく設定し滴下量を大きくした方が精度はよくなる。　(4)　滴下した水酸化ナトリウム水溶液の体積の平均値は，$\frac{13.66 + 13.56 + 13.58}{3} =$

13.60〔mL〕である。塩化水素は1価の酸，水酸化ナトリウムは1価の塩基である。希釈後の試料は，20倍に薄まっていることに注意すること。　(5)　ビュレットの先端部に空気が残っていると空気分の体積が誤差となる。誤差をなくすためビュレットに溶液を入れた後，一度コックを全開して溶液を少し流し，先端部分の空気を抜く必要がある。また，その他の解答例として，使用したビュレットは共洗いがされていたかどうかなどがある。

【５】(1)　水素，一酸化炭素，一酸化窒素　　(2)　1.8×10^{-2}〔mol〕

(3)　水槽の水面とメスシリンダーの水面が一致しておらず，メスシリンダー内の圧力と大気圧が等しくなっていないため。

(4)　①

	C_3H_8	+ $5O_2$	→ $3CO_2$	+ $4H_2O$	
燃焼前	x	y	0	0	〔Pa〕
燃焼後	0	$y-5x$	$3x$	$4x$	〔Pa〕

このとき，水が生じているので，水蒸気の分圧は，3.6×10^3〔Pa〕

よって，全圧Pは，$(y-5x)+3x+3.6\times10^3=y-2x+3.6\times10^3$

答　$y-2x+3.6\times10^3$〔Pa〕　②　燃焼前の全圧から，$x+y=2.0\times10^4$ …(i)　①で求めた式より，$y-2x+3.6\times10^3=1.46\times10^4$　…(ii)

(i)，(ii)式より，$x=3.0\times10^3$　$y=1.7\times10^4$　　答　3.0×10^3〔Pa〕

③　プロパンについて，気体の状態方程式$pV=nRT$を用いると，

$3.0\times10^3\times16.6=n\times8.3\times10^3\times(27+273)$　$n=2.0\times10^{-2}$　　答　2.0×10^{-2}〔mol〕

〈解説〉(1)　他に窒素やメタンなどが挙げられる。　(2)　酸素の分圧は，$1.036\times10^5-3.6\times10^3=1.000\times10^5$〔Pa〕となる。よって，気体の状態方程式より，酸素の物質量は，$\dfrac{(1.000\times10^5)\times(0.450)}{(8.3\times10^3)\times(300)}\fallingdotseq1.8\times10^{-2}$〔mol〕となる。　(3)　シリンダー内の気体の圧力が大気圧と一致していれば，液面の高さが一致するはずである。　(4)　①　燃焼前後の各物質の分圧の変化量は，化学反応式の各物質の係数に比例するので，

	C_3H_8 +	$5O_2$ →	$3CO_2$ +	$4H_2O$
燃焼前	x	y	0	0
変化量	$-x$	$-5x$	$3x$	$4x$
燃焼後	0	$y-5x$	$3x$	$4x$

なお，燃焼後に水滴が生じたことから，水蒸気の分圧は飽和水蒸気圧となることに注意すること。　②・③　解答参照。

【6】(1)　ア　f　　イ　d　　ウ　b　　(2)　ソーダ石灰は，二酸化炭素だけではなく水も吸収するため。　(3)　Cの質量$=110$〔mg〕$\times\frac{12}{44}$ $=30$〔mg〕　Hの質量$=45.0$〔mg〕$\times\frac{2}{18}=5.0$〔mg〕　Oの質量$=$ 51.0〔mg〕$-(30$〔mg〕$+5.0$〔mg〕$)=16$〔mg〕　$\frac{30}{12}:5.0:\frac{16}{16}=$ $5:10:2$　$C_5H_{10}O_2$の分子量は102より　　分子式　$C_5H_{10}O_2$

(4)　反応名…ヨードホルム反応　　化合物…b，d，e，f

(5)　Bの名称…ギ酸　　Cの名称…2－ブタノール

Aの構造式…

```
      O
      ‖
H－C－O－CH－CH2－CH3
          |
          CH3
```

〈解説〉(1)　ア　試料の不完全燃焼で発生する一酸化炭素を酸化させるために酸化銅(Ⅱ)を用いる。　イ，ウ　まずは水を吸収させるため塩化カルシウム管，次に二酸化炭素を吸収させるためソーダ石灰管を用いる。　(2)　解答参照。　(3)　元の試料に含まれるC，Hの質量は，発生した二酸化炭素や水に含まれるC，Hの質量と等しい。一方，Oは元の試料の質量からC，Hの質量を引くことで求められる。また，組成式はC，H，Oの原子数の比を最も簡単な整数比で表したものとなる。(4)　分子内に，CH_3-CO-Rまたは$CH_3-CH(OH)-R$の構造をもつ化合物は，ヨードホルム反応を示す(Rは炭化水素またはH)。　(5)　加水分解されたので化合物Aはエステルであり，化合物BおよびCはカルボン酸とアルコールである。また，実験操作3で化合物Bは銀鏡反応を示していることから，アルデヒド基(ホルミル基)を有するギ酸である。

したがって，化合物Cのアルコールの示性式はC_4H_9-OHであり，実験操作4よりヨードホルム反応を示したので，第二級アルコールの2－ブタノールとなる。よって，化合物Aはこれらがエステル化したものと決まる。

【7】(1)　ア　アミノ　　イ　カルボキシ　　ウ　グリシン　　エ　鏡像異性体　　オ　双性　　(2)　反応名…キサントプロテイン反応　理由…アミノ酸中のベンゼン環のニトロ化により呈色する。

(3)　①　$K_1=\frac{[Y^{\pm}][H^+]}{[X^+]}$　$K_2=\frac{[Z^-][H^+]}{[Y^{\pm}]}$　$[Y^{\pm}]$を消去すると，$K_1\times K_2=\frac{[Z^-]}{[X^+]}\times[H^+]^2$　等電点では$[X^+]=[Z^-]$なので，$K_1\times K_2=[H^+]^2$から，$[H^+]=\sqrt{K_1\times K_2}=\sqrt{4.0\times10^{-3}\times2.5\times10^{-10}}=1.0\times10^{-6}$〔mol/L〕

$pH=-\log_{10}[H^+]=-\log_{10}(1.0\times10^{-6})=6.0$　　答　pH6.0　　②　リシン

(4)　チロシン，システイン，グリシン

〈解説〉(1)　アミノ酸は1分子中にアミノ基，カルボキシ基，水素，置換基Rをもつ化合物である。グリシンはRがH原子なので，グリシン以外は中央の炭素原子が不斉炭素原子となるため鏡像異性体をもつ。また水溶液中では，$H_3N^+-C(H)(R)-COO^-$の形の双性イオンを含む。(2)　卵白にはベンゼン環を持つチロシンやフェニルアラニンが含まれているため，キサントプロテイン反応を示す。　(3)　①　解答参照。②　塩基性アミノ酸であるリシンは，pH6.0の緩衝液中では主に陽イオンの状態で存在しているため，電圧をかけると陰極の方へ移動する。(4)　鏡像異性体が存在しないので，化合物Eはグリシンである。実験結果1において，キサントプロテイン反応を示したので，化合物BとDにはチロシンが含まれる。実験結果2において，ビウレット反応を示したので，化合物Cはトリペプチドである。したがって，化合物Bはチロシンである。実験結果3において，黒色沈殿が生じたので，化合物CとDにはシステインが含まれる。以上の結果より，化合物Cはシステイン・グリシン・グリシン，化合物Dはチロシン・システイン，化合物Eは，グリシン・グリシンとなる。したがって，化合物Aは，チロシン・システイン・グリシン・グリシンからなるテトラペプチドである。

【生物】

【1】(1) 比熱が大きいため，温度の急激な変化を防ぐことができる。 (2) C，H，O，N，S (3) 二次構造は水素結合からなるポリペプチド鎖の部分的な立体構造であり，三次構造はS－S結合や疎水結合からなるポリペプチド鎖の全体的な立体構造である。

〈解説〉(1) 比熱の大きい物質ほど，温度を変化させるためにより大きなエネルギーを必要とする。 (2) タンパク質はアミノ酸の高分子化合物である。アミノ酸は有機窒素化合物であり，タンパク質を構成するアミノ酸のうち，システインとメチオニンはS(硫黄)を含む含硫アミノ酸である。 (3) 二次構造とは，αヘリックス構造やβシート構造などのアミノ酸の側鎖が水素結合を形成することでできる部分的な構造である。一方，三次構造はポリペプチドが複雑に結合することでできる分子全体の立体構造である。

【2】(1) ① プロモーター ② オペレーター ③ 基本転写因子 (2) リプレッサー (3) 細胞膜を通過して，受容体と結合して調節タンパク質としてはたらく。

(4)

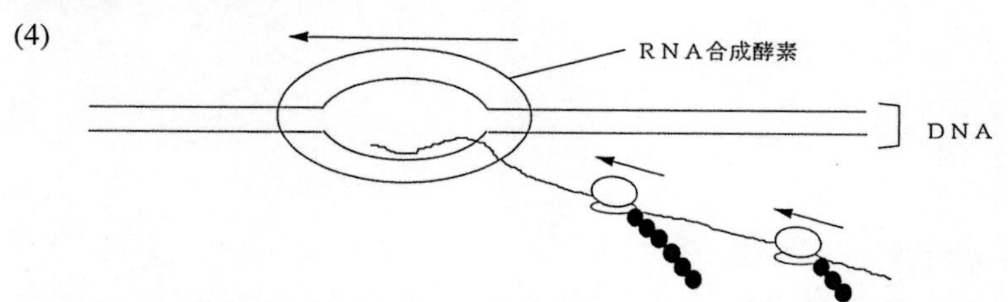

〈解説〉(1) 原核生物と真核生物では，転写調節の様式が異なる。原核生物では，オペロンという単位で調節されており，1つのプロモーターにつき1本のmRNAが転写される。 (2) リプレッサー(転写抑制因子)は，オペレーターの周辺に結合することで転写を抑制するはたらき

をもつ。　(3)　糖質コルチコイドは，副腎皮質から分泌されるステロイドホルモンであり，脂質に溶けやすいのでリン脂質で構成される細胞膜を通過することができる。　(4)　原核生物における転写・翻訳の大きな特徴としては，転写終了を待たずに，生成されたmRNAから順に翻訳が行われる点が挙げられる。なお，タンパク質の合成はリボソームで行われる。

【3】(1)　ア　集合管　　イ　腎う　　ウ　輸尿管　　エ　ぼうこう
(2)　99.1〔%〕　(3)　①　集合管　　②　(間脳)視床下部　　③　低下　　(4)　ウ，オ

〈解説〉(1)　ネフロンは，腎小体(ボーマンのうと糸球体)と細尿管からなる基本的な構造(腎単位)を指し，1つの腎臓に約100万個存在する。
(2)　表より，原尿中のNa^{+}の量は，120〔g〕×0.003＝0.36〔g〕。尿のNa^{+}の量は，1〔g〕×0.0034＝0.0034〔g〕となる。したがって，原尿から尿がつくられる際に再吸収するNa^{+}は，0.36－0.0034＝0.3566〔g〕となる。よって，再吸収率は，$\frac{0.3566}{0.36}\times 100 \fallingdotseq 99.1$〔%〕となる。
(3)　間脳の視床下部が体液の浸透圧の上昇を感知すると，バソプレシンが脳下垂体後葉から分泌されて，腎臓の集合管に作用し水分再吸収を促進させ尿量が減少する。一方で，バソプレシンの分泌量が低下すると，水分再吸収が抑制されて尿量が増加する。　(4)　ア　内分泌腺に排出管は存在しない。　イ　ホルモンはごく微量で強いはたらきをもっている。　エ　ホルモンは血液中に分泌され，循環系を通して標的器官まで運ばれる。

【4】(1)　①　カ　　②　イ　　③　コ　　④　オ　　⑤　エ
(2)　キラーT細胞が，感染細胞などを直接攻撃する免疫
(3)　ウイルスは細胞内に侵入して細胞内で増殖するので，体液中の抗体は作用できないため　(4)　予防接種の目的…病気の予防　　接種する物質…　・弱毒化した抗原(ワクチン)，死滅した抗原，毒素から1つ　　血清療法の目的…病気等の治療　　接種する物質…ほか

の動物に産生させた抗体

〈解説〉(1)　TLR(トル様受容体)はマクロファージがもつ受容体である。TCRはT細胞受容体，BCRはB細胞受容体の略である。　(2)　細胞性免疫では，キラーT細胞による感染細胞への直接的な攻撃や，ヘルパーT細胞によるキラーT細胞の活性化などが行われる。　(3)　ウイルスは宿主の細胞内でしか増殖することはできない。ウイルスに感染した細胞は死滅し，増殖したウイルスは他の細胞内に侵入するので，常に体液中に存在しているわけではない。　(4)　予防接種はワクチン(弱毒化もしくは死滅した抗原)を体内に摂取しその抗原に対して特異的な抗体を産生させて免疫力を高めることで病気を予防する方法である。血清療法は他の生物に産生させた抗体を投与する治療法である。

【5】(1)　①　静止電位…イ　　活動電位の最大値…カ　　②　ア，エ　③　A　ナトリウムチャネルが開き，ナトリウムイオンが細胞内に流入する。　B　カリウムチャネルが開き，カリウムイオンが細胞外に流出する。　(2)　①　25〔m/秒〕　②　6.5〔ミリ秒〕　③　アセチルコリン　④　・神経伝達物質が分解されるため。　・神経伝達物質が回収されるため。

〈解説〉(1)　①　何も刺激を受けていない静止状態の細胞膜の内側は，常に負の電位をもつが，刺激を受けると電位が逆転して正の電位をもつ。このときの電位の変化を活動電位というので，図1の活動電位の最大値は(＋40)－(－60)＝100〔mV〕となる。　②　神経細胞にある一定以上の強さの刺激(閾値)を与えると興奮が起こるが，閾値以上の刺激を与えても興奮の大きさは変化しない(全か無かの法則)。一方，神経細胞により閾値の大きさが異なるため，刺激が強くなるほど興奮する神経細胞の数は多くなり，興奮頻度も多くなる。　③　静止状態では，ナトリウムポンプのはたらきによりナトリウムイオンが細胞外へ排出され，カリウムイオンの一部がカリウムチャネルを通過して細胞外の漏れ出ているため，細胞内は負の電位をもっている。興奮時には正の電荷をもつナトリウムイオンやカリウムイオンが細胞内外を移動することで，電位が変化する。　(2)　①　題意より，神経上での伝導速度を求めるので，神経終末を含まないA点からB点までで考える。よって，興奮の伝導速度は，$\frac{(6.0-2.0)\times10^{-2}}{(7.5-5.9)\times10^{-3}}=25$〔m/秒〕　②　本問では，電気刺激が筋肉に伝わってから筋肉が収縮するまでに要する時間がわからない。A点に電気刺激を与えてから筋肉が収縮するまでの時間が5.9ミリ秒，筋肉から3.5cm離れた点はA点から3.5－2.0＝1.5〔cm〕離れているので，この点からA点まで電気刺激が伝わるのに要する時間は，$\frac{0.015}{25}=0.0006=0.6$〔ミリ秒〕。よって，筋肉から3.5cm離れた点に刺激を与えてから筋肉が収縮するまでに要する時間は，5.9＋0.6＝6.5〔ミリ秒〕となる。　③　解答参照。　④　神経伝達物質は，興奮を伝達する側の神経細胞のシナプス小胞内からシナプス間隙へ分泌され，興奮が伝達される側の神経細胞の細胞膜にある受容体が受け取る。また，神経伝達物質が受容体から離れた後はアセチルコリンエステラーゼなどの分解酵素によって速やかに分解される。

【6】(1)　フォトトロピン　(2)　エ　(3)　膨圧運動　(4)　連続暗期の効果を失わせる。

〈解説〉(1)　フォトトロピンは，青色光受容体であり，光屈性のほか気孔の開閉の調整にもかかわっている。　(2)　チューリップの花は温度が高くなると開き，低くなると閉じる温度傾性を示す。なお，タンポポやマツバギクは光傾性を示す。　(3)　オジギソウの葉は，接触刺激を受けると葉枕の細胞の膨圧が低下することで，お辞儀をするように葉柄が垂れ下がる。　(4)　長日植物では，花芽形成のために必要な最長の連続した暗期の長さを限界暗期という。暗期の途中で光を照射(光中断)すると，限界暗期以下になり花芽を形成するようになる。

【7】(1)　上位　ク→オ→ウ→キ→ア→カ→イ→エ　下位

(2)　①　系統樹…

作成手順…AとBが最も近縁で，共通の祖先から2個ずつアミノ酸が置換した。AとBを同じグループとして考えると，次に近縁なのはCである。これらの違いの平均は$\frac{13+15}{2}=14$なので，A，BとCの共通の祖先からは7個ずつアミノ酸が置換したと考えられる。次にAとBとCを同じグループとして考えると，Dとの違いの平均は$\frac{40+38+42}{3}=40$なのでA，B，CとDの共通の祖先からは20個ずつアミノ酸が置換したと考えられる。以上のことから，上の系統樹が完成する。

②　1000万〔年〕

〈解説〉(1)　生物の分類は種が基本単位となり，これより上位の分類単位として属などを定め段階的にグループ化されている。　(2)　①　アミノ酸配列の置換数が少ないもの同士ほど，より近縁な種と考えられる。　②　①より，A種とD種は20個ずつアミノ酸が置換したと考える。よって，それに要する時間が2億年なので，1個のアミノ酸が置換するために要する時間は，$\frac{2億〔年〕}{20〔個〕}=1000万〔年〕$となる。

【8】(1)　縄張りを守る　　(2)　フェロモン(視覚・触覚)

(3)　①　長距離を移動することができます　　②　過密による環境の悪化を避けることができます　　(4)　①　移動が少ない，移動しない

②　$\frac{30+21+36+15+26+13}{6}\times 210=4935$　答　4935〔本〕

〈解説〉(1)　アユは個体群密度が低いとき縄張りを形成する。縄張りを形成するアユには縄張りに入ってきた外敵を追い払おうと近づく性質がある。　(2)　例として，アリやハチなどがもつ性フェロモンや集合フェロモン，警報フェロモンなどが挙げられる。　(3)　群生相は，個体群密度が高いため，エサや生活環境を求めて集団で大移動できるよ

う，長距離を移動できる形状に成長する。　(4)　①　区画法は，生息域の中から一定の大きさの区画を設定し，その中に生息する生物種の個体数を測定することで全体の個体数を推定する方法である。そのため，植物や移動が少ない生物に適している。　②　1つの区画当たりの個体数の平均は，$\frac{30+21+36+15+26+13}{6}$〔本〕，1つの区画の面積が$1m^2$，草原全体の面積が$210m^2$なので，草原全体の個体数は，$\frac{30+21+36+15+26+13}{6}\times\frac{210}{1}=4935$〔本〕となる。

2021年度　実施問題

中学理科

【1】第3学年「運動とエネルギー」において，課題「物体に2つの力がはたらくときには，どのようなきまりがあるのだろうか」を設定し，学習を進めた。次の(1)～(5)の問いに答えなさい。

(1)　既習の内容である2力のつり合いの具体例について，日常生活の中から生徒に想起させたい。どのような具体例が考えられるか1つあげなさい。

(2)　2力がつり合う条件を3つ書きなさい。

(3)　一直線上にない2つの力の合力について調べるために，次のような装置で実験1を行った。あとの①～③の問いに答えなさい。

【実験1】

ア　1本のばねばかりで力を加える

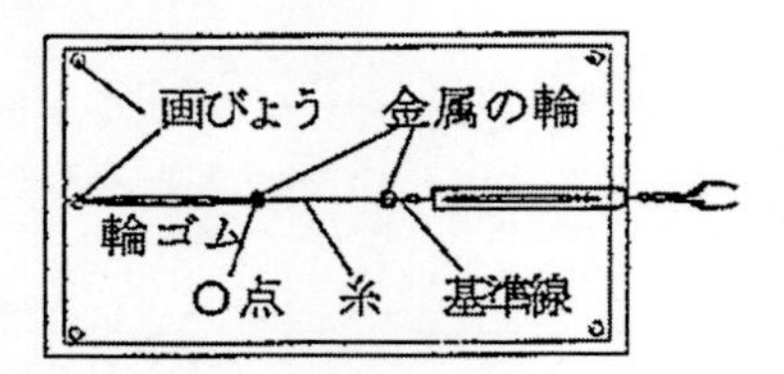

・木の板の上に基準線を書いた画用紙を置き，輪ゴムの端を固定する。

・1本のばねばかりで，基準線上に輪ゴムをつけた金属の輪を引き，1Nを示すところをO点として記録する。

イ　2本のばねばかりで力を加える

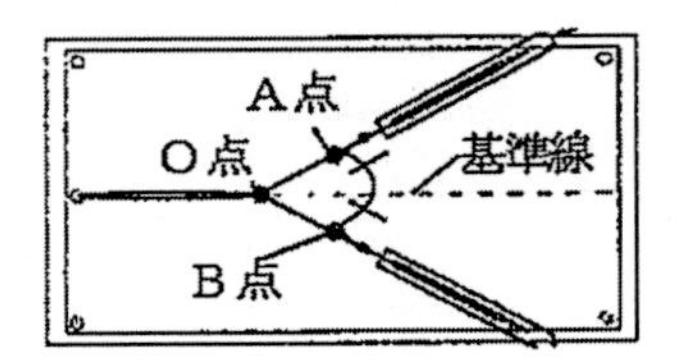

・金属の輪に2本のばねばかりを付け，角度をつけて輪ゴムをO点まで引く。

・金属の輪の中心をそれぞれA点，B点として画用紙上に記録する。A点，B点でのばねばかりの値も記録しておく。

ウ　力の矢印を記入する

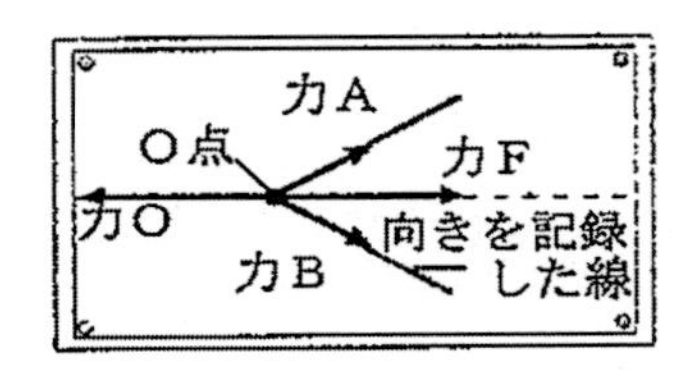

・測定値に合わせて，力の大きさを表す矢印をかき，力A，力Bとする。

・アで金属の輪を引いたときの力の矢印と輪ゴムが金属の輪を引いたときの力の矢印をO点からかき，力F，力Oとする。

① ばねばかりを水平に使う際に，生徒に確認させることを1つ書きなさい。

② ウで，力の矢印を記入する際に，事前に決めておくことを1つ書きなさい。

③ 1回目は，基準線からばねばかりまでの角度を同じにし，2回目以降は角度を変えて，イ，ウの手順を行うこととした。1回目の角度を同じにする意図を書きなさい。

(4) 力の分解について，分力について学習した後，図1を提示し，台車に働く力について考える活動を設定した。台車は斜面に沿って動くことから，台車に働く重力を，斜面に平行な方向と斜面に垂直な方向に分解して考えればよいことに気付かせ，それぞれの分力を作図させた。下の①～③の問いに答えなさい。

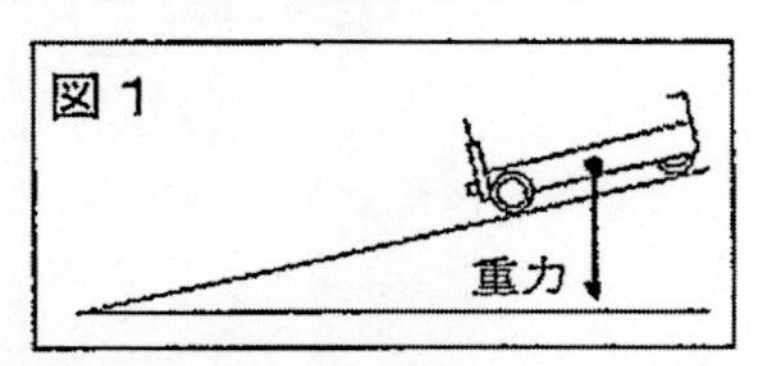

① 斜面に垂直な分力とつり合う力の名称を書きなさい。

② 図1と斜面の傾きが異なる図を提示し，分力を作図させた。2つの作図の比較で生徒に気付かせたいことを簡潔に書きなさい。

③ 「力の合成・分解」の学習は，高等学校の学習につながる。摩擦力が働き，坂道に置いた段ボールの荷物などが動かない状態について，下のア，イの問いに答えなさい。

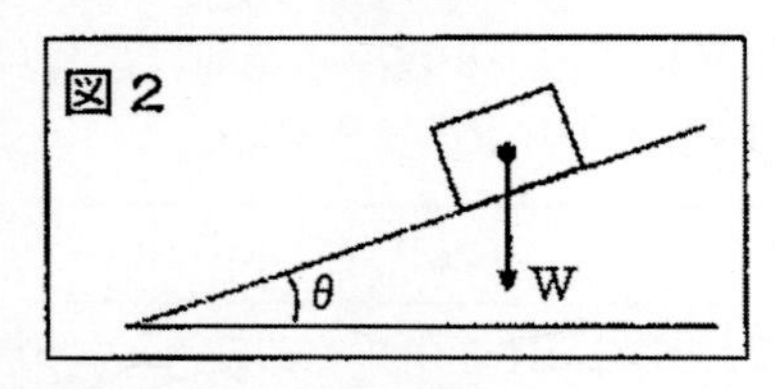

ア 図2で，物体が斜面上で静止しているときの，静止摩擦力の大きさを求めなさい。ただし，物体に働く重力の大きさをW〔N〕とする。

イ 図2で，坂道の角度を大きくしていくと，θ_0になったとき，物体が斜面をすべり始める。このときの静止摩擦係数μをθ_0を用いて表しなさい。ただし，物体は回転しないこととする。

(5) 単元のまとめで，斜張橋のモデルとして図3を提示した。あとの①，②の問いに答えなさい。

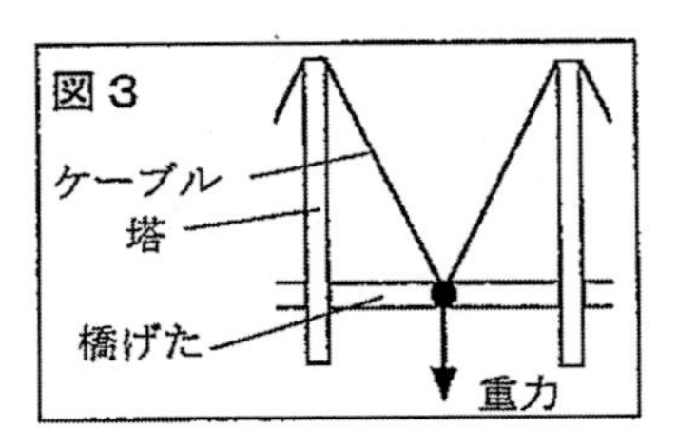

① ケーブルによって橋げたを支えている仕組みを図示し，説明を書きなさい。

② 1本のケーブルが橋げたを引く力をより小さくするための方法を2つ書きなさい。

(☆☆☆◎◎◎)

【2】第1学年「水溶液」において，課題「物質の溶け方にはきまりがあるのだろうか」を設定し，学習を進めた。次の(1)～(4)の問いに答えなさい。

(1) 物質が水に溶ける様子を調べるために，図4のような装置を準備した。下の①～④の問いに答えなさい。

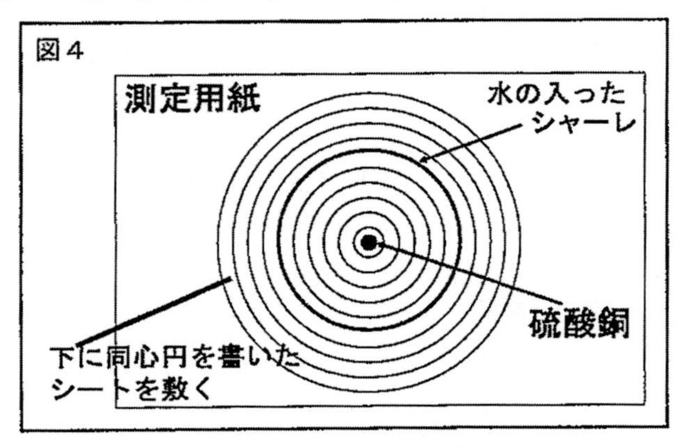

① この実験で，硫酸銅を用いた理由を答えなさい。

② 硫酸銅が水に溶けた様子を微視的に捉えさせるために，どのような活動を設定するか答えなさい。

③　硫酸銅水溶液の電離式を書きなさい。

④　生徒が「牛乳は，水溶液ではないのですか」と質問した。次のア～ウの問いに答えなさい。

ア　牛乳のような液体を何というか。書きなさい。

イ　アの液体と水溶液の違いを簡潔に答えなさい。

ウ　授業で扱えるような，アの液体の例を牛乳以外に1つ答えなさい。

(2)　ミョウバンや塩化ナトリウムの水溶液から溶質を取り出す実験2を行った。図5はミョウバンと塩化ナトリウムの溶解度を表したグラフである。下の①～④の問いに答えなさい。

【実験2】

ア　ミョウバンと塩化ナトリウムを5.0gずつ量り取り，60℃，25gの水にそれぞれ溶かす。

イ　アの水溶液を冷やしたときの様子をそれぞれ観察する。

ウ　イで溶質が現れた方のビーカーの中のものをろ過する。

エ　イで溶質が現れなかった方の水溶液を蒸発させる。

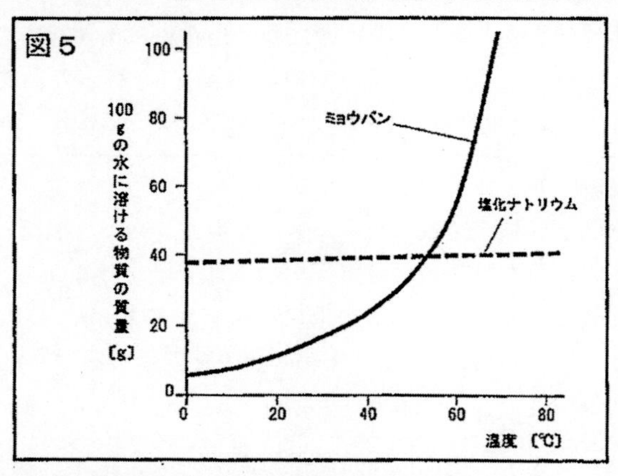

①　アで溶かす溶質を5.0gに設定した意図を答えなさい。

②　アでできた水溶液の質量パーセント濃度を答えなさい。四捨五

入して小数第1位までの数値で答えなさい。

③　アの水溶液が飽和状態になるまでミョウバンを溶かすとすると，あと何g溶けるか答えなさい。ただし，60℃におけるミョウバンの溶解度を57.4gとし，四捨五入して小数第1位までの数値で答えなさい。

④　ウでできたろ液をさらに冷やす演示実験をすることにした。その意図を答えなさい。

(3)　日常生活の中には，様々な濃度の表し方がある。例えば，液体の微量な濃度を示す単位にppmが用いられる。1ppmは何％か。

(4)　日常生活の中では，水に溶けない物質を水ではない溶媒によって溶かし，生活に生かしている。授業で取り扱えるようなものの例を1つ答えなさい。

(☆☆◎◎◎)

【3】第3学年「植物の生殖」において，課題「植物の生殖の仕組みはどのようになっているのか」を設定し，学習を進めた。次の(1)～(6)の問いに答えなさい。

(1)　受粉した後，めしべの柱頭についた花粉に何が起きているのかを調べるために，ホウセンカを用いて観察1を行った。あとの①～③の問いに答えなさい。

【観察1】
ア　ショ糖水溶液をホールスライドガラスに一滴落とす。
イ　花粉を筆先に付けて，柄つき針でゆすりながら，図6のように，ショ糖水溶液の上に花粉をばらまく。
ウ　5分ごとに顕微鏡で花粉の様子を観察する。

図6

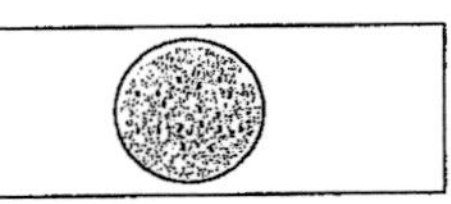

① 生徒が「受粉したあと，どのように受精が行われるのか」という問題を見いだせるよう，第1学年で学習した花のつくりがわかる模式図を提示したい。被子植物の花の模式図と，生徒に着目させたい点を，それぞれかきなさい。

② 準備をする花粉は，次の(ア)，(イ)のどちらの花から採取することが適しているか記号を選び，その理由を書きなさい。

(ア) つぼみの状態のもの　(イ) 開花後しばらくたったもの

③ ショ糖水溶液を用いる理由を簡潔に書きなさい。

(2) 受精を行わない無性生殖のうち，サツマイモのように体の一部に養分をたくわえて新しい個体をつくることを何というか。

(3) (2)を利用して植物の個体を増やす方法は，農業や園芸などで広く利用されている。その利点を2つ書きなさい。

(4) 有性生殖の利点は何か。簡潔に答えなさい。

(5) メンデルの法則について学習した後に，形質の伝わり方を確認するために実習1を行った。あとの①～③の問いに答えなさい。

【実習1】

丸い種子をつくる純系のエンドウがもつ遺伝子をAA，しわのある種子をつくる純系のエンドウの遺伝子をaaとすると，これらを他家受粉させてできる子の代は全て丸い種子をつくり，遺伝子Aaをもつことになる。子の代を自家受粉させてできる孫の代の形質について，図7のような遺伝子モデルを用いて以下の方法で調べる。

図7

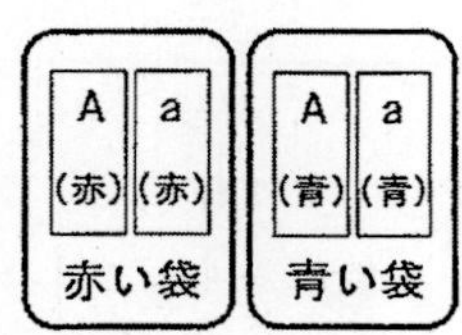

ア 赤と青それぞれの袋の中から1つずつ遺伝子モデルをとりだし，その組み合わせを記録する。

イ　班員がそれぞれ1回ずつ行ったところで集計する。
ウ　10回，30回，50回と回数を重ねていき，その都度集計し，検証する。

① イ，ウのように試行回数を設定した意図を答えなさい。
② 2つの袋とその中身を色分けしたのはなぜか，書きなさい。
③ 親の遺伝子は，生殖細胞ができるときに，対になっていた遺伝子が染色体とともに分かれ，それぞれの生殖細胞の中に入る。このことを何の法則というか，書きなさい。

(6) 学習のまとめで，メンデル以外の科学者を取り上げることとした。次の①，②の問いに答えなさい。
① 遺伝子の本体であるDNAの二重らせん構造を提唱し，後にノーベル生理学・医学賞を受賞した2人の科学者の名前を書きなさい。
② 遺伝子を扱う技術について取り上げる場面で，生徒に考えさせたいことを1つ挙げなさい。

(☆☆☆◎◎◎)

【4】第2学年「気象とその変化」において，課題「雲はどのようにしてできるのだろうか」を設定し，学習を進めた。次の(1)～(5)の問いに答えなさい。

(1) 単元の導入において，主な気象要素について学習した後，それらを用いた継続的な気象観測を計画し，図8の週間予報をもとに，観測日を16日から18日の3日間に設定した。教師がこの期間を観測対象とした意図を簡潔に書きなさい。

図8

15日(月)	16日(火)	17日(水)	18日(木)	19日(金)

(2) 乾湿計について，次の①，②の問いに答えなさい。

① 乾湿計の示度が図9のときの気温を書きなさい。

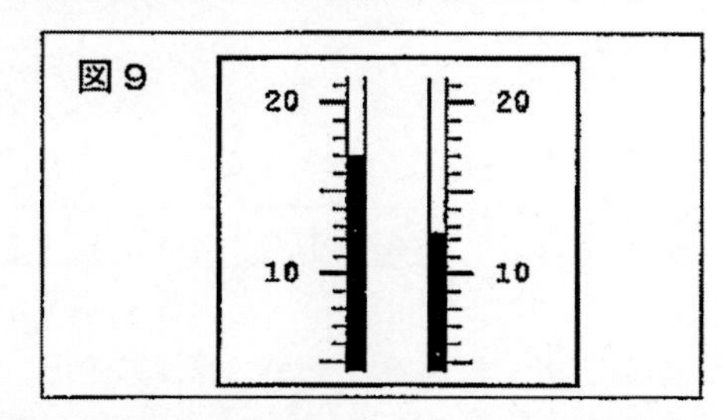

② 乾湿計を使って湿度を測定できる仕組みを「湿球」という用語を用いて簡潔に説明しなさい。

(3) 気圧が1010hPaのとき，面積20cm²の吸盤を空気が押さえつける力の大きさは何Nであるか求めなさい。

(4) 空気中の水蒸気が水滴に変わる条件について調べるために実験3を行った。下の①～③の問いに答えなさい。

> 【実験3】
> ア (ア)くみ置きしておいた水を(イ)金属製のコップに入れ，水温を測る。
> イ かき混ぜながらコップの中に氷水を少しずつ入れていく。
> ウ コップの表面を観察し，水滴が付き始めたところで氷水を入れるのをやめ，水温を測る。

① この実験方法を立案するために，身の回りで見られる「空気中の水蒸気が水滴に変わる現象」をいくつか挙げ，それらの共通点を考える活動を設定した。身近な現象としてどのようなものが考えられるか。具体的に説明しなさい。

② 下線部(ア)「くみ置きしておいた水」，下線部(イ)「金属製のコップ」を使用する理由をそれぞれ簡潔に説明しなさい。

③ 湿度についての学習を振り返る場面で「空気が乾燥している冬より，じめじめしている夏の方が洗濯物がよく乾くのはどうして

だろう」という疑問をもった生徒に対して，どのような説明を行うか，書きなさい。

(5) 単元のまとめにおいて，雲のでき方について，生徒は次のようにまとめた。下の①～③の問い答えなさい。

> 水蒸気を含んだ(ウ)空気のかたまりが上昇すると，周囲の気圧が低くなるので空気は(　a　)し，気温が下がる。上昇が続き，気温が下がり続けるとやがて露点に達し，空気に含みきれなくなった水蒸気は，水滴となる。こうしてできた(エ)小さな水滴が集まり，雲を形成する。
>
> 空気の湿度が上がるほど，露点に達する高度は(　b　)なるので，季節によって雲のできる高さに違いが生じる。

① 正しい説明となるように，文章中の(a)，(b)に当てはまる語句を書きなさい。

② 下線部(ウ)のような上昇気流の中には，太陽光によって地面や海水が温められて起こるものがある。海陸風はこの上昇気流の違いによって起こる現象であるが，このうち海風がふく仕組みを「上昇気流」「気圧」という用語を用いて簡潔に説明しなさい。

③ 下線部(エ)のように小さな水滴が集まり，雲粒として成長するためには凝結核が必要である。凝結核になるもののうち，自然界に由来するものを1つ挙げなさい。

(☆☆☆◎◎◎)

高　校　理　科

【物理】

【1】図のように，長さlの軽くて伸び縮みしない糸の先に質量mの小さなおもりを付け，他端を天井につるす。おもりを最下点Oから少し横へ引いて手を放したところ，天井につるした点を含む鉛直面内でおも

りが左右に振動した。糸が鉛直線となす角をθ，重力加速度の大きさをgとし，糸はたるまず，空気抵抗は無視できるものとして，下の(1)～(9)の問いに答えなさい。なお，(2)，(3)の問いには答えだけでなく，考え方や計算の過程も書きなさい。

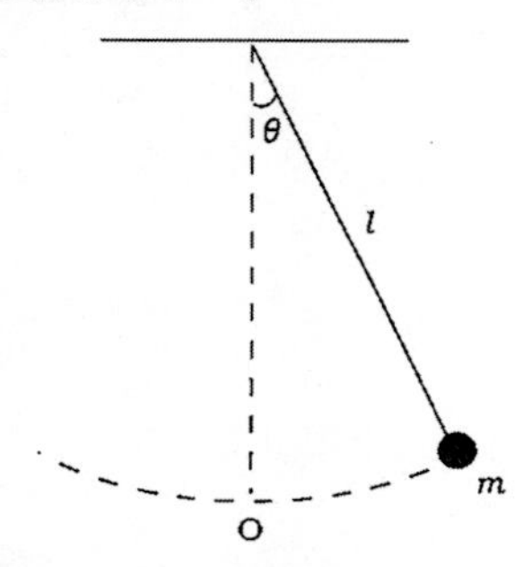

(1)　最下点Oから円周に沿った変位を右向きを正として，おもりの接線方向の運動方程式を書け。

(2)　角θにおけるおもりの速さをv，手を放した瞬間の角を$\theta = \theta_0$として，(1)の運動方程式を解き，角θと速さvの関係を求めよ。

(3)　糸の長さに比べて振幅が十分に小さい場合，振動の周期を求めよ。

(4)　(3)の結果から分かることを簡潔に書け。

(5)　手を放した時刻を$t=0$，このときの角を$\theta = \theta_0$として，角θを時刻tの関数として求めよ。

(6)　ある生徒が，「重力mgと糸の張力Sの合力は常に$mg\sin\theta$に等しい。」と誤ったとらえ方をした場合，この生徒に対してなぜ誤りであるかをどのように説明したらよいか，書け。

授業において，上の図のような装置を用いて振り子の周期を測定することによって，重力加速度の大きさgを求める実験を行った。糸の長さlを測定したところ，1.00mであった。また，おもりが10回振動するごとに時刻t'を測定し，次の表にまとめた。

回　数	時刻t'(s)	回　数	時刻t'(s)
10	20.18	60	120.95
20	40.40	70	141.10
30	60.54	80	161.21
40	80.70	90	181.18
50	100.75	100	201.36

(7)　重力加速度の大きさgを求める際，有効数字は何桁まで求めればよいか，書け。

(8)　表の結果から，振り子の周期の平均値を求める方法として考えられるものを，簡潔に説明せよ。

(9)　この実験をより発展的な内容にするためには，どのような工夫が考えられるか，1つ書け。

(☆☆☆◎◎◎)

【2】光や電子の波動性と粒子性に関して，次の(1)～(4)の問いに答えなさい。ただし，プランク定数をh，真空中の光速度をcとする。

(1)　光子の振動数νとして，光子の運動量をh，c，νを用いて表せ。

(2)　光子の運動量をpとして，光の波長をp，hを用いて表せ。

(3)　質量mの電子についても波動性があると考えた場合，速度vの電子波の波長をm，v，hを用いて表せ。

(4)　電子波においても光子と同じように，電子波の速度vと振動数ν，波長λの間には$v=\nu\lambda$の関係があると考えると矛盾が生じる。どのような矛盾が生じるか，数式を用いて簡潔に説明せよ。

(☆☆☆☆◎◎)

【3】n〔mol〕の単原子分子理想気体をピストンのついたシリンダー内に入れ，その状態を図のように状態A→状態B→状態C→状態Aと変化させる熱機関について考える。

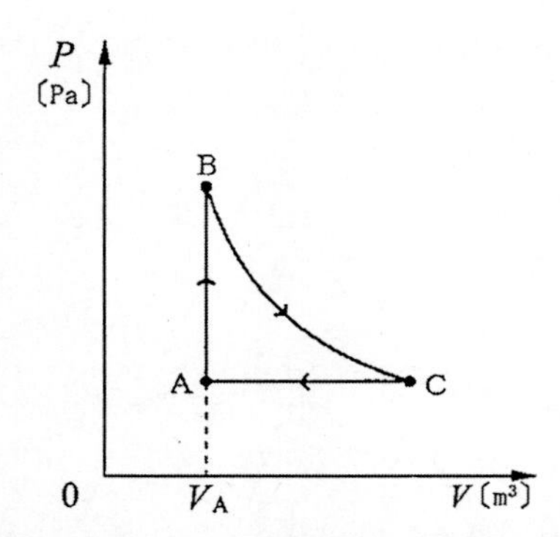

状態A→状態Bは定積変化，状態B→状態Cは等温変化，状態C→状態Aは定圧変化であり，状態Bの気体の圧力は状態Aのときの3倍であった。

状態Aの気体の体積をV_A〔m³〕，気体の温度をT_A〔K〕，気体定数をR〔J/(mol・K)〕として，次の(1)～(5)の問いに答えなさい。

(1) 熱機関について，具体例を挙げて簡潔に説明せよ。

(2) 状態Bでの気体の温度と，状態Cでの気体の体積をそれぞれ求めよ。

(3) 状態A→状態B→状態C→状態Aの変化における気体の体積V〔m³〕と絶対温度T〔K〕との関係を表すグラフをかけ。なお，A～Cのどの状態を示しているか分かるようにそれぞれA～Cを記入すること。

(4) 次の①～③の各過程において，気体が外部にした仕事，気体の内部エネルギーの変化，気体が得た熱量をそれぞれ求めよ。

① 状態A→状態B

② 状態B→状態C

③ 状態C→状態A

(5) この1サイクルの間に気体が外部にした正味の仕事と，この熱機関の熱効率をそれぞれ求めよ。

(☆☆☆◎◎◎◎)

【4】図のように，屈折率1.0の空気中から屈折率nのガラスでできた頂角βのプリズムに単色平行光線を入射させた。

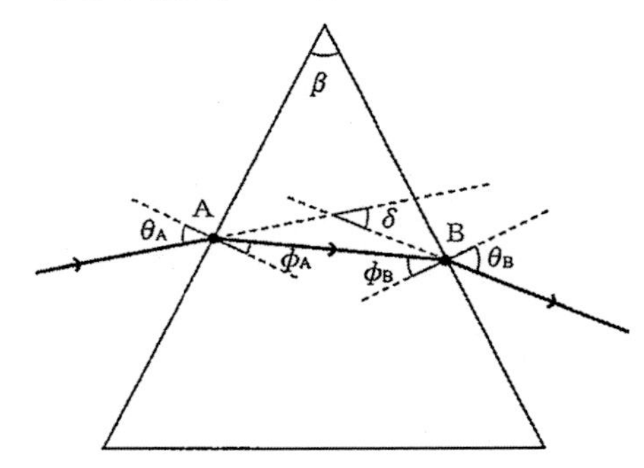

光線はプリズムの表面上の点Aから入射し，点Bから空気中に出てくる。点Aにおける入射角をθ_A，屈折角をΦ_Aとし，点Bにおける入射角をΦ_B，屈折角をθ_Bとする。また，点Aから入射する光線と点Bから出る光線のなす角(偏角)をδとする。次の(1)～(5)の問いに答えなさい。

(1)　$\sin\theta_A$をn，Φ_Aを用いて表せ。

(2)　頂角βをΦ_A，Φ_Bを用いて表せ。

(3)　偏角δをθ_A，θ_B，Φ_A，Φ_Bを用いて表せ。

(4)　偏角δは点Aでの入射角θ_Aによって変化し，$\theta_A=\theta_B$のとき最小となる。このときの偏角を最小偏角という。最小偏角をδ_mとして，ガラスの屈折率nをδ_m，βを用いて表せ。

(5)　単色光線ではなく，白色光線をプリズムに入射させ，通過した光をスクリーンに当てると，様々な波長のスペクトルが観測できる。このようにプリズムを用いて分光ができる理由を簡潔に説明せよ。

(☆☆☆☆☆◎◎)

【5】図のように，起電力E_1，E_2，E_3で内部抵抗がそれぞれr，$2r$，$2r$の電池を接続する。次の(1)～(6)の問いに答えなさい。

なお，(5)の問いには答えだけでなく，考え方や計算の過程も書きなさい。

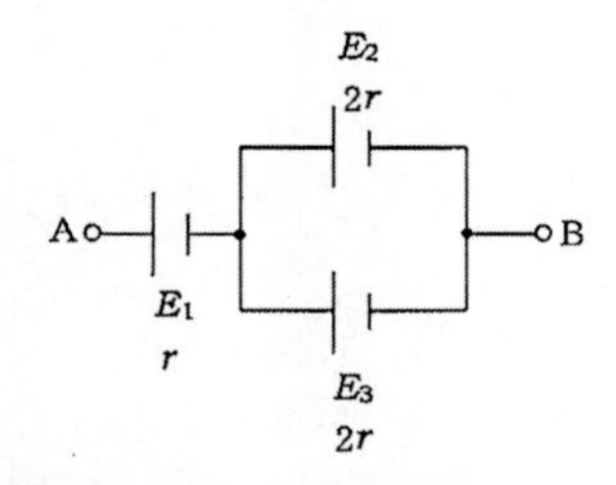

(1)　端子AB間の電位差EをE_1，E_2，E_3を用いて表せ。

次に，端子AB間に可変抵抗器を接続する。

(2)　可変抵抗器の抵抗値がRのとき，可変抵抗器を流れる電流IをE_1，E_2，E_3，R，rを用いて表せ。

(3)　回路全体で消費される電力P_0をE，R，rを用いて表せ。

(4)　可変抵抗器で消費される電力P_1をE，R，rを用いて表せ。

(5)　可変抵抗器で消費される電力P_1の最大値をE，rを用いて表せ。また，そのときのRを求めよ。

(6)　回路全体で消費される電力P_0と可変抵抗器で消費される電力P_1の差P_0-P_1は何を意味するか，数式を用いて簡潔に説明せよ。

(☆☆☆☆◎◎)

【化学】

※1　(式)とあるところには途中の式などを書くこと。

※2　必要があれば次の値を用いなさい。

原子量　H＝1.0，C＝12，N＝14，O＝16，Na＝23，Mg＝24，S＝32，Cl＝35.5，K＝39，Ca＝40，Cu＝63.5，Ag＝108

アボガドロ定数　$N_A=6.0\times10^{23}$/mol

気体定数　$R=8.3\times10^3$Pa・L/(mol・K)

ファラデー定数　$F=9.65\times10^4$C/mol

$\log_{10}2=0.30$，$\sqrt{2}=1.41$，$\sqrt{3}=1.73$，$\sqrt{5}=2.24$，$\sqrt{7}=2.65$

【1】次の(1)～(10)の問いに答えなさい。

(1)　茶葉からカフェインを分離する方法として最も適切なものを次の

ア～エから1つ選べ。

ア　抽出　　イ　蒸留　　ウ　再結晶　　エ　昇華

(2)　次の物質中のS原子の酸化数が一番大きいものを次のア～エから1つ選べ。

ア　H_2S　　イ　SO_2　　ウ　$Na_2S_2O_3$　　エ　H_2SO_4

(3)　図1のような装置を用いて気体を発生させた。この反応に用いる乾燥剤として適切なものを下のア～ウから1つ選べ。

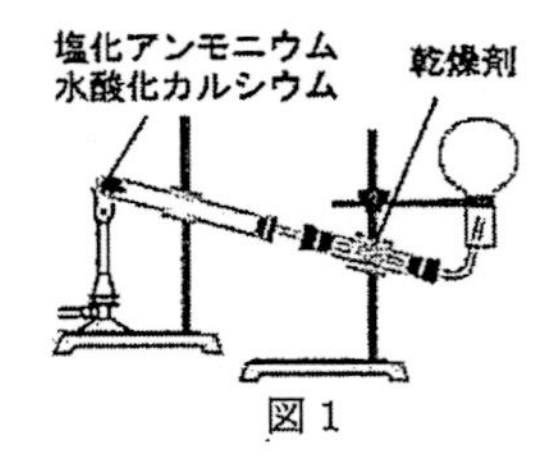

図1

ア　塩化カルシウム　　イ　ソーダ石灰　　ウ　十酸化四リン

(4)　化学反応において，触媒を加えると変化するものを次のア～エからすべて選べ。

ア　生成物の量　　イ　活性化エネルギー　　ウ　反応速度

エ　反応熱

(5)　図2の内径が等しく左右対称のU字管の中央部に半透膜を付けた器具を用いて，浸透圧に関する実験を行った。実験は，図のように純水500mLとア～エの水溶液500mLをそれぞれ入れて，室温30℃で行い，一定時間放置した。左右の水位の差が最も大きくなるものをア～エから選べ。ただし，電解質は完全に電離し，半透膜は水分子のみ通すものとし，室温と水温は等しいものとする。

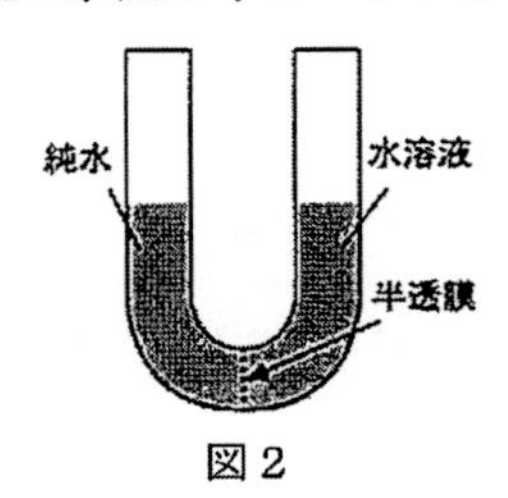

図2

ア　0.100mol/L $MgCl_2$水溶液

イ　0.200mol/L KCl水溶液

ウ　0.200mol/L スクロース($C_{12}H_{22}O_{11}$)水溶液

エ　0.100mol/L 尿素($CO(NH_2)_2$)水溶液

(6)　濃度不明の希硫酸20.0mLに，0.50mol/Lの水酸化ナトリウム水溶液を18.5mL加えると，溶液は塩基性になった。その後，この溶液に0.10mol/Lの塩酸を12.5mL加えたところ，ちょうど中和した。希硫酸の濃度を有効数字2桁で求めよ。

(7)　ブレンステッドの定義による塩基とはどのような物質であるか，書け。

(8)　金属に光沢が見られる理由を書け。

(9)　アンモニアが15族元素の水素化合物の中で高い沸点を示す理由を書け。

(10)　授業において，単体や化合物を構成している元素が何であるかを生徒に確認させたい。確認する方法を1つ挙げよ。

(☆☆◎◎◎)

【2】次の文を読み，下の(1)～(5)の問いに答えなさい。

炭素原子には質量数が12，13，14の(　　)が存在することが知られている。(a)^{14}Cは放射能を有するため，^{14}Cの存在比と半減期を利用して，木製の歴史的遺物などの年代が推定できる。また，炭素を完全燃焼させることで得られる二酸化炭素は，常温・常圧では気体であるが，1.0×10^5Paの圧力下で冷却すると液化することなく，結晶である(b)ドライアイスになる。

(1)　文章中の(　　)に適する語を書け。

(2)　下線部(a)の^{14}Cは，β崩壊し，他の原子に変わることが知られている。^{14}Cのβ崩壊後の原子を，次の例のように元素記号を使って書け。

例　$^{1}_{1}H$

(3)　下線部(b)のドライアイスを標準状態において，すべて気体の二酸化炭素にすると，体積は何倍になるか。有効数字2桁で求めよ。ただし，ドライアイスの密度を$1.6g/cm^3$とする。

(4)　容量10Lの真空容器に水5.0Lと気体の二酸化炭素を入れ，容器を密閉した。温度を0℃に保って放置したところ，二酸化炭素の一部が水に溶け，容器内の圧力が2.0×10^5Paで一定になった。このとき，容器内の水に溶けている二酸化炭素の体積を有効数字2桁で求めよ。ただし，0℃において圧力が1.0×10^5Paの二酸化炭素は，水1.0Lに7.6×10^{-2}mol溶け，気体の二酸化炭素は理想気体として振る舞うものとし，水の蒸発と体積変化は無視する。また，水に溶けた二酸化炭素は化学変化しないものとする。(式)

(5)　次の図は，ある温度におけるメタン，水素，二酸化炭素それぞれ1molの$Z=PV/(RT)$の値と圧力Pの関係を示したものである。二酸化炭素を表したものをA～Cの記号で選び，その理由を書け。

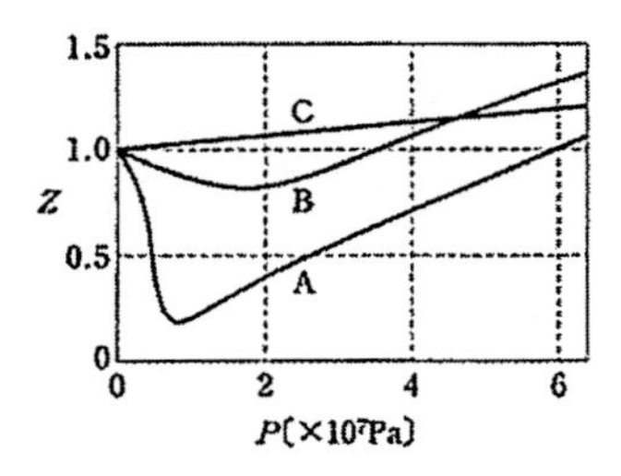

(☆☆☆◎◎◎)

【3】メタンに関して，次の(1)～(4)の問いに答えなさい。

(1)　メタン分子の電子式を書け。

(2)　メタン分子中のC－H結合には極性があるが，メタン分子は無極性分子である。その理由を書け。

(3)　27℃，1.0×10^5Paにおいて，次のア～ウの熱化学方程式が成り立つものとする。

ア　H_2(気)＋$\frac{1}{2}O_2$(気)＝H_2O(液)＋286kJ

イ　C(黒鉛)＋O_2(気)＝CO_2(気)＋394kJ

ウ　C(黒鉛)＋$2H_2$(気)＝CH_4(気)＋75kJ

①　この状態において，メタンの燃焼熱を求め，メタンの燃焼を表

す熱化学方程式を書け。ただし，燃焼により生じる水は，液体であるとする。

② 黒鉛の昇華熱を715kJ/mol，H－Hの結合エネルギーを432kJ/molとするとき，C－Hの結合エネルギーを整数値で求めよ。(式)

(4) 27℃で16.6Lの密閉容器に，0.30molのメタンと0.90molの酸素を封入した。次に，この混合気体を点火して完全燃焼させた。その結果，密閉容器内に水が生じた。このときの混合気体の全圧は何Paか。有効数字2桁で求めよ。ただし，27℃における水の飽和蒸気圧は4.0×10^3Paとし，生じた水の体積及び水への気体の溶解は無視できるものとする。(式)

(☆☆☆◎◎◎◎)

【4】次の文を読み，あとの(1)～(5)の問いに答えなさい。

電解槽AおよびBを次の図のように接続し，白金電極を用いて電気分解の実験を行った。電解槽Aには0.100mol/Lの硝酸銀水溶液が400mL，電解槽Bには0.100mol/Lの塩化銅(Ⅱ)水溶液が200mL入っている。電流計の値が0.500Aで一定となるように直流電源を用いて電圧をかけ，38分36秒間電流を通じたところ，電解槽Aでは陰極の質量が0.540g増加した。ただし，水溶液の体積変化は無視してよい。

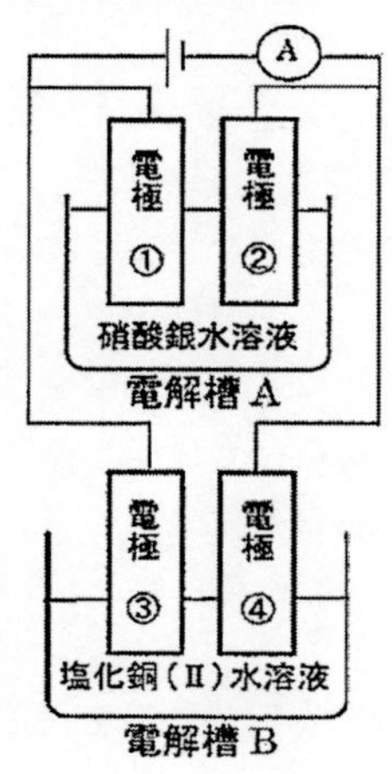

(1)　酸化反応が起こる電極を①～④からすべて選べ。

(2)　電極①で起きた反応を，電子e^-を含むイオン反応式で書け。

(3)　この実験において電解槽Bに流れた電子の物質量を有効数字2桁で求めよ。(式)

(4)　電気分解後の電解槽Bの水溶液におけるCu^{2+}イオンの濃度を有効数字2桁で求めよ。(式)

(5)　電気分解後の電解槽Aの水溶液のpHを小数第1位まで求めよ。ただし，水溶液中の硝酸イオン，銀イオン及び気体がpHに与える影響は無視できるものとする。(式)

(☆☆☆☆◎◎◎◎◎)

【5】次の文を読み，下の(1)～(5)の問いに答えなさい。

酢酸とエタノールから酢酸エチルと水が生成する反応は典型的な可逆反応であり，一定の温度において一定時間後に平衡状態に達する。反応は次式のように表される。

$CH_3COOH + C_2H_5OH \rightleftarrows CH_3COOC_2H_5 + H_2O$

この反応について，体積が一定の容器内に酢酸とエタノールをそれぞれ6.0molずつ入れ，少量の濃硫酸を加えた後，混合溶液の温度を25℃に保ったところ，平衡状態に達した。この反応の25℃における平衡定数は4.0であるものとする。

(1)　平衡状態とはどのような状態か，「正反応」，「逆反応」，「反応速度」という語を用いて書け。

(2)　生成した酢酸エチルの物質量を有効数字2桁で求めよ。(式)

(3)　平衡状態に達した後，さらにエタノールを3.0mol加え，混合溶液の温度を25℃に保ったところ，新たな平衡状態に達した。平衡後の酢酸とエタノールの物質量をそれぞれ有効数字2桁で求めよ。(式)

(4)　この反応では，濃硫酸は触媒としてはたらいている。平衡状態に達した後，容器内に希硫酸を加えると，平衡はどちらへ移動するか。また，その理由を書け。

(5)　この実験と同様な操作を行い，混合溶液の温度を40℃に保ったところ平衡状態に達し，平衡定数は25℃のときと比べて小さくなった。酢酸とエタノールから酢酸エチルと水が生成する反応は，発熱反応と吸熱反応のどちらであると考えることができるか。また，その理由を書け。

(☆☆☆☆◎◎◎◎◎)

【6】次の文を読み，下の(1)～(5)の問いに答えなさい。

分子量が1万から数百万の巨大な分子を高分子といい，その化合物を高分子化合物という。小さな分子を次々に結合させていくと高分子化合物をつくることができる。高分子化合物には，天然に存在する天然高分子化合物と人工的に合成された合成高分子化合物がある。

タンパク質や多糖は，代表的な天然高分子化合物である。タンパク質はアミノ酸が(　a　)重合した構造をしており，この重合により形成される共有結合を特に(　b　)結合という。一方，多糖はグルコースやフルクトースなどの単糖が(　a　)重合した構造をしており，生体内では，デンプンや(　c　)のようにエネルギーを蓄えたり，セルロースのように細胞壁の構成成分として細胞の構造を支えたりする役割を担っている。デンプンはヨウ素デンプン反応により，存在を確認することができる。

合成高分子化合物は石油などを原料として合成され，その形態や機能によって合成繊維，合成樹脂，合成ゴムに分類される。羊毛に似た触感をもち，耐薬品性のあるポリエチレンテレフタラートは幅広く活用されている合成高分子であり，(　d　)とテレフタル酸を反応させることで得られる。また，合成ゴムは天然ゴムと同様の特有の弾性をもった合成高分子化合物であり，ブタジエンゴムやクロロプレンゴムのように単量体の(　e　)重合によりつくられるものが多い。

(1)　文中の(　a　)～(　e　)の空欄に適する語を書け。

(2)　セルロースがヨウ素デンプン反応を示さない理由をデンプンと比較して，説明せよ。

(3)　グルコースやフルクトースは，酵素のはたらきによりエタノールと二酸化炭素に分解される。540gのグルコースが20％の割合で分解されるとき，生成するエタノールは何gか。有効数字2桁で求めよ。ただし，分解されたグルコースはすべてエタノールと二酸化炭素に変化するものとする。(式)

(4)　次の①～②の問いに答えよ。

①　ポリエチレンテレフタラートの繰り返し単位の構造式を，例のように書け。

例

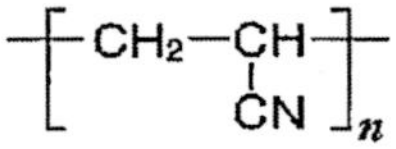

$$\left[CH_2-\underset{\displaystyle CN}{\underset{|}{CH}} \right]_n$$

②　1分子中に4.0×10^3個のエステル結合が存在するポリエチレンテレフタラートの分子量を有効数字2桁で求めよ。(式)

(5)　次のア～ウの合成高分子化合物10gをそれぞれ完全に燃焼させたとき，発生する二酸化炭素の量が最も少ないものはどれか。計算過程を示し，その記号を選べ。(式)

ア　ポリエチレンテレフタラート　　イ　ポリスチレン

ウ　ポリプロピレン

(☆☆☆◎◎◎)

【７】次の文を読み，下の(1)～(6)の問いに答えなさい。

分子内に不斉炭素原子を1個もつ油脂A(分子量は約885とする)を，十分な量の水酸化ナトリウム水溶液中で加熱し，沸騰させながらかき混ぜた。その後，この溶液に多量の電解質を加え，吸引濾過し，乾燥させると白い固形物が得られた。この白い固形物に十分な量の塩酸を加えると，脂肪酸B(直鎖状の飽和脂肪酸)と脂肪酸C(直鎖状の不飽和脂肪酸)が生成した。ただし，反応は理論どおり完全に進むものとする。

(1)　固体の水酸化ナトリウムをはかり取り，水酸化ナトリウム水溶液を安全に作る際の注意点を，「溶解熱」という語を用いて書け。

(2)　下線部のように，多数の水分子と水和している物質に多量の電解質を加えて沈殿させる反応のことを何というか，書け。

(3) 反応の過程で生じる白い固形物は洗浄作用をもつが，動物性繊維に使用することができない。その理由を書け。

(4) 脂肪酸Bの分子量は284である。脂肪酸Bの示性式を書け。

(5) 脂肪酸C14.0gを完全に燃焼させたところ，二酸化炭素39.6gと水14.4gが生成した。脂肪酸Cの分子式を書け。(式)

(6) 油脂A100gを触媒の存在下で水素と反応させたところ，5.06Lの水素を吸収した。油脂Aの構造式を例のように書け。また，計算過程も示せ。ただし，構造式中の不斉炭素原子に*をつけ，直鎖状の脂肪酸の部分については$C_{13}H_{27}COOH$のようにまとめて表すこと。(式)

例

$$CH_3-CH_2-\overset{*}{C}H(-CH_3)-C(=O)-CH_3$$

(☆☆☆☆◎◎◎)

【生物】

【1】タンパク質に関する次の文章を読み，下の(1)～(5)の問いに答えなさい。

タンパク質は，多数のアミノ酸が[　①　]でつながった大きな分子であり，それぞれが(a)<u>特有の立体構造を有している</u>。この立体構造が崩れることをタンパク質の[　②　]という。また，[　②　]により，タンパク質が機能を失うことを[　③　]という。

タンパク質には触媒として働くものがあり，酵素と呼ばれる。酵素が特定の物質にのみ働きかける性質を[　④　]という。一方，(b)<u>酵素の中には低分子の有機物や金属が結合しないと活性をもたないものもある</u>。

(1) 文章中の[　①　]～[　④　]に当てはまる最も適切な語句を書け。

(2) 下線(a)について，タンパク質の立体構造の形成に寄与しているのはどのような原子間での結合か，次のア～オのうちからすべて選び，記号で書け。

ア　炭素と窒素　　イ　硫黄と炭素　　ウ　硫黄と硫黄

エ　炭素と酸素　　オ　酸素と水素

(3)　あるタンパク質分解酵素が，図に示すペプチドを分解したときに生じる2つのアミノ酸の構造式を書け。

図

```
                          H
                          |
            H          H－C－H
            |             |
   H－N－C－C－N－C－C－O－H
      |    |    ‖    |    |    ‖
      H    H    O    H    H    O
```

(4)　下線(b)中の低分子の有機物を総称して何と呼ぶか。

(5)　(4)のような低分子の有機物が，酵素の活性発現に必要なことを証明するには，どのような実験を行い，どのような結果が得られればよいか，説明せよ。

(☆☆☆◎◎◎)

【2】受精と発生に関する次の文章を読み，下の(1)～(4)の問いに答えなさい。

精子と卵が融合する過程を受精という。例えばウニの受精では，精子が卵の周りにあるゼリー層に到達すると[　①　]反応が起こり，精子の先端部からゼリー層の成分を分解する酵素が放出される。さらに精子の[　②　]運動が活性化することでゼリー層を貫通する。精子が卵黄膜を通過して卵細胞膜に結合すると，[　③　]反応が起こり，卵細胞と卵黄膜の間が離れ，受精膜が形成される。

受精後の卵では，卵割が連続して起こる。卵割が進んで胞胚期を過ぎると，胚の外側にある細胞の一部が胚の内部に向かって陥入し[　④　]が形成される。[　④　]が形成されると胚を形成する細胞群は，内胚葉・中胚葉・外胚葉に分かれ，さらにさまざまな器官へと分化していく。

(1)　文章中の[　①　]～[　④　]に当てはまる最も適切な語句を書け。

(2)　下線について，受精膜が形成されることの利点を説明せよ。

(3)　RNA合成を阻害する試薬Aを加えた海水中で，ウニの受精卵を発生させたところ，受精卵は卵割を開始し，胞胚となった。一方，タンパク質合成を翻訳の段階で阻害する試薬Bを加えた海水中で，ウニの受精卵を発生させたところ，卵割がまったく起こらなかった。このような結果が得られた理由として，考えられることを書け。なお，試薬Aは阻害作用を示すのに十分な量を，海水に加えてある。

(4) 次のア～カのうち，脊椎動物の発生において，中胚葉と外胚葉に由来するものをそれぞれすべて選び，記号で書け。

ア 心臓　　イ 表皮　　ウ 脊椎骨　　エ 脊索
オ 胃の上皮　　カ 脳

(☆☆☆◎◎◎)

【3】免疫に関する次の文章を読み，下の(1)～(4)の問いに答えなさい。

生物の体内に侵入した病原体などの異物を排除するしくみを，免疫という。ヒトの場合，生まれつき備わっている自然免疫と，生後獲得する適応免疫(獲得免疫)がある。

適応免疫には，体内に侵入した異物を[①]として認識した後，B細胞が抗体をつくって[①]を除去する[②]免疫と，抗体をつくらずにキラーT細胞がウイルスなどに感染した細胞を攻撃して除去する[③]免疫がある。抗体は[④]と呼ばれるタンパク質であり，2本ずつのH鎖とL鎖が結合している。H鎖とL鎖は，抗体ごとに立体構造が異なる可変部と，可変部以外の一定の構造をもつ定常部からなる。抗体と[①]との特異的な結合を[⑤]反応という。<u>1種類のB細胞は，1種類の抗体のみをつくるため，多様な[①]に対応するには，きわめて多種類のB細胞が必要となる</u>。

(1) 文章中の[①]～[⑤]に当てはまる最も適切な語句を書け。

(2) キラーT細胞のはたらきによるものを，次のア～エのうちから1つ選び，記号で書け。

ア インフルエンザワクチン接種後の反応
イ ヘビ毒に対する血清療法
ウ 皮膚移植に対する拒絶反応
エ 花粉に対するアレルギー反応

(3)　キラーT細胞やB細胞などの血球は，骨髄内で，ある細胞から分化する。その細胞の名称を書け。

(4)　下線について，多種類のB細胞がつくられるしくみを「可変部」，「再構成」という語を用いて，説明せよ。

(☆☆☆◎◎◎)

【４】DNAの複製に関する次の文章を読み，下の(1)～(5)の問いに答えなさい。

DNAは，2本鎖DNAのそれぞれが鋳型となって，1本の鋳型鎖と1本の新生鎖からなる新しい2本鎖DNAをつくり出すことで複製される。複製の開始時には，プライマーと呼ばれる，鋳型鎖に相補的な短いヌクレオチド鎖が合成され，プライマーにつなげて，[　①　]という酵素が新生鎖を伸長していく。複製過程で，連続的に合成されるヌクレオチド鎖を[　②　]鎖といい，不連続に合成されるヌクレオチド鎖を[　③　]鎖という。

(1)　文章中の[　①　]～[　③　]に当てはまる最も適切な語句を書け。

(2)　DNAの複製について，次のア～エの中で，正しいものをすべて選び，記号で書け。

ア　DNAの半保存的複製は，メセルソンとスタールの実験によって証明された。

イ　ヌクレオチド鎖は，3′末端側から5′末端側の方向に合成される。

ウ　原核生物の環状DNAの複製は，複数の複製起点から始まり，両方向へ進む。

エ　まれに相補的でない塩基対ができるなど，複製の誤りが起こることがある。

(3)　大腸菌の環状DNAのサイズは，460万塩基対であるとする。複製が30分で終了する場合，[　①　]がDNA鎖を伸張させる速度(ヌクレオチド／秒)を求めよ。ただし，小数点以下を四捨五入して整数で答えよ。

(4)　[　③　]鎖の合成のときに見られる短いDNA断片の名称を書け。

(5) PCR法を用いると，特定の領域のDNAを大量に増幅することができる。2本鎖DNAと増幅に必要な材料を含む溶液を95℃→60℃→72℃に変化させると，プライマーに続く塩基配列が複製される。この温度変化を3サイクル繰り返すと，増幅したい領域だけからなる2本鎖DNAは，理論上，全体の何％得られるか，答えよ。

(☆☆☆◎◎◎)

【5】個体群とその変動に関して，次の(1)，(2)の問いに答えなさい。

(1) 動物の個体群の大きさを調べる方法として，標識再捕法が用いられることがある。今，ある調査地に生息しているショウリョウバッタの個体群の大きさを，標識再捕法により調べることにした。1回目の捕獲では，74匹のショウリョウバッタが捕まり，各個体に標識をつけて放した。数日後の2回目の捕獲では，96匹のショウリョウバッタが捕まり，そのうち，標識が付いていた個体は16匹であった。次の①，②の問いに答えよ。

① 標識再捕法により，個体群の大きさを調べるためにはいくつかの条件が必要である。次のa～cの条件に加えて，更に必要な条件を1つ書け。

a 標識の脱落がないこと

b 調査地で個体がランダムに混ざり合うこと

c 2回目の捕獲までに，調査地内での個体の出入りや出生・死亡がないこと

② この調査地に生息しているショウリョウバッタは，何匹と推定できるか，求めよ。

(2) 個体群の変動のようすを調べる方法として，生存曲線が用いられることがある。生存曲線は，あるときに出生した一定数の個体群が，時間経過にともなって，どう減少していくかを表したグラフである。次の①～③に答えよ。

① 生存曲線の縦軸は，対数目盛りで表されることが多い。その理由は，グラフの変化で何を分かりやすく示すためか，書け。

② 動物の生存曲線は，一般に，図のa～cの3つの型に大別されることが多い。c型の動物の特徴を，簡潔に説明せよ。

図

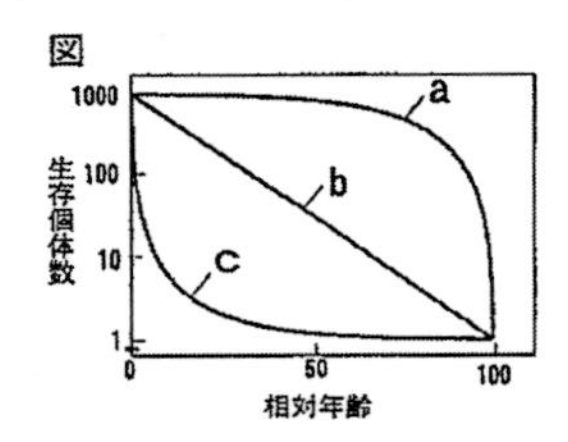

③ 外来生物のアメリカシロヒトリは，他の多くの昆虫類が示すc型の生存曲線とは，異なる型の生存曲線を示すことが知られている。その理由を，幼虫の初期の生活様式に着目して，書け。

(☆☆☆◎◎◎)

【6】進化のしくみに関する次の文章を読み，下の(1)～(3)の問いに答えなさい。

一般にメンデル集団では，遺伝子頻度が一定に保たれ，世代を繰り返しても遺伝子頻度が変化しない。これをハーディ・ワインベルグの法則という。

(1) あるメンデル集団がもつ1組の対立遺伝子A，aについて，A，aの遺伝子頻度をそれぞれp，q ($p+q=1$)としたとき，次世代でA，aの遺伝子頻度が変化しないことを示せ。

(2) ある植物の花色を調べたところ，遺伝子型AA，Aa，aaの個体の花色は，それぞれ赤色，桃色，白色であることが分かった。今，100個体について調べたところ，赤色が50個体，桃色が20個体，白色が30個体であった。この集団が，ハーディ・ワインベルグの法則に従うとき，A，aの遺伝子頻度はそれぞれいくらになるか，求めよ。

(3) 個体数が小さい集団は，遺伝的浮動により，ハーディ・ワインベルグの法則に従わないことがある。遺伝的浮動とはどのような現象か，簡潔に説明せよ。

(☆☆☆◎◎◎)

【7】植物ホルモンに関する次の文章を読み，下の(1)～(4)の問いに答えなさい。

植物の生体機能は，植物ホルモンなどの働きにより調節されている。例えば，植物の幼葉鞘が光の当たる側に屈曲する光屈性は，植物ホルモンの1つであるオーキシンが関係している。

(1) 植物がもつ，光屈性以外の屈性を，具体例とともに1つ書け。

(2) ある植物の葉について，葉柄を残して葉身を切り取ったところ，やがて葉柄の基部に離層が形成されたが，切断面にオーキシンを塗ったものでは，離層が形成されなかった。この結果から考えられることとして正しいものを，次のア～エのうちから1つ選び，記号で書け。

ア　オーキシンは，離層の形成を促進するが，抑制することはない。

イ　若い葉は，オーキシンをほとんど含んでいない。

ウ　葉のオーキシン濃度が低下すると，離層の形成が促進される。

エ　茎より葉のオーキシン濃度が高くなると，離層の形成が促進される。

(3) 次の①～④の現象に関係する植物ホルモンの名称を，それぞれ1つずつ書け。

① ブドウのつぼみを，この植物ホルモンで処理すると，受粉しなくても子房が肥大する。

② 果実の成熟を促進する。

③ 側芽の成長を促進する。

④ 種子の休眠を維持する。

(4) 植物ホルモンと動物のホルモンの共通点を，その「量」に着目して，簡潔に説明せよ。

(☆☆☆◎◎◎)

【8】ヒトの眼の構造と機能に関する次の文章を読み，あとの(1)～(4)の問いに答えなさい。

眼に入った光は，網膜上に像を結ぶ。この情報が，視神経を経て脳へと伝えられ，視覚が生じる。しかし，網膜には盲斑と呼ばれる部分があり，ここでは，光が像を結んでも視覚が生じない。

(1)　眼に入った光が，網膜に達するまでの経路として正しいものを，次のア～エのうちから1つ選び，記号で書け。

ア　角膜→瞳孔→ガラス体→水晶体

イ　角膜→瞳孔→水晶体→ガラス体

ウ　瞳孔→角膜→ガラス体→水晶体

エ　瞳孔→角膜→水晶体→ガラス体

(2)　盲斑とは，どのような部分か。「視神経」，「視細胞」という語を用いて，説明せよ。

(3)　日常生活において，盲斑を意識することなく生活できるのはなぜか，説明せよ。

(4)　暗所に入ると，はじめは物がよく見えないが，しだいに見えるようになる。これを暗順応という。暗順応のしくみについて，「かん体細胞」に着目して，説明せよ。

(☆☆☆◎◎◎)

解答・解説

中　学　理　科

【1】(1)　綱引きで綱が動かない状態　(2)　・2力の大きさが等しい。・2力が一直線上にある。　・2力の向きが逆。　(3)　①　0(ゼロ)点を調整しておくこと。　②　1Nの力を何cmの矢印で表すかを決めておくこと。　③　ひし形の作図から，合力Fが力Aと力Bの対角線になっていることに気付きやすくするため。　(4)　①　垂直抗力　②　同じ台車では，斜面の傾きが大きくなるほど，斜面に垂直な分力

は小さくなり，斜面に平行な分力は大きくなること。

③　ア　$W\sin\theta$〔N〕　イ　$\mu=\tan\theta_0$

(5)　①　図…

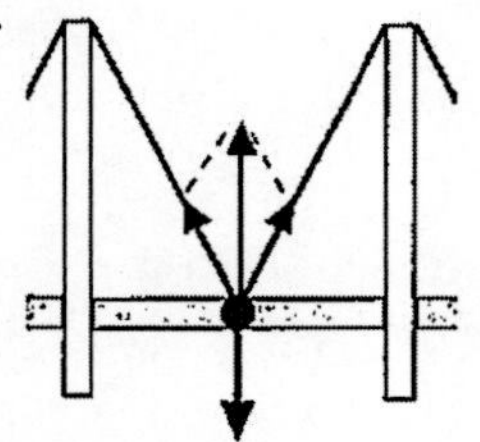

説明…2本のケーブルが引く力の合力によって，橋げたにはたらく重力とつり合う力をつくり，橋げたを支えている。　②　・塔の高さを高くする。　・塔の間隔をせまくする。

〈解説〉(1)　1つの物体に力がはたらいていて，その物体が静止したままのとき，物体にはたらく力はつり合っているという。　(2)　解答参照。(3)　実験を行う際や，実験結果を記録する際は，だれが行っても，だれが見ても，わかるようにしておくこと，つまり再現性が重要である。そのためにあらかじめ実験器具や記録方法などを決めておく必要がある。　(4)　①②　解答参照。　③　ア　図2における，物体にはたらく斜面下向きの力，つまりWの斜面方向の分力は，$W\sin\theta$〔N〕である。物体が静止しているので，静止摩擦力とこの斜面下向きの力はつり合っているといえる。したがって，静止摩擦力の大きさは，$W\sin\theta$〔N〕となる。　イ　あらい面上に物体を置き，面を徐々に傾けたとき，物体がすべり始める直前の傾きの角度を摩擦角といい，そのときの角度をθ_0，静止摩擦係数をμとすると，$\mu=\tan\theta_0$という関係がある。(5)　解答参照。

【2】(1)　①　硫酸銅水溶液は青色透明であり，溶質が均一に広がっていく様子を可視化できるため。　②　モデル図をかかせる活動

③　$CuSO_4 \rightarrow Cu^{2+} + SO_4^{2-}$　④　ア　コロイド溶液(ゾル)

イ　ア(コロイド溶液)の溶質は水溶液の溶質の粒子より大きく，半透膜を通らない。　ウ　墨汁　(2)　①　60℃，25gの水に溶かしたと

き，ミョウバン，塩化ナトリウムともに溶け残りができず，また，それぞれの水溶液を冷やした時，一方の溶質だけが再結晶で取り出せるから。　②　16.7〔%〕　③　9.4〔g〕　④　ろ液の中にもまだ，ミョウバンが溶けていることに気付かせるため。　(3)　0.0001〔%〕
(4)　油性ペンのインク

〈解説〉(1)　①　物質が水に溶ける様子を観察するための実験であるため有色の水溶液を用いることが適切である。　②　物質の水への溶解や状態変化を微視的に捉えさせるには，粒子モデルを活用する。
③　解答参照。　④　ア　解答参照。　イ　コロイド粒子の大きさは10^{-5}～10^{-7}cm程度である。　ウ　他には，コーヒー，石鹸水なども考えられる。　(2)　①　再結晶の違いを実験で確かめるには，溶解度の差が大きい溶質を用いることが重要である。　②　$\frac{5.0}{5.0+25}\times100=16.66\fallingdotseq16.7$〔%〕　③　水が25gであるので，$57.4\times\frac{25}{100}-5.0=9.35\fallingdotseq9.4$〔g〕　④　解答参照。　(3)　ppmはparts per millionの頭文字をとったもので，百万分率のことである。したがって，1ppmは，$\frac{1}{1000000}\times100=0.0001$〔%〕　(4)　油性ペンのインクは，着色剤をアルコール系や石油系の揮発性有機溶剤に溶かしてつくられている。

【3】(1)　①　図…

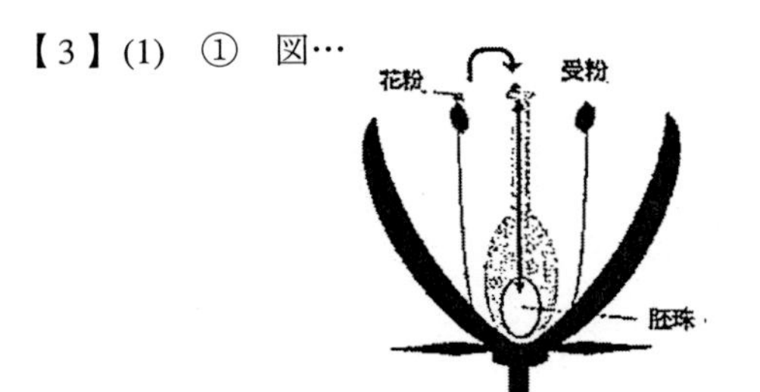

着目させたい点…柱頭から胚珠までの距離　②　記号…(イ)
理由…成熟した花粉が得られるため。　③　柱頭と同じような(似た)状態にするため。　(2)　栄養生殖　(3)　・有性生殖に比べて，繁殖(増殖)に時間がかからない。　・同じ形質をもつ子をつくれるため，品質を一定に保ちやすい。　(4)　遺伝的多様性をもった子孫

を残すことで，環境の変化に適応できる。　(5)　①　試行回数を増やすことで，理論値に近くなることを理解させるため。　②　精細胞と卵細胞のそれぞれの遺伝子を受け継いでいることを捉えやすくするため。　③　分離の法則　(6)　①　ワトソン，クリック
②　安全に運用できるか。

〈解説〉(1)　①　被子植物の特徴を捉えていることが重要である。外側から，がく，花弁，おしべ，めしべで構成されており，胚珠が子房に覆われていることを描く。さらに，「受粉したあと，どのように受精が行われるのか」と問われていることから，おしべから柱頭への受粉を示したあと，花粉管を通って胚珠へ向かうように描く。着目させたい点は，解答例以外にも問題文に則した解答になっていれば正解となる。　②　準備する花粉は開花後しばらく経過した花から採取することが望ましい。成熟した花粉は，花粉管核や雄原核，雄原細胞が観察可能であるが，成熟前の花粉では雄原細胞と花粉管細胞の観察のみになってしまう。　③　通常，柱頭からは粘液が出ている。これは花粉がつくようにするためであるとともに，花粉粒の発芽，花粉管伸長のための成分(糖)が含まれている。これと同じような状態にするために，ショ糖水溶液を加えている。　(2)　無性生殖には栄養生殖の他に，ゾウリムシやミドリムシなどのように親個体がほぼ同じ大きさになって新しい個体が生じる分裂や，酵母やヒドラなどのように親個体の一部に芽体が形成されて新しい個体が生じる出芽がある。　(3)　無性生殖のメリットとして，増殖が早いこと，すべて同じ遺伝情報をもっていることがあげられる。これらの特徴を踏まえて，農業や園芸に活かせる点を考えて解答する。　(4)　有性生殖の利点として，多様な遺伝子をつくることで，環境の変化，新しい環境への進出，ウイルスからの攻撃による絶滅の危険を避けることなどがあげられる。
(5)　①　試行回数が少ない場合は，データのばらつきが多くなってしまうリスクが高い。試行回数が少ないときは理論値から離れていても，試行回数を増やすことによって，理論値に少しでも近づいていくと理解させる。　②　2つの袋を用意して，卵細胞と精細胞を視覚的に捉

えやすくし，中身を色分けすることでどちらの袋から取り出したのか混乱しないように配慮されていることがわかる。　③　F_1の配偶子形成では，対になっている遺伝子が分離し，2つの配偶子が1：1にできる法則を，分離の法則という。また，F_1では親から受け継いだ遺伝子がヘテロ接合となり，優性遺伝子のはたらきだけが現れる法則を，優性の法則という。　(6)　①　ワトソンとクリックはDNAの化学成分とX線回折像などを参考にしてDNA分子の模型を作製した。その模型は，二重らせん構造をしており，シャルガフのDNA中のAとT，GとCの割合がそれぞれ等しいことや，ウィルキンスのDNAがらせん構造をしていることを示唆するX線回折像の撮影データと矛盾しないものであった。　②　遺伝子を扱うことについて，安全面の配慮が大切になる。また，別解として倫理面について触れることも可。その他遺伝子技術についての問題点や疑問点から，生徒に考えさせたい点を解答する。

【4】(1)　3日間の天気が異なり，天気と気象要素との関係性が見いだしやすいため。　(2)　①　17.0〔℃〕　②　・湿球に付着した水が気化するほど熱が奪われ温度計の示度が下がる。　・乾球との示度の差から湿度表を用いて湿度を求める。　から1つ　(3)　202〔N〕
(4)　①　寒い冬に部屋を暖めると，窓が結露する現象。
②　(ア)　水温を室温と同じにするため。　(イ)　熱伝導率に優れ，コップの外側の温度を素早く水温と同じにすることができるため。
③　夏は気温が高いので飽和水蒸気量が大きく，洗濯物の水分が多く蒸発できるため。　(5)　①　(a)　膨張　(b)　低く　②　日射が強くなると，陸は海よりも暖まりやすく，陸上では上昇気流が生じて地表の気圧が下がり，相対的に気圧が高くなった海上から空気が流れ込み，海風がふく。　③　火山灰　など

〈解説〉(1)「気象とその変化」の学習のねらいのひとつは，継続的な気象観測や資料をもとに気象要素と天気の変化の関係性を見いださせることである。そのためには異なる天気を多く含む期間を設定するのが適切である。　(2)　①　湿球温度計は図9の右側である。測定値は最

小目盛りの$\frac{1}{10}$，すなわち0.1℃まで読む。　②　湿球温度計に巻かれたガーゼまで毛細管現象で上がってきた水は，ガーゼの表面で蒸発する。このとき，周囲から熱を奪うため，湿球温度計の示度は下がる。湿度が低いと多く蒸発するので温度はどんどん下がり，逆に湿度が高いとあまり蒸発できないので温度はあまり下がらない。乾球温度t_dと湿球温度t_wの差は，湿球温度における飽和水蒸気圧e_sと空気中の水蒸気圧eの差に比例することを利用してeを求め，t_dにおける飽和水蒸気圧e_sから，$\frac{e}{e_s}\times 100$〔%〕として湿度を計算する。計算結果を表にしたのが湿度表である。　(3)　単位面積あたりの力が圧力$\left(p=\frac{F}{S}\right)$である。単位に注意して，求める力は，$F=1010\times 10^2$〔Pa〕$\times 20\times 10^{-4}$〔$m^2$〕$=202$〔N〕　(4)　①　他には，寒い日に吐く息が白く見えるなどがある。　②　下線部(ア)について，アの水温から室温での飽和水蒸気量がわかる。ウの水温(露点)から，空気中の水蒸気量(＝露点での飽和水蒸気量)がわかる。それらから湿度が計算できるので，乾湿計から求めた湿度と比較して，実験の精度を評価できる。下線部(イ)について，もし金属に比べて熱を伝えにくいガラスのコップを用いた場合，計測した水温はすでに露点以下の可能性がある。計測した水温が露点以下であると，空気中の水蒸気量を低く見積もるので，湿度を低く見積もることになる。　③　飽和水蒸気量は気温の上昇とともに急激に増加する。したがって，気温が高い夏では多少湿度が高くても，乾燥した冬よりも多くの水が蒸発できる。　(5)　①　a　上空ほど気圧が低いので空気塊は膨張して温度が下がる。　b　空気の湿度が上がると，空気に含まれる水蒸気量が増えるので，露点が上がる。そのため，より低い高度で露点に達する。　②　地面は海面よりも熱容量が小さいため，よく晴れた日中は温度が高くなり，夜間は放射冷却により温度が低くなる。一方海面は，熱を吸収しても蒸発する水蒸気の潜熱になったり海水が上下混合したりして，温度の日変化量が小さい。そのため，晴れた日中や夜間で陸上と海上の間に相対的な気圧差が生じる。特に海岸線付近はその気圧差が顕著で，日中の海風や夜間の陸風がふく。　③　他には，海塩粒子，風で巻き上げられた土壌粒子，山火事による生成物などがある。人類活動起源のものを含めれば，工場や自動車からの煙や排出ガスも凝結核になりうる。

高校理科

【物理】

【1】(1)　$m\cdot\frac{d^2(l\theta)}{dt^2}=-mg\sin\theta$　(2)　$v=\frac{d(l\theta)}{dt}$より(1)の運動方程式は$m\cdot\frac{dv}{dt}=-mg\sin\theta$　$m\cdot v\cdot\frac{dv}{dt}=-mg\sin\theta\cdot\frac{d\theta}{dt}$，$\int mv\,dv=-mgl\int\sin\theta\,d\theta$，$\frac{1}{2}mv^2=-mgl(-\cos\theta)+C$　(C：積分定数)
ここで，$\theta=\theta_0$で$v=0$より　$0=mgl\cos\theta_0+C$，$C=-mgl\cos\theta_0$
$\therefore$　$\frac{1}{2}mv^2=mgl(\cos\theta-\cos\theta_0)$　(3)　θが十分小さいとき，$\sin\theta\fallingdotseq\theta$より$ml\cdot\frac{d^2\theta}{dt^2}=-mg\theta$，$\frac{d^2\theta}{dt^2}=-\frac{g}{l}\theta$　ここで，角振動数をω，定数をC_1，C_2とし，$\theta=C_1\sin\omega t+C_2\cos\omega t$とおくと，$\frac{d^2\theta}{dt^2}=-\omega^2\theta$　よって，$\omega=\sqrt{\frac{g}{l}}$　$\therefore$　周期$T=\frac{2\pi}{\omega}=2\pi\sqrt{\frac{l}{g}}$
(4)　振幅が小さい場合，周期は糸の長さと重力加速度の大きさだけで決まり，おもりの質量や振幅には無関係である。　(5)　$\theta=\theta_0\cos\sqrt{\frac{g}{l}}\cdot t$　(6)　$mg\sin\theta$は重力mgと糸の張力Sの合力の接線方向の成分である。おもりが運動しているときは糸の張力Sが変化するため，静止したとき以外，重力mgと糸の張力Sの合力は$mg\sin\theta$と等しくならない。　(7)　3桁　(8)　$\frac{60回目の時刻-10回目の時刻}{50}$，…$\frac{100回目の時刻-50回目の時刻}{50}$をそれぞれ算出し，その平均をとる。
(9)　糸の長さ，おもりの質量，振幅の大きさをそれぞれ変えて同じ実験を行い，その結果を比較する。

〈解説〉(1)　θが十分小さいとすると，$\sin\theta \fallingdotseq \theta$という近似が使える。これを用いると，おもりの位置は，$l\theta$である。また，加速度は位置を時間で二階微分すればよい。物体にはたらく力は$-mg\sin\theta$なので，運動方程式に当てはめると，$m\cdot\dfrac{d^2(l\theta)}{dt^2}=-mg\sin\theta$となる。
(2)～(4)　解答参照。　(5)　(3)より，角振動数$\omega=\sqrt{\dfrac{g}{l}}$である。また，振幅は手を離したときの位置になるので，θ_0である。よって，$\theta=\theta_0\cos\sqrt{\dfrac{g}{l}}\,t$となる。　(6)　解答参照。　(7)　問題文から糸の長さlの有効数字は3桁である。それより少ない桁での測定はしていないので，今回は有効数字3桁まで求める。　(8)(9)　解答参照。

【2】(1)　$\dfrac{h\nu}{c}$　　(2)　$\dfrac{h}{p}$　　(3)　$\dfrac{h}{mv}$　　(4)　電子の運動エネルギー$\dfrac{1}{2}mv^2=h\nu$より$\nu=\dfrac{mv^2}{2h}$　これと(3)の解答を$v=\nu\lambda$に代入すると，$v=\dfrac{mv^2}{2h}\cdot\dfrac{h}{mv}=\dfrac{v}{2}$となり，矛盾する。
〈解説〉(1)　光子の運動量をp，エネルギーをEとすると，$p=\dfrac{E}{c}=\dfrac{h\nu}{c}$となる。　(2)　$c=\nu\lambda$を(1)で求めた式に代入すれば導ける。これは，物質波(ド・ブロイ波)と呼ばれるもので，1924年にド・ブロイは，光が粒子性を示すなら，物質粒子は波動性を示すのではないかと考えた。
(3)　(2)の式を参考にすれば，pは運動量なので，求める波長は，$\dfrac{h}{mv}$と表すことができる。　(4)　解答参照。

【3】(1)　ガソリンエンジンや蒸気機関のように，高温の物体から熱を吸収し，その一部を仕事に変換して，残りの熱を低温の物体に放出する装置　(2)　状態B…$3T_A$〔K〕　状態C…$3V_A$〔m^3〕

(3)

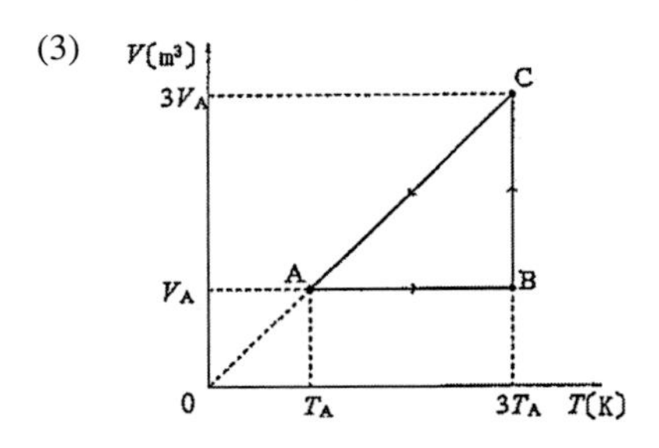

(4) ① 気体が外部にした仕事…0〔J〕 内部エネルギーの変化…$3nRT_A$〔J〕 気体が得た熱量…$3nRT_A$〔J〕 ② 気体が外部にした仕事…$3nRT_A\log 3$〔J〕 内部エネルギーの変化…0〔J〕 気体が得た熱量…$3nRT_A\log 3$〔J〕 ③ 気体が外部にした仕事…$-2nRT_A$〔J〕 内部エネルギーの変化…$-3nRT_A$〔J〕 気体が得た熱量…$-5nRT_A$〔J〕 (5) 正味の仕事…$3nRT_A\log 3-2nRT_A$〔J〕 熱効率…$\dfrac{3\log 3-2}{3+3\log 3}$

〈解説〉(1) 解答参照。 (2) ボイル・シャルルの法則を用いると，$\dfrac{P_A}{T_A}=\dfrac{3P_A}{T_B}$より，$T_B=3T_A$〔K〕である。同様に，$\dfrac{V_A}{T_A}=\dfrac{V_C}{3T_A}$より，$V_C=3V_A$〔m³〕となる。 (3) 解答参照。 (4) 一般的に，各状態変化における気体が外部にした仕事，気体の内部エネルギーの変化，気体が得た熱量は次の表のようになる。

	気体が外部にした仕事 W〔J〕	気体の内部エネルギー変化 ΔU〔J〕	気体が得た熱量 Q〔J〕
定積変化	0	$nC_v\Delta T$	$nC_v\Delta T$
定圧変化	$p\Delta V$	$nC_v\Delta T$	$nC_p\Delta T$
等温変化	$nRT\log\frac{V_2}{V_1}$	0	(Wに等しい)
断熱変化	($-\Delta U$に等しい)	$nC_v\Delta T$	0

(5) 正味の仕事をW，熱機関の熱効率をe，熱機関が高温(低温)の熱源から受け取った(放出した)熱量を$Q_1(Q_2)$とすると，$e=\dfrac{W}{Q_1}=\dfrac{Q_1-Q_2}{Q_1}$と表すことができる。この式を利用すればよい。

【4】(1)　$n\sin\Phi_A$　　(2)　$\Phi_A+\Phi_B$　　(3)　$\theta_A-\Phi_A+\theta_B-\Phi_B$

(4)　$\dfrac{\sin\dfrac{\delta m+\beta}{2}}{\sin\dfrac{\beta}{2}}$　　(5)　屈折率が波長によって異なるため，白色光に含まれる様々な色の光が，それぞれの波長に応じた角度で屈折して進むから。

〈解説〉(1)　屈折の法則より，$\dfrac{\sin\theta_A}{\sin\Phi_A}=\dfrac{n}{1}$　よって，$\sin\theta_A=n\sin\Phi_A$

(2)　点Aを通る光の入射角，屈折角それぞれの基準線を延長し，同様に，点Bの基準線も延長すると，それぞれの基準線は交わる。その交点をCとする。また，頂角βのプリズムの頂点を点Dとする。ここで，四角形ACBDに注目すると，$\angle CAD=\angle CBD=90^\circ$であるから，$\angle ACB=180^\circ-\beta$である。また，三角形ACBに注目すると，$\Phi_A+\Phi_B+180^\circ-\beta=180^\circ$より，$\beta=\Phi_A+\Phi_B$となる。　(3)　点Aにおける入射光の延長線と点Bにおける屈折光の延長線との交点をEとする。三角形ABEに注目すると，$\angle AEB$の外角が偏角δとなるので，$\delta=(\theta_A-\Phi_A)+(\theta_B-\Phi_B)$という関係が導ける。　(4)　(3)に引き続き，偏角δの式を変形していく。(2)より，$\beta=\Phi_A+\Phi_B$であるので，$\delta=\theta_A+\theta_B-\beta$と表せる。また，問題文より，最小偏角になる条件は$\theta_A=\theta_B$のときであるので，$\delta_m=2\theta_A-\beta$となる。これより，$\theta_A=\theta_B=\dfrac{\delta m+\beta}{2}$，$\Phi_A=\Phi_B=\dfrac{\beta}{2}$となる。これに屈折の法則を用いると，

$n=\dfrac{\sin\dfrac{\delta m+\beta}{2}}{\sin\dfrac{\beta}{2}}$が求まる。ちなみに，これを最小偏角の公式という。

(5)　解答参照。

【5】(1)　$E=E_1+\dfrac{1}{2}(E_2+E_3)$　　(2)　$I=\dfrac{2E_1+E_2+E_3}{2(R+2r)}$　　(3)　$P_0=\dfrac{E^2}{R+2r}$　　(4)　$P_1=\dfrac{E^2R}{(R+2r)^2}$　　(5)　$\dfrac{dP_1}{dR}=\dfrac{E^2}{(R+2r)^2}+E^2R\cdot(-2)\cdot\dfrac{1}{(R+2r)^3}=0$より$R+2r-2R=0$　よって，$R=2r$でP_1は最大となる。

$R=2r$を代入すると，P_1の最大値は$\frac{E^2}{8r}$　(6)　回路方程式$E=RI+2rI$より　$IE=RI^2+2rI^2$，$IE-RI^2=2rI^2$，$P_0-P_1=2rI^2$　∴　P_0-P_1は回路内の電池の内部抵抗で消費される電力を意味する。

〈解説〉(1)　電池を直列に接続する場合，電圧は$V_{all}=V_1+V_2+\cdots$となり，電流は$I_{all}=I_1+I_2+\cdots$となる。一方，電池を並列に接続する場合，$V_{all}=V_1=V_2=\cdots$で，$I_{all}=I_1+I_2+\cdots$となる。したがって，$E=E_1+\frac{1}{2}(E_2+E_3)$が導ける。　(2)　並列に接続した部分の内部抵抗の合計は，$\frac{1}{R_{23}}=\frac{1}{2r}+\frac{1}{2r}$より，$R_{23}=r$　よって，電池全体の内部抵抗の合計は，$R_{123}=R_1+R_{23}=r+r=2r$である。また，接続した可変抵抗器の抵抗値は$R$なので，この回路の全抵抗値は，$R_{all}=R_{123}+R=R+2r$である。オームの法則より，$I=\frac{E}{R_{all}}=\frac{2E_1+E_2+E_3}{2(R+2r)}$となる。　(3)　前問までに求めた電圧や電流より，電力は，$P_0=EI=E\left(\frac{E}{R_{all}}\right)=\frac{E^2}{R+2r}$となる。
(4)　可変抵抗器で消費される電力は，そこにかかる電圧と電流に注意すると，$P_1=I^2R=\frac{E^2R}{(R+2r)^2}$となる。　(5)(6)　解答参照。

【化学】

【1】(1)　エ　(2)　エ　(3)　イ　(4)　イ，ウ　(5)　イ
(6)　0.20〔mol/L〕　(7)　H^+を相手から受け取ることのできる物質。
(8)　入射した可視光のほとんどを自由電子が乱反射するため。
(9)　水素結合をもち，強い分子間相互作用がはたらくため。
(10)　炎色反応や難溶性塩の沈殿反応を行う。

〈解説〉(1)　カフェインには昇華性があるため昇華が適切である。
(2)　それぞれの酸化数は，ア　$0-1\times2=-2$，イ　$0-(-2)\times2=+4$，ウ　$\frac{0-\{1\times2+(-2)\times3\}}{2}=+2$，エ　$0-\{1\times2+(-2)\times4\}=+6$
(3)　$2NH_4Cl+Ca(OH)_2\rightarrow CaCl_2+2H_2O+2NH_3$から，アンモニアの乾燥には塩基性のソーダ石灰が適切である。　(4)　触媒は，自身は変化しないが活性化エネルギーを抑え，反応速度を速めるはたらきをもつ。

(5)　電解質は電離した粒子を考えることに注意して，それぞれの物質量は，ア　$0.100\times\frac{500}{1000}\times3=0.150$〔mol〕，イ　$0.200\times\frac{500}{1000}\times2=0.200$〔mol〕，ウ　$0.200\times\frac{500}{1000}=0.100$〔mol〕，エ　$0.100\times\frac{500}{1000}=0.050$〔mol〕となるので，イの物質量が最も大きく，水位差も最も大きくなる。　(6)　希硫酸の濃度をx〔mol/L〕とすると，$x\times\frac{20.0}{1000}\times2+0.10\times\frac{12.5}{1000}\times1=0.50\times\frac{18.5}{1000}\times1$　が成り立つ。これを解いて，$x=0.20$〔mol/L〕　(7)　アレニウスの塩基は，OH^-を生じる物質と定義される。　(8)～(10)　解答参照。

【2】(1)　同位体　(2)　${}^{14}_{7}N$　(3)　8.1×10^2〔倍〕　(4)　式　$V=7.6\times10^{-2}\times5\times22.4=8.51$

(別解)　$V=\frac{7.6\times10^{-2}\times2\times5\times8.3\times10^3\times273}{2.0\times10^5}=8.61$　答　8.5〔L〕

(8.6〔L〕も可)　(5)　記号…A　理由…いずれも無極性分子なので，分子量が大きいほど分子間力が強くなり，理想気体からのずれも大きくなるため。

〈解説〉(1)　原子番号が同じで質量数が異なるものを同位体という。

(2)　β崩壊は中性子が陽子に変化するもので，原子番号が1つ増加する。　(3)　$1.6\times\frac{22400}{44}=814.5\fallingdotseq8.1\times10^2$〔倍〕　(4)　別解では理想気体の状態方程式を用いて導いている。　(5)　解答参照。

【3】(1)

```
   H
   ..
H:C:H
   ..
   H
```

(2)　メタン分子が正四面体形なので，4つの極性が打ち消しあうため。

(3)　①　CH_4(気)＋$2O_2$(気)＝CO_2(気)＋$2H_2O$(液)＋891kJ　②　式　$4x=715+432\times2+75$　$x=413.5$　答　414〔kJ/mol〕

(4)	CH_4	＋	$2O_2$	→	CO_2	＋	$2H_2O$	(mol)
反応前	0.3		0.9		0		0	

変化量　-0.3　-0.6　$+0.3$　$+0.6$

反応後　0　0.3　0.3　0.6

このとき水が生じているので，水蒸気の分圧は，4.0×10^3〔Pa〕

全圧Pは，$P=\dfrac{(0.3+0.3)\times8.3\times10^3\times(273+27)}{16.6}+4.0\times10^3=9.4\times10^4$

答　9.4×10^4〔Pa〕

〈解説〉(1)　炭素原子に水素原子が4個共有電子対をつくって結合する。(2)　解答参照。　(3)　①　与式において，ア×2＋イ－ウ　より，$286\times2+394-75=891$〔kJ〕　②　昇華熱　C(黒鉛)＝C(気)－715kJ…エ，H－Hの結合エネルギー　H_2(気)＝2H(気)－432kJ…オ　とするとC－Hの結合エネルギーは，CH_4(気)＝C(気)＋4H(気)－QkJで表され，ウ－エ－オ×2　より，$Q=75+715+432\times2=1654$〔kJ〕　これにはC－Hが4個含まれているので，C－Hの結合エネルギーは，$\dfrac{1654}{4}=413.5\fallingdotseq414$〔kJ/mol〕　(4)　解答参照。

【4】(1)　①，③　(2)　$2H_2O\rightarrow O_2+4H^++4e^-$　(3)　式　38分36秒＝2316秒　$Ag^++e^-\rightarrow Ag$よりe^-：Ag＝1：1　$0.500\times2316-\dfrac{0.540}{108}\times9.65\times10^4=675.5$　$\dfrac{675.5}{9.65\times10^4}=7.0\times10^{-3}$　答　7.0×10^{-3}〔mol〕

(4)　式　$\dfrac{675.5}{9.65\times10^4}\times\dfrac{1}{2}=0.0035$〔mol〕　$\left(0.100\times\dfrac{200}{1000}-0.0035\right)\div\dfrac{200}{1000}=0.0825$　答　8.3×10^{-2}〔mol/L〕　(5)　式　電解槽Aには，$\dfrac{0.540}{108}=0.005$〔mol〕の電子が流れている。$[H^+]=0.005\div0.4=1.25\times10^{-2}$〔mol/L〕，$pH=-\log_{10}(125\times10^{-4})=4-3\times(1-0.3)$　答　pH 1.9

〈解説〉(1)　酸化反応は陽極で起こる。並列接続なので①，③が陽極である。　(2)　NO_3^-は電子を失いにくく，代わりにH_2Oが電子を失いO_2が発生する。　(3)　全体で流れた電子は，$0.5\times\dfrac{38\times60+36}{9.65\times10^4}=0.012$〔mol〕である。電解槽Aでは，$Ag^++e^-\rightarrow Ag$より，$\dfrac{0.540}{108}=0.005$〔mol〕の電子が流れているので，電解槽Bには，$0.012-0.005=0.007$

〔mol〕の電子が流れる。　(4)　電解槽Bの陰極では，$Cu^{2+}+2e^{-}\rightarrow Cu$の反応が起こる。0.007molの電子が流れたため，Cu^{2+}は$\frac{0.007}{2}=0.0035$〔mol〕減少した。よって，Cu^{2+}イオンの濃度は，$\left(0.100\times\frac{200}{1000}-0.0035\right)\div\frac{200}{1000}=8.25\times10^{-2}\fallingdotseq8.3\times10^{-2}$〔mol/L〕　(5)　電解槽Aには0.005molの電子が流れたため，$[H^{+}]=0.005\div\frac{400}{1000}=0.0125$〔mol/L〕よって，$pH=-\log_{10}[H^{+}]=-\log_{10}(125\times10^{-4})=4-3\log_{10}5=4-3\times(\log_{10}10-\log_{10}2)=4-3\times(1-0.3)=1.9$となる。

【5】(1)　正反応の反応速度と逆反応の反応速度が等しくなり，見かけ上反応が停止した状態。　(2)　式　$\dfrac{\frac{x}{v}\times\frac{x}{v}}{\frac{6.0-x}{v}\times\frac{6.0-x}{v}}=4.0$　$x^2-16+48=0$　$x=4.0$，12　($x\leqq6$より) 12は不適となる。　答　4.0〔mol〕

(3)　式　$\dfrac{\frac{x}{v}\times\frac{x}{v}}{\frac{6.0-x}{v}\times\frac{9.0-x}{v}}=4.0$　$3x^2-60x+216=0$，$x^2-20x+72=0$，$x=10-2\sqrt{7}$ ($x=10+2\sqrt{7}$は不適)　$x=4.7$　答　酢酸…1.3〔mol〕エタノール…4.3〔mol〕　(4)　方向…左向き　理由…希硫酸はH_2Oを多く含み，H_2Oの量が増えるため。　(5)　反応…発熱反応
理由…温度を上げると平衡定数が小さくなり，平衡が左向きに移動するため。

〈解説〉(1)　解答参照。　(2)　酢酸エチルがx〔mol〕生成して平衡に達したとすると，容器の体積をvとして，平衡定数4.0は，$\dfrac{\frac{x}{v}\times\frac{x}{v}}{\frac{6.0-x}{v}\times\frac{6.0-x}{v}}=4.0$となる。これを解いて，$x=12$または4　$x\leqq6.0$より，$x=4.0$〔mol〕

(3)　(2)と同様に平衡定数は，$4.0=\dfrac{\frac{x}{v}\times\frac{x}{v}}{\frac{6.0-x}{v}\times\frac{9.0-x}{v}}$で表され，これを解くと，$x=10\pm2\sqrt{7}$　$10+2\sqrt{7}$は不適なので，$x=10-2\sqrt{7}=4.7$

〔mol〕よって，酢酸は6.0－4.7＝1.3〔mol〕，エタノールは9.0－4.7＝4.3〔mol〕　(4)　解答参照。　(5)　温度を上げると平衡定数が小さくなるということは，(2)の方程式の左辺においてxの値が小さくなることであり，平衡は酢酸エチルの生成量が少なくなる左向き(吸熱反応の方向)に移動することから，右向きは発熱反応である。

【6】(1)　a　縮合　　b　ペプチド　　c　グリコーゲン　　d　エチレングリコール　　e　付加　　(2)　デンプンは分子がらせん状であるのに対し，セルロースは分子が直線状であるため。
(3)　式　$C_6H_{12}O_6 \rightarrow 2C_2H_5OH + 2CO_2$　$\frac{540}{180}\times 2\times \frac{20}{100}\times 46 = 55.2$
答　55〔g〕
(4)　①　構造式

$$\left[-\underset{\underset{O}{\|}}{C}-C_6H_4-\underset{\underset{O}{\|}}{C}-O-CH_2-CH_2-O- \right]_n$$

②　式　1単位中には，2個のエステル結合が存在する。$\frac{4.0\times 10^3}{2}\times 192 = 384\times 10^3$　分子量　3.8×10^5　　(5)　式　ア　$\frac{10}{192}\times 10 = \frac{100}{192} = \frac{10}{19.2}$　　イ　$\frac{10}{104}\times 8 = \frac{80}{104} = \frac{10}{13}$　　ウ　$\frac{10}{42}\times 3 = \frac{30}{42} = \frac{10}{14}$
記号…ア

〈解説〉(1)　－OHと－COOHからH_2Oが取れて結合する反応が縮合，不飽和結合が切れて付け加わる反応が付加反応である。　(2)　解答参照。
(3)　$C_6H_{12}O_6 \rightarrow 2C_2H_5OH + 2CO_2$より，1molのグルコースから46×2＝92〔g〕のエタノールが生じるので，$92\times \frac{540}{180}\times \frac{20}{100} = 55.2 \fallingdotseq 55$〔g〕
(4)　①　テレフタル酸($HOOC-C_6H_4-COOH$)とエチレングリコール($HO-CH_2-CH_2-OH$)の縮合反応で生じる。　②　繰り返し単位(分子量192)には2個のエステル結合が含まれるため，$192\times \frac{4.0\times 10^3}{2} = 3.84\times 10^5 \fallingdotseq 3.8\times 10^5$　(5)　それぞれに含まれるC原子の数で比較する。各物質の繰り返し単位の分子量は，アが192，イ($C_6H_5-CH-CH_2$)が104，ウ($CH_2-CH(CH_3)-$)が42で，炭素原子の数は，アが10個，イが8

個，ウが3個であることより，C原子の数は，アが$\frac{10}{192}\times10$〔個〕，イが$\frac{10}{104}\times8$〔個〕，ウが$\frac{10}{42}\times3$〔個〕となり，アが最も少ない。

【7】(1)　水酸化ナトリウムは溶解熱が大きいため，冷却しながら水に溶かす。　(2)　塩析　(3)　塩基によりタンパク質が変性して縮んだり，硬くなったりするため。　(4)　$C_{17}H_{35}COOH$　(5)　式　元素分析の結果より　$39.6\times\frac{12}{44}=10.8$　$14.4\times\frac{2}{18}=1.6$　$14-10.8-1.6=1.6$　C：H：O＝0.9：1.6：0.1＝9：16：1　脂肪酸はOを2個含むため分子式　$C_{18}H_{32}O_2$　(6)　式　$\frac{100}{885}:\frac{5.06}{22.4}=0.113:0.226=1:2$　この油脂は二重結合を2個もつため，含まれる脂肪酸の割合は，B：C＝2：1である。

構造式

$$\begin{array}{l} C_{17}H_{35}COOCH_2 \\ \qquad\qquad\quad | \\ C_{17}H_{35}COOC^{*}H \\ \qquad\qquad\quad | \\ C_{17}H_{31}COOCH_2 \end{array}$$

〈解説〉(1)　解答参照。　(2)　水分子を取り除くために電解質を多量に要する。　(3)　石鹸は弱アルカリ性である。　(4)　脂肪酸Bは鎖式飽和脂肪酸であるので$C_nH_{2n+1}COOH$で表される。よって，$12n+2n+1+12+16\times2+1=284$より，$n=17$　(5)　元素分析より，C：$39.6\times\frac{12}{44}=10.8$〔g〕，H：$14.4\times\frac{2}{18}=1.6$〔g〕，O：$14.0-(10.8+1.6)=1.6$〔g〕　よって，C：H：O＝$\frac{10.8}{12}:\frac{1.6}{1}:\frac{1.6}{16}=0.9:1.6:0.1=9:16:1$　脂肪酸はO原子が2個含まれるので，分子式は$C_{18}H_{32}O_2$となる。

(6)　水素の付加反応より，油脂と水素の物質量比は，$\frac{100}{885}:\frac{5.06}{22.4}=0.113:0.226=1:2$　油脂1molに水素が2mol付加するので，油脂には二重結合が2つ含まれている。よって，脂肪酸の割合は，B：C＝2：1である。

【生物】

【1】(1)　①　ペプチド結合(アミド結合)　②　変性　③　失活　④　基質特異性　(2)　ウ，オ

(3)

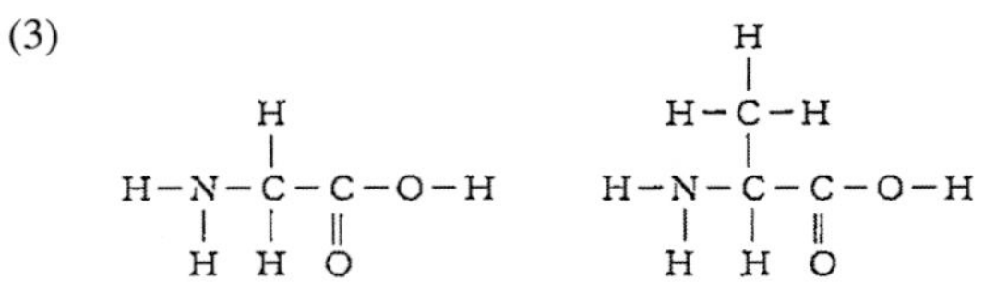

(4)　補酵素　(5)　透析により，酵素をタンパク質と低分子の有機物に分ける。タンパク質あるいは低分子の有機物だけでは，酵素活性が得られないが，両者を混ぜると酵素活性が得られることを確かめる。

〈解説〉(1)　解答参照。　(2)　タンパク質の立体構造に関わる相互作用は次の4つが考えられる。S－S結合(ジスルフィド結合)，イオン結合，水素結合，疎水結合。この中で特定の原子同士が結びつく結合はS－S結合と水素結合である。S－S結合は，システイン2分子がそれぞれのSH基の水素原子を失って繋がる結合である。水素結合は，水素原子と，酸素原子や窒素原子などの間にできる弱い結合である。

(3)　ペプチドを分解するときには，H_2Oが加わる加水分解が起こる。ペプチド結合間のC－Nの結合が切れて，炭素原子側にOHが付加し，窒素原子側にHが付加することによって，2つのアミノ酸が生成される。

(4)　補因子を必要とする酵素では，タンパク質の本体部分をアポ酵素といい，アポ酵素に補因子が結合したものをホロ酵素という。補因子のうち，アポ酵素と弱く結合する低分子の有機物は補酵素と呼ばれる。補酵素は熱に弱く，透析によって除かれる。　(5)　補酵素が酵素活性に必要なことを証明するためには，タンパク質だけ，補酵素だけを用いて酵素活性を確認してから，両者を混ぜ合わせて酵素活性を確認することで酵素の活性発現には両者が必要であることを証明することができる。

【2】(1) ① 先体　② 鞭毛　③ 表層　④ 原腸
(2) 他の精子が卵に侵入するのを防ぐ。　(別解) 卵を保護する。
(3) 卵割に必要なタンパク質のもとになるmRNAは受精前に卵内にすでに蓄えられているが，翻訳は受精後に行われ，卵割に必要なタンパク質が合成されるから。　(4) 中胚葉…ア，ウ，エ　外胚葉…イ，カ

〈解説〉(1) 解答参照。　(2) 受精膜を形成することで，他の精子が卵に侵入してくることを防ぐ，多精拒否のメカニズムである。
(3) 解答参照。 (4) オ 胃の上皮は内胚葉由来である。

【3】(1) ① 抗原　② 体液性　③ 細胞性　④ 免疫グロブリン　⑤ 抗原抗体　(2) ウ　(3) 造血幹細胞
(4) 可変部の遺伝子領域には，多数の遺伝子断片からなる集団が複数ある。B細胞が成熟する過程で，それぞれの集団から遺伝子断片が1つずつランダムに選ばれて連結し，再構成されて1つの可変部遺伝子となる。

〈解説〉(1) 解答参照。　(2) ア ヘルパーT細胞，キラーT細胞，B細胞のそれぞれの記憶細胞がはたらく。しかし，病原体の一部を用いる不活化ワクチンなどでは，キラーT細胞の記憶細胞は形成されにくい。イ 抗体のはたらきである。　ウ 移植された皮膚をキラーT細胞が攻撃するため起こる反応である。　エ 活性化したヘルパーT細胞や抗体産生細胞，マスト細胞のはたらきである。　(3) すべての血球は寿命がある。不足した血球は骨髄にある造血幹細胞からつくられ，各血球は常にほぼ一定の数に保たれている。　(4) 骨髄にある将来B細胞になる細胞には，免疫グロブリンの可変部の遺伝子断片が多数あり，いくつかの集団を形成している。分化の過程で，各集団から遺伝子断片がランダムに1つずつ選びだされ，その細胞独自の可変部の遺伝子が再構成される。選ばれなかった遺伝子断片の一部は，ゲノムから失われる。一方，T細胞では，同様のしくみでTCRの可変部の遺伝子の再構成が行われる。

【4】(1) ① DNAポリメラーゼ　② リーディング　③ ラギング　(2) ア，エ　(3) 1278〔ヌクレオチド/秒〕　(4) 岡崎フラグメント　(5) 25〔%〕

〈解説〉(1) 解答参照。　(2) イ　ヌクレオチド鎖は，5′末端側から3′末端側の方向に合成される。　ウ　原核生物の複製起点は1か所しかない。　(3) 大腸菌の複製フォークは2つあり，互いに逆方向へ進んでいく。大腸菌の環状DNAのサイズは460万塩基対であることから，実際に一方向から伸長するDNAサイズは460万塩基対の半分である230万塩基対である。30分は1800秒であるため，230万÷1800＝1277.7…≒1278〔ヌクレオチド/秒〕　(4) 岡崎フラグメントとは，DNA複製におけるラギング鎖の合成時にDNAプライマーゼとDNAポリメラーゼによって形成される比較的短いDNA断片(フラグメント)である。これによって5′末端側から3′末端側方向に断続的に合成される。(5) 1サイクル後には2個，2サイクル後には4個，3サイクル後には8個の2本鎖DNAが獲得できる。第nサイクル後には増幅したいDNA領域と同じ長さをもつ2本鎖DNAは(2^n-2n)個できることから，3サイクル後に増幅したい領域だけからなる2本鎖DNAは2個できる。よって，$\frac{増幅したい2本鎖DNA}{作成した2本鎖DNA}=\frac{2}{8}=\frac{1}{4}$より，25%である。

【5】(1) ① 各個体の捕獲率に差がないこと。　② 444〔匹〕
(2) ① 死亡率　② 初期の死亡率が非常に高く，生き残った個体が多くの子(卵)を産む。　③ 幼虫期の初期に，網状の巣の中で集団生活するため，天敵に狙われにくく，死亡率が低いため。

〈解説〉(1) ① 標識再捕法は移動する生物の個体数の測定に用いられる。制約が多く，実際の野外調査での厳密な実行は難しいことも多い。
② $\frac{標識をつけた個体数}{推定個体全体の個体数}=\frac{再捕獲した標識個体数}{再捕獲した全個体数}$で求めることができる。今回の場合，求める全体の個体数x〔匹〕は，$\frac{74}{x}=\frac{16}{96}$より，$x=444$〔匹〕である。　(2) ① 縦軸が対数で示されているグラフにおいて，一定の割合での個体数の減少は，死亡率が一定であることを

示す。　②　発育初期の死亡率が高く，生き残った個体が多くの子や卵を産むことを押さえてあればよい。早死型は多くの無脊椎動物や魚類に見られる。　③　アメリカシロヒトリは1匹で約300～800個ほど産卵し，1週間程で孵化する。孵化後しばらくは糸を張った巣で集団生活を行う。

【6】(1)　A，aの遺伝子頻度をそれぞれp，qとして，自由交配が行われたとすると，次のように表すことができる。

	pA	qa
pA	p^2AA	pqAa
qa	pqAa	q^2aa

次世代におけるAの遺伝子頻度は，$p+q=1$であるから，

$\dfrac{2p^2+2pq}{2(p^2+2pq+q^2)}=\dfrac{p(p+q)}{(p+q)^2}=p$　同様に，aの遺伝子頻度は，

$\dfrac{2q^2+2pq}{2(p^2+2pq+q^2)}=\dfrac{q(p+q)}{(p+q)^2}=q$となり，遺伝子頻度が変化しないことが分かる。　(2)　A…0.6　a…0.4　(3)　遺伝子頻度が，偶然の原因によって変化を起こす現象。

〈解説〉(1)　解答参照。　(2)　ハーディ・ワインベルグの法則が成り立つには，ある集団が次の条件を備えていると仮定する。①極めて多数の同種の個体からなる。②集団内では突然変異が生じない。③他の集団との間で，個体の移入や移出が起こらない。④すべての個体は自由に交雑して子孫を残す。⑤個体間の生存力や繁殖力に差がない。これらの条件がすべて成立する場合，世代を重ねても遺伝子頻度は変化しない。これをハーディ・ワインベルグの法則という。本問では，全100個体中，赤色が50個体であることから$p^2=50$，同様にして桃色が20個体であることから$2pq=20$，白色が30個体であることから$q^2=30$であることがわかる。ここでAの遺伝子頻度は，$\dfrac{2p^2+2pq}{200}$，aの遺伝子頻度は，$\dfrac{2q^2+2pq}{200}$であるため，p^2，pq，q^2に前述の値を代入する。

よって，Aの遺伝子頻度は，$\frac{2\times50+20}{200}=\frac{120}{200}=0.6$，aの遺伝子頻度は，$\frac{2\times30+20}{200}=\frac{80}{200}=0.4$となる。　(3)　次世代に伝えられる遺伝子頻度が，偶然によって変動することを遺伝的浮動という。

【7】(1)　屈性…重力屈性　　具体例…植物の根が，鉛直方向に生長する。　(2)　ウ　(3)　①　ジベレリン　②　エチレン　③　サイトカイニン　④　アブシシン酸　(4)　どちらも，微量で生体機能の調節などにはたらく物質である。

〈解説〉(1)　別解として，接触屈性で巻きひげが正の屈性を示すことや，化学屈性で花粉管が正の屈性を示すこと，水分屈性で根が正の屈性を示すことがあげられる。　(2)　ア　実験では抑制について書かれているが促進については書かれておらず，この実験からは判断できない。イ　若い葉，古い葉で実験しておらず，この実験からは判断できない。ウ，エ　葉柄とは葉の一部で，茎や枝につながる柄のような部分を指す。葉身とは葉の平らな部分を指す。葉身を切り取ったところ離層が形成されたが，切断面にオーキシンを塗ると離層が形成されなかったことから，前者は葉のオーキシン量が少なくなったため離層が形成されたと実験から判断できるため，ウが正解で，エは誤り。

(3)　①　ジベレリンは他にも，春化処理の代用，発芽の促進，落葉抑制などに作用する。　②　エチレンは他にも，老化促進や細胞分裂阻害，伸長成長阻害などに作用する。　③　サイトカイニンは他にも，カルスの形成，根の生長阻害，細胞の拡大，クロロフィル合成促進などに作用する。　④　アブシシン酸は他にも，種子発芽抑制，気孔の開閉調節による水不足の対応などに作用する。　(4)　解答参照。

【8】(1)　イ　(2)　視神経の束が，脳に向かって網膜上を貫く部分であり，視細胞が存在しない。　(3)　脳が，周囲の情報を元に，補完した視覚を生じさせているから。　(4)　ロドプシンの増加によって，かん体細胞の感度が大きく上がることで，暗順応が起こる。

〈解説〉(1)　解答参照。　(2)　視神経繊維が網膜を貫いている。視細胞が存在しない。この2点を説明すること。　(3)　通常は両目で物を見ているために，左右の目が相補的な役割をして，見えない部分を補っている。片目で見たときも視覚が失われている部分がないのは，視覚は目でなく脳で発生するため，脳が見えない部分を補っているからである。　(4)　明所から急に暗所に入ると，ロドプシンの量が少ないためはじめは何も見えない。暗所ではロドプシンが再合成されるので，かん体細胞の閾値が下がり，やがて見えるようになる。暗順応は次の2段階で進行する。①錐体細胞の順応。このとき約10倍感度が増す。②かん体細胞の順応。このとき約1万倍感度が増す。暗順応が完了するまでには約1時間を要するが，明順応は数分で完了する。

2020年度　実施問題

中学理科

【1】第2学年「電流と磁界」において，課題「コイルと磁石で電流を流せるか」を設定し，学習を進めた。次の(1)～(4)の問いに答えなさい。

(1)　導入として，前時までにモーターの原理を学習している生徒に，手回し発電機を使って誘導電流を発生させる発電機の仕組みに目を向けさせたい。どのような演示実験が考えられるか書きなさい。

(2)　仮説「コイルの近くで棒磁石を動かすと，電流が流れるのではないか」を検証するため，次のような装置を使い実験1を行った。下の①～④の問いに答えなさい。

【実験1】
ア　コイルを検流計につなぐ
イ　棒磁石のN極を出し入れし，検流計の指針の動きと磁石の動きとの関係を調べる。
ウ　磁石の出し入れする速さを変えて調べる。

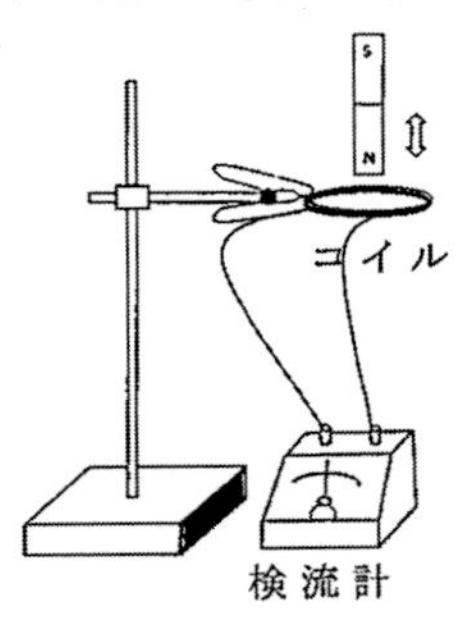

①　実験1で，検流計を使用する理由を2つ答えなさい。

②　実験1で検流計の針を誤作動させないための留意点を書きなさ

い。

③　実験1の結果，N極を上から近付けたときは，検流計の指針が右にふれた。S極を上から近付けたときの，検流計の指針のふれる方向を書きなさい。また，その理由を下の図を用いて説明しなさい。

④　図1のように，300回巻のソレノイドコイルを垂直に貫いている磁束Φが，1秒間に5.0×10^{-3}Wbの割合で増加しているとき，コイルにつないだR＝2.0Ωの抵抗には，何Aの電流が流れるか答えなさい。

※ただし，1秒間あたり1Wbの磁束の変化で1Vの起電力を生じるものとする。

図1

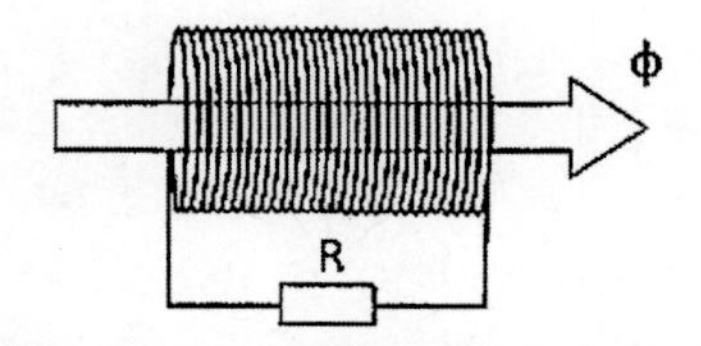

(3)　発電所から送られてくる家庭用電源の電流は，交流である。次の①，②の問いに答えなさい。

①　生徒に直流と交流の違いを視覚的に理解させたい。発光ダイオードを使った方法と結果を書きなさい。

②　発電所では，ジュール熱での損失を少なくするため，送電電圧を高くし，送電線に流れる電流を小さくしている。図2は変圧器の仕組みを模式的に示したものである。あとのア，イの問いに答えなさい。

※ただし，磁束の漏れがなく，ジュール熱によるエネルギー損失

は無視できることとする。

図2

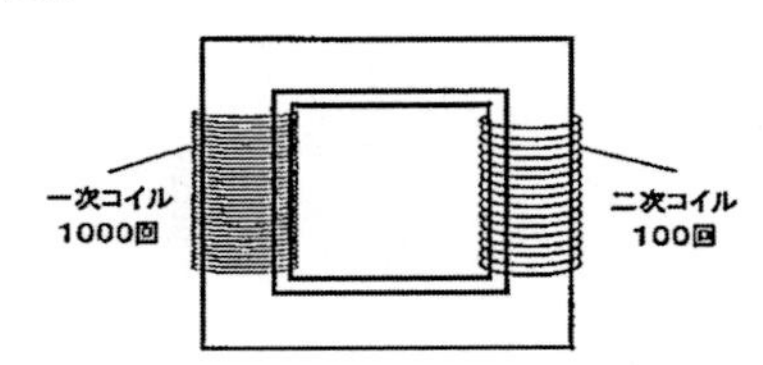

ア　一次コイルに1000Vの電圧を加えたとき，二次コイルからとり出すことができる電圧は何Vか。

イ　アのとき，一次コイルに流れる電流を2.0mAとすると，二次コイルを流れる電流は何mAか。

(4)　学習のまとめとして，身の回りの電磁誘導を利用した機器等としてIH調理器を紹介した。次の①，②の問いに答えなさい。

①　IH調理器でお湯が温まる仕組みを説明しなさい。

②　発電機やIH調理器の他に，電磁誘導を利用している身の回りの機器等を1つ答えなさい。

(☆☆☆◎◎◎)

【2】第3学年「化学変化とイオン」において，課題「酸とアルカリを混ぜ合わせると，どうして気体の発生が弱まるのだろうか」を設定し，学習を進めた。次の(1)～(5)の問いに答えなさい。

(1)　生徒実験の前に薬品等の準備を行った。次の①，②の問いに答えなさい。

①　実験用に濃塩酸を希釈し，薄い塩酸を用意したい。希釈する際に，濃塩酸に水を加えるのではなく，水に濃塩酸を加える理由を2つ簡潔に書きなさい。

②　濃塩酸(12mol/L)を希釈し，薄い塩酸(0.3mol/L)を600mL作るとすると濃塩酸と水の量はそれぞれ何mL必要か。

(2)　導入で生徒が課題をつかめるよう，次の演示実験を行った。あとの①，②の問いに答えなさい。

薄い塩酸にマグネシウムリボンを入れると，気体が発生する。そこに，薄い水酸化ナトリウムを少しずつ加えていくと，気体の発生が弱まり，やがて発生しなくなる。

① この演示実験で発生する気体の名称と，確かめるための方法を書きなさい。

② 気体が発生する化学反応式を書きなさい。

(3) 仮説「酸にアルカリを加えていくと，酸の性質が打ち消されるのではないか」を検証するため，実験2を行った。下の①～④の問いに答えなさい。

【実験2】

・BTB溶液を数滴加えた薄い塩酸に，駒込ピペットを使って水酸化ナトリウム水溶液を少しずつ加えていき，色の変化の様子を見る。

【結果】

・BTB溶液の色は黄色から緑色，青色と変化した。
※塩酸と水酸化ナトリウム水溶液は同じ濃度である。

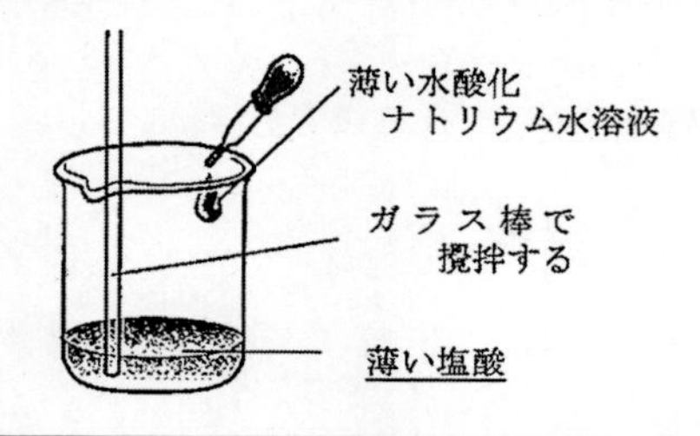

① 緑色になっている水溶液の中に塩が生成されていることを確かめる方法を書きなさい。

② BTB溶液が緑色になったという結果を基に考察を行う際，生徒Aは図3のようなイオンのモデル図をかき，戸惑っていた。中和による水の生成に目を向けられるように，このモデル図を基にどのような助言を行うか書きなさい。

図3

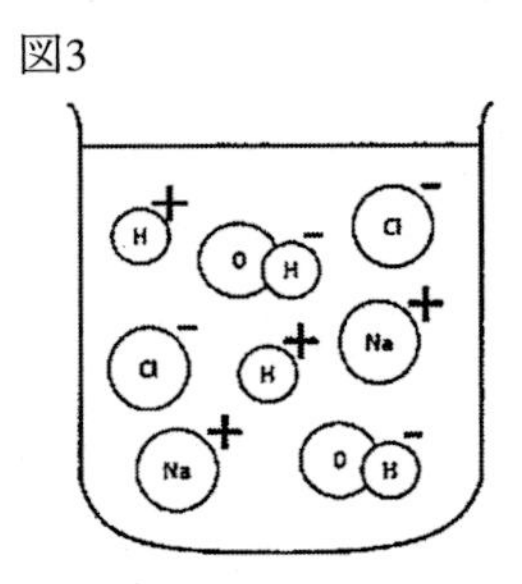

③　濃度を変えて実験2と同じ方法で実験したところ，BTB溶液の色が緑色になるまでに加えた塩酸は6mL，水酸化ナトリウム水溶液は4mLであった。この塩酸10mL中に含まれる水素イオンと，水酸化ナトリウム水溶液10mLに含まれる水酸化物イオンの数の比はいくらか。最も簡単な整数比で答えなさい。

④　中和によって水が生成されることを氷酢酸を使って確かめる実験を演示したい。氷酢酸以外に使う薬品と方法を書きなさい。

(4)　水酸化バリウム水溶液10cm^{3}を入れたビーカーに，図4のように接続した電極を入れておき，硫酸を少しずつ加えていった。このときの体積と電流の関係を表すグラフをかきなさい。ただし，下の点(・)を書き始めとすること。また，2つの水溶液には，同じ体積中に同じ数の物質を溶かしてあることとする。

図4

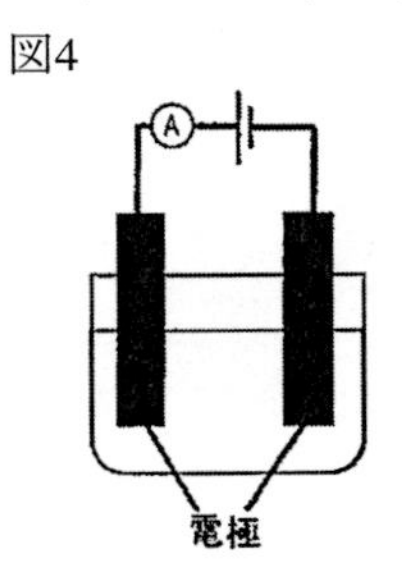

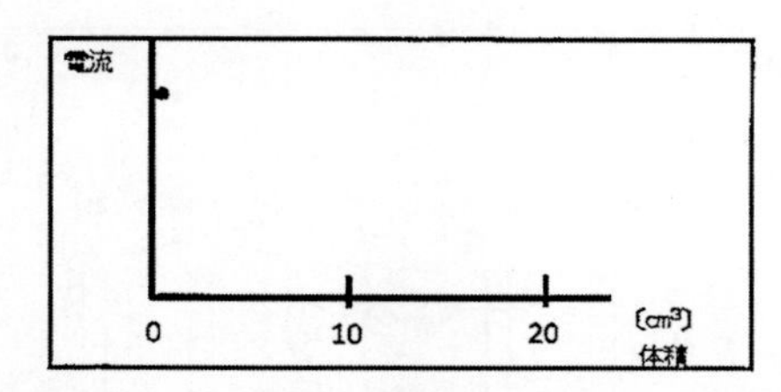

(5) 学習のまとめとして，次の【資料】を提示した。下の①，②の問いに答えなさい。

【資料】
群馬県の草津温泉から流れ出る湯川の水は，強い酸性を示し，生物が死んだり，農業用水として使用できなかったりしました。そのため，草津中和工場は群馬県内で採れる石灰石を用いて，湯川の水を中和しています。

① 湯川の水には塩酸が含まれており，石灰石の主成分は炭酸カルシウムである。塩酸と炭酸カルシウムの化学反応式を書きなさい。

② これ以外に，日常生活の中で中和が利用されている例を書きなさい。

(☆☆☆◎◎◎)

【3】第2学年「消化と吸収」において，課題「だ液により，デンプンは何に変化するのだろう」を設定し，学習を進めた。次の(1)～(3)の問いに答えなさい。

(1) 生徒の気付きから「デンプンはだ液により糖に変わるのでないか」という仮説を立てられるようにしたい。どのような日常生活の事象を想起させるか書きなさい。

(2) (1)の仮説を検証するために，以下の実験3を行った。あとの①～④の問いに答えなさい。

【実験3】

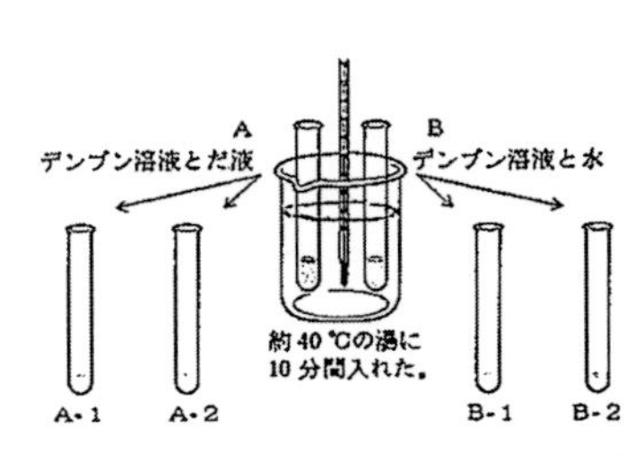

ア　Aの試験管にデンプン溶液とだ液，Bの試験管にデンプン溶液と水を入れてよく混ぜ合わせ，約40℃の湯に10分間入れる。その後，A，Bの試験管の溶液をそれぞれ2本の試験管A－1とA－2，B－1とB－2に分ける。

イ　A－1，B－1の試験管にそれぞれヨウ素液を数滴加えて色の変化を見る。

ウ　A－2，B－2の試験管にそれぞれベネジクト液を数滴加えてガスバーナーで加熱し，色の変化を見る。

表1　実験結果の見通し

	ヨウ素液の反応	ベネジクト液の反応
A デンプン溶液とだ液	A-1：変化なし	A-2：～～～
B デンプン溶液と水	B-1：青紫色	B-2：～～～

① 計画の段階で，生徒に「なぜ水を入れたBの試験管を用意する必要があるのか」という質問を受けた。Bの試験管を準備する目的を，生徒が理解できるように説明しなさい。

② ウについて，ガスバーナーで試験管を加熱する際に行う安全面の指導を3つ答えなさい。

③ ある班では，A－1の試験管のヨウ素液の反応が「青紫色」になり，表1の実験結果の見通しとは異なる結果になったため再実験を行おうとしていた。実験の手順を振り返らせると「ビーカーにポットの湯を冷まさずに入れてしまった。」ということであった。試験管を高温の湯に入れたことで，見通しと異なる結果が出た理由を書きなさい。

④　正しい操作で実験を行った場合のA－2，B－2の試験管で見られるベネジクト液の反応をそれぞれ書きなさい。

(3)　学習のまとめとして，消化のしくみを図5のように模式図と言葉で表現させることとした。下の①，②の問いに答えなさい。

図5

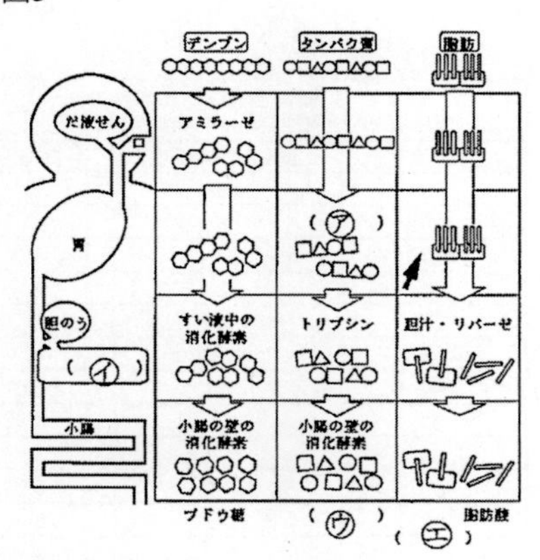

①　模式図中の㋐の消化酵素，㋑の臓器，㋒，㋓の有機物の名称を書きなさい。

②　麦芽糖などが小腸でブドウ糖に変化するように，栄養分が吸収直前まで消化されない利点を書きなさい。

(☆☆☆◎◎◎)

【4】第1学年「火山と地震」において，課題「地震による地面の揺れは，どのように伝わるのだろう」を設定し，学習を進めた。次の(1)～(3)の問いに答えなさい。

(1)　仮説「震源からの距離が近いほど，揺れが速く伝わるのではないか」を検証するために，以下の実習1を行った。あとの①～④の問いに答えなさい。

【実習1】地震によるいろいろな地点の揺れ始めの時刻をまとめ，地震の揺れの広がり方の特徴を調べる。

○全ての観測点について，震央と各観測地点の揺れ始めの時間差を記入する。

○地図中の5秒の線は，震央が揺れ始めてから5秒後に揺れ始めたと考えられる場所を結んだ線である。同じようにして，観測点を区切るように，10秒，20秒，30秒の線をかく。

岩手・宮城内陸地震（2008年）の震央と各観測地点のゆれ始めの時間差		
番号	震央との時間差	震度
㋐	4秒	5弱
㋑	7秒	4
㋒	7秒	3
㋓	9秒	4
㋔	10秒	4
㋕	11秒	3
㋖	12秒	5弱
㋗	13秒	4
㋘	16秒	3
㋙	17秒	3
㋚	18秒	3
㋛	18秒	3
㋜	18秒	3
㋝	20秒	3
⋮	⋮	⋮

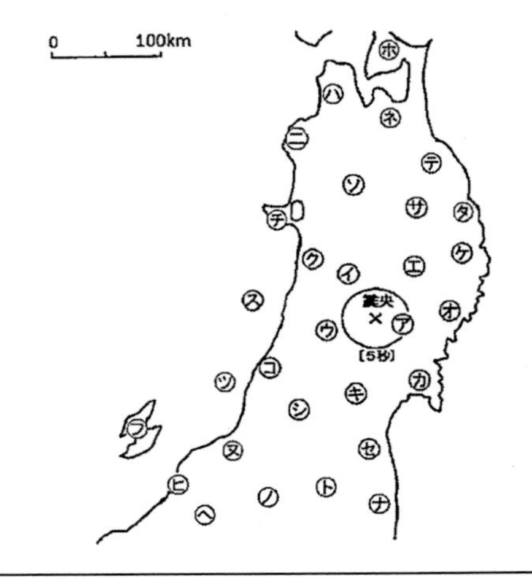

① 「震度」と「マグニチュード」について，数値の意味に触れながら説明しなさい。

② 地図に5秒後に揺れ始めたと考えられる場所を結んだ線を教師があらかじめ記入しておく理由を書きなさい。

③ 作業中，震源からの距離が同じ場所でも震度が異なることがあることに疑問をもった生徒がいた。この疑問のような現象が起こる理由を書きなさい。

④ 地震の揺れ方について生徒Bは次のように発言した。下の(a)～(c)の問いに答えなさい。

生徒B 「この前の地震では，はじめはかたかた小さく揺れて，次にゆさゆさと大きく揺れました。」

(a) はじめの小さな揺れはP波，続く大きな揺れはS波である。それぞれの波の違いを速さ以外に2つ書きなさい。

(b) ある地点Bでの初期微動継続時間は30秒であった。P波の速さを7km/秒，S波の速さを3.5km/秒とすると，地点Bは震源から何km離れているかを答えなさい。

(c) 学んだことを活用して緊急地震速報の仕組みを説明する学習活動を行った。図6の中の用語を使用して，緊急地震速報が届けられる仕組みを簡潔に説明しなさい。

図6

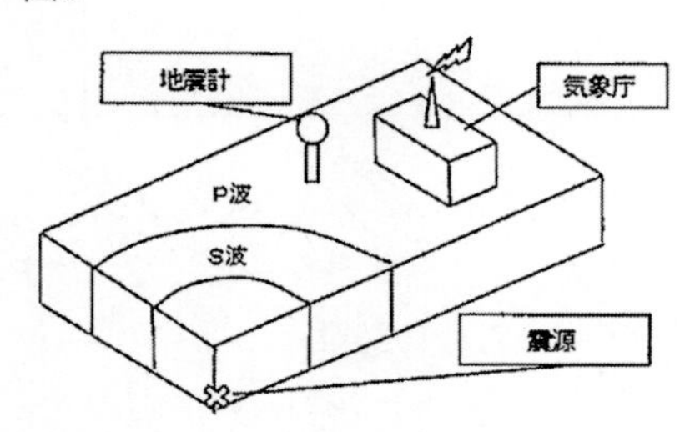

(2) 地震の発生する仕組みを理解させるために，こんにゃくを使った内陸型地震のモデル実験を演示したい。どのようなモデル実験が考

えられるか，装置の図と説明を書きなさい。

(3)　発展課題として津波の性質について調べると，津波は陸地に近づくにつれて大きな波になることが分かった。この理由を生徒が理解できるように説明しなさい。

(☆☆☆◎◎◎)

高　校　理　科

【物理】

【1】図のように，水平な床の上に，ある傾きをもたせた部分と点Oを中心とする半径rのループの部分からなるレールが固定されている。レールの表面はなめらかで，各部分はなめらかに接続されている。

床からの高さがhの点Aから，質量mの小球を静かに放したところ，小球は鉛直面内でレールの内側に沿って円運動した。重力加速度の大きさをg，小球の大きさおよび空気抵抗は無視できるものとして，次の(1)～(6)の問いに答えなさい。なお，(2)，(3)，(4)の問いには答えだけでなく，考え方や計算の過程も書きなさい。

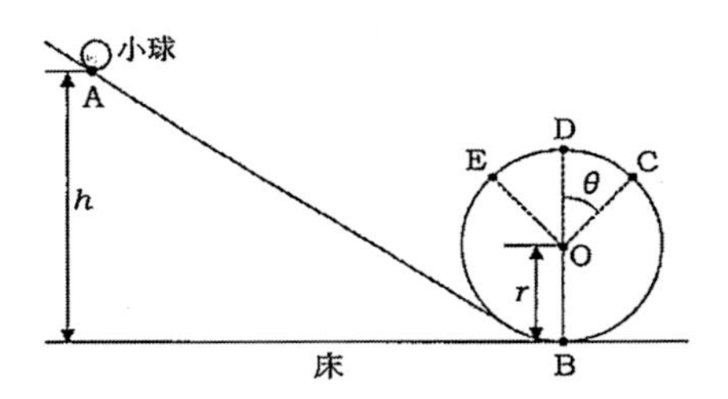

(1)　ループの最高点Dでの小球の速さを求めよ。

(2)　ループの最高点Dで，小球がレールに及ぼす力の大きさを求めよ。

(3)　ループを一周するために必要な出発点の高さの最小値を求めよ。

(4)　点Cにおいて，小球がレールに及ぼす力の大きさをhとθの関数として求めよ。ただし，鉛直方向とOCのなす角(図の∠DOC)をθとする。

(5)　∠DOC＝∠DOE＝60°のとき，円弧CDEのレールを外した場合，小球がE点で再びループに戻るために必要な出発点の高さを求めよ。

(6)　ある生徒が，「小球が点Cを通過するとき，小球には重力と垂直抗力と向心力の3つの力がはたらいているのではないか。」と誤ったとらえ方をした場合，この生徒に対してどのように説明したらよいか，書け。

(☆☆☆◎◎◎)

【2】n〔mol〕の理想気体の状態を，次の①，②のように変化させた。

①　気体の体積をV_0〔m³〕に保ったまま加熱したところ，気体の温度と圧力はそれぞれT_0〔K〕，P_0〔Pa〕から，T_1〔K〕，P_1〔Pa〕に変化した。

②　気体の圧力をP_0〔Pa〕に保ったまま加熱したところ，気体の温度と体積はそれぞれT_0〔K〕，V_0〔m³〕から，T_1〔K〕，V_1〔m³〕に変化した。

この気体の定積モル比熱をC_V〔J/(mol·K)〕，定圧モル比熱をC_P〔J/(mol·K)〕，気体定数をR〔J/(mol·K)〕として，次の(1)～(5)の問いに答えなさい。

(1)　①，②について，気体の温度がT_0〔K〕からT_1〔K〕に変化するまでの間の，圧力P〔Pa〕と体積V〔m³〕の関係，圧力P〔Pa〕と温度T〔K〕の関係，体積V〔m³〕と温度T〔K〕の関係を表すグラフをそれぞれ描け。なお，どちらが①，②の変化を示しているか分かるように，①，②を記入すること。

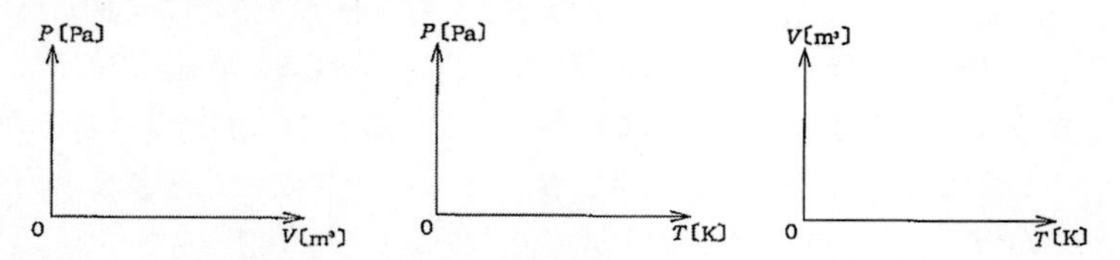

(2)　①，②について，気体の温度がT_0〔K〕からT_1〔K〕に上昇したとき，気体が吸収した熱量をそれぞれ求めよ。

(3)　C_V〔J/(mol・K)〕，C_P〔J/(mol・K)〕，R〔J/(mol・K)〕の間には，マイヤーの関係$C_P = C_V + R$が成り立つことを示せ。

(4)　二原子分子の定積モル比熱が単原子分子の定積モル比熱より大きい理由を，簡潔に書け。

(5)　熱力学第1法則の表記には，$Q = \varDelta U + W$と$\varDelta U = Q + w$がある。それぞれの式について，各物理量が何を表すかを明確に示し，式の解釈をそれぞれ書け。

(☆☆◎◎◎◎)

【3】図のように，観測者，音源，反射板が一直線上に並んでいる。観測者と反射板は静止しており，音源は速さuで観測者から遠ざかっている。音源の振動数をf_0，音速をVとして，次の(1)～(6)の問いに答えなさい。なお，(3)の問いには答えだけでなく，考え方や計算の過程も書きなさい。

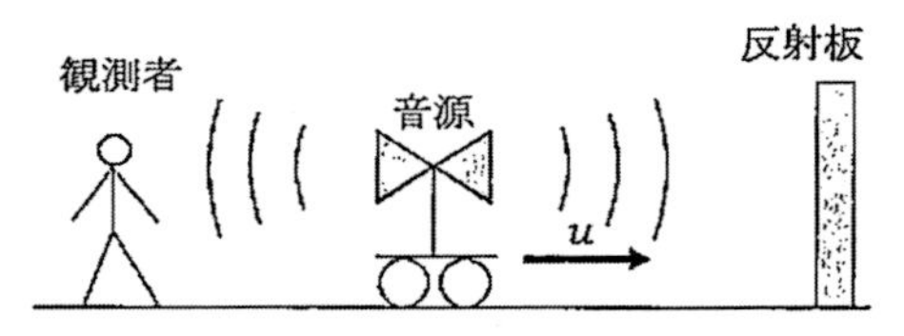

(1)　観測者が聞く音源からの直接音の振動数を求めよ。

(2)　観測者が聞く反射板からの反射音の振動数を求めよ。

(3)　観測者が聞くうなりの回数をV，u，f_0で表せ。ただし，uはVよりも十分小さいものとする。

(4)　音源の振動数がf_0＝340Hzのとき，観測者が1秒間に6回のうなりを聞いた。音速をV＝340m/sとするとき，音源の速さuを求めよ。

(5)　反射板を図の一直線上で動かしたところ，(3)におけるうなりが聞こえなくなった。このとき，反射板を動かす向きと速さを求めよ。ただし，反射板の速さは音速より小さいものとする。

(6)　日常の生活の中で，ドップラー効果を利用している例を1つ書け。

(☆☆☆◎◎◎◎)

【4】真空中に半径a〔m〕の導体球Aがある。真空の誘電率をε_0〔F/m〕として，次の(1)～(6)の問いに答えなさい。なお，(3)の問いには答えだけでなく，考え方や計算の過程も書きなさい。

初めに，導体球Aに正電荷Q〔C〕を与えた。

(1) 導体球Aが蓄えている正電荷はどのように分布しているか，書け。

(2) 導体球Aの中心から距離r〔m〕$(r>a)$の点の電場の強さを求めよ。

次に，図のように，半径b〔m〕の薄い導体球殻Bを，導体球Aと同心にしてかぶせ，導体球殻Bを接地した。

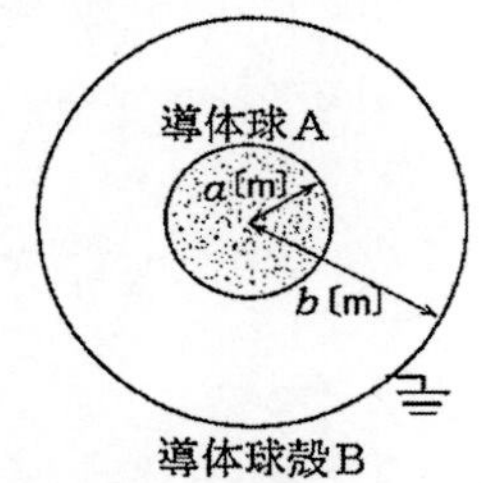

(3) 導体球Aと導体球殻Bを極板とするコンデンサーと考えて，このコンデンサーの電気容量を求めよ。

(4) 地球を導体球と考えた場合，地球の電気容量を求めよ。ただし，$\varepsilon_0=8.85\times10^{-12}$F/m，地球の半径を6400kmとする。

(5) コンデンサーの極板間に誘電体を挿入すると，電気容量が大きくなる理由を簡潔に書け。

(6) 自宅にあるもので簡単にコンデンサーを作る方法を簡潔に書け。

(☆☆☆◎◎◎)

【5】$^{32}_{15}$P(リン)は，半減期14日でβ崩壊をしてS(硫黄)になる。次の(1)～(4)の問いに答えなさい。

(1) このSの質量数と原子番号をそれぞれ求めよ。

(2) $^{32}_{15}$Pの原子核数は，56日後には初めの何倍になるか，求めよ。

(3) 放射性同位体の原子核数Nが，時間tとともに$N=N_0\left(\frac{1}{2}\right)^{\frac{t}{T}}$のように減少する様子を教室でシミュレーションするための方法を，簡潔に書け。ただし，初めの原子核数をN_0，半減期をTとする。

(4)　$N=N_0\left(\frac{1}{2}\right)^{\frac{t}{T}}$は$N=N_0e^{-\lambda t}$と変形することができる。(3)の方法でシミュレーションを行ったとき，定数λに関して考察できることを，簡潔に書け。

(☆☆☆◎◎◎)

【化学】

必要があれば次の値を用いなさい。

原子量　H＝1.0，C＝12，N＝14，O＝16，Na＝23，S＝32，Cl＝35.5，
K＝39，Ca＝40，Mn＝55，Fe＝56

気体定数　R＝8.3×10^3　Pa・L/(mol・K),

水のイオン積　$Kw=1.0\times10^{-14}(\mathrm{mol/L})^2$，$\log_{10}2=0.30$

【1】次の(1)～(9)の問いに答えなさい。

(1)　B(ホウ素)の同位体は^{10}Bと^{11}Bの2種類であり，その相対質量をそれぞれ10.0，11.0としたときの^{11}Bの天然存在比を求めよ。ただし，Bの原子量は10.8とする。

(2)　ある濃塩酸は，質量パーセント濃度が37％で密度は1.19g/cm^{3}である。この濃塩酸のモル濃度を有効数字2桁で求めよ。

(3)　草津温泉では，温泉水に含まれる硫化水素が反応し，硫黄の単体ができている。その理由として考えられる反応をア～エのうちから1つ選べ。

ア　中和　　イ　酸化　　ウ　還元　　エ　脱水

(4)　次の塩または酸化物を水に溶かしたとき，その水溶液が酸性を示すものをア～カのうちから全て選べ。

ア　$NaHCO_3$　　イ　Na_2SO_4　　ウ　NH_4Cl　　エ　CO_2

オ　SO_2　　カ　Na_2O

(5)　化学史に関する次の文の中で，下線部が正しいものをア～オのうちから1つ選べ。

ア　青カビの研究から抗生物質であるペニシリンを発見したのは，

北里柴三郎である。

イ　無機化合物であるシアン酸アンモニウムを加熱して有機化合物である尿素を合成したのは，ウェーラーである。

ウ　ベンゼンは二重結合がひとつおきにある六角形の構造となっていることを提唱したのは，リービッヒである。

エ　フェノールとホルムアルデヒドを酸触媒で加熱するとフェノール樹脂が得られることを見いだしたのは，ベークライトである。

オ　ヘキサメチレンジアミンとアジピン酸の脱水縮合反応によりナイロン66(6, 6-ナイロン)を合成したのは，桜田一郎である。

(6)　反応熱に関する次の文の中で，正しいものをア～オのうちから2つ選べ。

ア　燃焼熱とは，1molの物質が完全に燃焼するときに発生する熱量のことで，必ず正の値となる。

イ　生成熱とは，1molの物質がその成分元素の単体から生成するときに発生する熱量のことで，必ず正の値となる。

ウ　中和熱とは，それぞれ1molの酸と塩基が反応したときに発生する熱量のことで，必ず正の値となる。

エ　溶解熱とは，1molの物質が多量の溶媒に溶けるときに発生または吸収する熱量のことで，正または負の値となる。

オ　反応熱には，融解や蒸発のような，物理変化にともない出入りする熱は含まれない。

(7)　触媒の作用に関する次の文の中で，正しいものをア～オのうちから1つ選べ。

ア　触媒の作用をもつものはすべて固体である。

イ　触媒の作用により反応熱が大きくなる。

ウ　触媒の作用により反応の活性化エネルギーが変化する。

エ　触媒の作用により正反応の速さは増すが，逆反応の速さは変わらない。

オ　触媒の作用により分子の運動エネルギーが増大する。

(8)　生徒実験として中和滴定を実施する際，生徒がビュレットに水酸化ナトリウム水溶液を注ぎ入れるときの注意点として指導するべきことを簡潔に書け。

(9)　3種類のプラスチック(ポリプロピレン，ポリエチレンテレフタラート，ポリ塩化ビニル)でできた小片がある。生徒が，学校の実験室で3種類のプラスチックを区別するための方法を簡潔に書け。

(☆☆☆◎◎◎◎)

【2】希硫酸を加えて酸性にした過マンガン酸カリウムの水溶液が酸化剤として反応すると，過マンガン酸イオンはマンガン(Ⅱ)イオンとなる。過マンガン酸カリウムを用いて，アセトアルデヒドを酸化する反応について，次の(1)～(5)の問いに答えなさい。ただし，反応は理論どおり完全に進むものとする。

(1)　下線部の反応を，イオン反応式で書け。

(2)　下記の①に化学式，②と③に数字を入れ，アセトアルデヒドが酸化されるときのイオン反応式を完成させよ。

$CH_3CHO + H_2O \rightarrow$ (　①　) + (　②　) H^+ + (　③　) e^-

(3)　希硫酸を加えて酸性にした過マンガン酸カリウム12.64gを用いて酸化することができるアセトアルデヒドの質量を求めよ。

(4)　過マンガン酸カリウム水溶液を滴下して酸化還元滴定を行うとき，終点はどのように決めたらよいか，簡潔に書け。

(5)　この実験において，過マンガン酸カリウムの水溶液を酸性にするとき，希硝酸ではなく希硫酸を使用する理由を書け。

(☆☆☆◎◎◎)

【3】コロイド溶液の性質を調べるため，次の実験を行い，結果を表にまとめた。あとの(1)～(5)の問いに答えなさい。

＜実験＞

操作1　①沸騰水が入ったビーカーに0.15mol/Lの塩化鉄(Ⅲ)水溶液10mLを加えて全て反応させ，赤褐色のコロイド溶液を得た。

操作2　この溶液を室温になるまで放冷し，セロハン袋に入れ，これを十分な量の純水が入っているビーカーに一定時間浸した。その後，水を追加してコロイド溶液の量を100mLとし，浸透圧を測定した。

操作3　ビーカーの中の水を試験管A，Bにそれぞれ2mLずつ取り出し，試験管Aに②指示薬を数滴加えた。

操作4　試験管Bに③ある金属イオンを含む水溶液を加えた。

操作5　セロハン袋中の溶液を試験管Cに2mL取り出し，少量の硫酸ナトリウムを加えた。

＜結果＞

操作２	浸透圧は、2.5×10^2Pa（27℃）であった。
操作３	試験管Ａの溶液は、赤色を示した。
操作４	白色沈殿を生じた。
操作５	沈殿が生じた。

(1)　下線部①の反応を化学反応式で書け。

(2)　下線部②に適する指示薬の名称を書け。

(3)　次のア～エの中で，下線部③の金属イオンとして考えられるものを選び，記号で答えよ。

ア　Zn^{2+}　　イ　Al^{3+}　　ウ　Pb^{2+}　　エ　Ba^{2+}

(4)　試験管C内で沈殿が生じた理由を書け。

(5)　コロイド粒子を水酸化鉄(Ⅲ)の集合体とすると，一つのコロイド粒子には平均すると何個の鉄原子が含まれているか，求めよ。ただし，加えた塩化鉄(Ⅲ)の鉄原子はすべてコロイド粒子を形成するものとする。

(☆☆◎◎◎)

【4】次の文を読み，あとの(1)～(5)の問いに答えなさい。

アルミニウムは，製造するときに多くの電気エネルギーを必要とする。一方，使い終わったアルミニウム製品を集めて，融かして再生アルミニウムをつくれば，鉱石である(　　)から製錬するときの約3%のエネルギーで済む。人間が最も多量に利用している鉄についても，鉄鉱石から製造するよりも鉄製品を加熱して融かしてリサイクルする方が，必要とされるエネルギーの面ではるかに有利であるといわれている。

(1)　文中の空欄に適するアルミニウムの鉱石名を書け。

(2)　溶鉱炉で鉄鉱石から鉄をつくる場合，炉内で進む反応は酸化鉄(Ⅲ)Fe_2O_3を炭素Cで還元する反応であるとする。炭素はすべて二酸化炭素になるものとして化学反応式を書け。

(3)　次の熱化学方程式を用いて，(2)の反応における鉄1molあたりの反応熱を小数第一位を四捨五入して整数値で求めよ。

$C + O_2 = CO_2 + 394kJ$

$Fe + \frac{3}{4}O_2 = \frac{1}{2}Fe_2O_3 + 413kJ$

(4)　溶鉱炉で100kgの鉄を製造するのに消費する炭素量は，45kgであるとする。

①　この炭素を完全燃焼させたときに発生する熱量を有効数字2桁で求めよ。ただし，(3)の熱化学方程式を用いよ。

②　酸化鉄(Ⅲ)を還元して鉄100kgを得るのに必要な反応熱を(3)で求めた鉄の還元反応の反応熱から求めると，①で求めた熱量は，この反応熱の何倍になるか，有効数字2桁で求めよ。

(5)　炭素45kgを完全燃焼させたときに発生する熱で，固体の鉄を何kg融かせるか，有効数字2桁で求めよ。ただし，鉄の融解熱を13.8kJ/molとし，固体の鉄は融点にあり，熱の損失はないものとする。

(☆☆☆◎◎◎)

【5】次の文を読み，あとの(1)～(6)の問いに答えなさい。

実験室でアンモニアをつくるのに，塩化アンモニウムと水酸化カルシウムを混合して加熱する方法が用いられる。アンモニアは水溶液中でその一部の分子が電離して次のような化学平衡の状態になる。

$NH_3 + H_2O \rightleftarrows NH_4^+ + OH^-$……(i)

この平衡について，次式が成り立つ。　$K=\dfrac{[NH_4^+][OH^-]}{[NH_3][H_2O]}$……(ii)

ここで，薄い水溶液では水の濃度$[H_2O]$は一定と考えてよいので，(ii)式は次のように表される。

$\dfrac{[NH_4^+][OH^-]}{[NH_3]}=K[H_2O]=K_b$　このK_bを塩基の(　　)という。

(1)　下線部の反応の化学反応式を書け。

(2)　文中の空欄に適する語を書け。

(3)　発生したアンモニアには水分が含まれている。これを乾燥させるのに，濃硫酸，十酸化四リン，酸化カルシウムのうち，どれを利用するのが最も適当か化学式で書け。

(4)　電離平衡にあるアンモニア水に①濃塩酸，あるいは②塩化アンモニウム水溶液を加えると(i)式で表される平衡はどちらに移動するか。次のア～ウから適切なものを1つ選び，記号で書け。ただし，①濃塩酸，②塩化アンモニウム水溶液を加えても元のアンモニア水の体積の増加は無視できるものとする。

ア　右に移動する　　イ　左に移動する　　ウ　移動しない

(5)　濃度C(mol/L)のアンモニア水溶液において，アンモニアの電離度をαとするとき，αをCとK_bで表せ。ただし，αは1に比べて非常に小さいので，$1-\alpha \fallingdotseq 1$とみなせるものとする。

(6)　0.40mol/Lのアンモニア水溶液(25℃)のpHを小数第一位まで求めよ。ただし，25℃におけるアンモニアのK_bは1.0×10^{-5}mol/Lとする。

(☆☆☆◎◎◎)

【6】ベンゼンの1置換体である4種類の芳香族化合物A，B，C，Dを含むエーテル溶液を次図に従い，分離した。あとの(1)～(6)の問いに答えなさい。ただし，図中の＋は，それぞれの試薬を溶液に加えたことを意味する。

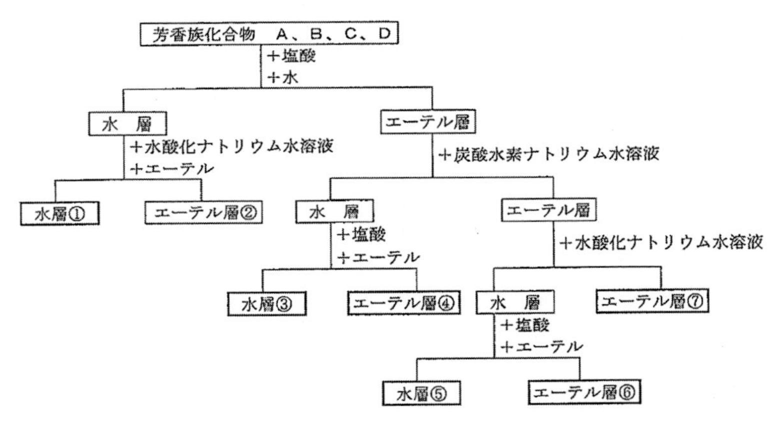

なお，有機化合物の構造式は次の例にならって書くこと。

例

OH　O
CH_3-CH　$O-C-CH_2-CH_3$
NO_2

(1)　化合物Aの分子量は123であり，元素分析の結果，炭素58.5%，水素4.1%，窒素11.4%，酸素26.0%であった。化合物Aの構造式を書け。また，化合物Aは①～⑦のどこに含まれるか答えよ。

(2)　化合物Bは，化合物Aをスズと塩酸とともに反応させた後に水酸化ナトリウム水溶液を加えることで得られる。化合物Bをさらし粉水溶液に加えると赤紫色を呈する。化合物Bの構造式を書け。また，化合物Bは①～⑦のどこに含まれるか答えよ。

(3)　化合物Cは④に含まれていた。また，化合物Cとメタノールの混合物に濃硫酸を加えて加熱すると化学式$C_8H_8O_2$の化合物Eを得た。得られた化合物Eの構造式を書け。

(4)　化合物Dは⑥に含まれていた。化合物Dは，塩酸に溶解した化合物Bを氷冷下で亜硝酸ナトリウム($NaNO_2$)と反応させて化合物Fとした後，これを加水分解することによって合成できる。化合物Dの構造式と化合物Fの名称を書け。

(5)　化合物Gは，化合物Dの水酸化ナトリウム水溶液に化合物Fを加えると得られる。化合物Gの構造式と，この反応名を書け。

(6) 分液漏斗を用いて有機化合物の分離を行う実験に関する記述として正しいものを下のア～エから1つ選べ。なお，分液漏斗に関しては次図を参考にせよ。

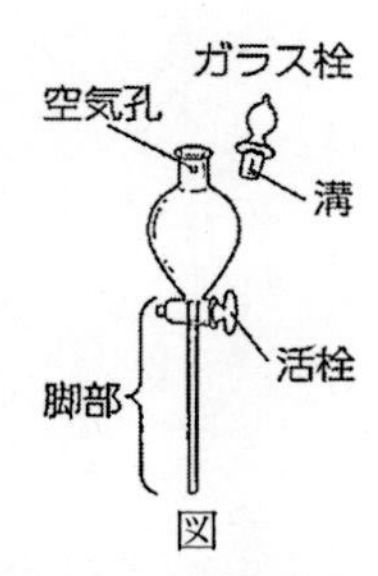

図

ア エーテル層は下層となり，水層は上層となる。

イ 液を流し出すときは，空気孔とガラス栓の溝をずらしておく。

ウ 振り混ぜると分液漏斗内の内圧が上昇することがあるので，ときどき脚部の活栓を開き，圧抜きをする。

エ 分液漏斗内の溶液は下層，上層の順に脚部から流し出す。

(☆☆☆◎◎◎◎)

【7】一般に，スチレンと*p*－ジビニルベンゼンの共重合体(ポリスチレン)は，イオン交換樹脂を合成するために利用される。この共重合体を用いて，次のような実験を行った。ただし，実験は適切な条件で行ったものとし，*p*－ジビニルベンゼンは少量なので計算上無視できるものとする。あとの(1)，(2)の問いに答えなさい。

＜実験＞

操作1 スチレンと*p*－ジビニルベンゼンの共重合体(ポリスチレン)4.16gを硫酸と反応させ，イオン交換樹脂を合成した。

操作2 得られた樹脂をすべて，図1のようなガラス管につめ，純水で十分に洗浄した。

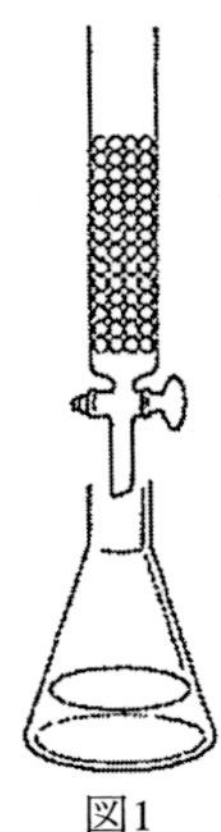

図1

操作3　上部から濃度不明の塩化カルシウム水溶液5.0mLを通し，さらに純水で樹脂を十分に洗浄した。

操作4　操作3で得られた水溶液をすべて100mLメスフラスコに入れ，標線まで純水を加えた。このメスフラスコ中の溶液10.0mLを別のビーカーに計り取り，フェノールフタレイン溶液を数滴加え，0.10mol/Lの水酸化ナトリウム水溶液で滴定を行った。

(1)　操作1の結果，共重合体のもつベンゼン環の50.0%がスルホン化されていることがわかった。次の①～②の問いに答えよ。

①　図2は，合成されたイオン交換樹脂の構造を示している。Xにあてはまる官能基の化学式を書け。

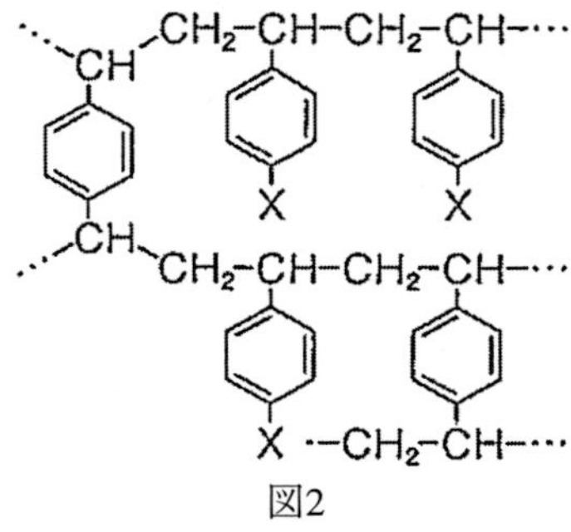

図2

②　このとき生成したイオン交換樹脂の質量を有効数字2桁で求め

よ。

(2) 次の①～③の問いに答えよ。

① 操作4で滴下した水酸化ナトリウム水溶液は2.0mLであった。操作3で用いた塩化カルシウム水溶液の濃度を有効数字2桁で求めよ。

② 操作4の純水を加えた後のメスフラスコ中の溶液のpHを求めよ。

③ ②のようにpHが変化した理由を書け。

(☆☆☆◎◎)

【生物】

【1】ホルモンに関する次の文章を読み，下の(1)～(5)の問いに答えなさい。

ヒトには多数の内分泌腺があり，各種のホルモンが分泌されている。ホルモンは特定の[①]細胞に作用するが，それは[①]細胞の細胞膜または細胞内に特定のホルモンとだけ結合する[②]が存在するからである。

甲状腺は，[③]などの甲状腺ホルモンを分泌しているが，甲状腺のはたらきは，[④]の支配を受けており，[④]は[⑤]の支配を受けている。一方，[④]や[⑤]のはたらきは，甲状腺ホルモン濃度によって抑制されたり，されなかったりする。このように結果がその原因側に影響を与えることをフィードバックという。

副甲状腺は，パラトルモンというホルモンを分泌する内分泌腺である。パラトルモンは骨のカルシウムを血中に放出させ，また，尿中へのカルシウムの排出を抑えるはたらきがある。パラトルモンの分泌は，副甲状腺に流入する血液中のカルシウムイオンの濃度によって，促進されたり，抑制されたりする。このようにして，血中のカルシウムイオンの濃度は一定の範囲内に保たれるよう調節されている。

(1) 文章中の[①]～[⑤]に当てはまる最も適切な語句を書け。

(2) 次のア～オの中で，一般的なホルモンの性質として正しいものをすべて選び，記号で書け。

ア　脊椎動物のホルモンには糖質系とステロイド系がある。

イ　効果は持続的である。

ウ　すべて親水性である。

エ　微量で効果がある。

オ　情報伝達の速さは神経より遅い。

(3)　内分泌腺で合成された分泌物は血液中に分泌されるが，外分泌腺ではどのような方法によって分泌されるか，説明せよ。

(4)　ヒトに存在する器官の中で，外分泌腺と内分泌腺の両方を持つ器官を1つ書け。

(5)　下線について，次のア～ウの中で正しく述べたものを1つ選び，記号で書け。

ア　副甲状腺に流入する血液中のカルシウムイオンの濃度が高いと，パラトルモンの分泌は促進される。

イ　副甲状腺に流入する血液中のカルシウムイオンの濃度が低いと，パラトルモンの分泌は促進される。

ウ　副甲状腺に流入する血液中のカルシウムイオンの濃度がある範囲内にあるときは，パラトルモンの分泌が促進され，それより高いときや低いときに分泌が抑制される。

(☆☆☆◎◎◎)

【2】植物の生殖に関する次の文章を読み，あとの(1)～(5)の問いに答えなさい。

被子植物では，おしべ内の花粉母細胞とめしべ内の胚のう母細胞が減数分裂を行う。おしべ側では，花粉母細胞は減数分裂をして[　①　]になり，それぞれの細胞は分離した後，成熟した花粉となる。花粉内ではさらに細胞分裂が起こり，花粉管細胞と[　②　]になる。一方，めしべ側では，胚のう母細胞が減数分裂によってできた4個の細胞のうち3個は退化し，残り1個から胚のうが形成される。

花粉が柱頭に付くと花粉管を伸ばす。花粉管の中で，[　②　]はさらに細胞分裂をして2個の精細胞になる。花粉管が胚のうに達すると，精細胞の1つは卵細胞と，もう1つは[　③　]と合体して，それぞれ受精卵と胚乳細胞になる。このような被子植物特有の受精を[　④　]という。

(1)　文章中の[　①　]～[　④　]に当てはまる最も適切な語句を書け。

(2)　シダ植物において，被子植物の胚のうの段階に相当するものは何か，書け。

(3)　裸子植物の胚乳はどのように形成されるか，説明せよ。

(4)　同一花粉において，花粉管細胞と精細胞の遺伝子型は同じである。その理由を記せ。

(5)　授業で，減数分裂の観察と花粉管の伸長の観察を行いたい。次の①，②の問いに答えよ。

①　減数分裂の観察において，ムラサキツユクサのつぼみを用いることとする。あるつぼみからやくを取り出し，つぶして酢酸オルセイン液で染色して顕微鏡で観察したところ，細胞は明瞭に観察されたが減数分裂が終わった細胞ばかりであった。減数分裂の過程を観察するには，どのようにしたらよいか，書け。

②　花粉管の伸長の観察において，スクロースを含む培地を用いることとする。ある濃度のスクロース溶液では花粉管が伸長したが，濃度の高いスクロース溶液では，花粉管は伸長しなかった。この理由として，考えられることを書け。

(☆☆☆◎◎◎)

【3】植物群落に関する次の文章を読み，あとの(1)～(4)の問いに答えなさい。

植物群落の遷移は最後に安定した状態に到達する。この状態を[　①　]といい，日本のように降水量の多い環境では，ほとんどの場所で，陰樹の優占する森林となる。このような森林内には垂直的な[　②　]が発達しており，光の強さや温度など，森林内環境の垂直方向の変化が著しい。

光の強さと成長の関係は一本の樹木の中においても見られ，葉のつく場所により陽葉と陰葉に分けられる。陽葉と陰葉では，葉の構造に明瞭な違いがある。

温度条件は充足していても降水量が少ない地域では，[　①　]は草原となり，降水量が極めて少ない場合や気温が極端に低い地域では植物がまばらにしか見られない[　③　]となる。

(1)　文章中の[　①　]～[　③　]に当てはまる最も適切な語句を書け。

(2)　陰樹の組合せとして正しいものを，次のア～オのうちから1つ選び，記号で書け。

ア　アカマツ・シラカンバ　　イ　アカマツ・シラビソ

ウ　スタジイ・アラカシ　　エ　スタジイ・シラカンバ

オ　コナラ・タブノキ

(3)　下線について，陽葉と陰葉では，葉肉の構造がどのように異なるか，違いが生じる理由を含めて説明せよ。

(4)　次の表は，地球上の生態系の単位面積当たりに生育している植物体の現存量(乾燥重量)と年間の純生産量の平均値を示している。生育している植物体1kg当たりの年間純生産量を生産効率として，下の①，②の問いに答えよ。

表　地球上の生態系の現存量(乾燥重量)と純生産量(平均値)

生態系	現存量(kg/m²)	純生産量(kg/(m²・年))
森林	３０．０	１．４０
草原	３．０	０．８０

(推定値)

①　草原の生産効率は森林の生産効率の何倍か。ただし，小数第2位を四捨五入して，小数第1位まで答えよ。

②　森林の生産効率が，草原の生産効率とは異なる理由を説明せよ。

(☆☆☆☆◎◎◎)

【4】神経系とそのはたらきに関する次の文章を読み，あとの(1)～(6)の問いに答えなさい。

ヒトの中枢神経系は脳と脊髄からなり，脳はさらに，大脳，間脳，中脳，小脳，延髄などの部分に分けられる。大脳は構造上，(a)外側の灰白質と内側の白質に区別され，感覚・随意運動の中枢がある。

脊髄には意識と無関係に起こる運動の中枢がある。例えば，(b)あしを浮かした状態で腰かけたヒトのひざの関節のすぐ下の部分を軽くたたくとあしがはねあがる。

(1) 大脳・間脳・中脳・小脳・延髄の5つの部分のうち，脳幹に含まれるものをすべて書け。

(2) 下線(a)の名称が付けられた理由を，形態上の特徴を含めて，書け。

(3) 下線(b)の現象名を答えよ。

(4) 下線(b)のような反応の経路については，一般に下図のように5つの部位に分けることができる。下線(b)の反応において「受容器」に相当するものの名称を書け。

受容器 → 感覚神経 → 反射中枢 → 運動神経 → 効果器

(5) 受容器は刺激の有無を伝えるだけでなく，刺激の強弱を伝える機能を備えている。刺激の強弱はどのように変換されて伝えられるか，説明せよ。

(6) 次の①，②は，日常生活で経験する現象である。これらの現象が起こる理由について，それぞれ簡潔に説明せよ。

① からだを回転し続けた後に回転を急に止めると，しばらくの間は回転が続いているように感じる。

② 近いものを見続けて，眼が疲れたときに，遠くを見ると眼の疲労が回復する。

(☆☆☆◎◎◎)

【5】遺伝子工学に関する次の文章を読み，あとの(1)～(4)の問いに答えなさい。

DNAの構造が明らかにされて以降，目的の遺伝子を取り出して調べる技術や，遺伝子を操作する技術が発展してきた。

多くの細菌では，染色体DNAとは別に，1～数十個の小型の環状DNAであるプラスミドを持っており，ある生物の特定の遺伝子を組み込まれたプラスミドを細菌内に導入することで，その遺伝子のタンパク質を細菌内で合成することができる。

(1) DNAは3つの構成要素からなるヌクレオチドがつながったものである。この3つの構成要素を書け。

(2) 大腸菌にヒトインスリン遺伝子を導入させる際の手順について，「プラスミド」，「制限酵素」，「DNAリガーゼ」という語をすべて用いて説明せよ。

(3) ヒトインスリン遺伝子が2.8×10^3個のヌクレオチドからなるとすると，アミノ酸は何個できると考えられるか，有効数字2桁で答えよ。ただし，すべての塩基配列がアミノ酸合成の遺伝暗号として使われたものとする。

(4) プラスミドのように，遺伝子を特定の細胞にまで運び込む役割をするものをベクターというが，プラスミドがベクターとして有用なのはなぜか，あなたの考えを書け。

(☆☆☆☆◎◎◎)

【6】呼吸に関する次の文章を読み，下の(1)～(4)の問いに答えなさい。

呼吸は，解糖系，[　①　]，電子伝達系の3つの過程に分けられる。解糖系は[　②　]で行われる代謝経路であり，呼吸基質となるグルコースを，炭素が3個の[　③　]にまで分解する。この過程では，エネルギーの一部がATPとして取り出されるとともに，酸化還元反応によって還元型補酵素(NADH)が生じる。

[　①　]は，ミトコンドリアのマトリックスで行われる代謝経路であり，解糖系から受け取った[　③　]を二酸化炭素にまで分解する。この過程では，ATP合成が行われるとともに，酸化還元反応によって還元型補酵素(NADHと$FADH_2$)が生じる。

電子伝達系は，ミトコンドリアの内膜に存在する複数のタンパク質により構成される反応系であり，酸化還元反応により多量のATPが合成される。

(1) 文章中の[　①　]～[　③　]に当てはまる最も適切な語句を書け。

(2) 電子伝達系におけるATP合成は，次のア～ウの過程により順次行われる。アの過程については「還元型補酵素」，「水素」，「水素イオン」という語を用いて，ウの過程については「水素イオン」，「ATP合成酵素」という語を用いて，それぞれ説明せよ。

ア [　　　　]

イ　膜間(内膜と外膜の間の空間)のほうがマトリックスより水素イオン濃度が高くなり，内膜を挟んで水素イオンの濃度勾配が形成される。

ウ [　　　　]

(3) 電子伝達系における最後の電子受容体は何か，物質名を書け。

(4) ある細胞から精製した溶液に，ミトコンドリアを入れた実験系をつくったところ，ATP合成反応が見られたが，一定時間後には合成反応が停止した。この理由として考えられることを，水素イオンに着目して答えよ。

(☆☆☆◎◎◎◎)

【7】種子の発芽に関する次の文章を読み，下の(1)～(4)の問いに答えなさい。

種子は(a)休眠したまま長く生き続けるが，いったん発芽が始まってしまうと，もう後戻りはできない。植物にとって，(b)どのような環境下で発芽するかは，生存を左右する重大な問題である。

(1) 下線(a)について，成熟した種子が休眠に入る際に含有量が増える植物ホルモンの名称を書け。

(2) 下線(b)について，一般に種子が発芽する際の環境条件は，水分，温度，酸素の3つであるが，発芽に光を必要とする光発芽種子もある。次のア～オのうちから光発芽種子をすべて選び，記号で書け。

ア　キュウリ　　イ　タバコ　　ウ　カボチャ　　エ　ケイトウ

オ　シロイヌナズナ

(3) オオムギの種子を水につけ始めた時刻を0として，時間を追って種子の重さを測定する実験を行った。次の図は，実験結果を模式的に示したものである。このとき，下の①，②の問いに答えよ。

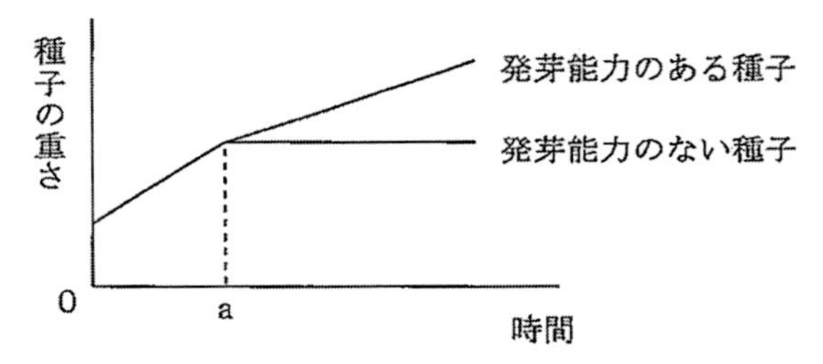

① 図中の時間aで，発芽能力のある種子，発芽能力のない種子とも，種子が重くなったのはなぜか，理由として考えられることを書け。

② 発芽能力のある種子では，環境条件が整えば発芽に向けた準備が行われる。このとき種子内で起こる反応について，「ジベレリン」，「アミラーゼ」，「デンプン」という語をすべて用いて，説明せよ。

(4) 発芽の環境要因としては，温度も重要である。ある種類の植物の種子は，休眠から目覚めるのに発芽前の段階での低温を必要とする。この理由として考えられることを，「季節」に着目して，説明せよ。

(☆☆☆◎◎◎)

【8】生物の系統に関する次の文章を読み，下の(1)～(3)の問いに答えなさい。

地球上で生物が進化してきた道筋は系統と呼ばれる。生物の系統関係を推定する方法は多くあり，(a)外部形態や内部構造，(b)発生のしかたの比較，DNAの塩基配列による解析などが行われてきた。これらにより，(c)生物界全体の系統関係の概要が徐々に明らかになってきた。

(1) 下線(a)について，外部形態は古くから生物の分類基準として用いられてきた。形態の類似には相同と相似があるが，両者の違いを生徒に説明することを想定して，それぞれ具体例を挙げて説明せよ。

(2) 下線(b)について，三胚葉性の動物は，口のでき方によってさらに旧口動物と新口動物の2つに分けることができる。新口動物とはどのような動物か，旧口動物との違いを踏まえて説明せよ。

(3) 下線(c)について，生物は3つのドメインに分けられることが明らかとなった。その際，何を比較して，生物間の系統関係が調べられたか，書け。

(☆☆☆◎◎◎)

解答・解説

中学理科

【1】(1) 2つの手回し発電機をつなぎ，一方を回転させると，他方がモーターとして動く様子の演示 (2) ① ・微弱な電流も検知できるため ・電流の向きを計測できるため ② 検流計に磁石やコイルを近付け過ぎないようにする。 ③ 指針の触れる方向…左

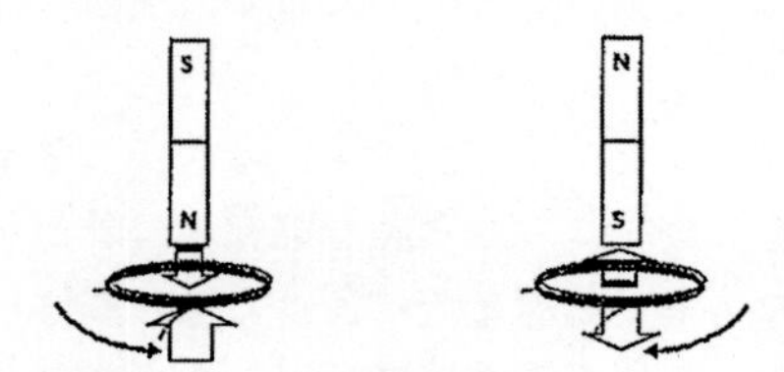

・電磁誘導による誘導電流は，磁界の変化を妨げる向きに流れる。N極とS極では，磁石のつくる磁界と反対になることで電流が反対に流れるため。 ④ (式) $\frac{300\times5.0\times10^{-3}}{1}=1.5(\mathrm{V})$ $1.5\div2.0=0.75$ 0.75A (3) ① 発光ダイオードの向きを逆にして並列につないだものに，乾電池や交流電源をつないで直流や交流を流し，発光ダイオードをすばやく動かして点灯の仕方を比べる。直流は点灯し，交流は点滅する。 ② ア 100V イ 20mA (4) ① 電磁調理器の中にはコイルがあり，コイルに交流電流が流れると磁界が変化し，

誘導電流が流れる。鍋の底に誘導電流が流れると，抵抗により発熱する。　② 非接触型携帯充電器

〈解説〉(1) モーターの原理から，電気エネルギーが運動エネルギーに変化することを学んだ生徒が対象だから，同じ道具が逆のはたらきをすることを示せばよい。　(2) ① 検流計(ガルバノメータ)は，弱い電流で動き，また目盛板の中央に0があって，両方向の電流を観察することができる。　② 検流計は，流れる電流と，内部にある永久磁石の磁界によって，力が生じ指針が動くしくみである。検流計外部から大きな磁界が及ぶと，誤作動する。　③ N極とS極では，周囲の磁界の向きが逆であり，コイルに生じる誘導電流の向きも逆になる。

④ 生じる電圧の大きさは　$300\times5.0\times10^{-3}=1.5$〔V〕である。これと2.0Ωからオームの法則より，電流の大きさを求める。

(3) ① 一方向のみ電流を流す発光ダイオードに交流電圧をかけると点滅する。この状態で発光ダイオードを動かすと，点滅が視認しやすい。　② ア…磁束の漏れがないので，電圧は巻き数に比例する。よって，$1000\times\frac{100}{1000}=100$〔V〕となる。　イ…エネルギー損失が無視できるので，一次側の電力と二次側の電力は等しい。よって，求める電流は電圧に反比例するので，$2.0\times\frac{1000}{100}=20$〔mA〕となる。

(4) ① 鍋に流れる誘導電流によって発熱する。　② ほかに，マイクは，空気の振動によって磁石が振動し，生じる誘導電流が信号となって伝わる。IC乗車券やIC電子マネーは誘導電流によって生じる信号をやり取りしている。電力量計にも電磁誘導の原理を用いるものがある。また，(3)のような変圧器は，各種の電気機器の内部や送電網に多数使われている。

【2】(1) ① ・急激に反応したり，発熱したりするため。　・塩酸が飛び散る危険性があるため。　② 濃塩酸…15mL　　水…585mL

(2) ① 気体…水素　　方法…火のついたマッチを近づける。

② $Mg+2HCl\rightarrow MgCl_2+H_2$　　(3) ① 中性になった水溶液を蒸発乾固し，残ったものを顕微鏡で観察する。　② 水素イオンと水酸化

物イオンを丸で囲み，結びつくとどうなるかを問いかける。そして，水素イオンと水酸化物イオンのあまりがないことに気付かせる。

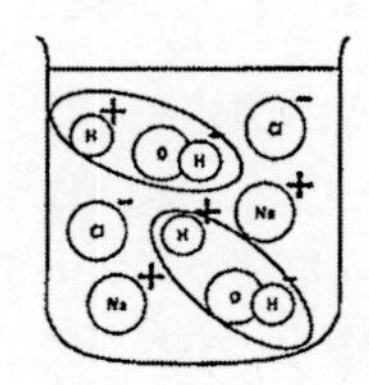

③　水素イオン：水酸化物イオン＝2：3　　④　1.　氷酢酸に青色にした塩化コバルトを加える。　　2.　水酸化ナトリウムの粒を加えてよく振ると，赤紫色になる。

(4)

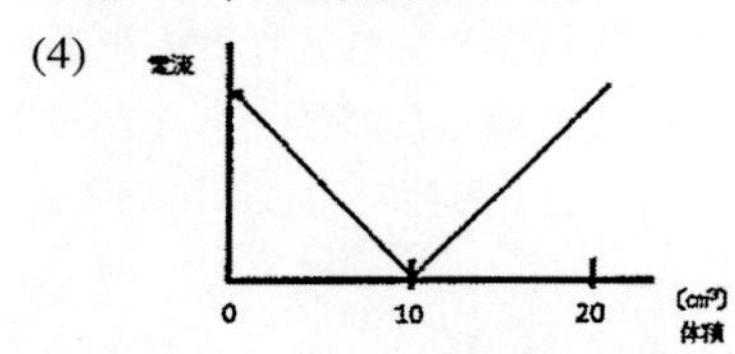

(5)　①　$CaCO_3 + 2HCl \rightarrow CaCl_2 + H_2O + CO_2$　　②　土壌の改良

〈解説〉(1)　①　濃塩酸に水を加えると，急激に反応が起こり，溶解熱が発生する。そのため，塩酸の白煙が上がったり，濃度の高い塩酸が飛び散ったりする危険性がある。　②　0.3mol/Lのうすい塩酸600mL中に含まれる塩化水素HClは，$0.3 \times \frac{600}{1000} = 0.18$〔mol〕である。必要な12mol/Lの濃塩酸の体積をx〔mL〕とすると，$12 \times \frac{x}{1000} = 0.18$より，$x = 15$〔mL〕である。必要な水の体積は600－15＝585〔mL〕である。(2)　①　水素はポンと音をたて燃焼するため，水素の発生が確かめられる。　②　水素よりイオン化傾向が大きいマグネシウムMgのような金属は，塩酸と反応して水素を発生する。　(3)　①　蒸発乾固し，残ったものを顕微鏡で観察することで，塩として生じた塩化ナトリウムNaClの結晶を観察することができる。　②　BTB溶液の色が緑色になったことから水溶液が中性に変化したことが分かる。酸の正体は水素イオンH^+だから，その性質が無くなっているということはH^+は水溶液中に存在しないのではないかと考えさせる。　③　塩酸6mLと水酸化ナトリウム水溶液4mLがちょうど反応して中性となっている。よって，それぞれの水溶液10 mLに含まれる水素イオンと水酸化物イオンの数の比は，$\frac{10}{6}$：$\frac{10}{4}$＝2：3となる。　④　塩化コバルトは水と反応して赤紫色に変化する。このことを利用して氷酢酸と水酸化ナトリウムとの反応で生じた水を確認する。　(4)　化学反応式は，$Ba(OH)_2$＋H_2SO_4→$BaSO_4$＋$2H_2O$であり，10cm^{3}の水酸化バリウム水溶液と反応する硫酸は10cm^{3}である。中和で生じる塩のBaSO4は沈殿し，中和が完了するとイオンの数は0となるため，電流は流れなくなる。その後硫酸を加え続けると，再び電流が流れ始める。　(5)　①　石灰石の主成分である炭酸カルシウム$CaCO_3$と塩酸HClで中和反応が起こり，湯川の水の強い酸性を和らげている。　②　火山活動や酸性雨などの影響により土壌が酸性化し，作物が育たなくなるといった問題がある。そこに石灰をまくことで中和反応が起こり，土壌の酸性を和らげている。

【3】(1)　ごはん(米)を口の中で繰り返しかんでいると，甘く感じられることがあること。　(2)　①　だ液の有無以外の条件を揃えることで，デンプンの変化がだ液によるものかを確かめられるため。
②　・小刻みに振りながら加熱する。　・液を入れすぎない。$\left(\frac{1}{4}\right.$程度$\left.\right)$　・試験管の口を人に向けない。　③　だ液に含まれている消化酵素が高温により失活したため。　④　A－2　赤褐色の沈澱ができる。　B－2　変化なし。　(3)　①　㋐　ペプシン　㋑　すい臓　㋒　アミノ酸　㋓　モノグリセド　②　腸の中にいる細菌などの微生物に栄養分をとられないこと。

〈解説〉(1)　デンプンが主成分であり，甘味が添加されていないような食物を使う。　(2)　①　対照実験では，特定の条件のみ異なる条件の実験を行い，結果を比較することで，変えた条件が結果に関与している(もしくは関与しない)ことが確かめられる。仮にA(デンプン溶液とだ液)のみで実験を行う場合だと，自然分解の可能性を排除したことにならない。　②　ほかに，突沸を防ぐために沸騰石を入れる，などがある。　③　デンプンを分解するアミラーゼを始め，酵素はタンパク質でできている。酵素は，タンパク質の立体構造によってできる活性部位によって触媒作用を示すが，熱によって触媒を示す立体構造を作る結合が切れてしまうと，酵素が変成し，触媒作用を示さなくなる。④　ベネジクト液には，硫酸銅(Ⅱ)が含まれているため，青色をしているが，麦芽糖やブドウ糖といった還元性を示す糖類によって，銅(Ⅱ)が還元され，赤褐色の酸化銅(Ⅰ)を生じる。　(3)　①　脂肪はトリグリセリド，つまり，脂肪酸3分子がグリセリン1分子に結合している。脂肪はリパーゼのはたらきによって，2分子の脂肪酸と1分子のモノグリセリドに分解される。　②　早期に分解すると，消化管内の微生物が栄養分を吸収し，人体に吸収される分が減ってしまう。

【4】(1)　①　震度…地震計で観測された揺れの大きさを気象庁が震度0～震度7の10段階の階級で表したもの。　マグニチュード…地震のエネルギーの大きさ(地震の規模)を表したもので，値が1大きくなるとエネルギーは約32倍になる。　②　地震の揺れが，震央から同心円状に広がることに気づけるようにするため。　③　地下の浅い部分の地盤のかたさに違いがあるため。　④　(a)　・P波は縦波で，S波は横波である。　・P波は液体中を伝わるが，S波は液体中を伝わることができない。　(b)　$\frac{x}{3.5}=\frac{x}{7}+30$　$x=210$　210km　(c)　地震が起きると，震源に一番近い地震計がP波の揺れを感知する。その観測データに基づいて震源の位置，規模(マグニチュード)を瞬時に推定し，震度や強い揺れとなるS波の到着予定時刻を予測し，気象庁から緊急地震速報を出している。

(2)　装置…

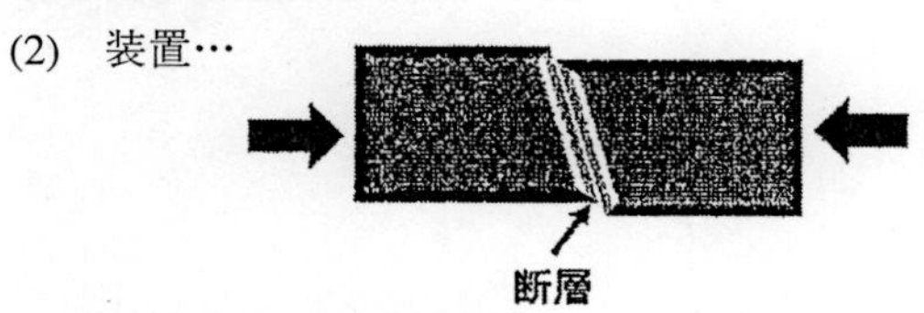

説明…・こんにゃくを斜めに切って横から押すと，変形後斜めに切った場所が急にずれる。　・これと同じように海のプレートの動きによ

って，陸のプレートの中には力が加わっている。　・力が断層に加わり，こんにゃくが斜めに切った面(断層面)を境に岩盤が破壊され，地震が発生する。　(3)　津波の流速は水深が深いほど速いので，陸地に近づくと先の波に後の波が追い付いてしまうため。

〈解説〉(1)　①　震度は，地震計で揺れた際の加速度をもとに10階級で表されている。マグニチュードは，地震のエネルギーの規模を表したもので，マグニチュード2の差がエネルギーの1000倍，マグニチュード1の差は$\sqrt{1000}=10\sqrt{10}=32$倍に対応する。　②　ほかに，仮説を確かめるため，震央との距離と揺れ始めるまでの時間から視覚的に地震波の速さを表すことができることを気づかせるため，などが考えられる。　③　一般に，河川や海の近くの土地や，埋め立て地などは軟らかく，震度が大きくなる傾向がある。　④　(a)　P波は進行方向に振動する縦波，S波は進行方向と垂直に振動する横波である。
(b)　地震発生からP波が到達するまでの時間と，S波が到達するまでの時間との差が初期微動継続時間であり，一般に震源からの距離に比例する。　(c)　緊急地震速報は，P波とS波の速度の違いを利用して，減災に活用されることを想定したシステムである。地震の被害につながる大きな揺れであるS波はP波より速度が遅いため，P波を観測し，震源の位置を特定し，震度や地震の規模を推定して，気象庁が発表している。　(2)　こんにゃくに力を加えると，こんにゃくがひずみを蓄積して変形し，耐えられなくなると断層が急に動く。これが，地盤に平時からひずみが蓄積され，ある瞬間に地震が発生するモデルとなる。
(3)　津波の速度は，水深の平方根に比例するため，陸地に近づいて水深が浅くなると，速度が小さくなり，海水が集積して波高が高まる。

高校理科

【物理】

【1】(1) $\sqrt{2g(h-2r)}$ (2) レールが小球に及ぼす力の大きさをN_0とすると，点Dでの向心方向の運動方程式より$\frac{mv^2}{r}=mg+N_0$ ここで，(1)の答を代入し，$N_0=\frac{mv^2}{r}-mg=\frac{mg}{r}(2h-5r)$ (3) 求める高さをh_0とすると，(2)の答で，$N_0=0$のとき$h=h_0$より，$\frac{mg}{r}(2h_0-5r)=0$ よって，$h_0=\frac{5}{2}r$ (4) 点Cでの速さをv_1とすると，力学的エネルギー保存則より，$\frac{1}{2}mv_1{}^2=mg\{h-r(1+\cos\theta)\}$ また，小球がレールから受ける垂直抗力の大きさをN_1とすると，向心方向の運動方程式より，$\frac{mv_1{}^2}{r}=mg\cos\theta+N_1$ 2式によってv_1を消去すると，$N_1=\frac{mg}{r}(2h-3r\cos\theta-2r)$ (5) $\frac{5}{2}r$ (6) 向心力は物体の運動の向きを変えて，円運動をさせるはたらきをする力であり，点Cでは，重力の半径方向の成分と垂直抗力の合力が向心力の役割をしている。

〈解説〉(1) 求める速さをvとすると，AとDで力学的エネルギー保存則より，$mg\mathrm{h}=\frac{1}{2}mv^2+mg2r$であり，$v=\sqrt{2g(h-2r)}$となる。
(2) 小球がレールから受ける抗力N_0と，小球の重力mgの和が，円運動の向心力となる。 (3) (2)で，$N_0\geqq 0$であれば，小球がレールから離れず一周する。 (4) 小球がレールから受ける抗力N_1と，小球の重力$mg\cos\theta$の和が，円運動の向心力となる。このN_1を求めるため，AとCで力学的エネルギー保存則を用いて，v_1を消去する。 (5) CからEに至る放物線が，直線BD上で最高点となればよい。小球がCを出発してから直線BD上に来るまでの時間をtとすると，鉛直方向の速さについて$v_1\sin60^\circ-gt=0$ つまり，$\frac{\sqrt{3}}{2}v_1-gt=0$だから，$t=\frac{\sqrt{3}v_1}{2g}$である。この時間での水平方向の移動距離について，$v_1t\cos60^\circ=r\sin60^\circ$

つまり$\frac{1}{2}v_1t=\frac{\sqrt{3}}{2}r$である。これらから$t$を消去すると，$v_1=\sqrt{2gr}$となる。(4)の力学的エネルギー保存則の式に代入すると，$mgr=mg\{h-r(1+\cos 60^\circ)\}$　これより，$h=\frac{5}{2}r$となる。　(6)　向心力という特有の力があるのではなく，N_1と$mg\cos\theta$の和が向心力のはたらきをしている。

【2】(1)

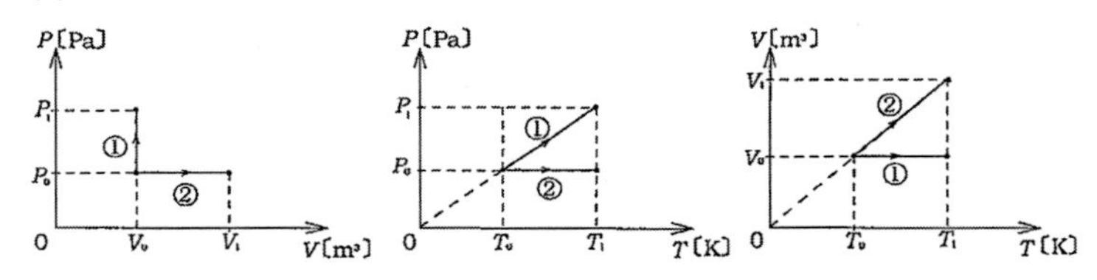

(2)　①　$nC_V(T_1-T_0)$〔J〕　②　$nC_P(T_1-T_0)$〔J〕　(3)　②について，熱力学第1法則より，$Q=\varDelta U+W$　$nC_P(T_1-T_0)=nC_V(T_1-T_0)+P_0(V_1-V_0)=nC_V(T_1-T_0)+nR(T_1-T_0)$　よって，$C_P=C_V+R$

(4)　二原子分子の方が，回転や振動のエネルギーの分，単原子分子より定積モル比熱C_Vが大きくなる。　(5)　$Q=\varDelta U+W$…気体が吸収した熱量Qは，気体の内部エネルギーの変化$\varDelta U$と気体が外部にした仕事Wの和に等しい。　$\varDelta U=Q+w$…気体の内部エネルギーの変化$\varDelta U$は，気体が吸収した熱量Qと気体が外部からされた仕事wの和に等しい。

〈解説〉(1)　ボイル・シャルルの法則より，P-Tグラフの①，V-Tグラフの②は原点を通る直線上にある。　(2)　①は定積モル比熱，②は定圧モル比熱を用いる。　(3)　熱力学第一法則と状態方程式を用いて，②で気体がした仕事$P_0(V_1-V_0)$を考える。　(4)　二原子分子では，単原子分子よりも運動の自由度が大きい。　(5)　気体がした仕事Wを用いて表記するか，気体がされた仕事wを用いて表記するかのちがいである。

【3】(1) $\dfrac{V}{V+u}f_0$ (2) $\dfrac{V}{V-u}f_0$ (3) (1)，(2)の振動数の差より，

$\left(\dfrac{1}{V-u}-\dfrac{1}{V+u}\right)Vf_0=\dfrac{2uV}{V^2-u^2}f_0=\dfrac{2\dfrac{u}{V}f_0}{1-\dfrac{u^2}{V^2}}\fallingdotseq\dfrac{2u}{V}f_0$ (4) $u=3.0$m/s

(5) 観測者から遠ざかる向きに，uの速さで動かす。 (6) スピードガン

〈解説〉(1) 音源は観測者から遠ざかっているから，ドップラー効果の式より，求める振動数は$\dfrac{V}{V+u}f_0$となる。 (2) 音源は反射板に近づいているから，反射板に到達する音の振動数は，$\dfrac{V}{V-u}f_0$である。反射板と観測者はともに静止しているから，観測者が聞く反射音の振動数は，反射板に到達する音の振動数に等しい。 (3) うなりの振動数は，直接音である(1)と反射音である(2)の差である。 (4) (3)の式に，数値を当てはめると，$\dfrac{2u}{340}\times340=6$より，$u=3.0$〔m/s〕である。

(5) 反射板の速度を右へu'とすると，遠ざかる反射音の振動数は$\dfrac{V}{V+u'}\times\dfrac{V-u'}{V-u}f_0$となる。これが直接音である(1)と等しいとき，うなりがなくなる。$\dfrac{V}{V+u'}\times\dfrac{V-u'}{V-u}=\dfrac{V}{V+u}$より，$u'=u$となる。

(6) ほかに，医療で用いられるエコー検査，気象観測で用いられるドップラーレーダー，魚群探知機，コウモリの運動など，さまざまな場面で利用されている。

【4】(1) 導体球Aの表面に一様に分布している。 (2) $\dfrac{1}{4\pi\varepsilon_0}\cdot\dfrac{Q}{r^2}$〔N/C〕

(3) 導体球Aの電位をVとすると，$V=\displaystyle\int_b^a\left(-\dfrac{1}{4\pi\varepsilon_0}\cdot\dfrac{Q}{r^2}\right)dr$

$=-\dfrac{1}{4\pi\varepsilon_0}\cdot\left[-\dfrac{Q}{r}\right]_b^a=\dfrac{Q}{4\pi\varepsilon_0}\left(\dfrac{1}{a}-\dfrac{1}{b}\right)$ 求める電気容量をCとすると，$Q=CV$より，$C=\dfrac{Q}{V}=\dfrac{4\pi\varepsilon_0 ab}{b-a}$〔F〕 (4) 7.11×10^{-4}F (5) 誘電体に現れる誘電分極による電場によって，極板間の電場の強さEが小さくなる。極板間の電位差$V=\displaystyle\int(-E)dr$より，$E$が小さくなると$V$も小

さくなる。電気容量をCとすると，電荷$Q=CV$より，Qは一定なので，Vが小さくなるとCは大きくなる。　(6)　プラスチック製のコップと2枚のアルミホイルを用意し，2枚のアルミホイルが接触しないように，それぞれをコップ側面の内側と外側に巻き付ける。

〈解説〉(1)　電荷どうしには斥力がはたらき，一様に分布する。
(2)　導体球の中心に電荷Qがある場合と同じになる。　(3)　Bの電位は0であり，Aの電位を求めると，AB間の電圧となる。　(4)　Aを地球，Bを電位0の無限遠と考える。$C=\dfrac{4\pi\varepsilon_0 ab}{b-a}=\dfrac{4\pi\varepsilon_0 a}{1-\dfrac{a}{b}}$であり，$a\ll b$だから，$\dfrac{a}{b}=0$とする。すると，$C=4\pi\varepsilon_0 a=4\times3.14\times8.85\times10^{-12}\times6400\times10^3=7.11\times10^{-4}$〔F〕となる。　(5)　電荷が一定のまま誘電体を入れると，誘電分極のため極板間の電圧が小さくなる。　(6)　食品包装用のラップフィルムとアルミホイルを重ね，さらにもう一組ラップフィルムとアルミホイルを重ねて，円筒状に巻き付けていく方法などもある。

【5】(1)　質量数…32　　原子番号…16　　(2)　$\dfrac{1}{16}$倍　　(3)　生徒全員に1人1個のさいころを持たせる。最初，全員が立っている状態で，合図に合わせてさいころを振り，1の目が出た生徒のみ座らせる。1分ごとに立っている生徒のみにさいころを振らせ，1の目が出た生徒のみ座らせる。これを繰り返し，立っている生徒数を記録していく。
(4)　$\lambda=\dfrac{\log_e 2}{T}$　となり，(3)の結果を代入すると$\lambda=\dfrac{1}{6}\fallingdotseq0.17$　に近い値となるため，λは原子核が崩壊する確率を表す定数であることが考察できる。

〈解説〉(1)　β崩壊をすると，中性子が陽子と電子とニュートリノに変化する。質量数は変化せず，原子番号が1増える。よって，質量数32，原子番号15＋1＝16となる。　(2)　56日は半減期14日の4倍であるから，原子核数ははじめの$\left(\dfrac{1}{2}\right)^4=\dfrac{1}{16}$倍になる。　(3)　それぞれの原子核が崩壊するのは等確率であることから，サイコロの例が使われることが多い。　(4)　$N_0\left(\frac{1}{2}\right)^{\frac{t}{T}}=N_0e^{-\lambda t}$より，両辺の自然対数を取ると，$-\frac{t}{T}\log_e 2=-\lambda t$より，$\lambda=\frac{\log_e 2}{T}$である。つまり，定数$\lambda$は半減期$T$に反比例する。(3)の解答例の実験では，立っている生徒数は4分ほどで半減するので，$\log_e 2=0.69$を用いると，$\lambda=0.17$となり，さいころで1の目が出る確率にほぼ一致する。

【化学】

【1】(1)　80％　　(2)　12mol/L　　(3)　イ　　(4)　ウ，エ，オ
(5)　イ　　(6)　ア，エ　　(7)　ウ　　(8)　水酸化ナトリウム水溶液が目に入らないように安全メガネをかけ，目の高さより低い位置で注ぐ。(注ぐときは漏斗を用い，漏斗は手で少し持ち上げておく。)
(9)　室温の水の中に入れ，浮いたものがポリプロピレンである。次に，加熱した銅線に試料をつけ，炎色反応を行い，青緑色を示したものがポリ塩化ビニルである。残ったものがポリエチレンテレフタラートである。

〈解説〉(1)　^{11}Bの天然存在比をxとすると，^{10}Bの天然存在比は$1-x$である。Bの原子量は10.8であるので，$10.0(1-x)+11.0x=10.8$　が成りたち，$x=0.8$　となる。よって，^{11}Bの天然存在比は80％である。
(2)　この濃塩酸1Lの質量は$1.19\times1000=1190$〔g〕である。これに溶けている塩化水素HClの質量は，$1190\times\frac{37}{100}=440.3$〔g〕であり，物質量は$\frac{440.3}{36.5}=12.06$〔mol〕である。よって，濃塩酸の濃度は12mol/Lとなる。　(3)　硫化水素が反応し，硫黄の単体ができる際の反応は$H_2S\rightarrow S+2H^++2e^-$と表される。この際，$H_2S$は水素を失っているため，この反応は酸化反応である。　(4)　ア　弱酸H_2CO_3と強塩基NaOHの塩であり，水溶液は塩基性を示す。　イ　強酸であるH_2SO_4と強塩基NaOHの塩であり，水溶液は中性を示す。　ウ　強酸HClと弱塩基NH_3の塩であり，水溶液は酸性を示す。　エ　CO_2は水に溶けてH^+を生じ，酸性を示す。　オ　SO_2は水に溶けてH_2SO_3となり，その後H_3O^+が生じ

るため酸性を示す。　カ　Na_2Oは水に溶けて$NaOH$となり，塩基性を示す。　(5)　ア　ペニシリンを発見したのはフレミングである。北里柴三郎はペスト菌を発見し，破傷風の治療法を開発した。　ウ　ベンゼンの六角形の構造を提唱したのはケクレである。リービッヒは有機化合物の定量分析法の体系化に努めた。　エ　フェノール樹脂を発見したのはベークランドである。ベークライトはフェノール樹脂のことである。　オ　ナイロン66を合成したのはカロザースである。桜田一郎はビニロンを合成した人である。　(6)　イ　生成熱は負の値となることもある。　ウ　中和熱は1価の酸と塩基が反応したときの熱量である。　オ　反応熱は物理変化に伴う熱も含まれる。　(7)　ア　触媒作用をもつものには液体，気体のものもある。　イ　触媒の作用により反応速度は速くなるが，反応熱は変わらない。　エ　正反応だけでなく，逆反応の速さも増すため誤りである。　オ　触媒の作用により，活性化エネルギーが小さくなるが，分子の運動エネルギーは変化しない。　(8)　目の高さより低い位置で注ぐため，床に置いて行うなどの指示が必要である。また，漏斗を少し浮かすことで，加える水溶液があふれるのを防ぐことができる。　(9)　ポリプロピレンの密度は0.9～0.91g/cm^{3}と水よりも小さいため，水に浮く。また，ポリ塩化ビニルはClを含むため，銅線を用いた炎色反応試験により塩化銅が生じ，銅の青緑色を確認することができる。

【2】(1)　$MnO_4^- + 8H^+ + 5e^- \rightarrow Mn^{2+} + 4H_2O$　　(2)　①　CH_3COOH
②　2　　③　2　　(3)　式　$KMnO_4 = 158$g/mol，$\frac{12.64}{158} = 0.080$〔mol〕，$CH_3CHO = 44$g/molであるから反応する$CH_3CHO$の質量は，$0.080 \times \frac{5}{2} \times 44 = 8.8$　　答　8.8g　　(4)　滴下した容器内の溶液の色が，無色からわずかに赤紫色になったときを終点とする。　(5)　希硝酸が酸化剤として反応してしまうため。

〈解説〉(1)　過マンガン酸カリウムは酸化剤として反応するため，自身は還元される。そのため，過マンガン酸イオンMnO_4^-は還元されてマンガンイオンMn^{2+}になる。　(2)　アルデヒドは酸化されてカルボン酸となる。　(3)　(1)(2)で求めた半反応式より，x〔mol〕のMnO_4^-を用いて酸化することができるアセトアルデヒドは$\frac{5}{2}x$〔mol〕である。
(4)　酸化還元反応が起こると，MnO_4^-は酸
化されてほぼ無色のMn^{2+}となる。しかし，反応が終わり過剰に過マンガン酸カリウムを加えると，赤紫色のMnO_4^-が水溶液中に残存する。
(5)　希硝酸は強力な酸化剤としてはたらく。そのため過マンガン酸カリウムが還元剤としてはたらき，適切な実験が行えない。

【3】(1)　$FeCl_3+3H_2O \rightarrow Fe(OH)_3+3HCl$　(2)　メチルオレンジ(メチルレッド，クレゾールレッド，チモールブルー，メチルイエローなどでも可)　(3)　ウ　(4)　少量の電解質で電荷が打ち消され，反発力を失って集まり，沈殿する。(コロイド粒子周りのイオンの層が縮まり，粒子が接近するため。)　(5)　式　コロイド粒子の物質量をnとすると，$n=\frac{2.5\times10^2\times0.10}{8.3\times10^3\times300}=1.0\times10^{-5}$〔mol〕　コロイド溶液中に含まれる$Fe^{3+}$の物質量は　$0.15\times10\times10^{-3}=1.5\times10^{-3}$〔mol〕　よって，1つのコロイド粒子には平均して，$\frac{1.5\times10^{-3}}{1.0\times10^{-5}}=1.5\times10^2$〔個〕の$Fe^{3+}$を含む。
答　1.5×10^2個

〈解説〉(1)　操作1で生成したのは水酸化鉄(Ⅲ)である。この反応は中和反応の逆反応と見ることができる。　(2)　操作1で得られるのはコロイド粒子である$Fe(OH)_3$とコロイド粒子ではないHClだから，操作2で半透膜であるセロハンを通過できるのはHClである。この水溶液，つまり酸性水溶液に指示薬を加えて赤色に呈色するのは，メチルオレンジやメチルレッドなどである。　(3)　試験管Bに存在している陰イオンは塩化物イオンだから，加えて白色沈殿を生じるのは，銀イオン，鉛(Ⅱ)イオン，水銀(Ⅰ)イオンのいずれかである。　(4)　水酸化鉄(Ⅲ)は疎水コロイドだから，少量の電解質を加えると沈殿する。この現象は凝析である。　(5)　コロイド粒子の物質量を，浸透圧の式から求め，Fe^{3+}の物質量と比較する。

【4】(1)　ボーキサイト　　(2)　$2Fe_2O_3+3C \rightarrow 4Fe+3CO_2$

(3)　式　(2)の反応式をQ〔kJ〕とおくと，$Q=394\times3-413\times4=-470$〔kJ〕　Fe 1molあたりでは，$\frac{-470}{4}=-117.5\fallingdotseq118$

答　−118〔kJ〕　(4)　①　式　$\frac{45\times10^3}{12}\times394=1.47...\times10^6\fallingdotseq1.5\times10^6$

答　1.5×10^6〔kJ〕　②　式　Fe 100kgを得るのに必要な熱量は $\frac{1\times10^5}{56}\times118=2.10...\times10^5$〔kJ〕　よって，$\frac{1.47\times10^6}{2.10\times10^5}=7.0$

答　7.0〔倍〕　(5)　式　(4)①の反応熱1.47×10^6kJで，鉄x〔kg〕が融けたとすると　$\frac{x\times10^3}{56}\times13.8=1.47\times10^6$　$x=5.96\times10^3\fallingdotseq6.0\times10^3$

答　6.0×10^3〔kg〕

〈解説〉(1)　ボーキサイトは酸化アルミニウムや水酸化アルミニウムなどを含む鉱石である。　(2)　酸化剤はFe_2O_3，還元剤はCであり，それぞれFe，CO_2と変化する。　(3)　上式×3−下式×4により，$3C+2Fe_2O_3=3CO_2+4Fe-470$kJである。　(4)　①　(3)の上式を用いる。炭素の消費量は45×10^3gである。　②　(3)の結果を用いる。製造する鉄は100×10^3gである。求めた熱量を①と比較する。　(5)　(4)①で求めた熱量を，鉄の融解に使う。

【5】(1)　$2NH_4Cl+Ca(OH)_2 \rightarrow 2NH_3+2H_2O+CaCl_2$　　(2)　電離定数

(3)　CaO　　(4)　①　ア　　②　イ　　(5)　$\sqrt{\frac{K_b}{C}}$

(6)　式　$[OH^-]=\sqrt{CK_b}$と表せるので，$pOH=-\frac{1}{2}\log(4.0\times10^{-1}\times1.0\times10^{-5})=3-\log2=2.70$　$pH=14-pOH=14-2.70=11.3$

答　pH 11.3

〈解説〉(1)　弱塩基と強酸の塩である塩化アンモニウムと強塩基の水酸化カルシウムが反応すると，弱塩基のアンモニウムイオンは遊離し，強塩基と強酸の塩である塩化カルシウムが生成する。さらに，アンモニアは揮発性であるため，気体として得られる。　(2)　弱酸や弱塩基の水溶液では，溶質の一部が電離して電離平衡となる。電離定数は温度が一定ならば一定値となる。　(3)　濃硫酸，十酸化四リンは酸性，酸化カルシウムは塩基性の乾燥剤である。発生するアンモニアは塩基性の気体であるため，酸性の乾燥剤を用いると中和反応が起こり，気体を得ることができなくなるため適当でない。なお，中性の乾燥剤も利用可能だが，塩化カルシウムはアンモニアと反応するため用いることができない。　(4)　①　濃塩酸を加えると，水溶液が酸性となるためOH^-を生成する方向，つまり平衡は右に移動する。　②　塩化アンモニウムは水溶液中で，塩化物イオンとアンモニウムイオンに完全電離している。そのため，塩化アンモニウム水溶液をアンモニア水に加えると，アンモニウムイオンを消費する方向，つまり平衡は左に移動する。　(5)　平衡時の濃度は下表のとおりだから，電離定数は$K_b = \frac{[NH_4^+][OH^-]}{[NH_3]} = \frac{C\alpha \times C\alpha}{C(1-\alpha)}$となる。また条件より$1-\alpha \fallingdotseq 1$だから，$K_b = C\alpha^2$となる。

	NH_3	＋	H_2O	⇄	NH_4^+	＋	OH^-
平衡前	C		−		0		0
（変化量）	$-C\alpha$		−		$+C\alpha$		$+C\alpha$
平衡時	$C(1-\alpha)$		−		$C\alpha$		$C\alpha$

(6)　$[OH^-] = C\alpha = \sqrt{CK_b}$と表せることから，pOHを計算し，pHを求める。

【6】(1)　構造式…　$C_6H_5-NO_2$　　含まれる層…⑦

(2)　構造式…　$C_6H_5-NH_2$　　含まれる層…②

(3)　$C_6H_5-C(=O)-O-CH_3$

(4)　構造式…　C_6H_5-OH　　名称…塩化ベンゼンジアゾニウム

(5)　構造式…　N＝N　OH

反応名…(ジアゾ)カップリング　　(6)　ウ

〈解説〉(1)　C：H：N：O＝$\frac{58.5}{12}$：$\frac{4.1}{1}$：$\frac{11.4}{14}$：$\frac{26.0}{16}$＝4.88：4.1：0.81：1.63＝6：5：1：2だから，化合物Aの組成式は$C_6H_5NO_2$(＝123)となる。123n＝123よりn＝1なので分子式は$C_6H_5NO_2$である。Aは芳香族化合物だから，ニトロベンゼンである。ニトロベンゼンは塩酸や炭酸水素ナトリウム水溶液，水酸化ナトリウム水溶液には溶けないため，最後までエーテル層に残る。よって含まれる層は⑦である。　(2)　ニトロベンゼンをスズと塩酸とともに反応させると，還元されてアニリン塩酸塩が生成する。これに水酸化ナトリウム水溶液を加えると，弱塩基であるアニリンが遊離する。また，アニリンをさらし粉水溶液に加えると，アニリンが酸化され赤紫色を呈する。よって化合物Bはアニリンである。アニリンは塩酸と反応して塩になると水層に移り，水酸化ナトリウムによって遊離するためエーテル層②に含まれる。　(3)　化合物Cは，炭酸水素ナトリウムと反応して塩になることからカルボン酸と考えられる。さらに，濃硫酸を触媒にカルボン酸とメタノールとを反応させることから，生成した化合物Eはエステルである。化合物Eの化学式は$C_8H_8O_2$だから，この芳香族エステルは安息香酸メチルである。(4)　化合物Dは，水酸化ナトリウムと反応して塩になることからフェノール類と考えられる。また，塩酸に溶解したアニリン(化合物B)に低温で亜硝酸ナトリウム水溶液を加えると，塩化ベンゼンジアゾニウム(化合物F)が生成する。塩化ベンゼンジアゾニウムは不安定な物質なので，室温において加水分解が起こり，フェノールと窒素が生成する。よって化合物Dはフェノールである。　(5)　フェノールに水酸化ナトリウム水溶液を加えるとナトリウムフェノキシドが生成する。これに塩化ベンゼンジアゾニウムを加えると，(ジアゾ)カップリング反応により，アゾ化合物を生成する。塩化ベンゼンジアゾニウムはフェノールのp位に反応し，橙色のp−フェニルアゾフェノール(p−ヒドロキシアゾベンゼン)を生成する。 (6) ア 一般に抽出で用いられるエーテルであるジエチルエーテルの密度は水より小さく，エーテル層が上層となる。 イ 空気を通すため空気孔とガラス栓の溝とを揃えなければならない。 エ 下層と上層とが混ざることを防ぐため，下層を流し出したあと上層を分液ろうとの上から出す。

【7】(1) ① SO_3H ② 式 $\frac{4.16}{104}=0.040$〔mol〕 スルホン化($H \rightarrow SO_3H$)によって分子量が80増加するので，増加量は$80 \times 0.040 \times \frac{50.0}{100}=1.6$〔g〕 よって $4.16+1.6=5.76 \fallingdotseq 5.8$ 答 5.8g

(2) ① 式 塩化カルシウム水溶液の濃度をx〔mol/L〕とすると

$x \times \frac{5.00}{1000} \times 2 \times \frac{10}{100}=0.10 \times \frac{2.00}{1000}$ $x=0.20$ 答 0.20mol/L

② 式 $[H^+]=0.10 \times \frac{2.0}{1000} \times \frac{1000}{10}=2.0 \times 10^{-2}$〔mol/L〕

$pH=-\log[H^+]=2.0-\log 2=2.0-0.30=1.7$ 答 pH 1.7

③ Na^+とスルホ基に結合しているH^+が交換し，H^+が溶液中に放出されるため。

〈解説〉(1) ① ポリスチレンに濃硫酸を加えると芳香環のp位にスルホ基が置換する。 ② スチレン$C_6H_5-CH=CH_2$(＝104)の4.16gは0.040molにあたり，この半分がスルホン化によって分子量が80増加する。 (2) ① 陽イオン交換樹脂によってカルシウムイオンは水素イオンと交換される。カルシウムイオンは2価の陽イオンであるため，カルシウムイオン1個あたり2個の水素イオンが放出される。これを水酸化ナトリウム水溶液で滴定する。 ② 滴定結果から，滴定前のメスフラスコ内の溶液の水素イオンの濃度が求まる。 ③ 陽イオン交換樹脂を通過した後の溶液が酸性なのは，溶液に含まれるカルシウムイオンが水素イオンと交換されたためである。

【生物】

【1】 (1) ① 標的 ② 受容体 ③ チロキシン(サイロキシン) ④ 脳下垂体前葉 ⑤ 間脳視床下部 (2) イ，エ，オ

(3) 《例》導管(排出管)によって直接体外や消化器官内に分泌される。

(4) すい臓　(5) イ

〈解説〉(1) ホルモンは内分泌腺で作られ，体液中に分泌されて血液循環によって全身をめぐり，特定の標的器官に作用する。ヒトの内分泌腺には，脳下垂体をはじめ，甲状腺，副甲状腺，副腎，すい臓などがある。多くのホルモンは負のフィードバックによって分泌量が一定の範囲内に維持されるよう調節されている。 (2) ア…ホルモンには，タンパク質系とステロイド系がある。ステロイド系ホルモンは細胞膜を通過し，多くは細胞内の受容体と結合する。一方，タンパク質系ホルモンは，細胞膜上の受容体と結合する。 ウ…脊椎動物のホルモンには，水溶性ホルモン(親水性)と脂溶性ホルモン(疎水性)がある。脂溶性ホルモンにはステロイド系ホルモンが含まれる。 (3) 外分泌腺からは汗，唾液，すい液等の分泌が行われている。排出管を介して体外や消化管内に直接分泌する。 (4) すい臓のランゲルハンス島には，外分泌腺であり，すい液を分泌するすい液分泌細胞と，内分泌腺であり，グルカゴンを分泌するA細胞，インスリンの分泌を行うB細胞が存在する。 (5) パラトルモンの作用は，骨に働きかけ，カルシウムが溶け出すことを促し，血液中のカルシウム濃度を上昇させるものである。血中のカルシウム濃度が低いとパラトルモンの分泌は促進され，カルシウム濃度が上昇するよう調節される。

【2】(1) ① 花粉四分子　② 雄原細胞　③ 中央細胞

④ 重複受精　(2) 前葉体(造卵器)　(3) 《例》胚のう細胞が分裂してできる。 (4) 《例》いずれも核相nの同一の花粉に由来し，体細胞分裂のような分裂で生じるから。 (5) ① 《例》もっと小さな(若い)つぼみを用いて観察する。 ② 《例》濃度の高いスクロース溶液は花粉より高張となるので，花粉は吸水することができず，花粉管は伸長しない。

〈解説〉(1) 胚のうは，8個の核を持ち，これらの核はそれぞれ2つの助細胞，1つの卵細胞，3つの反足細胞，2つの核を持つ中央細胞に分配される。精細胞の一つは卵細胞と合体して受精卵となり，もう一方の精細胞は中央細胞と合体し，養分を含む胚乳となる。　(2)　胚のうには卵細胞が含まれる。シダ植物の前葉体には造卵器と造精器が存在し，それぞれ卵細胞と精子を含む。　(3)　裸子植物の胚乳は配偶体に由来する。具体的には，雌性配偶体である胚のう細胞が分裂し，その一部は造卵器を形成，残りが胚乳となる。これを一次胚乳と呼ぶ。一方，被子植物の胚乳は受精後につくられる二次胚乳である。　(4)　花粉は，花粉母細胞($2n$)が減数分裂によって生じた花粉四分子(n)から形成される。花粉四分子はさらに細胞分裂を行い，花粉管細胞(n)と雄原細胞(n)を形成する。　(5)　①　花が開くころになると，細胞は不均等な細胞分裂を行い雄原細胞と花粉管細胞を持つ花粉が形成される。そのため，減数分裂を観察するには，減数分裂が完了していない，なるべく小さく，若いつぼみを用いて行う必要がある。　②　花粉管の伸長は，受動輸送によって花粉が吸水することで起こる。外部の溶液の濃度が花粉内よりも高いと，吸水を行うことができず花粉管の形成が行われない。

【3】(1)　①　極相　②　階層構造　③　荒原　(2)　ウ

(3)　《例》樹木の受光量が多いところに付いている陽葉は，柵状組織(同化組織)を厚くして面積当たりの光合成速度を高める。受光量が少ないところに付いている陰葉は，葉肉の下層にある細胞まで届く光が不足するため，柵状組織(同化組織)が発達しない。　(4)　①　5.7倍　②　《例》森林を構成する木本は幹や根などの非同化器官の比率が大きいので，同化器官の比率が大きい草原の草本に比べて，生体量当たりの純生産量は小さくなる。

〈解説〉(1)　遷移の最後の安定した状態(極相)では，幼木の時に耐陰性が高い陰樹が生育する。しかし，極相の状態は気候によって異なっており，特に降水量に左右される。降水量の少ない地域では，極相は草本が広がる草原となり，さらに降水量が少ないと植物がまばらに見られる荒原となることもある。　(2)　陰樹の例として，スダジイ，アラカシ，タブノキのほか，エゾマツ，ブナなどが挙げられる。一方，陽樹の例として，シラカンバ，シラビソ，コナラのほか，クリ，クロマツ，アカマツ，クヌギ，ダケカンバなどがある。　(3)　柵状組織は，葉の上面の表皮の内側に存在し，細長い細胞が密に接して並んだ構造をしている。多量の葉緑体を含み，最も盛んに光合成を行う。日当たりのよい場所につく陽葉は，柵状組織が発達しており，葉が厚い。一方，日当たりの悪い場所につく陰葉は，柵状組織があまり発達せず，陽葉より面積が大きいほか，呼吸量が少なくて済む。　(4)　①　生産効率とは，植物の現存量に対する純生産量のことを指す。森林の生産効率は$\frac{1.40}{30.0}=0.0467$であり，草原の生産効率は$\frac{0.80}{3.0}=0.267$である。草原の生産効率を森林の生産効率で割ると，$\frac{0.267}{0.0467}=5.7$倍となる。　②　樹木は，生長するにつれて非同化器官である根や幹の割合が大きくなるため，現存量に対する同化器官の割合が小さい。そのため，植物体の維持にかかるエネルギー量が多く，生体量に対する純生産量は小さくなる。

【4】(1)　間脳，中脳，延髄　　(2)　《例》灰白質にはニューロンの細胞体が集まって灰色をしており，白質には軸索が集まっており，神経鞘のために白色をしている。　　(3)　膝蓋腱反射　　(4)　筋紡錘
(5)　《例》強い刺激では興奮の発生頻度が大きく，弱い刺激では興奮の発生頻度が小さい。　　(6)　①　《例》半規管中のリンパ液は慣性によりしばらく動き続けて感覚毛が傾き，感覚細胞を刺激するから。
②　《例》近くから遠くを見るときには，収縮した眼の毛様筋をゆるめるから。

〈解説〉(1)　間脳，中脳，延髄は脳幹と呼ばれ，呼吸運動や自律神経といった生命の維持に直接関与する中枢であり，生物の恒常性の維持に重要な器官である。　(2)　細胞体は，ニューロンの核が収納されている部分である。大脳では外側に細胞体が集まっている。　(3)　膝蓋腱反射は脚気という病気の検査で用いられる。脚気のとき，膝蓋腱反射

は消失する。 (4) 膝頭の真下(膝蓋腱)をたたくと，筋紡錘にある張力受容器に大腿四頭筋の伸長が刺激として伝わる。この刺激が脊髄に伝わり，膝蓋腱反射が生じる。 (5) 個々のニューロンでは，刺激の強さが閾値を超えなければ興奮は生じず，生じる興奮の大きさは一定である。しかし，ニューロンによって閾値の大きさは異なるため，刺激が大きくなるほど興奮するニューロンの数は多くなり，個々のニューロンの興奮の頻度も増える。このように，刺激の強さは興奮するニューロンの数と発生する興奮の頻度という形で脳へと伝えられる。

(6) ① 半規管にはリンパ液が含まれており，体の動きに伴うリンパ液の流れにより，感覚毛が刺激され，回転などの体の動きを受容する。回転を急に止めても，リンパ液は慣性によってしばらく流れ続けるため，感覚毛が刺激され続け，回転しているように感じる。 ② 近くを見るときは，毛様筋が収縮してチン小帯が緩み，チン小帯に引かれていた水晶体が自身の弾性によって厚みを増す。これが続くと，目が疲れる。遠くを見ると，収縮していた毛様筋が弛緩するため，毛様筋の疲労が和らぐ。

【5】(1) リン酸，糖(デオキシリボース)，塩基 (2) 《例》制限酵素を用いて，ヒトインスリン遺伝子を切り出す。大腸菌のプラスミドも，同じ制限酵素で1カ所を切断しておく。DNAリガーゼを用いて，ヒトインスリン遺伝子を組み込ませたプラスミドを作製し，これを大腸菌に導入する。 (3) 4.7×10^2個 (4) 《例》プラスミドは，どのような遺伝子も連結することができる性質を持っているから。

〈解説〉(1) デオキシリボ核酸は，リン酸，五炭糖のデオキシリボース，4種類のいずれかの塩基からなる。 (2) プラスミドとは，原核生物の細胞内にある自律的に複製できる小さな環状のDNAである。制限酵素とは，特定の塩基配列の部分でDNAを切断する酵素である。DNAリガーゼとは，切断されたDNAをつなぎ合わせる酵素のことである。

(3) 遺伝子は2本鎖であり，1本分のヌクレオチドの数は$2800\div2=1400$である。次に，アミノ酸は塩基3つからなるため，アミノ酸の数は1400÷3＝466である。　(4)　プラスミドは，もともと細胞間で移動するDNAである。ベクターには，他にもアデノウイルスやアグロバクテリウムが用いられる。

【6】(1)　①　クエン酸回路　　②　細胞質基質　　③　ピルビン酸
(2)　ア…《例》還元型補酵素によって選ばれた水素に由来する電子が，電子伝達系を構成するタンパク質に受け渡される過程で生じるエネルギーにより，水素イオンがマトリックスから膜間スペースへと運ばれる。　ウ…《例》水素イオンが濃度勾配にしたがって膜間からマトリックス側に移動する際に生じるエネルギーを利用して，ATP合成酵素がATPを合成する。　(3)　酸素　(4)《例》溶液中の呼吸基質がすべて消費された結果，新たな水素イオンの供給がなされず，内膜を挟んでの水素イオンの濃度勾配が維持できなくなったから。
〈解説〉(1)　呼吸は，細胞質基質でおこなわれる解糖系，ミトコンドリアのマトリックスでおこなわれるクエン酸回路，ミトコンドリアの内膜でおこなわれる電子伝達系に分けられる。　(2)　解糖系とクエン酸回路で生じた還元型補酵素によって運ばれた電子は，内膜にはめ込まれた複数のタンパク質複合体の間を受け渡しされる。この時，水素イオンがミトコンドリアのマトリックス側から膜間にくみ出される。すると，膜間側の水素イオン濃度は高く，マトリックス側の水素イオン濃度は低くなる。そして，水素イオンは濃度勾配にしたがって，ATP合成酵素を通ってマトリックス側にもどる。この時，ATP合成酵素はADPとリン酸からATPを合成する。　(3)　電子は酸素に渡され，水素イオンと結合して，水を生成する。　(4)　グルコースなどの基質が分解されないと，水素イオンも生じない。

【7】(1)　アブシシン酸　　(2)　イ，オ　　(3)　①《例》どちらの種子も，乾燥状態からの物理的な吸水が起こったから。　②《例》胚で合成されたジベレリンが，糊粉層でのアミラーゼ合成を誘導する。アミラーゼにより胚乳のデンプンが分解され，分解で生じたグルコース

が胚の成長に使われる。　(4)　《例》低温に弱い植物にとっては，気温が上がる春に発芽する必要があるから(冬の低温期前に発芽することを避ける必要があるから)。

〈解説〉(1)　アブシシン酸には，休眠の誘導や頂芽の発芽抑制，気孔の閉鎖などの働きがある。　(2)　キュウリ，カボチャ，ケイトウは暗発芽種子であり，光がない方がよく発芽する種子である。　(3)　①　吸収した水分によって，種子は重くなった。　②　胚から放出されたジベレリンが糊粉層にはたらき，糊粉層からアミラーゼが分泌される。アミラーゼは，胚乳中のデンプンを糖に分解し，胚に呼吸の材料を提供する。　(4)　温度条件が良い秋に発芽するのを避けるためでもある。

【8】(1)　《例》相同は，共通の祖先を持つための類似であり，例えば鳥類の翼と哺乳類の前肢は相同である。相似は，系統関係はないが形態や働きが偶然似た類似であり，例えば，鳥類の翼と昆虫類の翅は相似である。　(2)　《例》胚の原口が口にならず，別の部位に新たに口が生じる動物が新口動物であり，胚の原口が口になる動物が旧口動物である。　(3)　リボソームRNAの塩基配列

〈解説〉(1)　相同は，例えば原始的な四足動物の前肢が，それぞれの環境に適応したものであり，適応放散の結果である。また，相似は異なる生物が似た形態を持つようになる収束進化の結果である。　(2)　新口動物は，脊椎動物，原索動物，棘皮動物などである。旧口動物は，節足動物，環形動物，軟体動物，線形動物，輪形動物，へん形動物などである。　(3)　リボソームを構成するある種のRNAの塩基配列をもとに，真核生物と古細菌と細菌の3つのドメインに分類された。

2019年度　実施問題

中　学　理　科

【1】圧力について，次の(1)～(4)の問いに答えなさい。ただし，1Nは物質100gにかかる重力の大きさ，水の密度は$1g/cm^3$，1気圧は1013hPaとして計算しなさい。

(1)　2つの物体間にはたらく圧力の学習について，次の①～③の問いに答えなさい。

①　図1を提示すると，生徒から「なぜ左の子は沈まないのだろう」という疑問が出された。この疑問を基に「接している面積が変わると，沈み方が変わるのだろうか」という課題を設定したい。はき物以外にどのような条件を確認する必要があるか答えなさい。

図1　雪原を歩く

②　①の課題を追究するため，スポンジを2つ使って接地面積による圧力の違いを調べる実験を行いたい。どのような実験装置が考えられるか，図2に必要な道具を描き加えて完成させ，簡単に説明も書きなさい。

図2

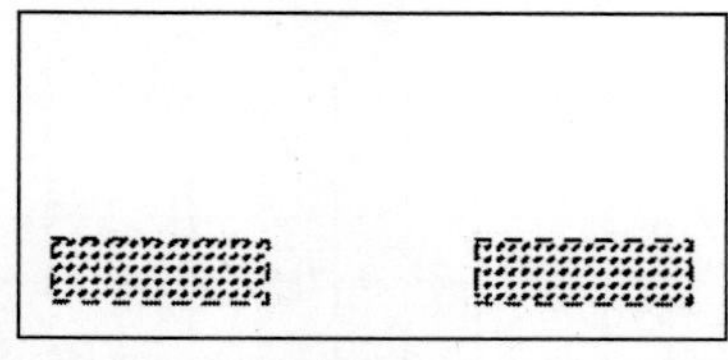

③　この実験の後，圧力に関係する日常生活の中で使われているものについて考えさせた。圧力を小さくしているものには，かんじきやスキーがあるが，逆に圧力を大きくしているものを1つ答えなさい。

(2)　水圧の学習について，次の①～③の問いに答えなさい。

①　導入において，次の図3の体験活動を取り入れた。その意図を簡潔に答えなさい。

図3

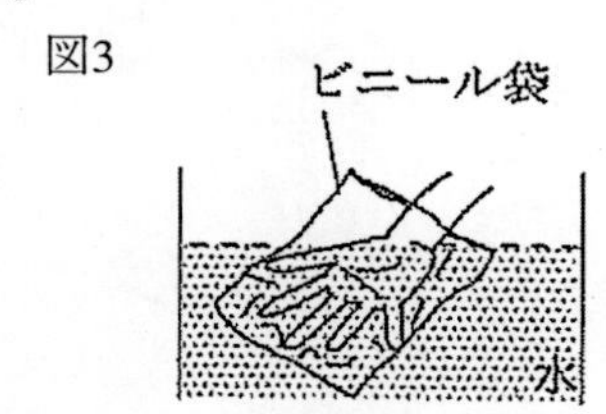

②　図4は，浮力について調べた実験の様子である。物体A(高さ6cm，底面積$5cm^2$，質量200g)の底面を水面に平行にして水面下8cmになるまでゆっくり水中に沈めた場合，ばねばかりの目盛りはどのように変化するか，グラフに表しなさい。

図4

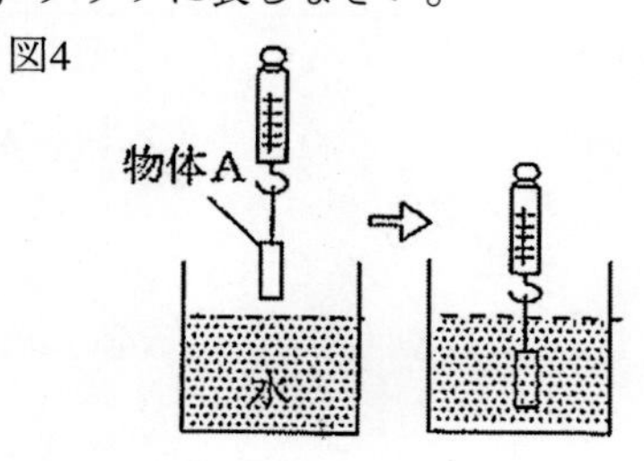

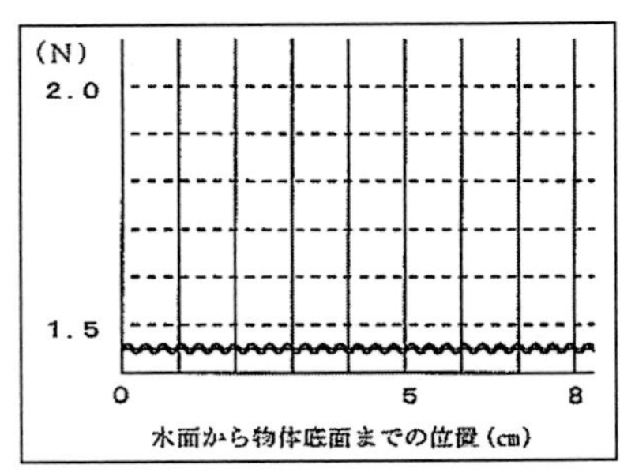

③　水圧の学習を活用して，図5のような浮沈子をつくることとした。下のア～ウは，浮沈子が沈む仕組みの説明を板書したものである。イに当てはまる説明を書きなさい。

図5

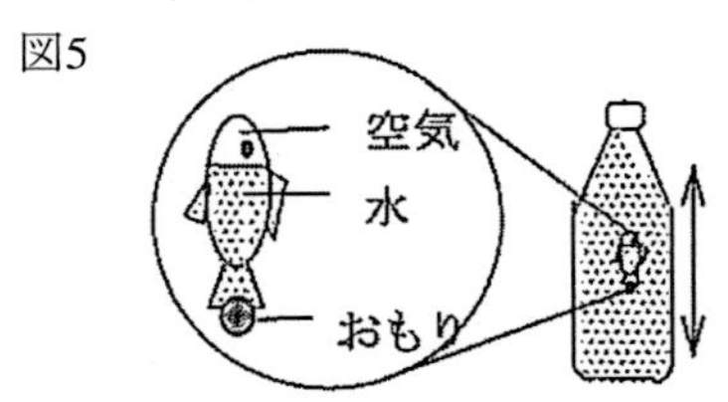

ア：ペットボトルを押すとペットボトルの中の水や浮沈子に圧力がかかる。
イ：［　　　　　　　　　　　　　　　］
ウ：浮沈子が沈む。

(3)　気圧の学習について，次の①，②の問いに答えなさい。

①　気圧の存在を実感させるために，図6のような装置により，あとのような演示実験を行った。

図6

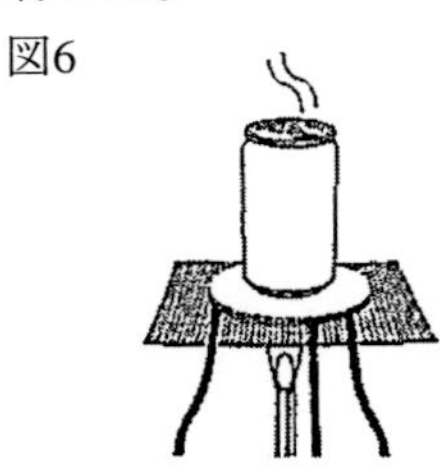

- ・少し水を入れた空き缶を加熱する。
- ・水が沸騰し，湯気が出るようになったら火を止め，出口をふさぐ。
- ・しばらくたつと，空き缶がつぶれる。

空き缶がつぶれる理由を説明しなさい。

② 口の広さが$50cm^2$のガラスコップに$300cm^3$の水を満たし，空気が入らないように気を付けながら正方形のプラスチック板(一辺9cm，20g)を乗せた。これを静かに上下ひっくり返し，プラスチック板から手を離しても中の水はこぼれなかった。この理由を具体的な数値を用いて答えなさい。

図7

(4) 実際の水面近くに沈んでいる物体には，水深による圧力と大気圧による圧力がかかっている。水深1mにおける圧力は何Paか。立式して答えなさい。

(☆☆☆◎◎◎)

【2】物質の分解や化合の学習について，あとの(1)，(2)の問いに答えなさい。

以下は炭酸水素ナトリウムの化学変化について，問題を見いだす場面における教師と生徒A，Bとのやりとりの様子である。

教師　：2枚の資料(図1と図2)を見て，何か気付いたことはありますか。

図1

カルメ焼き
材料：砂糖，水，
　　　重そう(炭酸水素ナトリウム)

図2

ホットケーキ
材料：小麦粉，砂糖，塩，卵，
　　　牛乳，重そう(炭酸水素ナトリウム)

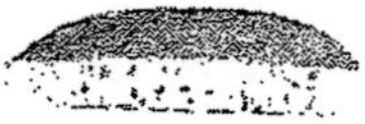

生徒A：カルメ焼きもホットケーキも，割ったり切ったりした断面を見ると，中は穴だらけです。何か気体が発生していると思います。

生徒B：材料を見ると両方とも重そうが入っています。重そうは炭酸水素ナトリウムと書いてあるから，加熱すると水素や二酸化炭素が発生するのだと思います。

(1)　上の生徒A，Bの発言から，「重そう(炭酸水素ナトリウム)を加熱すると気体が発生するのではないか」という仮説を立て，図3のように炭酸水素ナトリウムを加熱し，発生した物質を確かめることとなった。あとの①～⑥の問いに答えなさい。

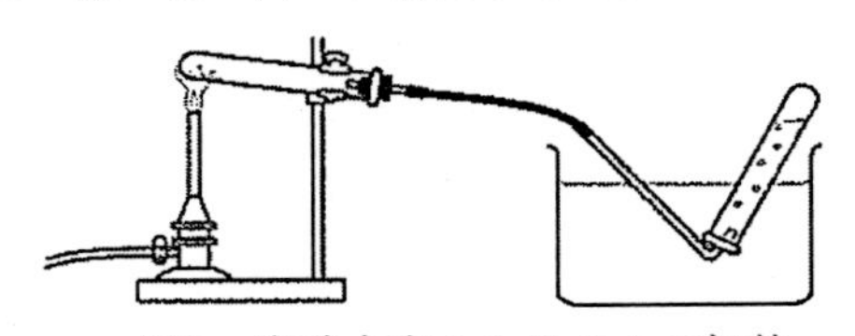

図3　炭酸水素ナトリウムの加熱

<実験>　重そう(炭酸水素ナトリウム)を加熱した時に発生する気体を調べる。 <方法>・図のような装置で重そうを加熱し，ガラス管の先から出てきた気体を試験管に集める。 ・気体が出なくなったところで加熱をやめて，気体の性質を調べる。

① この実験で，「やけど」や「保護めがねをかけること」以外に，事故防止のために注意しなければならないことを，理由も含めて2つ書きなさい。

② 次の表は，各班が発生すると予想した気体と，1年生の学習を基に考えた気体の性質の調べ方及び結果の見通しをまとめたものである。a～cに当てはまる調べ方を書きなさい。

【表：発生すると予想した気体と，気体の性質の調べ方及び結果の見通し】

予想した班	各班で予想した気体	気体の性質の調べ方	結果の見通し
5	酸素	a	激しく燃える
1・3・4	水素	b	ポンと音がして燃える
2・6	二酸化炭素	c	白く濁る

③ 実験方法を考えさせた後，気体を試験管に集める際に初めに出てくる試験管1本分の気体は捨てるよう指導した。この操作をする理由を書きなさい。

④ 実験を行う際に，ガスバーナーを使用して加熱した。ガスバーナーの正しい使い方の手順となるように，次のア～オの記号を並べ替えなさい。

ア　元栓を開く。

イ　ガス調節ねじを回して，炎の大きさを調節する。

ウ　ガス調節ねじを押さえて，空気調節ねじだけを少しずつ開き，青い炎にする。

エ　ガス調節ねじと，空気調節ねじが閉まっているか確認する。

オ　マッチに火をつけ，ガス調節ねじを少しずつ開き点火する。

⑤　加熱した後の試験管には白い粉末が残っていた。この白い粉末がもとの炭酸水素ナトリウムとは別の物質に変化したことを確かめる方法を書きなさい。

⑥　カルメ焼きやホットケーキをつくるときに炭酸水素ナトリウムを入れて加熱すると膨らむ理由を，化学反応式と文章で説明しなさい。

(2)　分解の学習の後に化合の学習を行った。水素80cm^{3}と酸素60cm^{3}から，水素と酸素が化合してできる水の質量は何gか。立式して答えなさい。なお，水素と酸素の100cm^{3}あたりの質量を，それぞれ0.008g，0.13gとして，小数第3位まで求めなさい。

(☆☆◎◎◎◎)

【3】自然界のつり合いの学習について，次の(1)～(3)の問いに答えなさい。

(1)　図1は，陸上の食物連鎖による生物どうしの数量関係をピラミッドの形で模式的に表したものである。下の①，②の問いに答えなさい。

図1

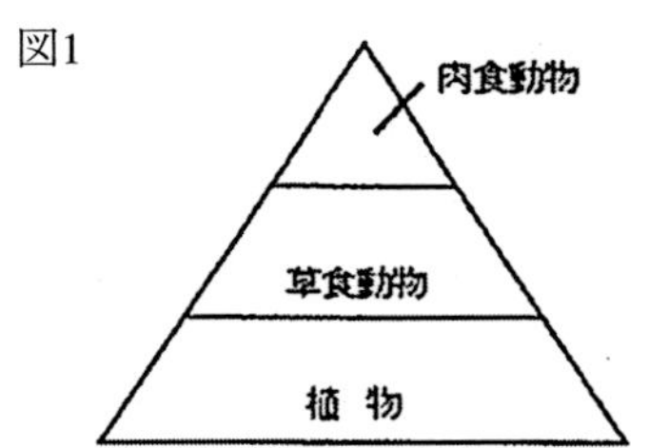

①　植物など無機物から有機物を作り出す生物を，生態系における生産者という。それに対して，草食動物や肉食動物などは生態系における何というか。

②　生徒に図1を提示する際，海中の食物連鎖もピラミッドの形で併せて提示した。2つの図の共通点から，生徒に気付かせたいことを2つ書きなさい。

(2) 以下は食物連鎖による生物同士のつながりを学習した後，ある生徒がもった疑問と，それに対する考えを整理して立てた2つの仮説である。下の①～③の問いに答えなさい。

疑問「植物が作った有機物は食物連鎖によって徐々に他の動物などに食べられ受け渡されていくが，食べられずに枯れた葉や死んでしまった動物の中にある有機物はどうなるのだろう」 仮説a：土の中に，枯れ葉や死がいを食べる小さな生き物がいるのではないか。 仮説b：最後は，土の中の目に見えない細菌のような生き物が有機物をもう一度無機物に変えているのではないか。

① 図2は仮説aを調べるためのツルグレン装置である。この装置は，土壌生物のどのような性質を利用しているか，簡潔に答えなさい。また，この装置で集めることができる土壌生物を2つ答えなさい。ただし，ダンゴムシとミミズは除く。

図2

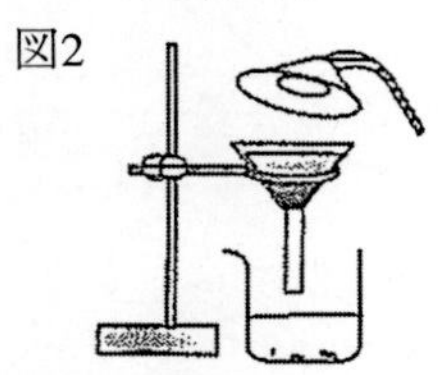

次に，仮説bを調べる実験を行った。

実験 i) うすいデンプン溶液に寒天の粉末を入れて加熱する。 ii) 寒天が溶けたら，加熱殺菌したペトリ皿に入れ，すぐフタをして培地をつくる。 iii) 培地Aには焼いた森の土を，培地Bには森の土を入れる。 iv) 数日後，試薬を用いて培地の様子を調べる。

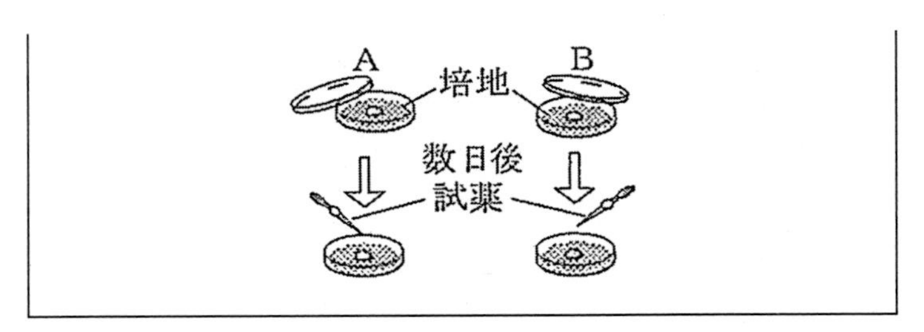

②　実験中に下線部の操作を行う理由を答えなさい。

③　次の表は，この実験の結果である。実験で用いた試薬名と，ⓐに入る培地Bの様子を答えなさい。

	培地A	培地B
表面の様子	変化なし	白い粒ができた。粒の塊の表面には毛のようなものも見えた。
試薬をたらした時	表面全体が青紫色に変化した。	ⓐ

(3)　図3は，生態系における窒素の循環を模式的に表したものである。下の①，②の問いに答えなさい。

図3

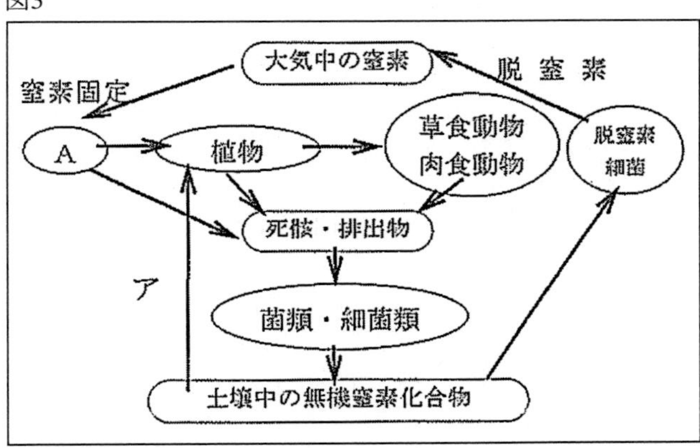

①　Aには，大気中の窒素を取り入れて窒素を含む無機物を合成する(窒素固定)細菌類が入る。この細菌類のうち，マメ科の植物の根に共生するものを何というか。

② アは，植物が土壌中の無機窒素化合物を根から吸収する様子を示している。植物は根から吸収した無機窒素化合物をどのように利用しているか説明しなさい。

(☆☆☆◎◎◎)

【4】太陽と星の1日の動きの学習について，次の(1)，(2)の問いに答えなさい。

(1) 太陽の1日の動きについて調べるため，透明半球を使って次のような観察を行った。あとの①～④の問いに答えなさい。

【観測の手順】

i) 次の図1のように，厚紙に透明半球と同じ大きさの円をかいて，円の中心に印をつける。かいた円の半球のふちを合わせて固定し，方位を記入する。方位磁石で方位を合わせて水平な場所に置く。

図1

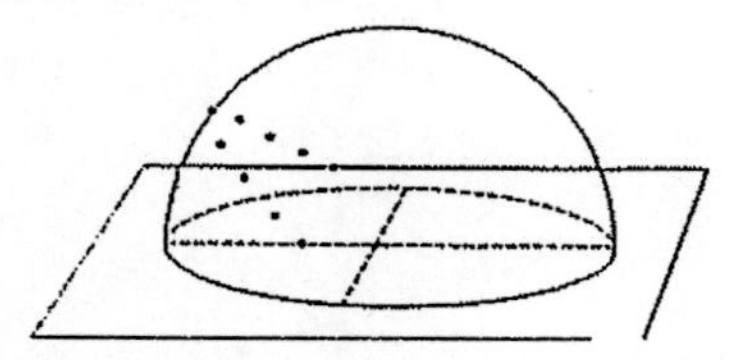

M市の中学校　東経139°　北緯36.4°

ii) <u>サインペンの先のかげが，円の中心にくるようにして</u>，太陽の位置を透明半球に記録する。1時間ごとに記録し，時刻も記入しておく。

iii) 印をつけた点をなめらかな線で結び，太陽の軌跡をかく。

【観測結果】1時間ごとの印と印の間隔は，どこも2.4cmだった。

8:00 9:00 10:00 11:00 12:00 13:00 14:00 15:00

5.6cm　2.4cm　5.8cm

① 文中にある下線部のようにする理由を書きなさい。

② 【観測結果】について，線を透明半球のふちまでのばすよう指導をした。このことにより，気付かせたいことを書きなさい。

③ 観測を行った日の昼の長さは何時間何分か求めなさい。また，この日のM市における南中時刻はおよそ何時何分か求めなさい。なお，東経135°にある明石市の南中時刻は午前11時48分であったとする。

④ M市の夏至の南中高度を書きなさい。

(2) 次に，星の1日の動きについて観察を行った。次の①～⑤の問いに答えなさい。

① 図2はある日の午後7時にカシオペア座を観測した結果である。6時間後のカシオペア座の位置を以下の図に示しなさい。

図2

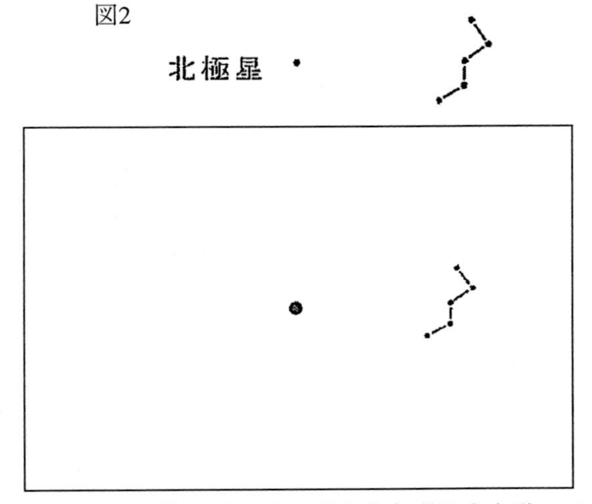

② カシオペア座を形作る星々は，形を変えず星空を動いていくように見える。その理由を書きなさい。

③ 次に，冬のある日にオリオン座の観察をさせた。図3は日本のある都市で観察したオリオン座の形と動く方角を表したものである。アとイの星の名前を書きなさい。

図3

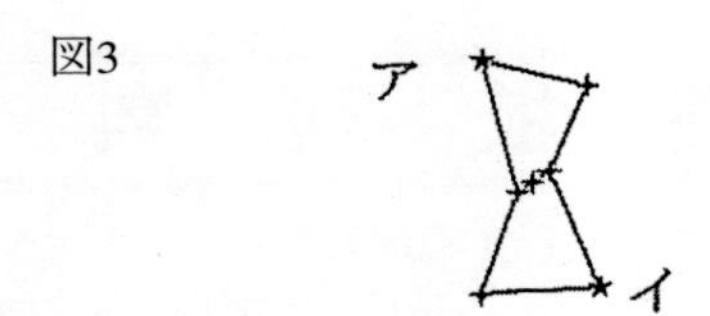

東 ⇨ 南 ⇨ 西

動く方角

④　南半球のオーストラリアで観測した場合のオリオン座の形と動く方角について，日本で観測した場合と比較して以下にかきなさい。なお，星座には図3のアとイの星を示しなさい。

南半球で観測されるオリオン座

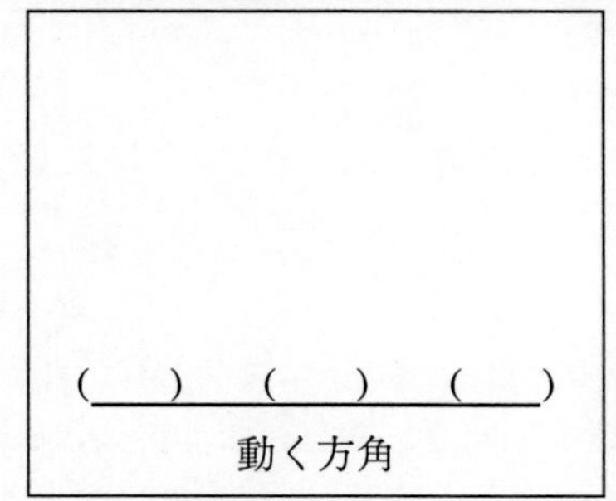

※参考：北半球で観測されるオリオン座

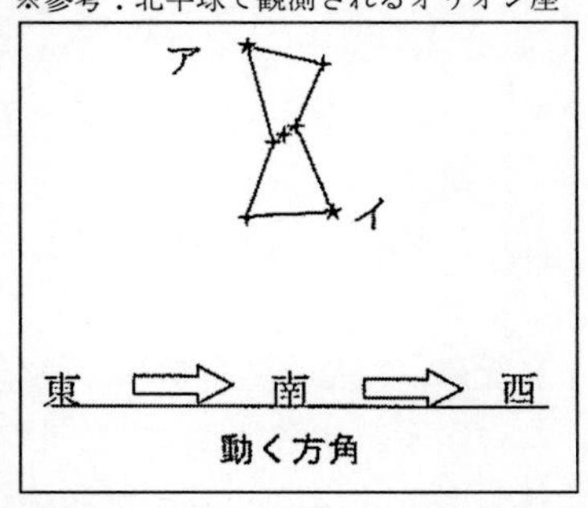

⑤　この学習の後，生徒Aは自宅で天体観測することとした。赤道儀式の天体望遠鏡では極軸を北極星に向けると星の観測がしやすくなる。その理由を「自転」「地軸」という言葉を用いて説明しなさい。

(☆☆☆◎◎◎)

高　校　理　科

【物理】

【1】図のように，質量Mの天体のまわりを質量$2m$の衛星が一定の速さv_0で半径rの円軌道上を回っている。万有引力定数をGとして，下の(1)～(4)の問いに答えなさい。なお，(2)，(3)の問いには答えだけでなく，考え方や計算の過程も書きなさい。

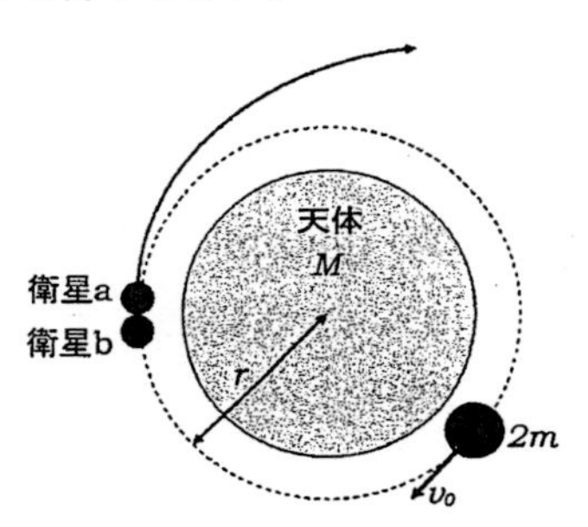

(1)　v_0をr，G，Mで表せ。

次に，衛星を質量が等しい2つの衛星aと衛星bに瞬間的に分離させたところ，分離の前後で衛星の運動の向きに変化はなく，衛星aは加速し衛星bは減速した。分離直後の衛星aと衛星bの相対速度の大きさをvとする。

(2)　分離直後の衛星aの速さv_aと衛星bの速さv_bをv，v_0でそれぞれ表せ。

(3)　分離直後の衛星aの万有引力による位置エネルギーは，無限遠を基準として$U=-G\dfrac{Mm}{r}$で表される。この式を，位置エネルギーの定義に基づいて導出せよ。

(4)　分離直後の相対速度が大きすぎると衛星aは無限遠に飛び去ってしまう。衛星aが無限遠に飛び出す最小の相対速度の大きさvをv_0で表せ。

(☆☆☆☆◎◎◎)

【2】図のように，容器，かくはん棒及び温度計を断熱材でできた箱に入れた水熱量計を用いて，金属の比熱を求める実験を行った。水の比熱をc_0〔J/(g・K)〕，水熱量計の熱容量をC〔J/K〕として，下の(1)～(6)の問いに答えなさい。

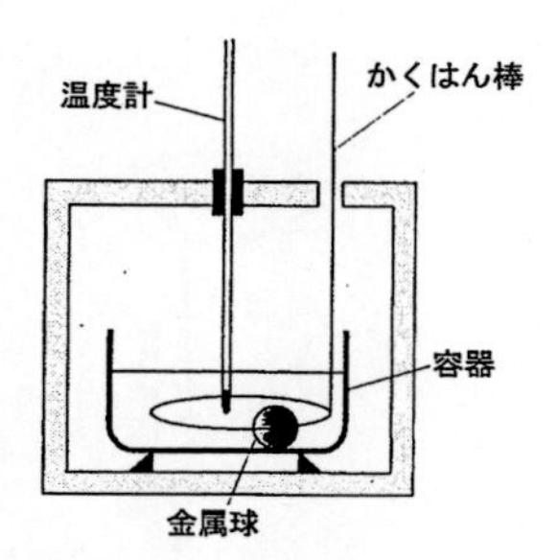

はじめに，容器に水M〔g〕を入れ，しばらく待つと水の温度はt_0〔℃〕になった。次に，質量m〔g〕の金属球をt_1〔℃〕に熱し，水熱量計の中へ入れ，かくはん棒で静かにかき混ぜたところ，水の温度はt_2〔℃〕となった。

(1)　水熱量計と外部との間に熱の出入りがなかったものとして，金属球の比熱を求めよ。

(2)　実験の結果，$M=200.0$g，$m=100.0$g，$t_0=25.0$℃，$t_1=100.0$℃，$t_2=32.0$℃であった。$c_0=4.19$J/(g・K)，$C=40$J/Kとして，(1)の結果を用いて，金属球の比熱を有効数字2桁で求めよ。

(3)　この実験の結果に誤差が生じる原因として，水熱量計と外部との間の熱の出入り以外でどのようなことが考えられるか，1つ書け。

(4)　はじめの水温は室温に対してどのように設定すればよいか，その理由も含めて簡潔に書け。

(5)　実験の途中，容器の中の水を少しこぼしてしまった場合，求める比熱は正しい値と比べてどのようになると考えられるか，その理由も含めて簡潔に書け。

(6)　この実験をより発展的な内容にするためには，どのような工夫が考えられるか，1つ書け。

(☆☆☆◎◎◎)

【3】図のように，曲率半径R〔m〕の平凸レンズを平面ガラスの上にのせ，波長λ〔m〕の単色光を真上から入射させて反射光を観察したところ，点Oを中心とした，同心円状に広がる明暗の縞模様が見えた。点Oから距離r〔m〕の位置の点Pでの空気層の厚さをd〔m〕として，下の(1)～(5)の問いに答えよ。なお，(2)の問いには答えだけでなく，考え方や計算の過程も書きなさい。

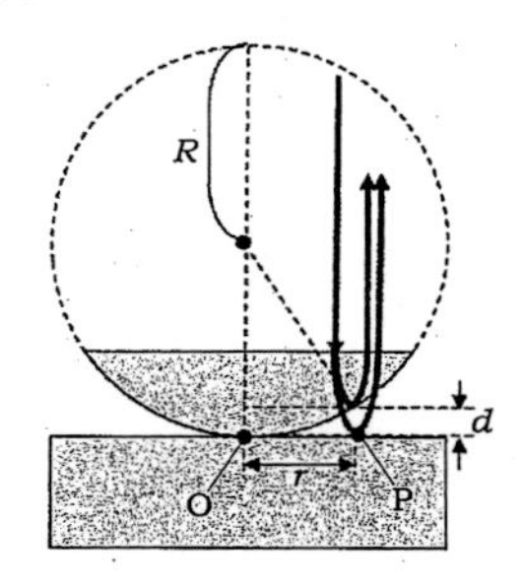

(1)　点Pで暗くなる条件をd，λ，m (m＝0，1，2，…)で表せ。

(2)　$2d$をrとRで表せ。ただし，Rはdに比べて十分に大きいものとする。

(3)　点Oから数えてm番目の暗環の半径を求めよ。

(4)　隣り合う暗環の間隔は，中心から遠ざかるにつれて，どのようになるか。その理由も含めて簡潔に書け。なお，必要であれば図を用いてもよい。

(5)　波長$\lambda=5.0\times10^{-7}$mの光を入射させたところ，点Oから数えて2番目の暗環の半径が1.0×10^{-2}mとなった。レンズの曲率半径Rを求めよ。

(☆☆☆◎◎◎)

【4】図のように，電圧Eの直流電源，抵抗値Rの抵抗，電気容量Cのコンデンサー，自己インダクタンスLのコイル，およびスイッチS_1，S_2，S_3で構成された回路がある。はじめ，コンデンサーに電荷はなく，すべてのスイッチは開いた状態にしておく。また，回路において電源の内部抵抗，導線の抵抗などR以外の抵抗は無視できるものとする。あとの(1)～(5)の問いに答えよ。なお，(4)の問いには答えだけでなく，考

え方や計算の過程も書きなさい。

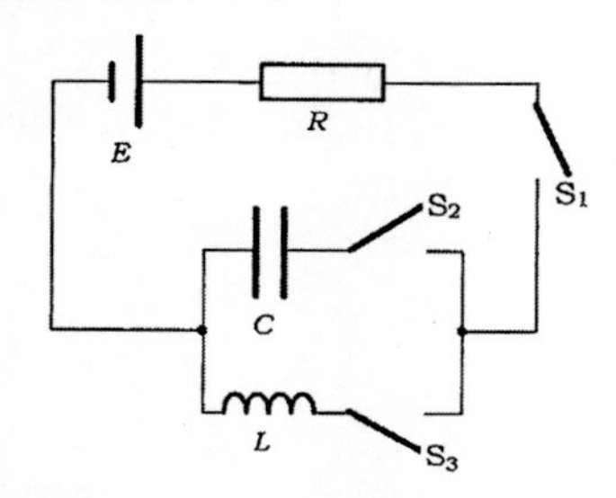

(1)　はじめの状態から，スイッチS_1とS_2を閉じた。このときの時刻を$t=0$として，$t=0$から十分時間が経過するまでの間に，抵抗に流れる電流Iと時刻tの関係を表すグラフをかけ。ただし，電流Iは閉回路を右回りに流れる向きを正とする。

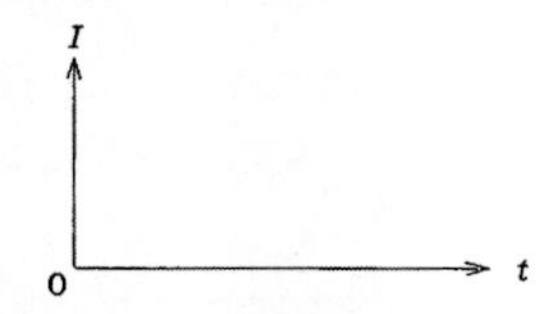

(2)　次に，スイッチS_2を開き，S_1を閉じたままS_3を閉じた。このときの時刻を$t=0$として，$t=0$から十分時間が経過するまでの間に，抵抗に流れる電流Iと時刻tの関係を表すグラフをかけ。ただし，電流Iは閉回路を右回りに流れる向きを正とする。

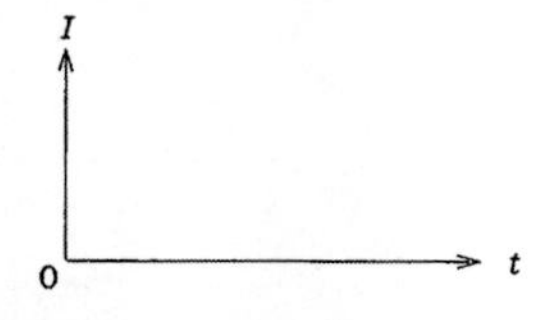

(3)　回路をはじめの状態に戻し，スイッチS_2とS_3を閉じた状態でS_1を閉じた。スイッチS_1を閉じてから十分時間が経過したとき，抵抗，コイル，コンデンサーに流れる電流をそれぞれ求めよ。また，このとき，コイル，コンデンサーに蓄えられているエネルギーをそれぞれ求めよ。

(4)　次に，スイッチS_1を閉じて十分時間が経過した状態から，S_1を開いた。この後，コンデンサーの両端にかかる電圧の最大値を求めよ。

(5)　スイッチS_1を開いた時刻を$t=0$として，時刻$t>0$におけるコンデンサーに流れる電流Iと時刻tの関係を表すグラフをかけ。ただし，電流Iは閉回路を右回りに流れる向きを正とする。

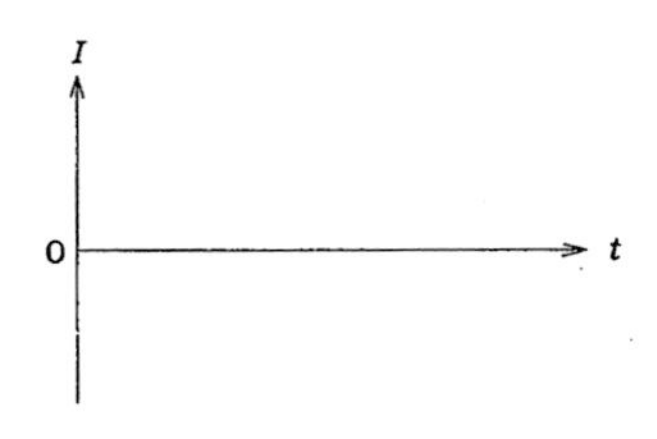

(☆☆☆☆◎◎◎)

【5】金属の表面に紫外線のような波長の短い光を当てると，金属内部の電子が飛び出してくる現象を光電効果という。また，このとき飛び出してくる電子を光電子という。光電効果には次のⅠ～Ⅲの特徴がある。下の(1)，(2)の問いに答えなさい。

> Ⅰ　当てる光の振動数が金属固有の値より小さければ，どんなに強い光を当てても光電子は飛び出さない。
> Ⅱ　当てる光の振動数が金属固有の値以上であれば，どんなに弱い光であっても当てたとたんに光電子は飛び出す。
> Ⅲ　当てる光の振動数が一定のとき，光の強度に比例して光電子の数が増える。

(1)　Ⅰ～Ⅲの特徴は，光を波と考えると矛盾が生じるが，光を粒子と考えるとうまく説明ができる。Ⅰ～Ⅲの特徴を，アインシュタインの光量子仮説を用いて，それぞれ説明せよ。

(2)　日常生活の中で，光の波動性と粒子性を表す具体的な現象を，それぞれ1つ書け。

(☆☆◎◎◎)

必要があれば次の値を用いなさい。

原子量：H＝1.0，C＝12，N＝14，O＝16，Na＝23，Ca＝40

気体定数　$R=8.3\times10^3$　Pa・L/(mol・K)

【化学】

【１】次の(1)～(10)の問いに答えなさい。

(1)　常温・常圧において，硝酸カリウムに不純物として塩化ナトリウムが混ざっているとき，硝酸カリウムを分離するための実験手順を簡潔に書け。

(2)　次の物質を融点の低いものから順に並べ，ア～エの記号で書け。

ア　ナフタレン　　イ　二酸化ケイ素　　ウ　アルミニウム

エ　水銀

(3)　原子番号53，質量数127のヨウ素が一価の陰イオンとなったとき，そのイオンがもつ電子と中性子の数をそれぞれ書け。

(4)　次の文の中で，誤りを含むものをア～エのうちから一つ選べ。

ア　塩化水素は，水素原子と塩素原子が共有結合で結ばれた分子である。

イ　二酸化炭素は，電気陰性度の大きい酸素原子をもつ無極性分子である。

ウ　気体の水に対する溶解度は，温度の上昇とともに大きくなる。

エ　フマル酸はマレイン酸よりも融点が高い。

(5)　次の文の中で，化学変化にあてはまらないものをア～エのうちから一つ選べ。

ア　保冷剤として利用したドライアイスがしばらくすると小さくなった。

イ　生石灰に水を加え，弁当を温めた。

ウ　レモンに亜鉛板と銅板を繋ぎ，電子オルゴールを鳴らした。

エ　セッケンを硬水中で使うと泡立ちが悪かった。

(6)　次の文の中で，実験上の注意に関して誤っているものをア～カのうちから二つ選べ。

ア　有毒な気体を発生させるような実験の場合は，排気装置のある場所で行う。

イ　必要量以上の試薬を，取り出したり小分けしたりしないようにする。

ウ　試薬びんから取り過ぎた試薬は，節約するために必ず試薬びんに戻す。

エ　試験管の液体試薬を激しくかくはんする場合は，指で栓をしてこぼれないようにする。

オ　試験管での加熱時には，試験管の容量の約$\frac{1}{4}$以下の液量で行い，決して管口を人に向けてはならない。

カ　温度計をかくはん棒の代わりに用いてはいけない。

(7)　次に示した電池の中で，放電させたとき正極，負極ともに重量が増加するものをア～オのうちから一つ選べ。また，その電池の名称を書け。

ア　(－)　Zn｜$ZnSO_4$水溶液｜$CuSO_4$水溶液｜Cu (＋)

イ　(－)　Zn｜NH_4Cl水溶液｜MnO_2・C (＋)

ウ　(－)　Zn｜H_2SO_4水溶液｜Cu (＋)

エ　(－)　Pb｜H_2SO_4水溶液｜PbO_2 (＋)

オ　(－)　Pt・H_2｜H_3PO_4水溶液｜O_2・Pt (＋)

(8)　次の現象のもととなる反応が，酸化還元反応に関するものをア～カのうちから二つ選べ。

ア　銅の単体を熱濃硫酸に溶かすと，二酸化硫黄が発生する。

イ　水酸化カルシウム水溶液に二酸化炭素を吹き込むと白く濁る。

ウ　塩化銀に光をあてると黒くなる。

エ　食塩に濃硫酸を加えて加熱すると，塩化水素が発生する。

オ　クロム酸カリウム水溶液に，希硫酸を加えると溶液の色が黄色から橙赤色に変わる。

カ　砂糖に濃硫酸を加えると黒くなる。

(9)　グルコース9.0mgを水に溶かして300mLとした水溶液の27℃における浸透圧[Pa]を有効数字2桁で求めよ。

(10)　容積12.3Lの密閉容器に水素と酸素を入れたところ，27℃で全圧は2.5×10^4Pa，水素分圧は1.0×10^4Paであった。容器中の酸素の質量[g]を有効数字2桁で求めよ。

(☆☆☆◎◎◎)

【2】化学反応の量的関係を調べるため，以下のような実験を行い，下表の結果を得た。あとの(1)～(5)の問いに答えなさい。

＜実験＞

操作1　炭酸カルシウムの粉末を1.00gずつ薬包紙にはかり取り，5包分用意する。

操作2　X[mol/L]の塩酸をメスシリンダーで14mLはかり取り，コニカルビーカーに入れる。

操作3　コニカルビーカーごと，容器全体の質量を電子てんびんで測定し，記録する。

操作4　1.00gの炭酸カルシウムの粉末を少量ずつ加え，コニカルビーカーを振り混ぜる。反応がおさまったら，ストローでビーカー内の気体をおだやかに吹き出し，容器全体の質量を測定して記録する。

操作5　操作4を炭酸カルシウムの投入量の累計が5.00gになるまで5回繰り返す。

＜結果＞

操作3における容器全体の質量：85.64g

	反応後の容器全体の質量[g]
1回目	86.21
2回目	86.76
3回目	87.32
4回目	88.10
5回目	89.10

(1)　炭酸カルシウムは，身近な物質では何に多量に含まれているか書け。

(2)　操作4のコニカルビーカー内で起こる反応の化学反応式を書け。

(3)　下線部のように，反応後の容器全体の質量をはかる際に，ストローで気体を吹き出したのはなぜか。発生する気体の分子量と空気の平均分子量の関係から簡潔に説明せよ。

(4)　表のデータを処理して，加えた炭酸カルシウムの質量[g](累計)と，加えた炭酸カルシウムにおける質量の減少量[g](累計)の関係をグラフで表せ。

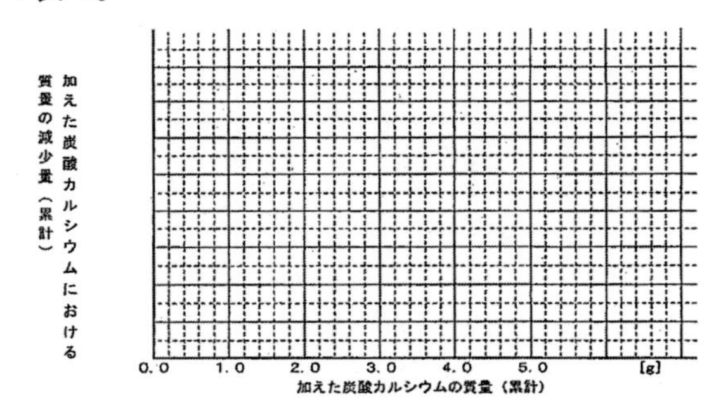

(5)　実験結果から，使用した塩酸のモル濃度X[mo1/L]を有効数字2桁で求めよ。

(☆☆☆◎◎◎)

【3】炭酸ナトリウムと炭酸水素ナトリウムの混合物10.0gに含まれる炭酸水素ナトリウムの割合を調べるため，以下の実験を行い，下表の結果を得た。あとの(1)～(4)の問いに答えなさい。

＜実験＞

操作1　混合物10.0gをビーカーに入れて水を加えて完全に溶かしたのち，その溶液を全て［ A ］に入れ，さらに水を加えて1000mLの水溶液を作った。

操作2　操作1で作った水溶液から，［ B ］を用いて20.0mLを正確にはかりとり，コニカルビーカーに入れた。

操作3　コニカルビーカーにフェノールフタレインを加えて[C]を用いて0.100mol/Lの塩酸を水溶液の色が変わるまで滴下した。

操作4　操作3で水溶液の色が変わったのち，コニカルビーカーにメチルオレンジを加えて[C]を用いてさらに0.100mol/Lの塩酸を水溶液の色が変わるまで滴下した。

＜結果＞

	水溶液の色が変わるまでに滴下した塩酸の体積[mL]
操作3	9.00
操作4	21.45

(1)　[A]～[C]に当てはまる適切な器具の名称をそれぞれ書け。

(2)　操作3と操作4により，コニカルビーカー内で確認できる中和反応の化学反応式をそれぞれ書け。

(3)　操作1で作った1000mLの水溶液中における炭酸ナトリウムと炭酸水素ナトリウムのモル濃度をそれぞれ有効数字2桁で求めよ。

(4)　混合物中に含まれる炭酸水素ナトリウムの割合[%]を有効数字2桁で求めよ。

(☆☆☆◎◎◎◎)

【4】近年，石油や石炭の代替燃料の一つとして天然ガスが注目されている。産出された天然ガスは，冷却・圧縮して凝縮され，液化天然ガス(LNG)として搬送・貯蔵されている。

また，日本周辺の海底下に大量に存在するメタンハイドレートは，低温・高圧下で水分子のつくる網目状構造の中にメタン分子が取り込まれた物質であり，今後の活用が検討されている。次の(1)～(3)の問いに答えなさい。

(1)　メタンが燃焼したときの熱化学方程式を書け。ただし，メタンの燃焼熱は891kJ/molとし，生じる水は液体とする。

(2)　標準状態で気体のメタンをすべて液化したとき，体積はおよそ何分の1となるか，求めよ。ただし，液体のメタンの密度を416g/Lとする。

(3)　メタンは触媒下で水蒸気と高温で反応させることにより，水素を生成することができる。この反応は，次のような熱化学反応式で表すことができる。

CH_4(気)＋$2H_2O$(気)＝$4H_2$(気)＋CO_2(気)－165kJ

① 水素の燃焼熱を求めよ。ただし，燃焼で生成する水は気体であるとする。また，H－H，O－H，O＝Oの結合エネルギーの値をそれぞれ436，463，498kJ/mo1とする。

② 約1kgのメタンハイドレートから取り出すことのできるメタンを128gとする。取り出したメタン128gをすべて水素にし，その水素を完全に燃焼させたとき，発生する熱量は何kJか，求めよ。ただし，燃焼で生成する水は気体であるとする。

(☆☆☆◎◎◎◎)

【5】実験室で気体を少量発生させるために，キップの装置が使われる。次の図はキップの装置の内部を省略して一部を示したものである。この装置を用いて，硫化鉄(Ⅱ)と希硫酸を反応させて気体を発生させた。下の(1)～(5)の問いに答えなさい。

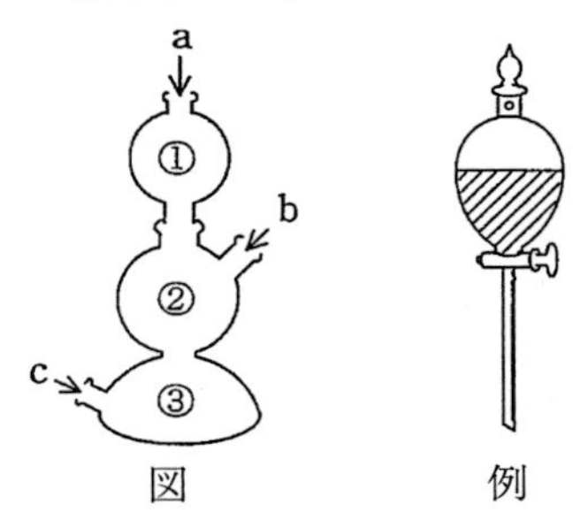

図　　　　例

(1) この反応の化学反応式を書け。

(2) キップの装置の内部を補って断面図を完成させよ。なお，ガラス管付きコック(活栓)とゴム栓も書き入れよ。さらに，完成したキップの装置の断面図に，適当な大きさの硫化鉄(Ⅱ)の塊数個と，気体の発生を休止している状態の希硫酸の液面を書き入れ，希硫酸の入っている部分を例のように斜線で示せ。

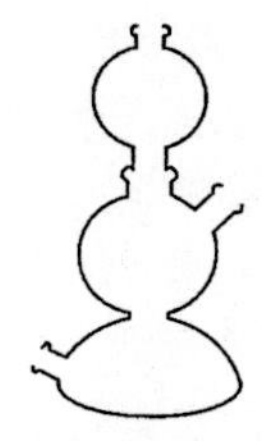

(3)　キップの装置には図に示した3つの口a，b，cがある。(ア)硫化鉄(Ⅱ)を投入する口，(イ)希硫酸を注入する口，(ウ)希硫酸を交換する場合に古い希硫酸を捨てる口は，それぞれどれか。a，b，cの記号で答えよ。

(4)　図の装置に入れる硫化鉄(Ⅱ)の塊は，なるべく細かいほうが良いとされる。その理由を簡潔に説明せよ。

(5)　(4)のとき，硫化鉄(Ⅱ)の塊が細かすぎたり，粉末を含んでいたりしてはいけない。その理由を，図の①，②及び③の記号のうちから必要なものを用いて簡潔に説明せよ。

(☆☆☆◎◎◎)

【6】ベンゼンは代表的な芳香族炭化水素であり，含まれる水素原子を他の原子や原子団に置換することにより，医薬品や香料を作ることができる。解熱鎮痛剤であるアセトアミノフェンを合成するため，次のような実験を行った。あとの(1)～(4)の問いに答えなさい。ただし，実験は適切な条件で行ったものとする。また，有機化合物の構造式は次の例にならって書くこと。

例

OH
CH_3-CH (ベンゼン環) $O-C(=O)-CH_2-CH_3$
NO_2

<実験>

操作1　①触媒を用いてベンゼンとプロペン(プロピレン)を反応させ，生じた物質を酸化し，硫酸を用いることで化合物Aと化合物Bを生じた。化合物Bはヨードホルム反応を示した。

操作2　②化合物Aに濃硫酸と濃硝酸の混合物を作用させると，ベンゼン環に結合している水素原子が1つ置換された複数の異性体が生成した。そのうちパラ異性体である化合物Cを濃塩酸とスズで還元し，水酸化ナトリウム水溶液を加えると化合物Dが遊離した。

操作3　化合物Dと酢酸2分子を縮合した化合物Eを反応させることにより，アセトアミノフェンを合成した。

(1)　下線部①の合成法を何というか，書け。

(2)　下線部②の反応で生成する物質は，主に2種類の異性体である。その理由を簡潔に書け。

(3)　化合物A～Eの構造式を書け。

(4)　アセトアミノフェンの構造式を書け。

(☆☆☆☆◎◎◎)

【7】合成繊維に関する以下の文を読み，下の(1)～(4)の問いに答えなさい。

ビニロンは日本で開発された合成繊維であり，次のような操作により合成される。まず，酢酸ビニルを(　ア　)重合させて高分子化合物Aとし，水酸化ナトリウム水溶液で(　イ　)すると高分子化合物Bが得られる。Bは親水性のヒドロキシ基を多くもつため，水に溶ける。これを水に溶けない繊維とするために，ホルムアルデヒドで処理すると，アルデヒド基が2個のヒドロキシ基と反応して水1分子が脱離し(この処理を(　ウ　)化とよぶ)，ビニロンが得られる。ビニロンは親水性が高いという点で天然繊維に近い。また，反応させるホルムアルデヒドの量で吸湿性を調節することができる。

(1)　文中の空欄(　ア　)～(　ウ　)に適する語をそれぞれ書け。

(2)　下線部の天然繊維について具体例を一つ挙げ，その名称と主成分を書け。

(3)　重合度をnとして，高分子化合物A，Bの構造式と名称を次の例にならって書け。

例　構造式：$\left[-CH_2-\underset{CH_3}{\underset{|}{CH}}- \right]_n$　　名称：ポリプロピレン

(4)　高分子化合物Bのヒドロキシ基の30.0％がホルムアルデヒドと反応したとき，22.0gの高分子化合物Bから何gのビニロンが得られるか。有効数字3桁で答えよ。

(☆☆☆◎◎◎◎)

【生物】

【1】核酸に関する次の文章を読み，あとの(1)～(7)の問いに答えなさい。

核酸は，［①］，［②］，塩基から構成されており，DNAとRNAに分けられる。DNAに含まれる［①］は［③］で，RNAに含まれる［①］は［④］である。塩基のうち，3種類はDNAとRNAで共通であるが，1種類は異なる。

RNAは，そのはたらきから3種類に分けられるが，このうち，タンパク質のアミノ酸配列を指定する遺伝情報をもっているのは，mRNAである。mRNAは，［⑤］という酵素によって，DNAの塩基配列を写し取るように合成されたのち，リボソームに付着する。そこで，tRNAによって運ばれてきたアミノ酸が順次結びつき，タンパク質が合成される。

生物の遺伝情報は，DNAの塩基配列で示されるが，ある生物のある遺伝子の塩基配列の始まり部分は，次のとおりである。

3′－AGGGCCGTTACCCGGTT<u>C</u>TCCTA・・・・・・－5′

表　遺伝暗号表(mRNA)

		2番目の塩基									
		U		C		A		G			
1番目の塩基	U	UUU	フェニルアラニン	UCU	セリン	UAU	チロシン	UGU	システイン	U	3番目の塩基
		UUC		UCC		UAC		UGC		C	
		UUA	ロイシン	UCA		UAA	終止コドン	UGA	終止コドン	A	
		UUG		UCG		UAG		UGG	トリプトファン	G	
	C	CUU	ロイシン	CCU	プロリン	CAU	ヒスチジン	CGU	アルギニン	U	
		CUC		CCC		CAC		CGC		C	
		CUA		CCA		CAA	グルタミン	CGA		A	
		CUG		CCG		CAG		CGG		G	
	A	AUU	イソロイシン	ACU	トレオニン	AAU	アスパラギン	AGU	セリン	U	
		AUC		ACC		AAC		AGC		C	
		AUA		ACA		AAA	リシン	AGA	アルギニン	A	
		AUG	メチオニン	ACG		AAG		AGG		G	
	G	GUU	バリン	GCU	アラニン	GAU	アスパラギン酸	GGU	グリシン	U	
		GUC		GCC		GAC		GGC		C	
		GUA		GCA		GAA	グルタミン酸	GGA		A	
		GUG		GCG		GAG		GGG		G	

(1)　文章中の［①］～［⑤］に当てはまる最も適切な語句を書け。

(2)　DNAに含まれる塩基を分子数の比で表したとき，生物種によって異なる値をとるものを，次のア～エのうちから1つ選び，記号で書け。

ア　$\frac{C}{G}$　　イ　$\frac{A+C}{G+T}$　　ウ　$\frac{A+G}{C+T}$　　エ　$\frac{G+C}{A+T}$

(3)　アミノ酸どうしが結合するときの結合部の構造を，次の例を参考にして，書け。

例　$\begin{array}{c} -\mathrm{C}=\mathrm{C}- \\ \ \ |\quad\ | \\ \ \ \mathrm{H}\quad \mathrm{H} \end{array}$

(4)　上の［　　］内の遺伝子の3′末端，5′末端とは何か，説明せよ。

(5)　メチオニンを指定するAUGというコドンは，タンパク質合成の開始点を指定するコドンとしてはたらくことがあり，タンパク質合成では，最初に出現するAUGが翻訳の開始点となる。上の［　　］内の遺伝子をもとにつくられるタンパク質のアミノ酸配列の始まり部分はどうなるか。遺伝暗号表を参照し，下の(　　)に当てはまるアミノ酸を書け。

(メチオニン)−(　　)−(　　)−(　　)−(　　)−

(6) ある突然変異個体では，この遺伝子の配列は下線部のCがAに変化していたとする。この場合，翻訳されるタンパク質のアミノ酸配列はどのように変化するか，説明せよ。

(7) ヒトゲノムを構成するDNAには，3.0×10^9塩基対が含まれているとして，次の①，②の問いに答えよ。

① ヒトゲノムには20500個の遺伝子が存在し，タンパク質は平均450個のアミノ酸から構成されていると仮定したとき，DNAの塩基配列のうち，タンパク質のアミノ酸配列を指定している部分は何％になるか。ただし，小数第3位を四捨五入し，小数第2位まで答えよ。

② DNAの10塩基分の長さを3.4nm(ナノメートル)とすると，ヒトの体細胞の核1個に含まれるDNA全体の長さは，何mになるか。ただし，小数第2位を四捨五入し，小数第1位まで答えよ。

(☆☆☆☆◎◎◎)

【2】葉緑体と光合成に関する次の文章を読み，下の(1)～(5)の問いに答えなさい。

緑色植物の葉緑体の内部には，光合成色素が含まれている［①］と呼ばれるへん平な袋状の小胞が層状に多数存在している。また，葉緑体内部を満たしている基質は［②］と呼ばれ，(a)<u>二酸化炭素の還元反応</u>に関わる酵素が含まれている。

光合成は，様々な環境要因に影響される。重要な環境要因の一つである光強度についてみると，(b)<u>光補償点以下の環境においては，植物は生育できない</u>。

光合成が盛んなとき，光合成によって植物の葉でつくられた有機物は，［③］として葉緑体の中に一時的に貯蔵されることが多い。その後，［③］は分解されて，多くの場合，［④］に変化して師管を通って各部に運ばれる。このように有機物などが別の部位に輸送されることを［⑤］という。

(1) 文章中の［①］～［⑤］に当てはまる最も適切な語句を書け。

(2) 気孔から取り入れられた二酸化炭素1molは，下線(a)の反応においてどのように取り込まれるか。次のア～オのうちから正しいものを1つ選び，記号で書け。

ア　C_6化合物1molと反応して，C_7化合物が1molつくられる。

イ　C_6化合物1molと反応して，C_3化合物とC_4化合物が1molずつつくられる。

ウ　C_5化合物1mo1と反応して，C_6化合物が1molつくられる。

エ　C_5化合物1molと反応して，C_3化合物が2molつくられる。

オ　C_3化合物1mo1と反応して，C_4化合物が1molつくられる。

(3) 光合成全体の化学反応式は，次のような反応式で表されることが多い。なぜ，$6H_2O$を両辺から引いた形で書かないのか，その理由を簡潔に説明せよ。

$$6CO_2 + 12H_2O \rightarrow C_6H_{12}O_6 + 6O_2 + 6H_2O$$

(4) 下線(b)について，光補償点以下の環境では，植物が生育できない理由を答えよ。

(5) 授業で，長方形の展開用ろ紙を用いたペーパークロマトグラフィーにより，アオジソ(大葉)に含まれる光合成色素の分離実験を行いたい。次の①～③の問いに答えよ。

① ペーパークロマトグラフィーの原理を簡潔に説明せよ。

② 実験において，色素を展開させるときに留意することを2つ書け。

③ アカジソを材料にして同様に実験した場合，分離された色素にどのような違いが生じると予想されるか，簡潔に説明せよ。

(☆☆☆☆◎◎◎)

【3】次表は，ある湖での各栄養段階における年間のエネルギー収支を示している。これについて，あとの(1)～(5)の問いに答えなさい。

表　　　　　　　　　　　　　　　　単位：J/(cm^2・年)

	生産者	一次消費者	二次消費者
総生産量（同化量）	４６６．０	６２．０	１３．０
（Ａ）		１８．４	７．５
純生産量	３６８．０		
死滅量、被食量など	７３．７	１４．３	０．１
成長量		（ア）	５．４

※　問題作成上，一部空欄にしてある

(1)　表中の(A)は，各栄養段階におけるエネルギー消費の一部である。何による消費量か，書け。

(2)　表中の(ア)に当てはまる数字を書け。

(3)　この湖に入射する太陽の光エネルギーを，年間497600J/(cm^2・年)とすると，この湖の生産者の光合成によって利用されるエネルギーは，入射する太陽の光エネルギー量の何％になるか。ただし，小数第2位を四捨五入して，小数第1位まで答えよ。

(4)　エネルギー効率は，一般に栄養段階が上がるとどのように変化するか，書け。

(5)　次の文章を読み，後の①，②の問いに答えよ。

湖や川に流れ込む有機物は，その量が少ないときは，微生物のはたらきで分解され，無機物に変わる。これを［ア］という。しかし，有機物の量が多くなると，植物プランクトンが異常繁殖することで，［イ］が発生することがある。また，化学物質が食物連鎖を通して，上位の生物に高濃度に蓄積することがある。これを［ウ］という。

①　文章中の［ア］～［ウ］に当てはまる最も適切な語句を書け。

②　下線の現象を引き起こしやすい化学物質は，どのような性質をもっているか，簡潔に書け。

(☆☆☆◎◎◎)

【４】発生のしくみに関する次の文章を読み，あとの(1)～(3)の問いに答えなさい。

シュペーマンは，イモリの初期原腸胚の原口背唇部を，ほかの初期原腸胚の胞胚腔内に移植すると，本来の胚(一次胚)とは別に，第二の胚(二次胚)が形成されることを明らかにした。

(1)　下線のように，胚のある部分がほかの部分に働きかけて，一定の分化を引き起こすことを何というか，書け。また，原口背唇部のように，このようなはたらきをもつ部分を何というか，書け。

(2)　二次胚を調べたところ，神経管，脊索，体節，腸管などの構造が観察された。これらの構造に関する説明として，正しく述べたものを，次のア～エのうちから1つ選び，記号で書け。

ア　神経管は，移植した原口背唇部から生じた構造である。

イ　脊索は，一次胚の脊索と遺伝的に等しい構造である。

ウ　体節からは，将来，真皮が分化する。

エ　腸管は，中胚葉由来である。

(3)　イモリの胞胚を，比較的濃度の高い食塩水中で発生させたところ，原口陥入が起こらない異常胚が生じた。この胚では神経組織が形成されない理由を説明せよ。

(☆☆☆☆◎◎◎)

【5】腎臓に関する次の文章を読み，下の(1)～(3)の問いに答えなさい。

腎臓は，セキツイ動物の主な排出器官であり，窒素を含む老廃物や塩類などを尿として体外に排出する。腎臓の機能的な単位はネフロン(腎単位)と呼ばれ，ネフロンは腎小体と［　①　］からなる。腎小体はさらに，毛細血管の集まりである［　②　］とそれを包み込む［　③　］に分けられる。ネフロンでは，ろ過や再吸収などにより，尿が生成される。

(1)　文章中の［　①　］～［　③　］に当てはまる最も適切な語句を書け。

(2)　下線部について，次の①，②の問いに答えよ。

①　タンパク質などの分解によって生じるアンモニアが，比較的毒性の低い尿素に変えられる反応回路を何というか，書け。また，その反応が行われる臓器の名称を書け。

②　ヒトの1日当たりの尿素生成量が25gであったとするとき，この

尿素をつくるのに必要なATPは何gか，求めよ。ただし，尿素の分子量を60，ATPの分子量を500とし，尿素1molを合成するのにATPが3mol必要であったとする。

(3) 次の表は，ヒトにおける各物質の血しょう中の成分，原尿中の成分，尿中の成分の量(mg/mL)を示したものである。後の①，②の問いに答えよ。なお，イヌリンはキク科植物などに含まれる物質であり，ヒトの血管に注射すると，ろ過はされるが，再吸収や分泌はされないものとする。

表　　　　　　　　　　　　　　　　単位：mg/mL

	血しょう	原尿	尿
尿素	0．3	0．3	20
尿酸	0．04	0．04	0．5
クレアチニン	0．01	0．01	0．75
イヌリン（注射）	0．1	0．1	12

① クレアチニンの濃縮率を求めよ。

② 1時間に80mLの尿が生成されるとき，1時間での原尿量(L)を求めよ。また，1時間に再吸収される尿素の量(g)を求めよ。

(☆☆☆☆◎◎◎)

【6】進化に関する次の文章を読み，下の(1)～(4)の問いに答えなさい。

地球は，約46億年前に誕生したと考えられている。生命の誕生前には，(a)無機物からアミノ酸，タンパク質，核酸などの有機物に変化する段階があったと考えられている。また，(b)地球上における生命の誕生は一度だけであったと考えられているが，最初に出現した生物は原核生物であった。その後，世界各地で(c)ストロマトライトが形成されていったが，(d)30億年以上もの間，単細胞生物の時代が続いた。多細胞生物が出現したのは，およそ10億年前～6億年前であったと考えられている。

(1) 下線(a)について，この過程を何というか，書け。

(2) 下線(b)について，そのように考えられている一つの根拠を，「DNA」，「塩基」，「アミノ酸」という語をすべて用いて説明せよ。

(3)　下線(c)について，この時期の地球の大気の変化について，ストロマトライトの形成に関わった生物のはたらきに着目して，説明せよ。
(4)　下線(d)について，マーグリスらが唱えた，この間に起こったとされる現象について説明した説を何というか，書け。また，その内容を説明せよ。

(☆☆☆☆◎◎◎)

【7】膜電位に関する次の文章を読み，下の(1)～(5)の問いに答えなさい。
静止電位が生じるしくみについて，単純化した系を想定して考えてみることにする。図のように，中間を膜で仕切ったU字管があり，A側，膜，B側がそれぞれ細胞内，細胞膜，細胞外に対応するものとする。U字管のA側とB側に，それぞれ各イオンのモル濃度が表1となるような水溶液を入れて放置したところ，膜をはさんで，A側がB側に対してマイナスとなる電位差を生じた。

図

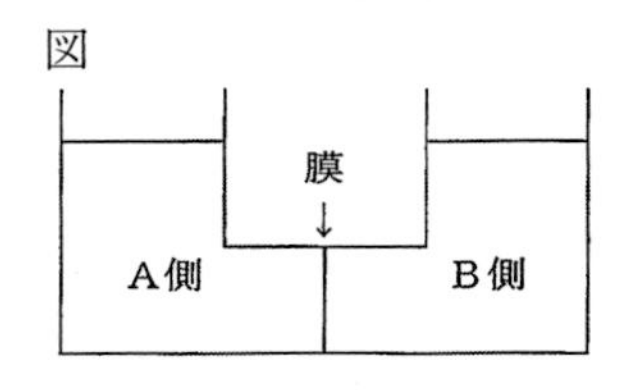

表1　　単位：10^{-3}mol/L

	K^+	Na^+	Cl^-
A側	100	10	100
B側	10	100	100

(1)　静止電位とは何か，簡潔に説明せよ。
(2)　この系をもとに，静止電位が生じるしくみを，細胞膜の性質に着目して，説明せよ。
(3)　U字管のA側とB側に，それぞれ各イオンのモル濃度が表2となるような水溶液を入れて放置した。このとき生じる電位差は，各イオンのモル濃度が表1となるような水溶液を入れたときと比較してどうなるか。最も適当なものを，次のア～エのうちから1つ選び，記号で書け。

表2　　単位：10^{-3}mol/L

	K^+	Na^+	Cl^-
A	400	10	300
B	10	400	300

ア　A側とB側の電位差が生じなくなる。
イ　A側がB側に対してプラスとなる電位差を生じる。
ウ　A側がB側に対してマイナスとなるが，電位差は表1の水溶液を入れたときより小さくなる。
エ　A側がB側に対してマイナスとなるが，電位差は表1の水溶液を入れたときより大きくなる。

(4)　一般に，生体膜の内外で，イオン濃度勾配と膜電位勾配がつり合っているとき，次の式が成り立つことが知られている。

式

$$膜電位(mV)=58\times\log\left(\frac{細胞外のイオン濃度(10^{-3}mol/L)}{細胞内のイオン濃度(10^{-3}mol/L)}\right)$$

(3)のときもこの式が成り立つとすると，カリウムイオンによる膜電位はいくらになるか，求めよ。ただし，必要ならば，以下の値を用いよ。

$\log4=0.6$，$\log8=0.9$，$\log40=1.6$

(5)　神経細胞は，ほかの細胞からの信号を受け取ると，その部分の膜電位が急速に変化するが，これは，イオンチャネルがもつ特性による。イオンチャネルがもつ特性を，次の2つに加えてもう1つ説明せよ。

・イオン選択性がある　　・開閉状態が調節されている。

(☆☆☆☆◎◎◎)

解答・解説

中学理科

【1】(1)　①　二人の体重について

②

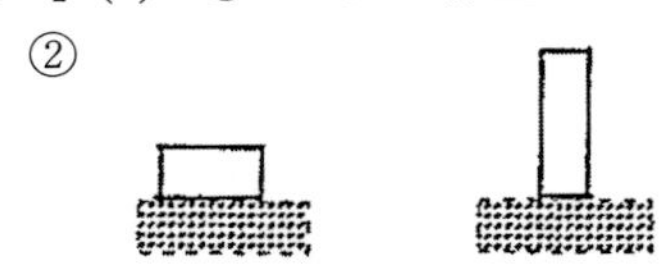

同じ重さ(同じ押す力)のレンガの置き方を変えてスポンジのへこみ方を調べる。　③　画鋲，包丁など　(2)　①　ビニール袋が手に張り付く様子から，水圧があらゆる方向からかかっていることを実感させるため

②

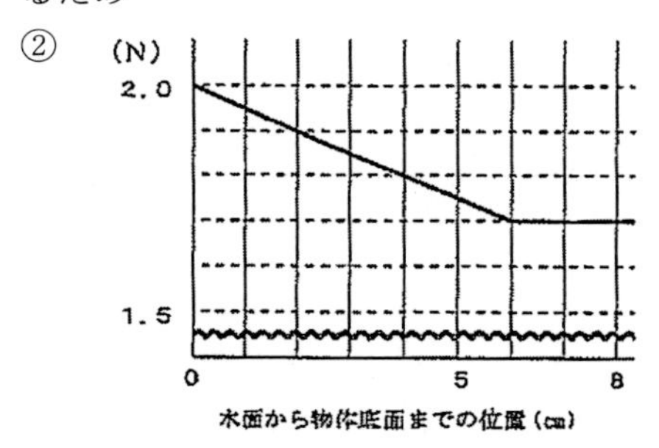

③　浮沈子の中の空気の体積が小さくなるため浮力が小さくなる

(3)　①　熱せられて空き缶の中に広がっていた水蒸気が冷えて水に戻ることで，空き缶の中の圧力が大気圧と比べていちじるしく低くなったため。　②　プラスチック板にかかる上向きの力は，約10.13N×50＝506.5N，プラスチック板にかかる下向きの力は，約3N＋0.2N＝3.2Nになるので，プラスチック板はコップから離れず，水はこぼれない。　(4)　水深1mでの水の重さによる圧力…10000(N/m^2)×1(m)＝10000Pa　大気圧…1013hPa＝101300Pa　水深1mでの水の重さによる圧力＋大気圧…10000Pa＋101300Pa＝111300Pa

〈解説〉(1) ① 面積による違いを調べるなら，体重(体の質量)を等しくしなければ比較はできない。 ② 置き方を変えるとスポンジとの接触面積が変わるような物体(レンガやペットボトルなど)が適している。また，①で述べたように，同じ質量の物体を用いる。 ③ 接触面積を小さくすることによって効果を大きくしているものには，画鋲，クギ，包丁，フォークなどがある。 (2) ① 解答参照。 ② 質量200gの物体Aにかかる重力は2Nである。また，物体Aと同じ体積の水の質量は1×5×6＝30〔g〕であるから，物体Aがすべて沈んだときに受ける浮力の大きさは0.3Nである。沈んでいる部分の体積に比例して浮力が増えていき，最終的にばねばかりの目盛りは2－0.3＝1.7〔N〕になる。 ③ この道具はもともと，浮沈子がぎりぎり浮かぶように空気の量が調節されている。 (3) ① 解答参照。 ② 上向きの力は大気圧による力である(1013hPa＝10.13N/cm^2)。下向きの力は，水にかかる重力とプラスチック板にかかる重力の和である。 (4) 水圧を考えるには，たとえば立方体で体積1m^3の水を考える。この水の質量は1×100^3＝1000000〔g〕であるから，かかる重力は10000Nになる。すると，底面1m^2あたりにかかる力は10000÷1＝10000〔Pa〕である。

【2】(1) ① ・出てきた液体が熱している底の方に流れると，試験管が割れることがあるので，試験管の口を底よりわずかに下げる。
・加熱していた試験管が冷えることで試験管の中の空気の圧力が下がり，水が逆流して割れることがあるので，ガスバーナーの火を消す前にガラス管を水から取り出す。 ② a 火のついた線香を入れる b マッチの火を近づける c 石灰水を入れて振る ③ 始めに出てくる気体は，ゴム管の中の気体や加熱した試験管の中の気体が混ざっているため ④ エ→ア→オ→イ→ウ ⑤ 加熱前後の物質を水に溶かし，フェノールフタレイン溶液を加え，溶け方や色の違いを調べる。 ⑥ 化学反応式…$2NaHCO_3 \rightarrow Na_2CO_3 + CO_2 + H_2O$ 説明…加熱によって二酸化炭素が発生して，内部にたくさんの穴ができる。 (2) 0.008〔g〕×$\frac{80}{100}$〔cm^3〕＋0.13〔g〕×$\frac{40}{100}$〔cm^3〕＝

0.0064＋0.052＝0.0584≒0.058g

〈解説〉(1)　①～④　解答参照。　⑤　炭酸ナトリウムは炭酸水素ナトリウムに比べて水によく溶け，強いアルカリ性を示すので，フェノールフタレイン溶液を加えると，より濃い赤色を示す。　⑥　解答参照。(2)　$2H_2 + O_2 \rightarrow 2H_2O$より，水素と酸素は体積比2：1で反応する。よって，水素80cm^{3}と酸素40cm^{3}が反応する。

【3】(1)　①　消費者　　②　・いずれも底辺に生産者が位置付くこと　・いずれも食う物よりも食われる物の数量が多いこと　　(2)　①　性質…熱，光，乾燥を嫌う性質　　集めることができる土壌生物…トビムシ，ダニ　など　　②　土の中以外から培地に菌類や細菌が入ることを防ぐため。　③　試薬名…ヨウ素液　　培地Bの様子…土の周辺以外が青紫色になる　　(3)　①　根粒菌　　②　無機窒素化合物からアミノ酸・タンパク質などの有機窒素化合物を合成する。

〈解説〉(1)　①　生態系には，無機物から有機物を作り出す「生産者」(植物)，作り出された有機物を栄養源とする「消費者」(動物)，動植物の死体や排出物を分解して無機物に変える「分解者」(菌類や細菌)がいる。　②　バランスがとれている生態系では食われる物の数量の方が食う物の数量よりも多くなりピラミッドの形の関係を示す。また生産者は陸上でも水中でも植物となる。　(2)　①　容器に土壌を入れ上部から電球を照らすと，熱，光，乾燥を嫌う土壌生物がふるいを通り抜けて下に落ちてくる。センチュウ，ハエなどの幼虫，ダニ類，トビムシ類などを集めることができる。　②　自然界には土壌中のみならず様々な場所に微生物を含む生物がおり，この実験でもペトリ皿を殺菌し，さらに空気中などから微生物が入り込まないような処置が必要となる。　③　デンプンの検出で一般に用いられるのはヨウ素液である。デンプンがあれば青紫色を示す。培地Bでは微生物が土壌中に生き残っており，微生物によってデンプンは分解されて無くなっていくと考えられる。　(3)　①　解答参照。　②　植物はC，H，Oと共にNも取り込んでアミノ酸，タンパク質などを合成する。

【4】(1) ① 観測者が円の中心に立ち，太陽の位置を観察したことと同じようにするため ② 太陽の軌跡と透明半球のふちが接するところが日の出，日の入りの方角を表していることに気付かせるため
③ 昼の長さ…11時間45分 南中の時刻…およそ午前11時32分
④ 77°
(2) ①

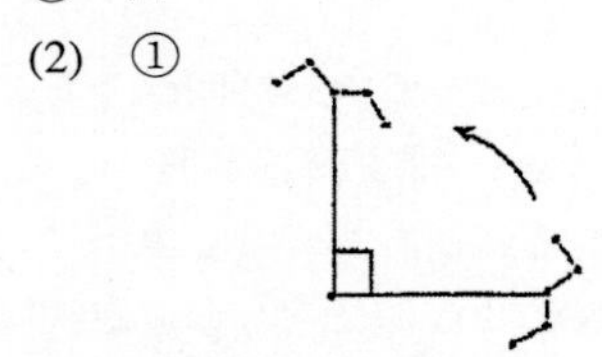

② いずれの星も地球からの距離がとても遠く，また，地球が自転しているため。 ③ ア ベテルギウス イ リゲル
④ 南半球で観測されるオリオン座

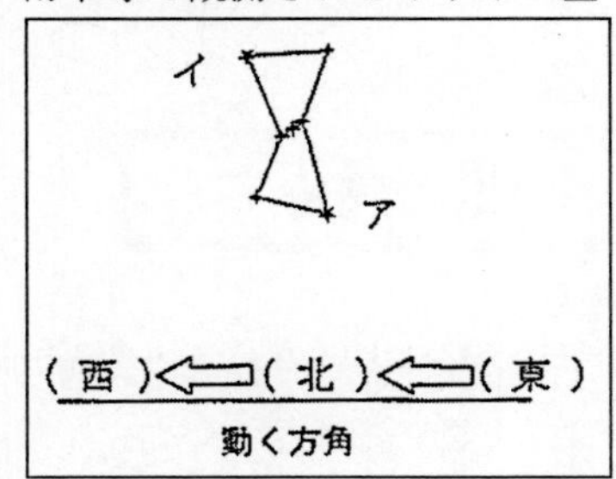

⑤ 地軸の延長線上にある北極星の方向に極軸を合わせることで，地球の自転による天体の動きと極軸のまわりの望遠鏡の動きが一致するため。

〈解説〉(1) ① 円の中心とペン先を結ぶ直線上に太陽があるようにすることで，円の中心を観測点として見た天球上の太陽の方向が透明半球に記録できる。 ② 透明半球のふちの位置では，太陽が地平面上にあることになるので，日の出，日の入りの位置(方角)を表すことになる。 ③ 1時間が2.4cmに対応し，軌跡の長さは$5.6+2.4\times7+5.8=28.2$〔cm〕であるから，昼の時間は$\frac{28.2}{2.4}=11.75$〔時間〕＝11時間45分。

南中(軌跡の中間点)は11：30よりも0.1cm右の位置である。$60\times\frac{0.1}{2.4}=$ 2.5〔分〕なので，南中時刻は11：32頃である。また，南中時刻は経度1°につき4分異なり，観測点は明石よりも4°東にあるので，11：48－4分×4＝11：32と求めることもできる。　④　夏至の南中高度＝90－(その場所の緯度)＋23.4＝90－36.4＋23.4＝77〔°〕
(2)　①　北極星を中心として反時計回りに約24時間で360°回転するので，6時間では90°回転させた図を描けばよい。　②　解答参照。
③　解答参照。　④　オリオン座は天の赤道上にあるので，南半球から見ると，上下転倒した星座が東→北→西と動く。　⑤　赤道儀式架台の極軸(赤経軸)を地軸と平行に据え付け，星の運動と同じ速さで回転させると，星の日周運動を打ち消すことができるので，長時間の観測や写真撮影が容易になる。

高校理科

【物理】

【1】(1)　$v_0=\sqrt{\frac{GM}{r}}$　　(2)　運動量保存則より　$2mv_0=mv_a+mv_b$
また，相対速度より　$v=v_a-v_b$　2式を連立させて解くと
$v_a=v_0+\frac{v}{2}$，$v_b=v_0-\frac{v}{2}$　　(3)　天体の中心からの距離をxとすると，
万有引力Fは　$F=-\frac{GMm}{x^2}$　となる。万有引力による位置エネルギーは，無限遠を基準点とし，ある位置rから基準点まで衛星aを移動させたとき，万有引力Fのする仕事で表せるので，仕事Wは
$W=\int_r^{\infty}\left(-\frac{GMm}{x^2}\right)dx=\left[G\frac{Mm}{x}\right]_r^{\infty}=-G\frac{Mm}{r}$　となる。よって，万有引力による位置エネルギーUは　$U=-G\frac{Mm}{r}$　と表せる。
(4)　$v=2(\sqrt{2}-1)v_0$
〈解説〉(1)　衛星が天体から受ける引力が円運動の向心力となるので，

運動方程式は$2m\frac{v_0^2}{r}=G\frac{2mM}{r^2}$となる。これを解いて，$v_0=\sqrt{\frac{GM}{r}}$である。　(2)(3)　解答参照。　(4)　位置エネルギーが0となる無限遠まで到達するためには，力学的エネルギー保存の観点から，$\frac{1}{2}mv_a^2-G\frac{mM}{r}\geqq 0$となる必要がある。整理すると$v_a^2\geqq\frac{2GM}{r}$となり，(1)，(2)の結果を用いると$\left(v_0+\frac{v}{2}\right)^2\geqq 2v_0^2$と表せる。両辺で平方根を取って整理すると，$v\geqq 2(\sqrt{2}-1)v_0$を得る。

【2】(1)　$\frac{(Mc_0+C)(t_2-t_0)}{m(t_1-t_2)}$〔J/(g・K)〕　(2)　0.90J/(g・K)
(3)　熱した金属球を水熱量計に移す際，熱の一部が空気中に逃げてしまうため。　(4)　金属球を入れた後，水熱量計から外部に熱が逃げるため，金属球を入れる前は，水温は室温より低めにした方がよい。
(5)　実際より水の質量を大きな値で計算することになるので，比熱は正しい値より大きくなる。　(6)　異なる種類の金属を複数用意し，比熱の値から金属を同定させる。

〈解説〉(1)　水が得た熱量と水熱量計が得た熱量の和は，金属球が失った熱量に等しい。金属球の比熱をc〔J/(g・K)〕とすると，$Mc_0(t_2-t_0)+C(t_2-t_0)=mc(t_1-t_2)$となる。これより，$c=\frac{(Mc_0+C)(t_2-t_0)}{m(t_1-t_2)}$を得る。
(2)　それぞれの値を代入すれば，$\frac{(200.0\times4.19+40)(32.0-25.0)}{100\times(100.0-32.0)}=\frac{6146}{6800}=0.9038\cdots\fallingdotseq 0.90$〔J/(g・K)〕である。　(3)(4)　解答参照。
(5)　(1)の式において，実際の値より大きなMを用いるとcも大きくなることから判断できる。　(6)　他には，複数の金属1モルあたりの比熱を調べてデュロン・プティの法則を確かめる，などが挙げられる。

【3】(1)　$2d=m\lambda$　(2)　三平方の定理より　$R^2=(R-d)^2+r^2=R^2\left(1-\frac{d}{R}\right)^2+r^2$　ここで，$R\gg d$より　$R^2\fallingdotseq R^2\left(1-\frac{2d}{R}\right)+r^2$
よって，$2d\fallingdotseq\frac{r^2}{R}$　(3)　$\sqrt{mR\lambda}$〔m〕

(4)

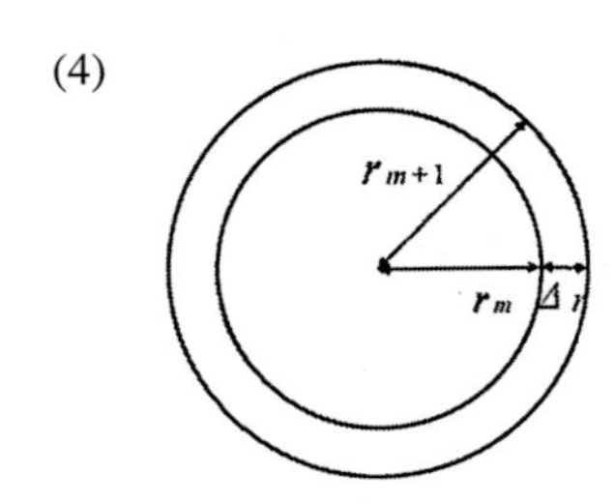

同心円の中心からm番目，$m+1$番目の暗環の半径をそれぞれr_m，r_{m+1}とすると，求める暗環の間隔Δrは，$\Delta r = r_{m+1} - r_m = \sqrt{(m+1)R\lambda} - \sqrt{mR\lambda} = \dfrac{\sqrt{R\lambda}}{\sqrt{m+1}+\sqrt{m}}$となる。$m$が大きくなるほど，$\Delta r$は小さくなる。よって，暗環の間隔は小さくなる。　(5)　1.0×10^2〔m〕

〈解説〉(1)　屈折率はガラス＞空気であるから，レンズ下面での光の反射は位相が変わらず，平面ガラスでの光の反射は位相がπだけ変化する。したがって，2つの光の経路差が波長の整数倍のときに弱め合う干渉をする。　(2)　解答参照。　(3)　(1)と(2)より$\dfrac{r^2}{R} = m\lambda$となり，変形して$r = \sqrt{mR\lambda}$である。　(4)　解答参照。　(5)　$\dfrac{r^2}{R} = m\lambda$を変形して$R = \dfrac{r^2}{m\lambda}$となる。これに$m=2$と題意の数値を代入して，

$R = \dfrac{(1.0\times10^{-2})^2}{2\times5.0\times10^{-7}} = 1.0\times10^2$〔m〕を得る。

【４】(1)　　(2)

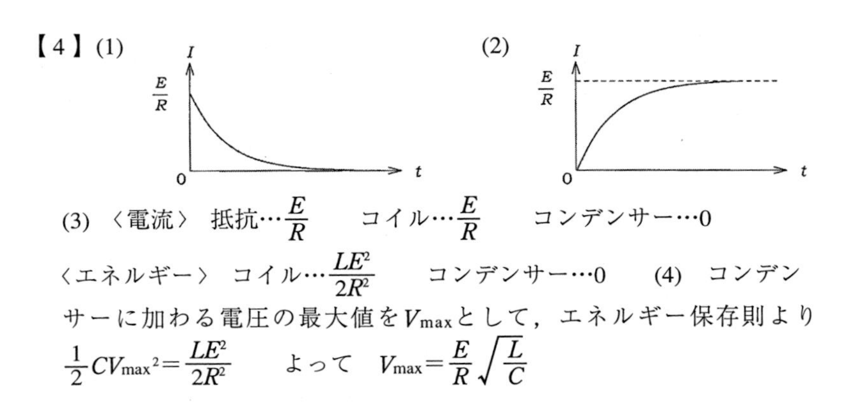

(3)　〈電流〉　抵抗…$\dfrac{E}{R}$　　コイル…$\dfrac{E}{R}$　　コンデンサー…0

〈エネルギー〉　コイル…$\dfrac{LE^2}{2R^2}$　　コンデンサー…0　　(4)　コンデンサーに加わる電圧の最大値をV_{max}として，エネルギー保存則より

$\dfrac{1}{2}CV_{max}{}^2 = \dfrac{LE^2}{2R^2}$　　よって　$V_{max} = \dfrac{E}{R}\sqrt{\dfrac{L}{C}}$

(5)

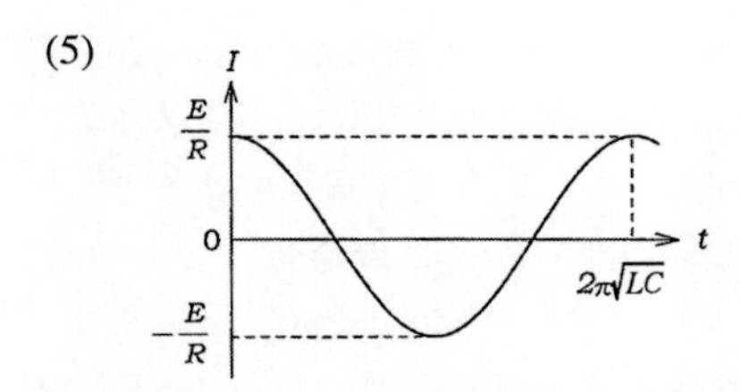

〈解説〉(1)　スイッチを閉じた直後はコンデンサーによる電圧降下がないので，時刻$t=0$のとき電流$I=\frac{E}{R}$である。コンデンサーに電荷がたまるにつれて電流は0に近づく。(より解析的には，キルヒホッフの電圧則の式を時間微分した微分方程式を解くことで，$I=\frac{E}{R}e^{-\frac{1}{RC}t}$が導かれる。つまり，電流は指数関数的に減少する。)　(2)　スイッチを閉じた直後は電流が流れず，時刻$t=0$のとき電流$I=0$である。徐々に電流が大きくなり，コイルが単なる導線とみなせる状態，つまり$I=\frac{E}{R}$まで近づく。(同様に，微分方程式を解くことで，$I=\frac{E}{R}\left(1-e^{-\frac{R}{L}t}\right)$が導かれ，電流は$\frac{E}{R}$に指数関数的に収束することがわかる。)　(3)　十分時間が経過すればコイルは導線と同じになり，電圧降下は起こらない。コンデンサーにかかる電圧も0で一定であるから，電荷も0のまま，つまり電流は流れない。抵抗とコイルには$\frac{E}{R}$の電流が流れる。蓄えられているエネルギーは，コンデンサーについては電圧が0なので0，コイルについては$\frac{1}{2}LI^2=\frac{1}{2}L\left(\frac{E}{R}\right)^2=\frac{LE^2}{2R^2}$である。　(4)(5)　スイッチを開く直前にコイルに流れていた電流$\frac{E}{R}$が，スイッチを開いた直後も流れ続ける。その後は，コンデンサーとコイルの間を電流が往復する電気振動という現象が起こり，その振動は固有振動数$\frac{1}{2\pi\sqrt{LC}}$をもつ単振動の形となる。(微分方程式を解くことで，$I=\frac{E}{R}\cos\frac{1}{\sqrt{LC}}t$が導かれる。)

【5】(1)　Ⅰ　光子1個あたりのエネルギーは振動数に比例し，光子1個と電子1個が反応すると考えると，光子1個あたりのエネルギーが仕事関数に満たなければ光電子は飛び出さない。　Ⅱ　光子の数が少ない弱い光でも，光子1個あたりのエネルギーが仕事関数以上であれば，光電子はすぐに飛び出す。　Ⅲ　光子1個と電子1個が反応すると考えると，光子の数に比例して飛び出す光電子の数も増える。　(2)　波動性…シャボン玉が色づいて見える。　粒子性…弱い日光でも浴びると日焼けをする。

〈解説〉(1)　金属内部の自由電子のうち，最も大きいエネルギーのものを外部に取り出すために必要な仕事を仕事関数という。光の強さは光子の数に関係しており，光子1個のもつエネルギーには関係がない。(2)　光に限らず波動がもつ特徴として，干渉や回折が挙げられる。水たまりに浮いた油やシャボン玉の表面が色づいて見えるのは，光の干渉による現象である。また，細い隙間からもれ出た光が広がるのは，回折による現象である。一方，日焼けは光の粒子性によるものである。人の皮膚は紫外線により日焼けするが，可視光を長時間当てても日焼けしない。これは紫外線のもつエネルギーが大きいからである。

【化学】

【1】(1)　混合物に水を加え，加熱して溶かした後に冷却し，生じた結晶(硝酸カリウム)をろ過する。　(2)　エ，ア，ウ，イ　(3)　電子数…54　中性子数…74　(4)　ウ　(5)　ア　(6)　ウ・エ　(7)　記号…エ　名称…鉛蓄電池　(8)　ア・ウ　(9)　4.2×10^2Pa　(10)　2.4g

〈解説〉(1)　再結晶法は，温度による溶解度の差が大きい物質を分離精製するのに適している。　(2)　結合の強さは，共有結合＞イオン結合＞金属結合＞水素結合＞ファンデルワールス力であるが，水銀は電子配置の関係で結合が弱く，金属の中で唯一常温において液体である。(3)　原子番号＝陽子の数＝電子の数，質量数＝陽子の数＋中性子の数。一価の陰イオンは電子を1個取り入れた状態だから，電子の数＝53＋

1＝54〔個〕，中性子の数＝127－53＝74〔個〕である。 (4) 気体の溶解度は温度の上昇とともに減少する。温度が上がると溶液中の分子の運動が活発になり，気体分子が飛び出しやすくなるためである。 (5) アは，二酸化炭素が固体から気体になっただけであり，物質が変わっていないので化学変化ではない。 (6) ウ 不純物の混入等，試薬の品質の劣化につながるので避けるべき操作である。 エ 試験管かくはん機を用いるなどして液が指に触れないようにするのが正しい。 (7) 鉛蓄電池は，負極では$Pb + SO_4^{2-} \rightarrow PbSO_4 + 2e^-$，正極では$PbO_2 + 4H^+ + SO_4^{2-} + 2e^- \rightarrow PbSO_4 + 2H_2O$の反応が生じ，両極とも$PbSO_4$が生成するので重量が増加する。 (8) ア $Cu + 2H_2SO_4 \rightarrow CuSO_4 + 2H_2O + SO_2$の反応により，Cuの酸化数は0→＋2になる。
ウ $Ag^+ \rightarrow Ag + e^-$の反応によりAgの酸化数は＋1→0になる。
(9) グルコース$C_6H_{12}O_6$の分子量は180である。浸透圧の式$\Pi V = nRT$に題意の値を代入して，$\Pi \times \frac{300}{1000} = \frac{9.0 \times 10^{-3}}{180} \times 8.31 \times 10^3 \times (273+27)$より，$\Pi \fallingdotseq 4.2 \times 10^2$〔Pa〕である。 (10) 酸素の質量を$x$〔g〕とすると，状態方程式は$(2.5 \times 10^4 - 1.0 \times 10^4) \times 12.3 = \frac{x}{32} \times 8.31 \times 10^3 \times (273+27)$となる。よって$x \fallingdotseq 2.4$〔g〕である。(触媒がないので水の生成は無視してよいだろう。)

【2】(1) 石灰石，大理石，貝殻 等 (2) $CaCO_3 + 2HCl \rightarrow CO_2 + H_2O + CaCl_2$ (3) 発生する気体は二酸化炭素(分子量44)であり，空気の平均分子量28.8と比べて大きいのでコニカルビーカーの下部にたまってしまうから。

(4)

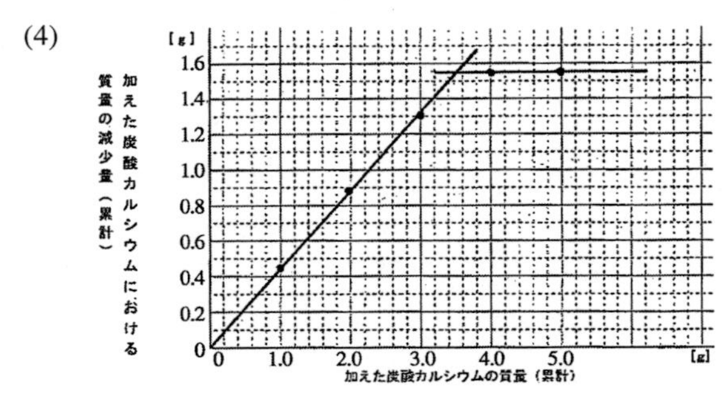

(5)　質量の減少量の累計より発生したCO_2は1.54〔g〕である。$\frac{1.54}{44}=$ 0.035mol　反応式より反応したHClは0.035×2mol　$X\times\frac{14}{1000}=0.070$より$X=5.0$　　答　5.0mol/L

〈解説〉(1)　炭酸カルシウムは，貝殻，サンゴ，石灰岩，大理石などに多く含まれる。用途としては，チョーク，歯磨き粉，入浴剤，食品添加物などに使われている。　(2)　解答参照。　(3)　定性分析として，二酸化炭素を除いた質量で比較するため，二酸化炭素を除く方法として用いられる。　(4)(5)　解答参照。

【3】(1)　A　メスフラスコ　　B　ホールピペット　　C　ビュレット

(2)　操作3…$Na_2CO_3+HCl\rightarrow NaHCO_3+NaCl$　　操作4…$NaHCO_3+HCl\rightarrow NaCl+H_2O+CO_2$　　(3)　作製した1000mLの水溶液中の炭酸ナトリウムと炭酸水素ナトリウムをそれぞれx, y〔mol/L〕とする　$x\times20.0\times10^{-3}=0.100\times9.00\times10^{-3}$より$x=4.50\times10^{-2}$　$(y+4.50\times10^{-2})\times20.0\times10^{-3}=0.100\times21.45\times10^{-3}$　$y=6.225\times10^{-2}\fallingdotseq6.2\times10^{-2}$

答　炭酸ナトリウム…4.5×10^{-2}mol/L　　炭酸水素ナトリウム…6.2×10^{-2}mol/L　　(4)　$NaHCO_3=84$g/molより混合物中の炭酸水素ナトリウムの質量は$84\times6.225\times10^{-2}$〔g〕　割合は$\frac{84\times6.225\times10^{-2}}{10.0}\times100=$ $52.29\cdots\fallingdotseq52$　　答　52％

〈解説〉(1)　中和滴定に用いる器具とその操作法を確認しておくこと。

(2)　炭酸ナトリウムは段階的に中和するため，中和点を求めるには

2つの指示薬が必要となる。 (3) 操作4では，操作3の中和で生成した分の炭酸水素ナトリウムも反応に加わることに注意する。 (4) 解答参照。

【4】(1) CH_4(気)＋$2O_2$(気)＝CO_2(気)＋$2H_2O$(液)＋891kJ (2) 1molあたりのメタンの液体の体積を求めると，1L：416g＝x〔L〕：16gより $x=\dfrac{16}{416}$L よって $\dfrac{\text{気体}}{\text{液体}}=22.4\times\dfrac{416}{16}=582.4\fallingdotseq582$ 答 582分の1 (3) ① H_2(気)＋$\frac{1}{2}O_2$(気)＝H_2O(気)＋QkJ 結合エネルギーの値より $Q=463\times2-436-498\times\frac{1}{2}=241$ 答 241kJ/mol

② メタン128gは$\dfrac{128}{16}=8$mol メタン1molから水素が4mol生じるので燃焼で発生する熱量は$241\times4\times8=7712$kJ 水素生成時は吸熱反応であるので，総熱量は$7712+(-165\times8)=6392$ 答 6392kJ

〈解説〉(1)(2) 解答参照。 (3) ① 反応物と生成物について，それぞれ結合をすべて切り離してバラバラの原子にするのに必要なエネルギーが分かれば，それらの差分として反応熱が求められる。 ② 解答参照。

【5】(1) $FeS+H_2SO_4\rightarrow H_2S+FeSO_4$

(2)

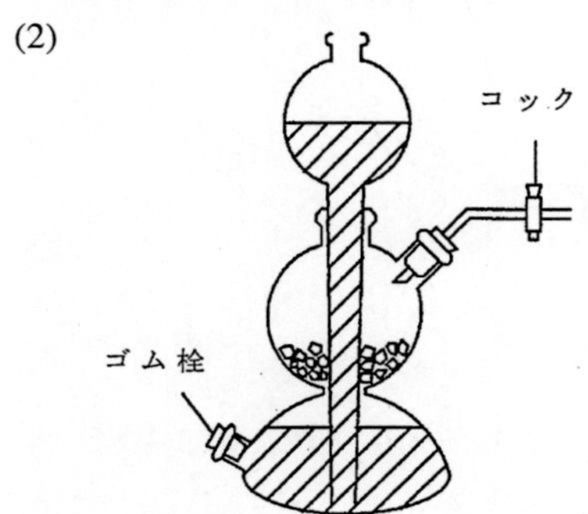

(3) (ア) b (イ) a (ウ) c (4) 硫化鉄(Ⅱ)の塊を砕いて表面積を大きくすると，水素イオンとの単位体積当たりの衝突回数が多

くなり，反応速度が大きくなるから。　(5)　硫化鉄(Ⅱ)の塊が小さすぎると，②と③のすき間から③の中へ落ちてしまい，気体の発生が止められなくなるから。

〈解説〉(1)　解答参照。　(2)(3)　キップの装置は固体と液体を反応させて気体を発生させる装置である。①と③は管で直接連結されており，aから注入した液体が入る。②にはbから投入した固体が入る。bは発生した気体を取り出す口でもあり，ガラス管付きコックを取り付ける。cは液体を捨てる口であり，使用中はゴム栓をしておく。気体の発生を休止している時は，③の液面が②の固体まで届いていない。以上のことが解答のポイントとなる。　(4)　化学反応は物質が接触することにより起こるため，反応速度を上げるには接触面積を増やすことが有効である。　(5)　液体を入れると③の液面が上昇して固体と接触し，反応が始まる。コックを閉じると，②に溜まった気体は液面を押し下げ，固体と液体が離れると反応が止まる。このように，キップの装置は反応を自由に休止・再開できる仕組みを備えているが，固体が③に落ちてしまうと機能しない。

【6】(1)　クメン法　　(2)　化合物Aがヒドロキシ基をもち，オルトパラ配向性のため。

(3)　A　OH

B　O ‖ CH_3-C-CH_3

C　HO–◯–NO_2

D　HO–◯–NH_2

E　$CH_3-C{=}O$ ＞O $CH_3-C{=}O$

(4)　HO–◯–N(H)–C(=O)–CH_3

〈解説〉(1)　ベンゼン(C_6H_6)にプロピレン(CH_3CHCH_2)を反応させて得られるクメン($C_6H_5CH(CH_3)_2$)から，フェノール(C_6H_5OH)とアセトン(CH_3COCH_3)が得られる工業的製法をクメン法という。

(2)　$-OH$，$-NH_2$，$-CH_3$，$-OCH_3$，$-Cl$，$-NHCOCH_3$などはオル

トパラ配向性，$-NO_2$，$-SO_3H$，$-CN$，$-COOH$，$-COOCH_3$などはメタ配向性をもつ。　(3)　Bはヨードホルム反応を示したのでアセトンで，Aはフェノールである。フェノールに濃硫酸と濃硝酸を作用させるとニトロ基$-NO_2$がつき(そのうちパラ位についたものがC)，さらに塩酸とスズで還元するとニトロ基がアミノ基$-NH_2$に変わる(D)。酢酸2分子からH_2Oがとれて縮合したEは無水酢酸である。　(4)　$-NH_2$のHのうち1つを$COCH_3$に置換した構造となる(アセチル化)。無水酢酸は代表的なアセチル化剤である。

【7】(1)　ア　付加　　イ　加水分解(けん化)　　ウ　アセタール

(2)　(名称－主成分)　綿(麻)－セルロース，絹－タンパク質，毛－タンパク質　など

(3)　A　構造式：$\left[-CH_2-\underset{\underset{O-COCH_3}{|}}{CH}- \right]_n$　　名称：ポリ酢酸ビニル

B　構造式：$\left[-CH_2-\underset{\underset{OH}{|}}{CH}- \right]_n$　　名称：ポリビニルアルコール

(4)　ポリビニルアルコールのヒドロキシ基のx〔%〕が反応するとき，ポリビニルアルコールとビニロンの質量比は$88n:(88+0.12x)n$となる。よって，ヒドロキシ基の30.0%が反応したとき，生成するビニロンをw〔g〕とすると次の関係が成り立つ。

	ポリビニルアルコール	：	ビニロン
理論値	$88n$〔g〕	：	$91.6n$〔g〕
実験値	22.0〔g〕	：	w〔g〕

$w=\dfrac{22.0\times91.6n}{88n}=22.9$　　答　22.9g

〈解説〉(1)　酢酸ビニルの重合では，ビニル基部分の二重結合が開かれ，炭素が単結合で鎖状に連なった構造となるので，その過程で原子を失わない。このような重合を付加重合という。　(2)　天然繊維のうち，植物系(セルロース)のものは木綿や亜麻など，動物系(タンパク質)のものは羊毛や絹など，鉱物系のものはアスベストなどがある。　(3)　ポ

リ酢酸ビニル(化合物A)のエステル結合(－OCO－)を加水分解したものがポリビニルアルコール(化合物B)である。　(4)　アセタール化により，隣り合う2つの－OHが架橋されて－O－CH_2－O－の構造となる。つまり，ポリビニルアルコール[－C_2H_4O－$]_n$の繰り返し単位2つ分(式量44×2＝88)に対して，アセタール化すると式量が12増えると考えて計算する。

【生物】

【1】(1)　①　糖(五炭糖)　②　リン酸　③　デオキシリボース　④　リボース　⑤　RNAポリメラーゼ　(2)　エ

(3)　
```
－C－N－
  ||  |
  O   H
```

(4)　糖の向きで決まるヌクレオチド鎖の方向性であり，リン酸側を5′末端，糖側を3′末端という。　(5)　(メチオニン)－(グリシン)－(グルタミン)－(グルタミン酸)－(アスパラギン酸)－　(6)　グルタミン酸を指定していたコドンがUAGで終止コドンとなり，翻訳が停止し，アミノ酸配列は，(メチオニン)－(グリシン)－(グルタミン)となる。

(7)　①　0.92%　②　2.0m

〈解説〉(1)　DNA(deoxyribonucleic acid)はデオキシリボ核酸であり，RNA(ribonucleic acid)はリボ核酸である。　(2)　Aの数＝Tの数，Gの数＝Cの数，であることから，ア～ウの値はつねに1となり，一方エは塩基ごとの割合によって異なる値をとる。　(3)　アミノ酸はカルボキシ基－COOHとアミノ基－NH_2を有し，これらが脱水反応することでペプチド結合となる。　(4)　ヌクレオチドは糖の5′位の炭素にリン酸，1′位の炭素に塩基が結合しており，ヌクレオチド鎖が伸長する時は3′位の炭素に次のヌクレオチドのリン酸が結合して伸びていく。

(5)　示されたDNAの塩基配列に対し，mRNAの塩基配列は相補的関係から5′－UCCCGGCAAUGGGCCAAGAGGAU……3′となり，開始コドンAUG(メチオニン)から始めてGGC(グリシン)，CAA(グルタミン)，GAG(グルタミン酸)，GAU(アスパラギン酸)の順となる。　(6)　解答参照。　(7)　①　それぞれのアミノ酸を指定するコドンは3つの塩基の配列からなることから，求める割合は$\frac{20500\times450\times3}{3.0\times10^{9}}\times100\fallingdotseq0.92$〔%〕　②　ヒトの体細胞は2倍体なので同じゲノムが2セット含まれることに注意すると，求める長さは$3.4\times10^{-9}\times\frac{3.0\times10^{9}\times2}{10}=2.04\fallingdotseq$ 2.0〔m〕

【2】(1)　①　チラコイド　②　ストロマ　③　デンプン(同化デンプン)　④　スクロース　⑤　転流　(2)　エ　(3)　左辺のH_2Oは，チラコイドにおいて分解されるものであり，右辺のH_2Oは，ストロマにおいて新たに生成されるものであるため。　(4)　植物体全体として，呼吸による有機物分解量が光合成による同化量を上回るため。(5)　①　展開液が上昇する際，展開液に溶けやすい色素ほど速く，展開液に溶けにくい色素ほどゆっくりと上昇するため，色素の分離が起こる。　②　・容器に事前に展開液を入れ，内部を展開液の蒸気で飽和させておく。　・展開しているときには容器やろ紙を動かさない。③　アカジソでは，クロロフィル，カロテン，キサントフィルのほかに赤紫色の色素であるアントシアンが確認される。

〈解説〉(1)　解答参照。　(2)　C_5化合物(リブロース二リン酸)にCO_2が反応し，C_6化合物ができるが，すぐに分離して2分子のC_3化合物(ホスホグリセリン酸)になる。　(3)　光合成の各段階の反応を考えると，生成する炭水化物のC_6は$6CO_2$からきており，放出される$6O_2$は$12H_2O$からきている。その意味で両辺のH_2Oは別由来のものとして書かれている。(4)　光補償点とは，光合成によるCO_2の吸収速度と呼吸によるCO_2の排出速度がつり合う時の光の強さをいう。光補償点以下では栄養分の合成が消費に追い付かず植物は生育できない。　(5)　①　色素成分を含んだ水が毛細管現象でろ紙の中を流れる時，水との親和性が強い(紙との親和性が相対的に弱い)成分ほど，水と共に先まで運ばれることを利用している。　②　他には，ろ紙の展開に使用する部分は指で触れないこと，展開液の蒸発を防ぐために容器に栓をすること，色素の移動距離を正しく知るために初期液面を記録しておくこと，などが挙げられる。　③　アカジソはアントシアニン系色素シソニンを多く含んでいる。

【3】(1)　呼吸量　　(2)　29.3　　(3)　0.1%　　(4)　大きくなる。
(5)　①　ア　自然浄化　　イ　アオコ(水の華)　　ウ　生物濃縮
②　生体内で分解されにくく，排出されにくい。

〈解説〉(1)(2)　消費者において，成長量＝同化量－(呼吸量＋被食量＋死滅量)である。したがって，(A)は呼吸量であり，(ア)は62.0－(18.4＋14.3)＝29.3となる。　(3)　生産者における総生産量は，取り入れるエネルギー量を示している。よって，求めるエネルギー効率は，
$\frac{466.0}{497600}\times100=0.0936\cdots\fallingdotseq0.1$〔%〕　(4)　表から実際の値を求めてみることでも分かる。消費者におけるエネルギー効率は，
$\frac{\text{その段階の同化量}}{\text{1つ前の段階の総生産量(同化量)}}\times100$〔%〕と表されるから，一次消費者では$\frac{62.0}{466.0}\times100\fallingdotseq13.3$〔%〕，二次消費者では$\frac{13.0}{62.0}\times100\fallingdotseq21.0$〔%〕となり，栄養段階が上がるほど効率は高い。　(5)　①　解答参照。　②　生物が代謝・分解することができず，また水に溶けにくく脂肪に溶けやすい物質は体外に排出されにくく生物濃縮されやすい。

【4】(1)何というか…誘導　　部分…形成体　　(2)　ウ　　(3)　原口背唇部を含む中胚葉域が予定外胚葉域を裏打ちせず，形成体から分泌される阻害タンパク質によるBMPの働きの抑制が起こらないから。

〈解説〉(1)　解答参照。　(2)　ア　神経管は外胚葉から分化するので，移植された側の胚由来である。　イ　二次胚の脊索は移植した原口背唇部から分化したものなので，一次胚の脊索とは遺伝的に異なる。　エ　消化管は内胚葉から分化する。　(3)　形成体から分泌される誘導物質は細胞を直接神経管に分化させるのではなく，本来細胞を表皮に分化させる骨形成タンパク質(BMP ; Bone Morphogenetic Protein)を阻害することでその分化を生じている。

【5】(1) ① 細尿管 ② 糸球体 ③ ボーマンのう
(2) ① 反応回路…オルニチン回路 臓器の名称…肝臓
② 625g (3) ① 75倍 ② 原尿量…9.6L 尿素の量…1.28g
〈解説〉(1) 解答参照。 (2) ① 解答参照。 ② 尿素25gは$\frac{25}{60}$mol
なので，必要なATPは$\frac{25}{60}\times3\times500=625$〔g〕である。なお，オルニチン回路の反応は$2NH_3+CO_2+H_2O+3ATP\rightarrow CO(NH_2)_2+2H_2O$と表される。 (3) ① $濃縮率=\frac{尿における濃度}{原尿における濃度}=\frac{0.75}{0.01}=75$〔倍〕
② イヌリンはろ過されるが再吸収されないので，イヌリンの濃縮率が尿に対する原尿の量の比となる。よって，原尿量は$80\times\frac{12}{0.1}=9600$〔mL〕，すなわち9.6Lとなる。再吸収される尿素の量は，原尿中の尿素から尿中の尿素を差し引くことで求められる。$0.3\times9600-20\times80=1280$〔mg〕，すなわち1.28gとなる。

【6】(1) 化学進化 (2) すべての生物は，遺伝子の本体としてDNAを持ち，4種類の塩基(アデニン，シトシン，チミン，グアニン)からなる遺伝暗号により，アミノ酸を指定するから。 (3) シアノバクテリア(ラン藻類)による光合成のはたらきにより，大気中の二酸化炭素濃度が減少し，酸素濃度が上昇した。 (4) 説…共生説 内容…真核生物の細胞構造のうち，ミトコンドリアは好気性細菌が，葉緑体はシアノバクテリアがそれぞれ細胞内に共生することでできたとする説。
〈解説〉(1) 解答参照。 (2) コドンとアミノ酸の対応関係はすべての生物でほぼ共通している。生命の誕生が2回以上あったとした時，この遺伝暗号の組合せが毎回全く同じものになることは確率上極めて考えにくい。このことから生命の誕生は一度だけであったと考えられている。 (3) ストロマトライトはシアノバクテリアの死骸と泥などによって層状の構造となった岩石である。 (4) 細胞内に様々な小器官を持つ生物，すなわち真核生物の出現はおよそ15～20億年前と考えられているが，それらの細胞小器官の一部の起源を説明したものが，マーグリスらの唱えた共生説(細胞内共生説)である。

【7】(1)　静止状態で細胞膜の内外に生じている電位差。　(2)　細胞膜にはイオンを透過させるしくみがあるが，静止状態では，K^+の透過性にくらべ，Na^+の透過性は著しく低い。その結果，K^+が細胞外に多く流出することになり，細胞外がプラス，細胞外を基準にすると細胞内がマイナスという電位差(静止電位)が生じることになる。

(3)　エ　　(4)　－92.8mV　　(5)　瞬時に開閉されるものがある。

〈解説〉(1)(2)　細胞膜上には①ナトリウム－カリウムポンプ，②ナトリウムチャネル，③カリウムチャネルがあり，①はつねにNa^+を外側へ，K^+を内側へ運んでいる。刺激を受けていない状態(静止状態)では，②は閉じているためNa^+は細胞内に戻れないが，③の一部は開きっぱなしのためK^+は漏れ出てしまう。したがって，外側に陽イオンが多くなり，内側は外側に対して負の電位となる。図のU字管では，A側が細胞内，B側が細胞外に相当する。　(3)　表2の条件は表1よりA側のK^+の濃度が高く，したがって浸透圧も大きくなるため，より多くのK^+がA側からB側に移動する。よって，電位差は表1の条件より大きくなる。(4)　この問においては，表2のK^+濃度で平衡が成り立っている，という問題条件だとすると，膜電位は$58\times\log\frac{10}{400}=58\times\{\log10-(\log100+\log4)\}=58\times(1-2-0.6)=-92.8$〔mV〕となる。　(5)　活動電位が発生する仕組みは，ナトリウムチャネルが瞬時に開閉する特性を利用している。すなわち，細胞が刺激を受けると静止時に閉じていたナトリウムチャネルが開き，そこをNa^+が通って細胞膜の内側に流れ込み内側の電位が高くなる。ナトリウムチャネルはすぐに閉じるが，その電位の状況によってカリウムチャネルが開きK^+が外側へ流れ電位のバランスを静止状態に戻す。

●書籍内容の訂正等について

弊社では教員採用試験対策シリーズ（参考書，過去問，全国まるごと過去問題集），公務員試験対策シリーズ，公立幼稚園・保育士試験対策シリーズ，会社別就職試験対策シリーズについて，正誤表をホームページ（https://www.kyodo-s.jp）に掲載いたします。内容に訂正等，疑問点がございましたら，まずホームページをご確認ください。もし，正誤表に掲載されていない訂正等，疑問点がございましたら，下記項目をご記入の上，以下の送付先までお送りいただくようお願いいたします。

> ① **書籍名，都道府県（学校）名，年度**
> （例：教員採用試験過去問シリーズ　小学校教諭 過去問　2025 年度版）
> ② **ページ数**（書籍に記載されているページ数をご記入ください。）
> ③ **訂正等，疑問点**（内容は具体的にご記入ください。）
> （例：問題文では“ア～オの中から選べ”とあるが，選択肢はエまでしかない）

〔ご注意〕

○ 電話での質問や相談等につきましては，受付けておりません。ご注意ください。

○ 正誤表の更新は適宜行います。

○ いただいた疑問点につきましては，当社編集制作部で検討の上，正誤表への反映を決定させていただきます（個別回答は，原則行いませんのであしからずご了承ください）。

●情報提供のお願い

協同教育研究会では，これから教員採用試験を受験される方々に，より正確な問題を，より多くご提供できるよう情報の収集を行っております。つきましては，教員採用試験に関する次の項目の情報を，以下の送付先までお送りいただけますと幸いでございます。お送りいただきました方には謝礼を差し上げます。

（情報量があまりに少ない場合は，謝礼をご用意できかねる場合があります）。

◆あなたの受験された面接試験，論作文試験の実施方法や質問内容

◆教員採用試験の受験体験記

送付先

○電子メール：edit@kyodo-s.jp

○FAX：03-3233-1233（協同出版株式会社　編集制作部 行）

○郵送：〒101-0054　東京都千代田区神田錦町2-5
協同出版株式会社　編集制作部 行

○HP：https://kyodo-s.jp/provision（右記のQRコードからもアクセスできます）

※謝礼をお送りする関係から，いずれの方法でお送りいただく際にも，「お名前」「ご住所」は，必ず明記いただきますよう，よろしくお願い申し上げます。

教員採用試験「過去問」シリーズ

群馬県の
理科 過去問

編　集	© 協同教育研究会
発　行	令和6年3月10日
発行者	小貫　輝雄
発行所	協同出版株式会社
	〒101-0054　東京都千代田区神田錦町2－5
	電話　03－3295－1341
	振替　東京00190－4－94061
印刷所	協同出版・POD工場

落丁・乱丁はお取り替えいたします。